Meine frechen

Häkelfreunde

Khuc Cay

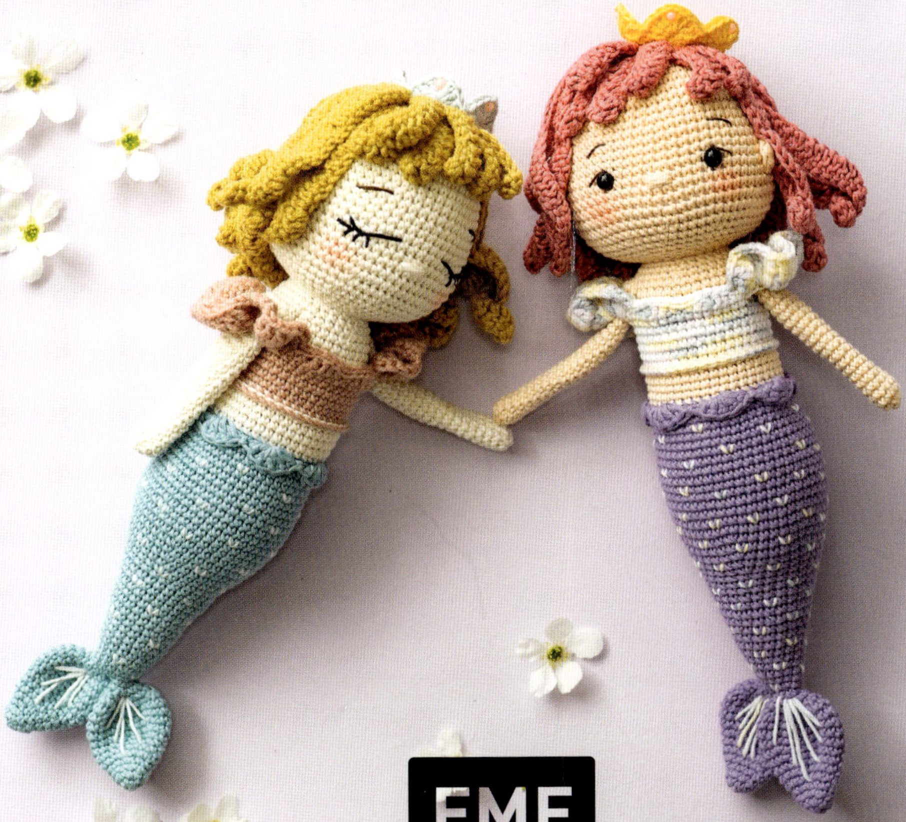

EMF

EIN BUCH DER
EDITION MICHAEL FISCHER

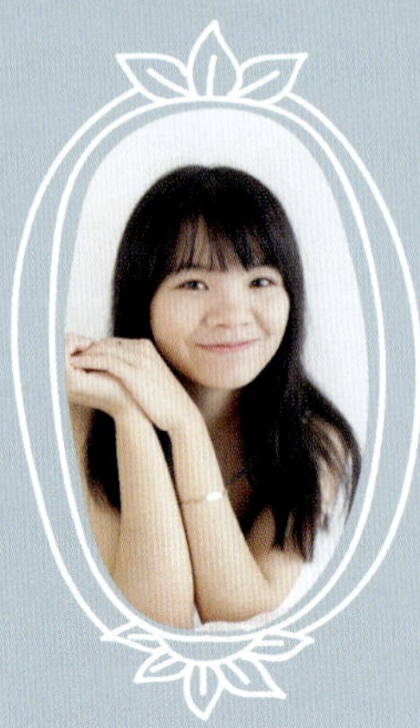

Khuc Cay, eigentlich Hoang Thi Ngoc Anh, wurde 1992 in Vietnam geboren. Mit ihrem Wirtschafts-Diplom aus Hanoi in der Tasche ließ sie sich 2014 in Frankreich nieder. Ein Jahr nach der Geburt ihrer Tochter Anna im Jahr 2017 begann sie häkeln zu lernen, um ihr ein Mützchen anzufertigen. Im Anschluss folgten Amigurumis. Dabei entstand eine wahre Leidenschaft und schnell beschloss Khuc Cay, diese zu ihrem Beruf zu machen. Als Designerin von Amigurumis verkauft sie ihre Anleitungen heute in ihrem Onlineshop sowie bei Etsy, Ravelry und Amigurumi.com. Mit diesem dritten Buch erweitert sie ihre schöne Welt um neue, liebenswerte Kreationen.

MEHR ZUR AUTORIN:

www.khuccay.com

Khuc Cay auf YouTube

@lespetitesmainsdekhuccay auf Instagram und Facebook

Bibliografische Information der Deutschen Bibliothek.

Die Deutsche Bibliothek verzeichnet diese Publikation in der Deutschen Nationalbibliografie.

Detaillierte bibliografische Daten sind im Internet über http://www.dnb.de/ abrufbar.

EIN BUCH DER EDITION MICHAEL FISCHER

1. Auflage 2023

Text, Design, Step-Fotos und Illustrationen: Khuc Cay
Layout: Julie Somiens, Marion Alfano
Aufmacherfotos: Fabrice Besse mit Ausnahme von
S. 144: Khuc Cay

Erstveröffentlicht bei © 2022 Éditions Eyrolles, Paris, Frankreich
Titel der Originalausgabe:
Le monde merveilleux de Khuc Cay

Aus dem Französischen übertragen von
Dr. Katrin Korch, Baden-Baden
Cover : Anna Fiedler
Satz: Janine Kühnle
Projektmanagement: Maren Bellon

ISBN 978-3-7459-1798-7

Gedruckt bei PNB Print SIA „Jansili", Silakrogs,
Ropazu novads, LV-2133, Lettland

www.emf-verlag.de

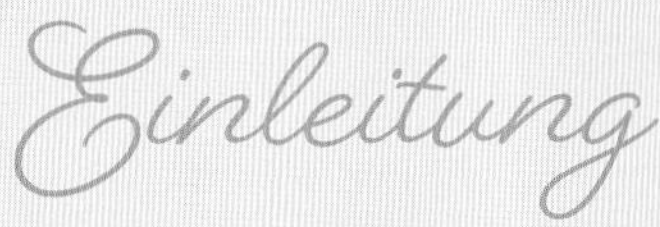

Einleitung

Als ich mit dem Häkeln begonnen habe, konnte ich mir nicht vorstellen, dass ich vier Jahre später bereits mein drittes Buch verfassen würde. Und dazu noch auf Französisch!

Ich bin Vietnamesin und lebe seit 2014 in Frankreich. Damals habe ich sehr gerne gezeichnet und deshalb Bilder, insbesondere von Paaren und Familien, angefertigt und verkauft, zum Beispiel anlässlich einer Hochzeit. Das habe ich nicht sehr regelmäßig und häufig gemacht, aber so konnte ich im Kreativgewerbe Fuß fassen.

Nach der Geburt unserer Tochter Ende 2016 habe ich mich oft gefragt, was ich in meinem Leben noch tun wollte, abgesehen davon, dass ich unser Kind in seinen ersten drei Lebensjahren in Vollzeit großziehen würde.

Mein Mann und meine Tochter haben mich beide jeweils auf ihre Weise zum Häkeln gebracht. Mein Mann hat mich immer ermuntert, nur das zu tun, was mir Freude bereitet, um so den sozialen Druck, der auf mir als Mutter lastete, zu mildern. Schließlich war es meine Tochter, die mir die Inspiration und den Anstoß für meine ersten Maschen gab, und zwar zu einer kleinen Mütze mit Katzenohren, die ich für sie häkeln wollte. Das war Ende 2017.

Seitdem hat sich mein Weg in die Welt des Häkelns wie von selbst ergeben, ohne dass ich wirklich jemals versucht hätte, daraus den großartigen Beruf zu machen, der er für mich heute ist.

Ich habe mit einem ersten Tutorial begonnen, dann folgte ein zweites. Die Unterstützung, die ich in den sozialen Netzwerken erlebte, hat mir dann schließlich die Türen zu größeren Projekten geöffnet und nun stelle ich euch mit großer Freude mein drittes Häkelbuch vor. Häkeln macht mir nicht nur in der Praxis Spaß, sondern bereitet mir vor allem auch die Freude, mit einer großen Gemeinschaft auf der ganzen Welt verbunden zu sein, und zu wissen, dass jede*r die Freude erleben kann, selbst eine Figur anzufertigen.

Willkommen in der wunderbaren Welt von Khuc Cay, hier trefft ihr 15 neue, freche Häkelfreunde! Von der Superheldenkatze, die jede Nacht über ihre Stadt wacht, über den charmanten Pilz aus fernen Wäldern bis hin zu einer Meerjungfrau aus einem hellleuchtenden Meer findet ihr hier viele liebenswerte Figuren. Jede hat ihre eigene Geschichte und repräsentiert einen Teil der Zauberwelt, die ich mir ausgedacht habe. Ich hoffe sehr, dass ihr sie genauso liebt wie ich und eine angenehme Ruhe empfindet, wenn ihr Schritt für Schritt diese neuen Freunde häkelt.

Viel Spaß beim Häkeln!

Khuc Cay (Hoang Thi Ngoc Anh)

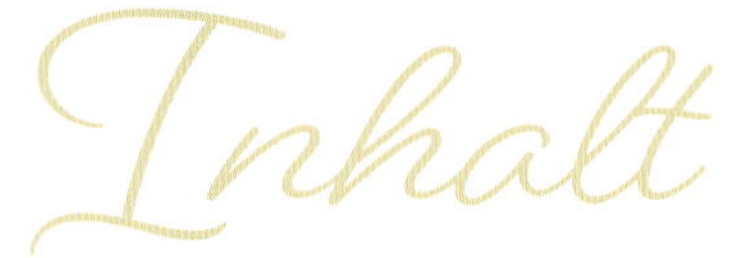

Inhalt

MATERIAL UND TECHNIKEN

ANLEITUNGEN

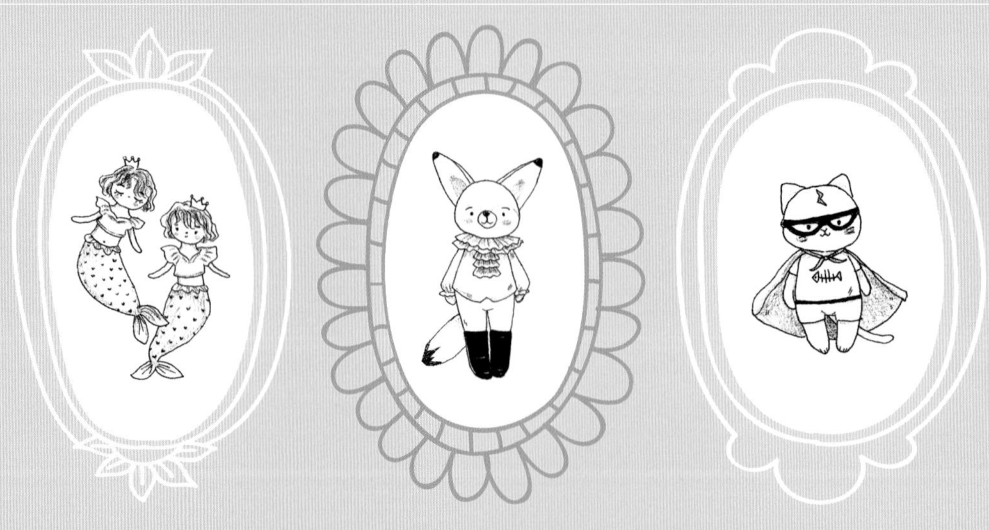

1

Material und Techniken

Material

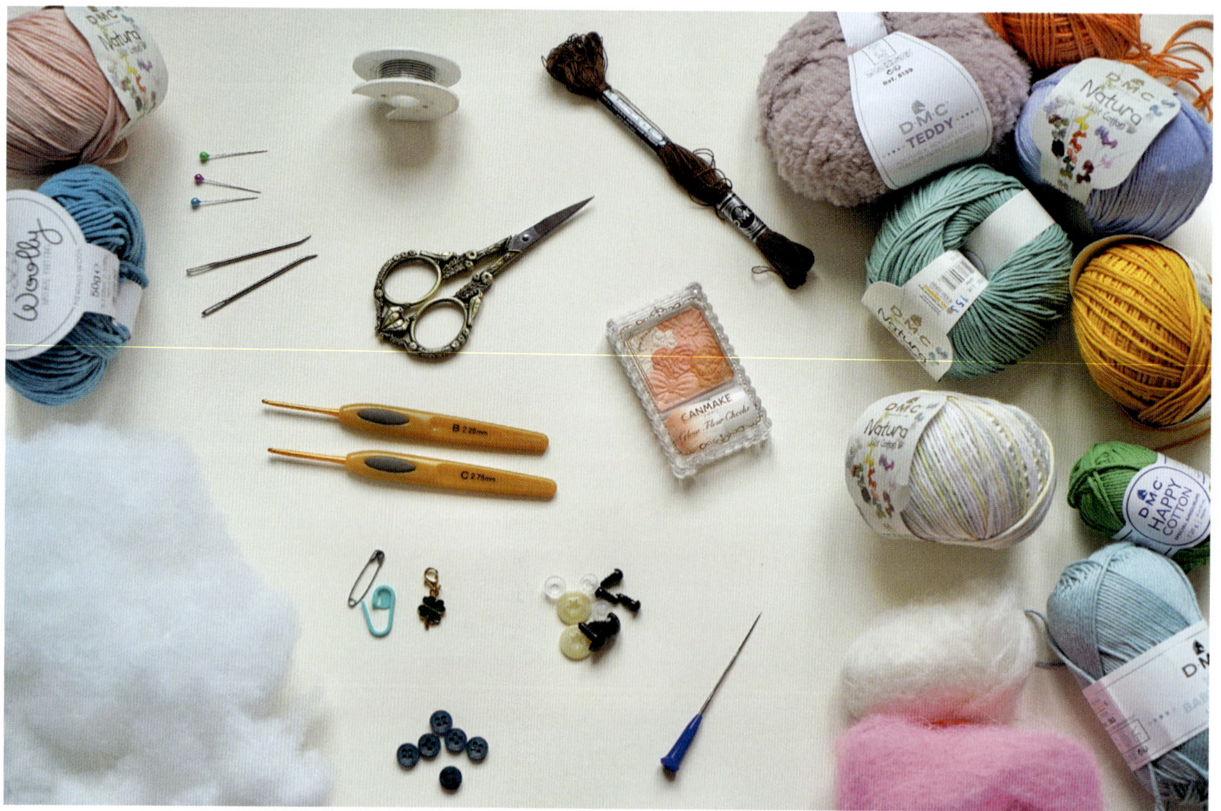

GARNE

HÄKELGARNE

Es gibt viele verschiedene Garne, mit denen man Kuscheltiere häkeln kann. Nimm das, was dir am besten gefällt. Wichtig ist, darauf zu achten, dass das Garn nicht elastisch ist, damit sich die Arbeit beim Ausstopfen nicht verzieht.

Ich empfehle, verschiedene Garne auszuprobieren, um herauszufinden, womit du am besten zurechtkommst. Für die Arbeiten in diesem Buch habe ich folgende Garne der Marke DMC verwendet:

- **Natura Just Cotton** (100 % Baumwolle, LL 150 m/50 g), gut geeignet zum Häkeln sehr feiner Teile
- **Natura Just Cotton** Multico (100 % Baumwolle, LL 150 m/50 g), identisch mit Natura Just Cotton, abgesehen davon, dass der Faden mehrfarbig ist

- **Happy Cotton** (100 % Baumwolle, LL 43 m/20 g), mit einer idealen Stärke für Amigurumis. Es ist dicker als Natura Just Cotton und gut für Anfänger*innen geeignet – aber Achtung, ein Knäuel hat nur eine Lauflänge von 43 Metern, man sollte sich daher einen großen Vorrat davon anlegen.
- **100 % Baby Cotton** (100 % Baumwolle, 106 m/50 g), ähnlich wie Happy Cotton, mit identischen Farben, aber mit dickeren Knäueln.
- **Woolly** (100 % Schurwolle, 125 m/50 g), reine Merinowolle, die als die beste Wolle der Welt gilt. Man kann sie mit Natura Just Cotton und Happy Cotton kombinieren, wenn man Häkelnadeln in verschiedenen Größen verwendet. Daraus wird die Kleidung der Tiere angefertigt.
- **Woolly Chic** (96 % Merinowolle, 4 % Polyester, LL 125 m/50 g), ein hochwertiges Merinogarn mit Pailletten. Es verleiht den Arbeiten etwas Außergewöhnliches.
- **Teddy** (100 % Polyamid, LL 90 m/50 g), ein sehr weiches und voluminöses Garn, das den Tieren besondere Struktur verleiht.

Je nachdem, wie fest der Faden beim Häkeln gehalten wird und wie du häkelst, brauchst du für die Arbeiten mehr oder weniger Garn. Dennoch gebe ich zu Beginn der Anleitungen immer die Menge an, die ich verbraucht habe, damit man eine Vorstellung davon hat. Art und Farbe der Garne, die ich verwende, sind natürlich nur eine Möglichkeit. Du kannst sie ganz nach deinen eigenen Vorlieben wählen und damit einzigartige Stücke anfertigen.

STICKGARNE

Du benötigst auch Stickgarne, etwa um die Augen (wenn du keine Sicherheitsaugen nimmst) und Nasen oder andere Details auf die Figuren zu sticken. Man kann diese Details auch mit demselben Garn, mit dem auch gehäkelt wurde, sticken. Ich habe für die Arbeiten in diesem Buch spezielles Stickgarn, das Broder Spécial von DMC in der Stärke 25, verwendet.

FILZWOLLE

Für die Figuren in diesem Buch habe ich auch Filzwolle genommen und mit einer speziellen Technik verarbeitet.

1. Dafür eine Filznadel verwenden, man erkennt sie vor allem an den kleinen Einkerbungen (**1**).
2. Die Wolle auf das Amigurumi legen und mehrmals mit der Nadel daraufstechen, sodass sich die Fasern verhaken (**2**).
3. Nach mehrmaligen Wiederholungen wird die Wolle zunehmend kompakter und fester und lässt sich gut in die gewünschte Form bringen (**3**).

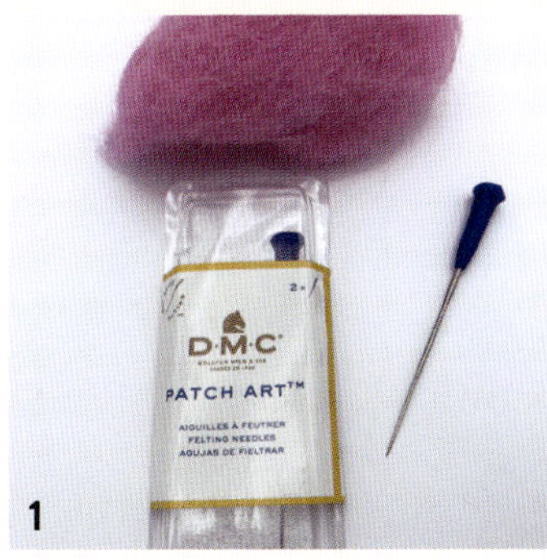

1

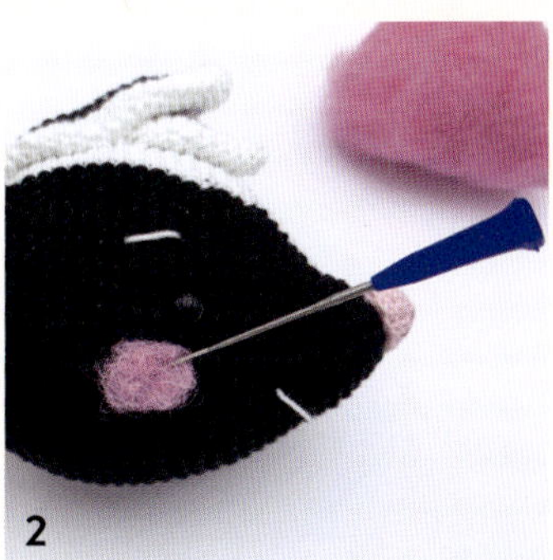
2

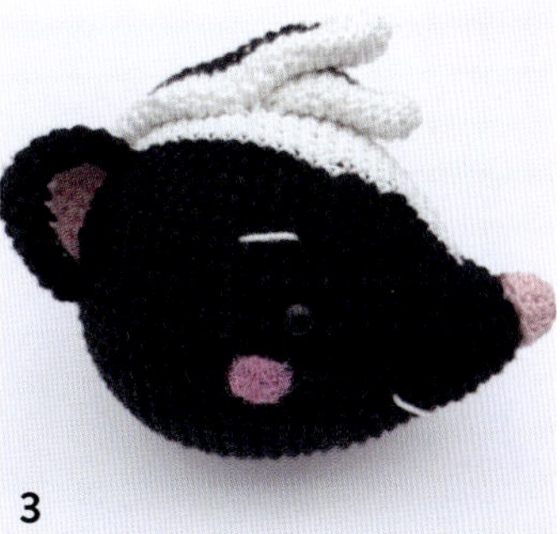
3

HÄKELNADELN

Um deine Hände zu schonen, solltest du mit hochwertigen Häkelnadeln arbeiten. Jede*r hält sie auf andere Weise, daher muss man selbst herausfinden, welches Modell am besten zu einem passt. Ich halte meine Nadel wie einen Stift (siehe Foto rechts) und finde, dass die Nadeln von Clover Soft Touch mit einem breiten Kunststoffgriff am besten in der Hand liegen. Seitdem ich sie entdeckt habe, benutze ich nur noch diese.

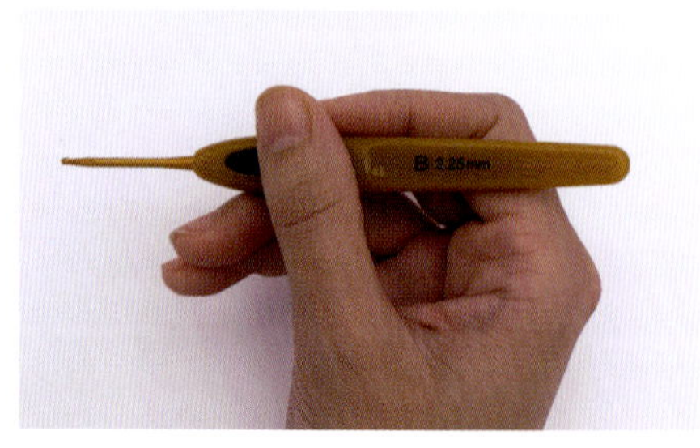

Ich empfehle, ein oder zwei Größen kleiner als auf dem Wollknäuel angegeben zu verwenden, damit man fest häkeln kann und das Füllmaterial nicht durchscheint.

Für die Garne Natura Just Cotton und Natura Just Cotton Multico nehme ich Nadeln in einer Stärke von 2,25 mm und für Happy Cotton, 100 % Baby Cotton und Teddy die Stärke 2,75 mm. Die Garne Woolly und Woolly Chic kann man mit Nadeln in Stärke 2,25 mm und 2,75 mm häkeln. Wenn für dieselbe Arbeit auch Natura Just Cotton verwendet wird, nehme ich 2,25-mm-Nadeln, und wenn alternativ dafür Happy Cotton verwendet wird, 2,75-mm-Nadeln.

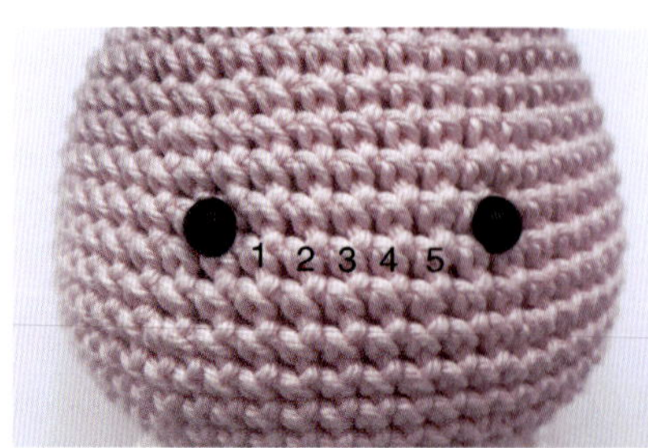

Die Maschen zwischen den Augen zählen.

SICHERHEITSAUGEN UND -NASE

Im Handel gibt es mehrere Arten von Sicherheitsaugen, mit denen die Häkeltiere sehr ausdrucksstark wirken. Ich gebe bei jeder Anleitung deren genaue Größe an. Die Sicherheitsnase ähnelt den -augen, mit dem Unterschied, dass sie eine dreieckige Form hat. Es ist wichtig, Modelle guter Qualität zu kaufen, damit sie nicht verlorengehen oder verrutschen. Ich nehme welche von der Marke Rayher.

EMPFEHLUNG

Wenn die Figur für ein Kind unter 3 Jahren bestimmt ist, sollte man die Augen lieber aufsticken, anstatt Plastikaugen einzusetzen, auch wenn sie Sicherheitsaugen heißen.

GRUNDAUSSTATTUNG

WOLLNADEL

Mit einer Wollnadel werden die einzelnen Teile der Figur zusammengenäht. Eine Nadel aus Stahl ist weicher und leichter zu benutzen als eine aus Kunststoff. Ich bevorzuge eine gebogene von Clover, die sind sehr praktisch. Mit ihrer gebogenen Spitze kann man mühelos nähen und schont dabei die Finger.

MASCHENMARKIERER

Ich persönlich verwende so etwas nicht, weil ich mir angewöhnt habe, die Maschen im Kopf zu zählen. Dennoch empfehle ich dir, damit den Rundenanfang oder das -ende zu markieren, um sie besser zählen zu können. Das geht mit einem Maschenmarkierer, einer Büro- oder einer Haarklammer. Es ist besonders wichtig, ihn exakt an der richtigen Masche einzusetzen und diese für jede Runde genau zu zählen. Vor allem bei den Arbeiten in diesem Buch gibt es viele Farbwechsel, bei denen richtig gezählt werden muss, damit sie gelingen.

FÜLLMATERIAL

Ich stopfe die Figuren mit Füllwatte aus Polyester aus, weil sie preisgünstig ist. Man kann aber auch welche aus Baumwolle oder Wolle nehmen.

Die einzelnen Schritte beim Ausstopfen sind sehr wichtig. Denn damit das Ergebnis schön wird und das Häkeltier guten Halt hat, muss es fest ausgestopft werden. Achte darauf, nicht zu viel Material zu nehmen, weil sonst die Maschen zu sehr gedehnt werden und dann die Füllwatte durchscheint.

Ich empfehle, die Füllwatte nach und nach hinzuzufügen und die Form immer mit der auf dem Foto zu vergleichen. Bei jedem Modell gebe ich für jedes Einzelteil an, wann mit dem Ausstopfen begonnen werden soll. Wenn dort nichts steht, heißt das, dass es nicht ausgestopft wird, zum Beispiel die Arme.

PINSEL UND ROUGE FÜR DIE WANGEN

Ich trage gerne noch auf die Wangen meiner Tiere mit einem Pinsel etwas Rouge auf.

STECKNADELN MIT RUNDEM KOPF

Sie sind sehr nützlich, um die Position von Stickelementen zu markieren oder um die Einzelteile vor dem Zusammennähen festzustecken. Wenn du die Teile zuerst mit Stecknadeln fixierst, kannst du deren Position noch verändern und überprüfen, ob sie symmetrisch sitzen, bevor du sie festnähst. Zudem kannst du Stecknadeln etwa zum Markieren von Details im Gesicht verwenden. Dann lassen sich die Augen, Nase oder der Mund leichter aufsticken.

SCHERE

Zum Abschneiden des Fadens ist eine kleine Schere unerlässlich.

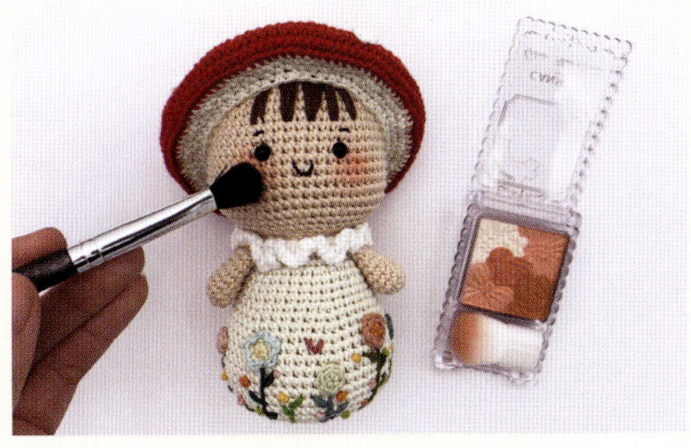

WEITERE MATERIALIEN

Manchmal verwende ich noch Knöpfe, Bänder oder Stoffe für meine Arbeiten, um sie noch zu schmücken – oder auch Draht für eine Brille. Allerdings sollte man Knöpfe und Draht lieber nicht für Tiere nehmen, die für Kinder unter 3 Jahren bestimmt sind.

Häkeltechniken

MASCHEN

LUFTMASCHE (Lm)

1 Eine Schlaufe um die Häkelnadel (**1**).
2 Einen Umschlag um die Nadel legen (**2**) und den Faden durch die Anfangsschlaufe ziehen (**3**). Den Vorgang so oft wie nötig wiederholen und eine Luftmaschenkette häkeln (**4**).

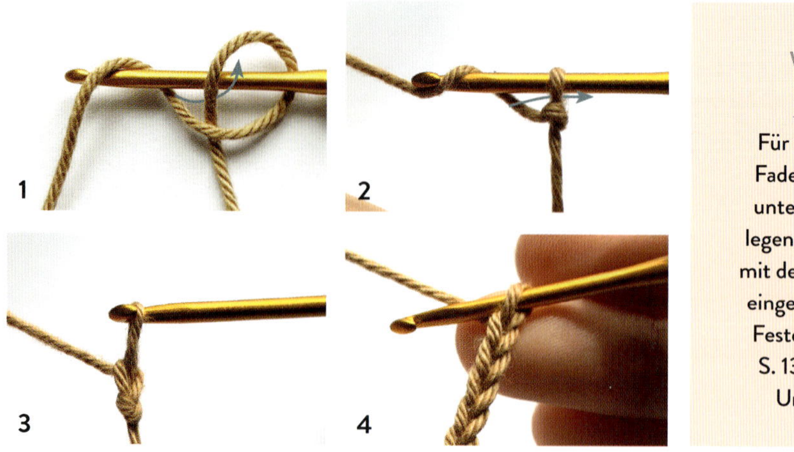

WAS IST EIN UMSCHLAG

Für einen Umschlag den Faden von oben oder von unten um die Häkelnadel legen, bevor oder nachdem mit der Nadel in die Masche eingestochen wurde (siehe Feste Masche in X-Form, S. 13, dort werden beide Umschläge gezeigt).

KETTMASCHE (Km)

1 Mit der Nadel in die Masche einstechen (**1**).
2 Einen Umschlag um die Nadel legen (**2**) und den Faden durch beide Schlaufen ziehen (**3**).

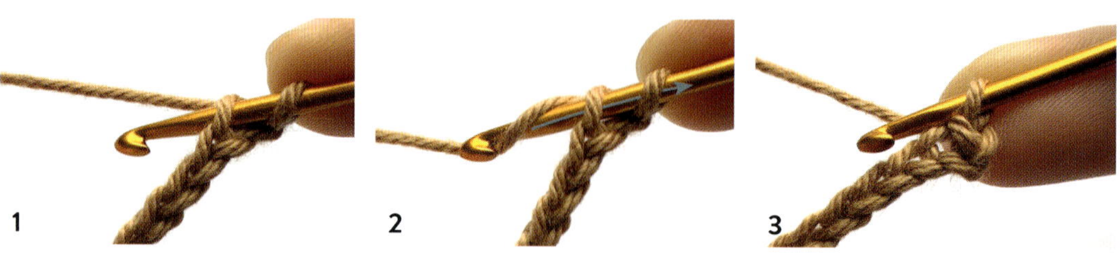

FESTE MASCHE (fM)

IN V-FORM

Dies ist eine klassische feste Masche.

1 Mit der Häkelnadel in die Masche einstechen (1).
2 Einen Umschlag um die Nadel legen und den Faden durch die Anfangsschlaufe ziehen (2).
3 Einen zweiten Umschlag um die Nadel legen und den Faden durch beide Schlaufen ziehen (3).

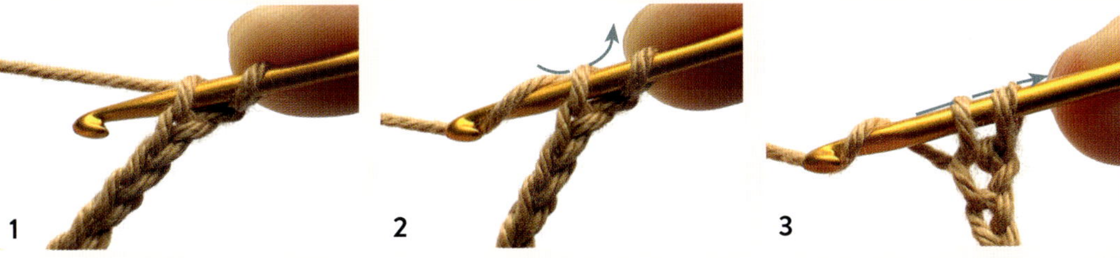

IN X-FORM

Arbeitet man beide Umschläge für die feste Masche auf dieselbe Weise, also von oben, sieht die Masche V-förmig aus. Legt man aber den ersten Umschlag von unten (1) und den zweiten von oben (2) um die Nadel, erhält die Masche ein X-förmiges Aussehen. Ich finde, dass sie dann schöner und dichter wirkt.

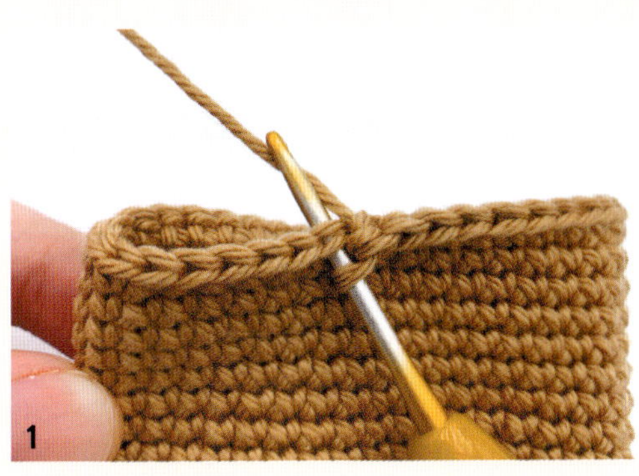

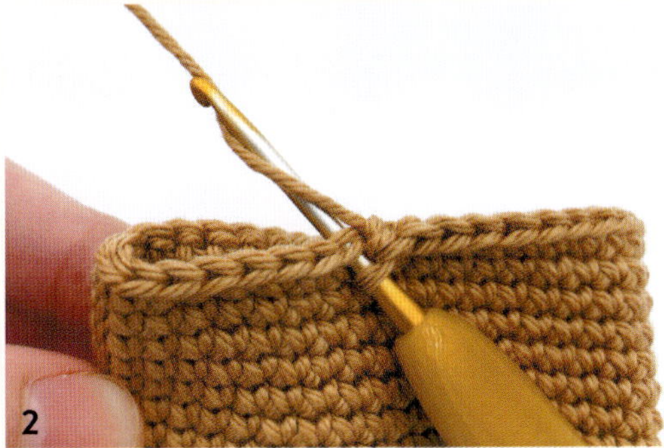

Die festen Maschen in X-Form werden folgendermaßen gehäkelt:

1 Mit der Häkelnadel in die Masche einstechen und einen Umschlag von unten um die Nadel legen.
2 Den Faden durch die erste Schlaufe ziehen. Einen Umschlag von oben um die Nadel legen und den Faden durch beide Schlaufen ziehen.

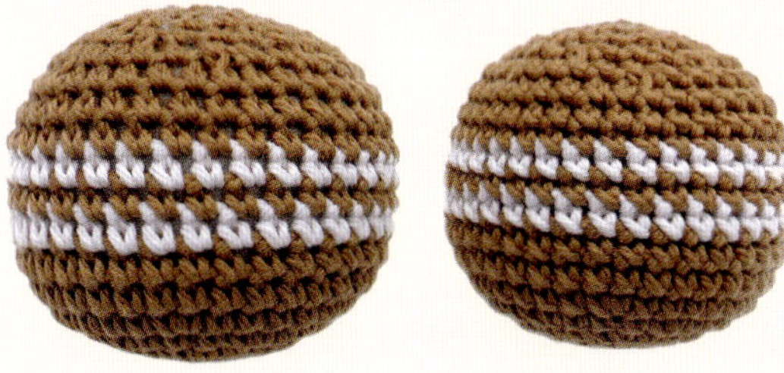

V-förmige Maschen (links) und X-förmige Maschen (rechts) mit derselben Nadel und demselben Faden nach dieser Anleitung gehäkelt.

HALBES STÄBCHEN (hStb)

1 Einen Umschlag um die Nadel legen und in die Masche einstechen (1).
2 Einen zweiten Umschlag um die Nadel legen und den Faden durch die erste Schlaufe ziehen (2).
3 Einen letzten Umschlag um die Nadel legen und den Faden durch die drei Schlaufen ziehen (3).

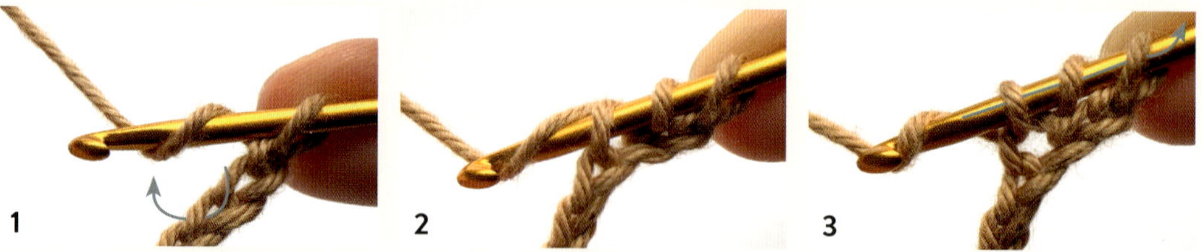

STÄBCHEN (Stb)

1 Einen Umschlag um die Nadel legen und in die Masche einstechen (1).
2 Einen zweiten Umschlag um die Nadel legen und den Faden durch die erste Schlaufe ziehen (2).
3 Einen dritten Umschlag um die Nadel legen, den Faden durch die beiden ersten Schlaufen ziehen (3).
4 Einen vierten Umschlag um die Nadel legen, den Faden durch beide Schlaufen ziehen (4 und 5).

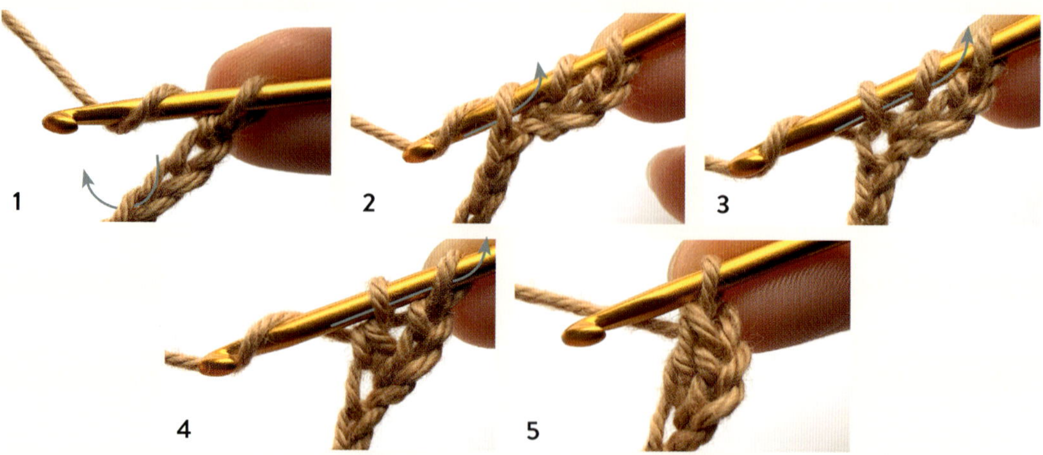

ZUNAHME (Zun)

Zwei gleiche Maschen in dieselbe Masche häkeln. Die Abkürzung „Zun" wird für die Zunahme mit festen Maschen verwendet.

ABNAHME (Abn)

EINFACHE ABNAHME

1 Mit der Häkelnadel in die Masche einstechen, einen Umschlag um die Nadel legen und den Faden durch die Schlaufe ziehen (= 2 Schlaufen auf der Nadel).
2 In die nächste Masche einstechen, einen Umschlag um die Nadel legen und den Faden durch die Schlaufe ziehen (= 3 Schlaufen auf der Nadel).
3 Einen Umschlag um die Nadel legen und den Faden durch die drei Schlaufen ziehen.

UNSICHTBARE ABNAHME

1 Mit der Häkelnadel jeweils in das vordere Maschenglied der beiden nächsten Maschen einstechen (**1**). Einen Umschlag um die Nadel legen, den Faden durch die vorderen Maschenglieder der beiden Schlaufen ziehen (= 2 Schlaufen auf der Nadel) (**2**).
2 Einen Umschlag um die Nadel legen und den Faden durch beide Schlaufen ziehen (**3**).

> **HINWEIS**
>
> **Für ein perfektes Ergebnis arbeite ich immer mit unsichtbaren Abnahmen.**

Die Abkürzung „Abn" wird für die unsichtbare Abnahme mit festen Maschen verwendet.

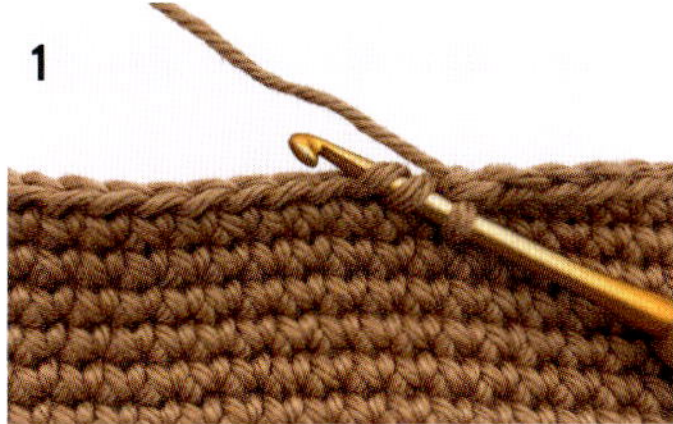
1

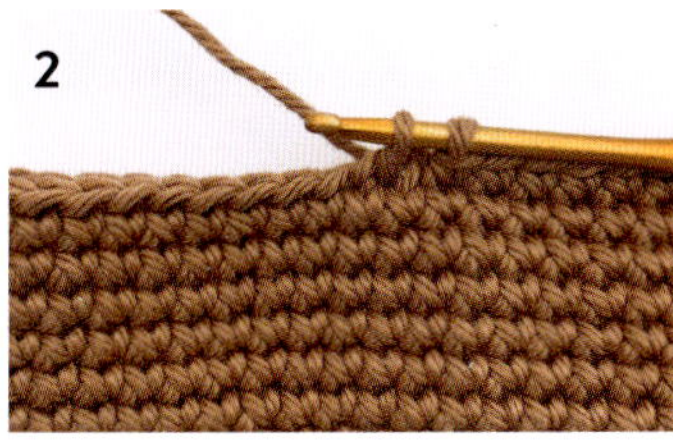
2

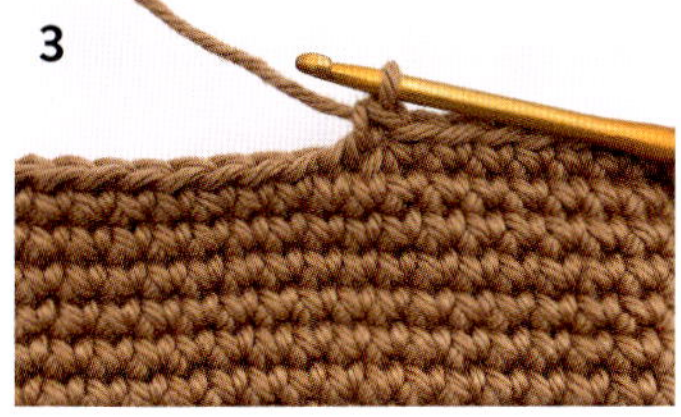
3

ALLGEMEINE TECHNIKEN

EINEN MAGISCHEN RING HÄKELN

Damit kann man von Beginn an in Runden häkeln. Der Ring ist ideal, weil dabei, anders als wenn für den Ring eine Luftmaschenkette zusammengefügt wird, in der Mitte kein Loch entsteht.

1 Den Faden zu einer Schlaufe legen. Die Häkelnadel in die Schlaufe führen und den Anfangsfaden (der vom Knäuel kommt) durchziehen, sodass sich ein Knoten bildet, diesen jedoch nicht festziehen (**1** und **2**).
2 Den Ring mit Daumen und Mittelfinger festhalten und den Arbeitsfaden wie gewohnt zum Festhalten um den Zeigefinger legen. Einen Umschlag um die Häkelnadel legen (**3**) und den Faden durch die Schlaufe auf der Nadel ziehen. So wird der magische Ring gesichert. Diese Luftmasche zählt noch nicht als erste Masche (**4**).
3 Die in der Anleitung angegebene Maschenzahl wie folgt arbeiten: Die Häkelnadel in den Ring führen und einen Umschlag um die Nadel legen. Den Faden durch den Ring ziehen (**5**), dabei darauf achten, dass das lose Fadenende am Ring liegt. Dann noch einen Umschlag um die Nadel legen (**6**) und den Faden durch die beiden Schlaufen auf der Nadel ziehen. Jetzt ist die erste feste Masche gehäkelt (**7**).
4 Anschließend das Fadenende festziehen, sodass sich der magische Ring fest schließt (**8** und **9**).

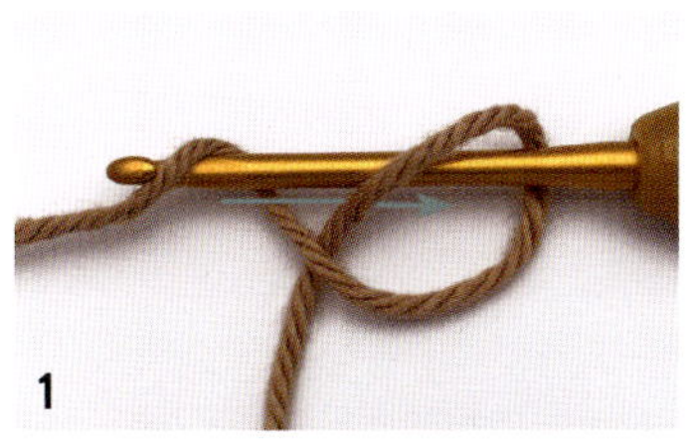
1

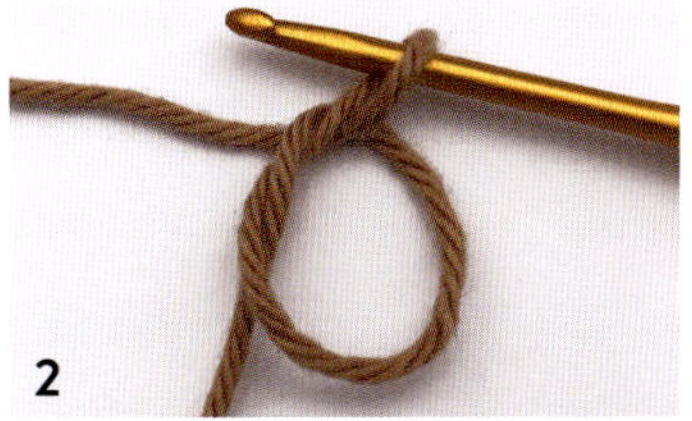
2

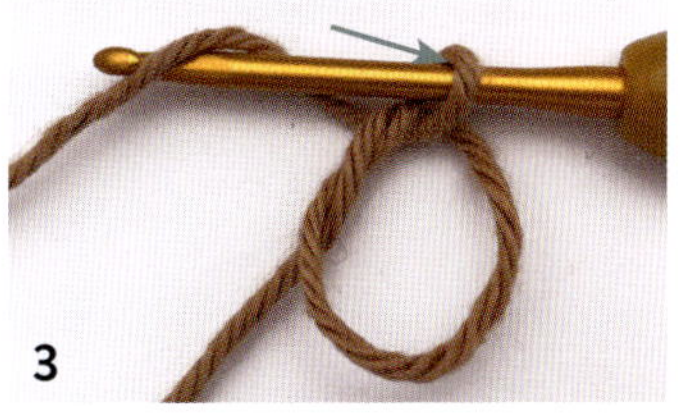
3

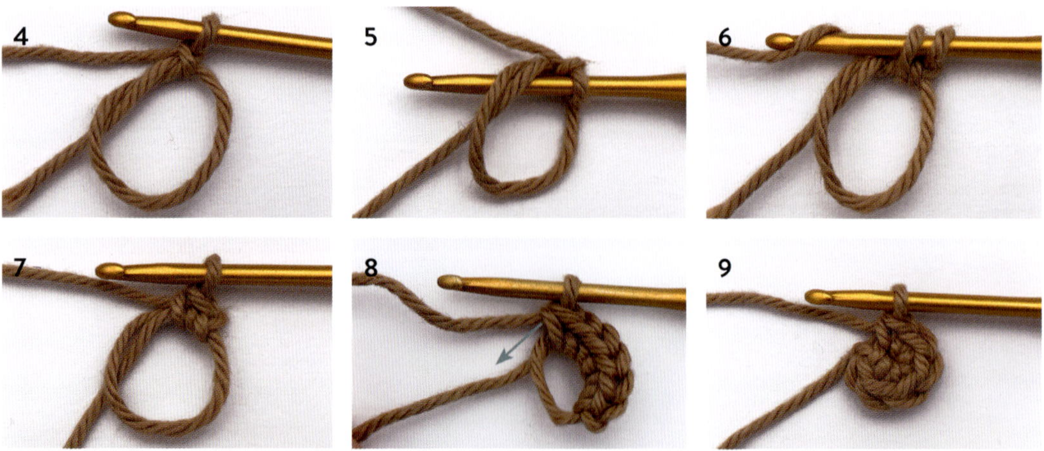

SPIRALRUNDEN HÄKELN

Wenn in der Anleitung nicht anders angegeben, am besten in Spiralrunden häkeln und dabei die Runden nicht mit einer Kettmasche beenden. So sind hinterher die Übergänge zwischen den Runden fast nicht zu erkennen. Dabei muss man einen Maschenmarkierer verwenden, damit man weiß, wo die Runde, die man gerade häkelt, beginnt und endet.

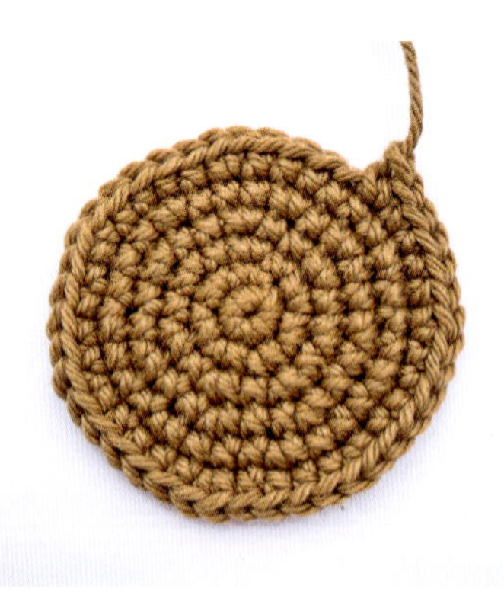

Diese Technik wird für runde Häkelstücke verwendet. Dabei mit einem magischen Ring beginnen (siehe Seite 15). Nach der ersten Runde einen Maschenmarkierer an der ersten Masche des Rings einsetzen. Den Maschenmarkierer am Ende jeder Runde abnehmen, die erste Masche häkeln und ihn dann in dieser neuen Masche einsetzen. Dann wird eine neue Runde begonnen. Bis zur markierten Masche normal weiterhäkeln.

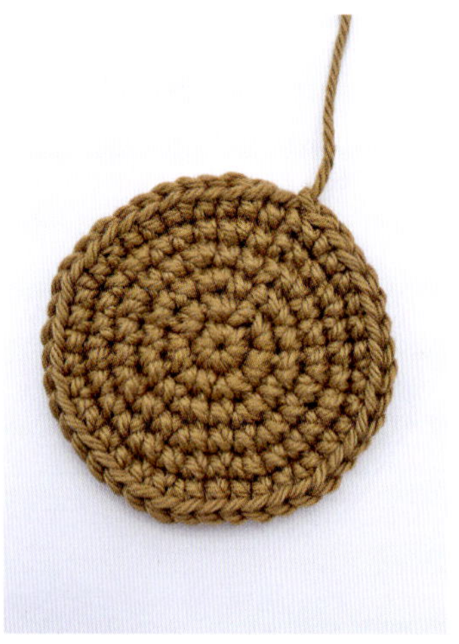

GESCHLOSSENE RUNDEN HÄKELN

Jede Runde mit einer Kettmasche in die erste Masche der vorigen Runde beenden. Die folgende Runde beginnt mit so vielen Luftmaschen wie in der Anleitung angegeben. Diese Luftmaschen zählen bei den Maschen nicht mit. Die erste Masche dieser Runde wird in dieselbe Masche wie diese Luftmasche gehäkelt.

ACHTUNG

Die Arbeit am Rundenende nicht wenden, außer wenn es ausdrücklich in der Anleitung erwähnt wird.

UM EINE LUFTMASCHENKETTE HÄKELN

Wenn die Luftmaschenkette gehäkelt ist (**1**), eine feste Masche in die zweite Luftmasche von der Häkelnadel aus häkeln. Feste Maschen bis zum Ende der Luftmaschenkette häkeln (**2**), dann auf der anderen Seite fortfahren (**3** und **4**).

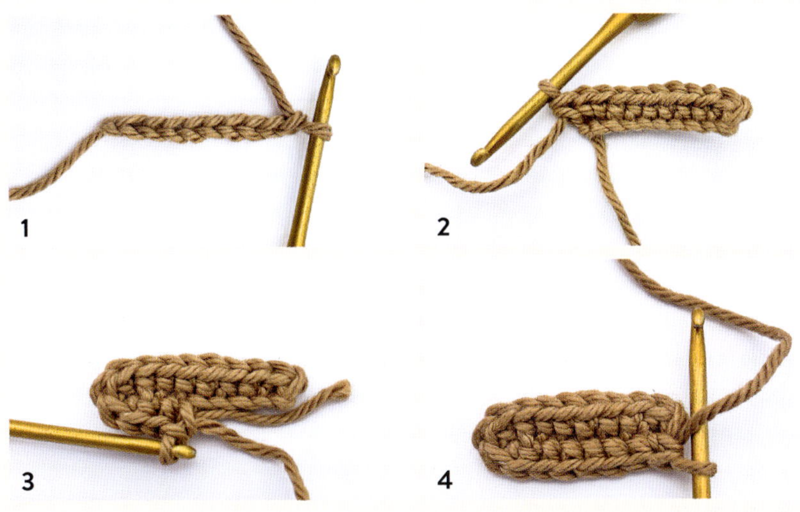

IN HIN- UND RÜCKREIHEN ARBEITEN

Eine Reihe häkeln (**1**). Am Reihenende die Arbeit wenden und die nächste Reihe mit so vielen Luftmaschen beginnen, wie in der Anleitung angegeben (**2**). So fortfahren, bis das Stück beendet ist (**3**).

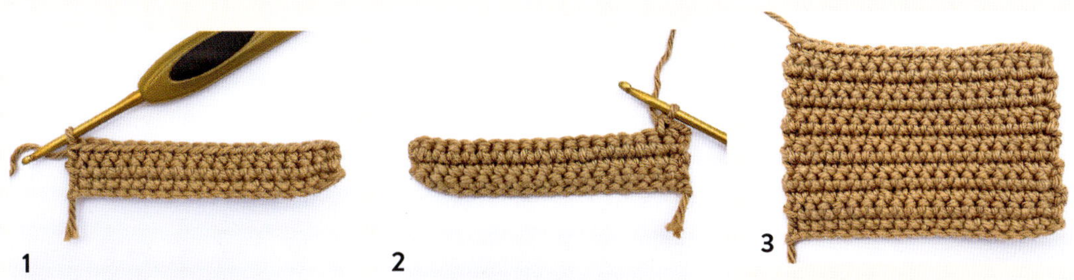

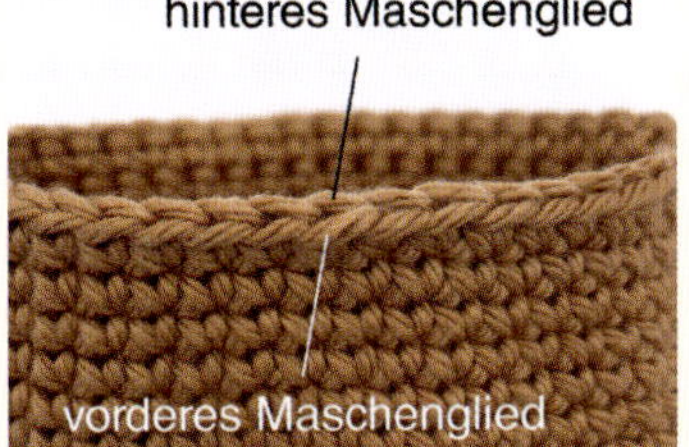

IN VORDERE UND HINTERE MASCHENGLIEDER HÄKELN

Alle Maschen bestehen aus zwei Maschengliedern:

- das vordere Maschenglied zeigt zu dir
- das hintere Maschenglied liegt dahinter

An manchen Stellen eines Modells muss man nur in eines dieser Maschenglieder einstechen, um so der Arbeit eine bestimmte Struktur zu verleihen.

ZWISCHEN INNEN- UND AUSSENSEITE UNTERSCHEIDEN

Es ist wichtig, die Arbeit richtig herum zu halten, sodass die Außenseite (die rechte Seite, **1**) zu sehen ist. Die Innenseite (die linke Seite, **2**) sollte innen im Häkeltier nicht sichtbar sein und die schönere Seite nach außen zeigen.

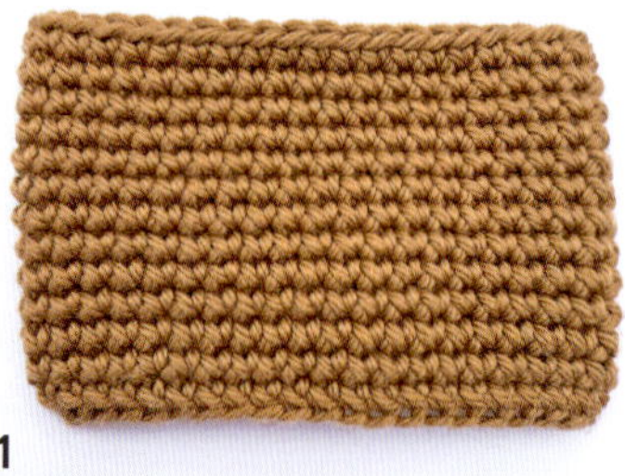
1

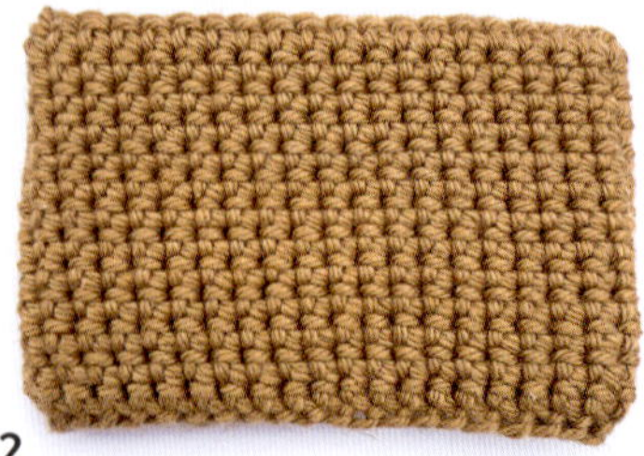
2

DIE GRÖSSE DES HÄKELTIERS VERÄNDERN

Die Größe des Häkeltiers ist abhängig von der Stärke des Garns und der Häkelnadel, der Fadenspannung und der Art der festen Maschen (X- oder V-förmig). Jede Anleitung gibt die genaue Größe des Tiers an, sie entspricht den verwendeten Materialien und der jeweiligen Art der festen Maschen (X-förmig). Für größere Tiere nimmt man stärkeres Garn und eine größere Häkelnadel, für kleinere Tiere dünneres Garn und eine kleinere Nadel.

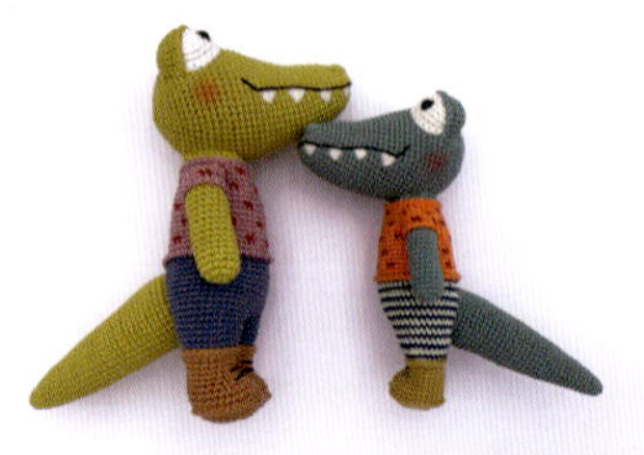

Diese Krokodile wurden nach derselben Anleitung gearbeitet. Für das linke wurde das Garn Happy Cotton (von DMC) und eine 2,75-mm-Häkelnadel verwendet, für das rechte hingegen Natura Just Cotton (von DMC) und eine 2,25-mm-Nadel.

FARB- ODER FADENWECHSEL

Ein Farbwechsel wird immer mit der letzten Masche in Farbe 1 vorgenommen.

1 In die letzte Masche von Farbe 1 einstechen. Mit dem Faden in Farbe 1 einen Umschlag um die Nadel legen, den Faden wie für eine normale feste Masche durchziehen (= 2 Schlaufen auf der Nadel).

2 Den Faden in Farbe 1 ruhen lassen, nicht abschneiden. Mit dem Faden in Farbe 2 einen Umschlag um die Nadel legen (**1**) und den Faden durch beide Schlaufen ziehen (**2**). Den Faden in Farbe 1 anziehen, damit die Maschen fest sitzen, und in Farbe 2 weiterarbeiten.

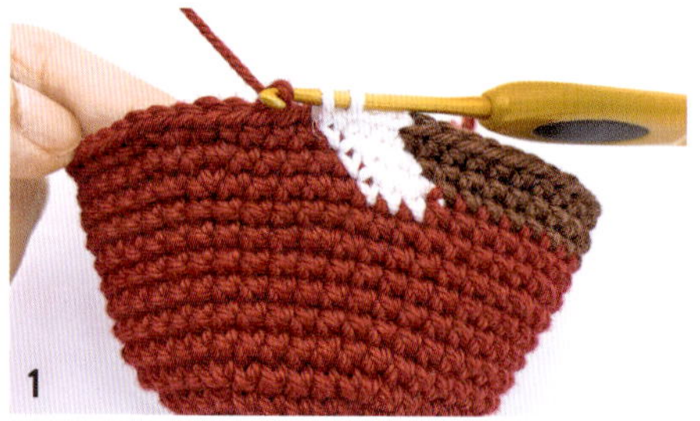
1

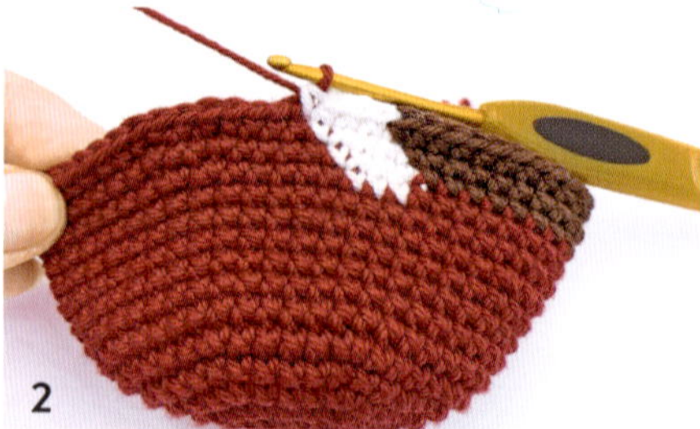
2

Wenn zum Beispiel in der Anleitung steht „*in Weiß*: 4 fM; *in Rot:* 20 fM“, bedeutet das, dass man mit dem weißen Garn eine feste Masche in die vier folgenden Maschen häkeln soll. Bei der letzten dieser vier Maschen legt man noch einen Umschlag mit dem roten Garn um die Nadel und häkelt dann damit feste Maschen in die folgenden zwanzig Maschen.

Genauso geht es beim Fadenwechsel, wenn das Wollknäuel zu Ende geht. Dann ändert sich die Farbe nicht.

In den meisten Anleitungen gibt es viele Farbwechsel. Ich schlage zwei Methoden vor, um den ruhenden Faden mitzuführen, während mit der anderen Farbe gehäkelt wird.

- Wenn die Farbwechsel dicht beieinander liegen (1 bis 5 Maschen zwischen den beiden Farben, **1**), den Faden in Farbe 1 innen hängen lassen, wenn mit Farbe 2 gehäkelt wird. Wenn wieder mit Farbe 1 weitergehäkelt werden soll, einfach den Faden wieder aufnehmen und die letzte Runde in Farbe 2 beenden.

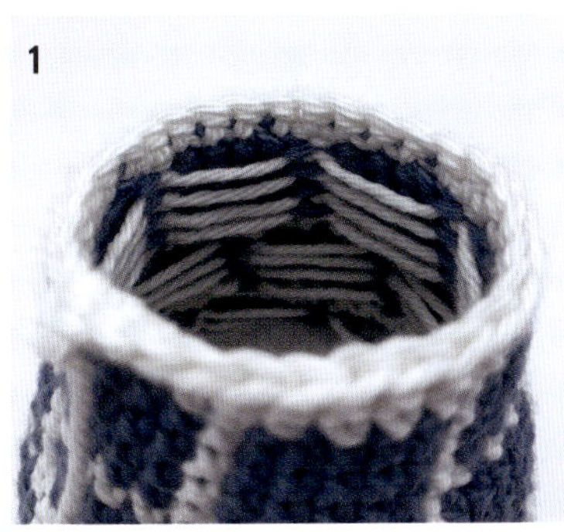
1

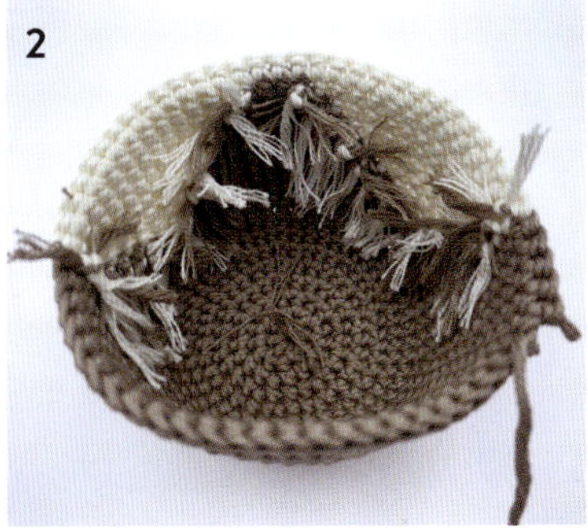
2

ACHTUNG

Beim Häkeln in Farbe 1 nicht zu fest häkeln: Der Faden auf der Innenseite sollte locker mitgeführt werden, damit sich die Arbeit nicht verzieht.

- Wenn die Farbwechsel weiter auseinander liegen (mehr als 5 Maschen zwischen den beiden Farben, (**2**), das Fadenende abschneiden (etwa 2 cm lang) und die Fäden mit Doppelknoten verknoten.
- Wenn die Farben für ein Streifenmuster in jeder Runde geändert werden, den Faden nicht abschneiden, sondern innen mitführen.

ZWEI IDENTISCHE TEILE MITEINANDER VERBINDEN

In den meisten meiner Anleitungen sollen zwei identische Teile, zum Beispiel zwei Beine, miteinander verbunden werden. Da in Spiralrunden gehäkelt wird, gibt es immer einen Niveauunterschied zwischen den Runden. Um diesen Unterschied auszugleichen, in die auf die letzte Masche folgende Masche einstechen, also in die vorherige Reihe (**1**). Diese Masche ist dann die erste Masche der nächsten Runde (**2**).

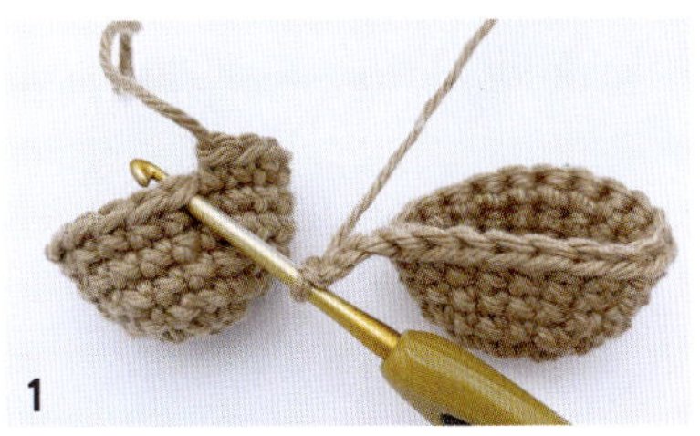
1

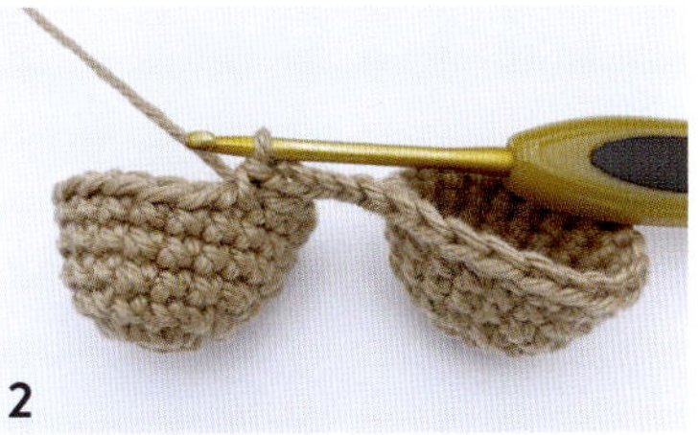
2

EINEN FADEN AM VORDEREN MASCHENGLIED ANBRINGEN

Für hübsche Kanten an Kleidungsstücken der Häkeltiere kann man einen Faden am vorderen Maschenglied einer Runde anbringen.

1 Mit der Häkelnadel in die Masche einstechen (1).
2 Den neuen Faden, mit dem nun gehäkelt werden soll, durch diese Masche ziehen (2).
3 Auf diese Weise nach der Anleitung fortfahren.

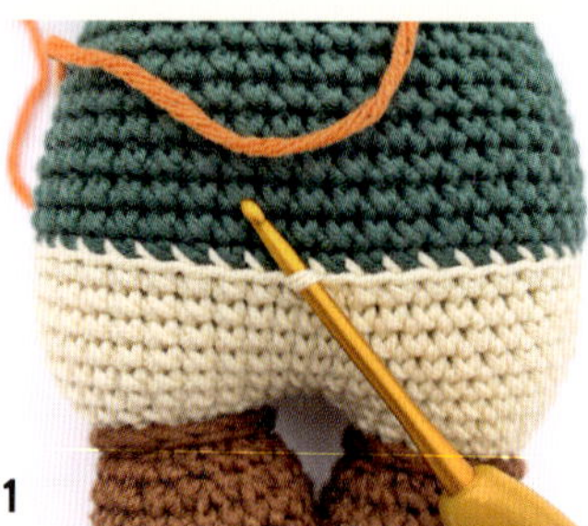
1

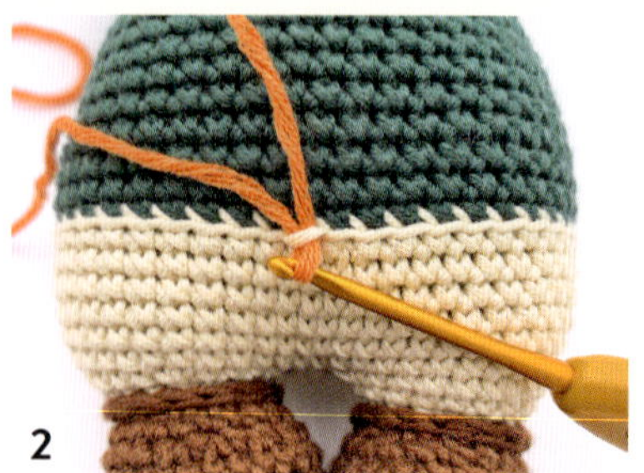
2

ZUM BEENDEN DEN FADEN ABSCHNEIDEN

Wenn ein Tier fertig ist, wird der Faden abgeschnitten und das Häkelstück ausgearbeitet.

1 Nach der letzten Masche den Faden abschneiden (1).
2 Das Fadenende durch die Schlaufe auf der Häkelnadel führen und festziehen (2).

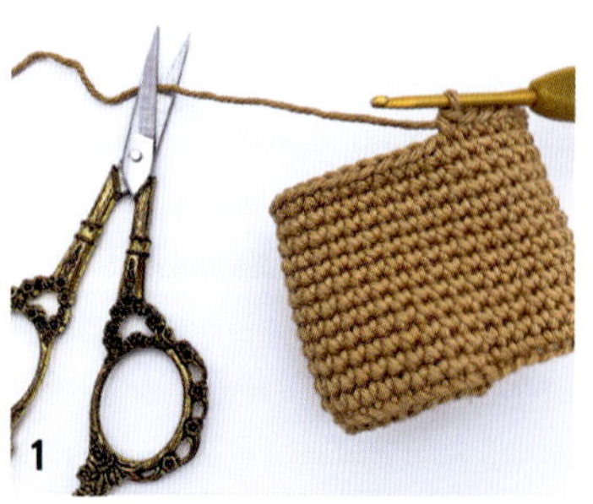
1

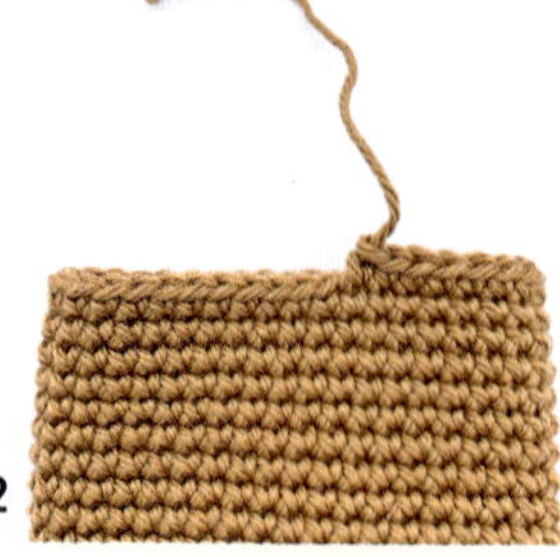
2

ACHTUNG

Wenn mit dem Fadenende später Einzelteile zusammengenäht werden sollen, diesen ausreichend lang lassen (meist 15–20 cm).

UNSICHTBARES ENDE ARBEITEN

Wenn der Faden abgeschnitten und durch die letzte Masche gezogen wurde, erhält man eine Art Luftmasche. Damit die Arbeit gleichmäßiger aussieht und sich die Rundungen perfekt legen, muss diese Masche an der Kante verschwinden, was ich mit „unsichtbarem Ende“ bezeichne.

1 Das Fadenende in eine Nähnadel fädeln. Eine Masche überspringen und die Nadel unter beide Maschenglieder der folgenden Masche führen (1).
2 Die Nadel in das hintere Maschenglied der Masche führen, aus der das Fadenende kommt (2).
3 Den Faden vorsichtig anziehen, damit diese Stiche wie eine Masche aussehen und dieselbe Größe wie die nebenliegenden Maschen haben (3).

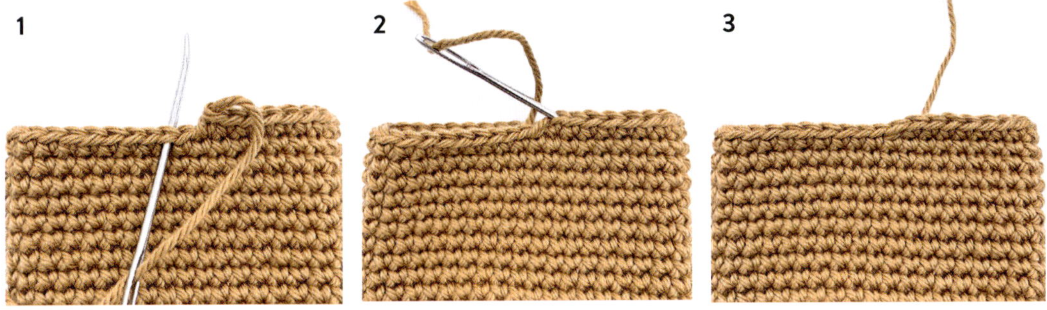

FÄDEN VERNÄHEN

BEI EINER NICHT AUSGESTOPFTEN ARBEIT

1 Das Fadenende in eine Nähnadel fädeln, dann auf der Rückseite der Arbeit durch mehrere Maschen führen (**1**).
2 Das Fadenende dicht an der Arbeit abschneiden (**2**).

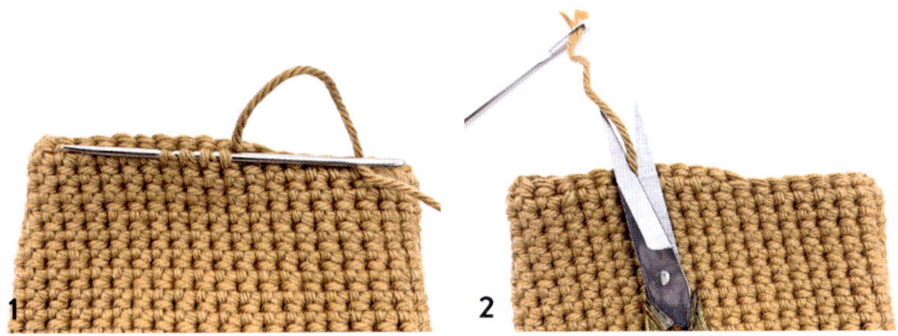

BEI EINER AUSGESTOPFTEN ARBEIT

1 Das Fadenende in eine Nähnadel fädeln und mehrmals von einer zur anderen Seite des ausgestopften Häkelstücks führen (**1** und **2**), bis das Fadenende sehr kurz ist.
2 Das Fadenende dicht an der Arbeit abschneiden (**3**).

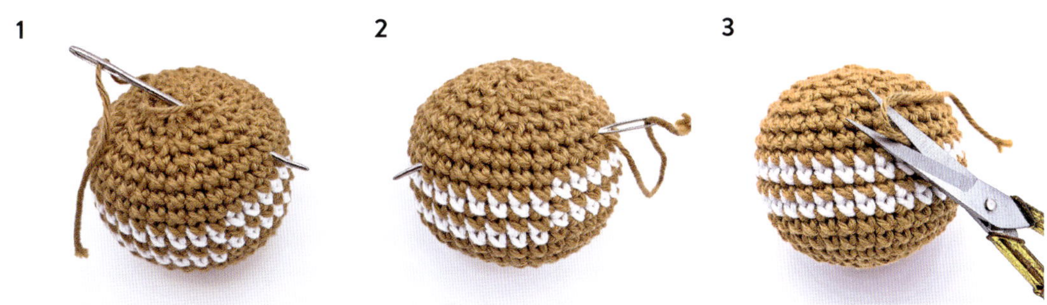

RUNDENENDEN VERSCHLIESSEN

Nach der letzten Runde eines runden Häkelstücks bleibt oft noch ein kleines Loch, das geschlossen werden muss.

1 Die letzte Masche häkeln, den Faden abschneiden und in eine Nähnadel fädeln.
2 Die Nadel von außen nach innen durch die vorderen Maschenglieder der Maschen der letzten Runde führen (**1**).
3 Den Faden vorsichtig anziehen und so das Loch schließen (**2**), dann gemäß der Anleitung das Fadenende vernähen oder hängen lassen.

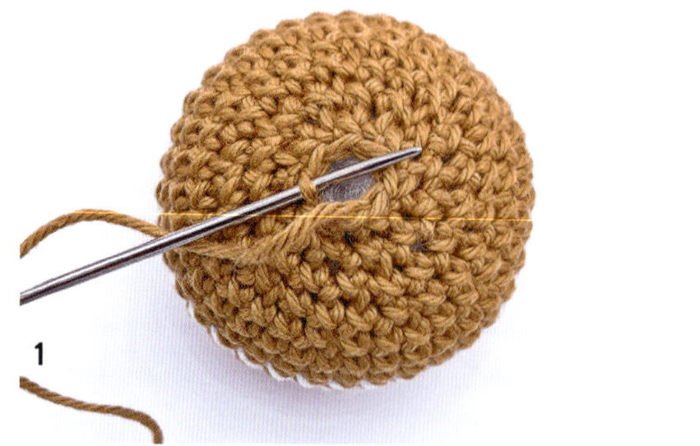
1

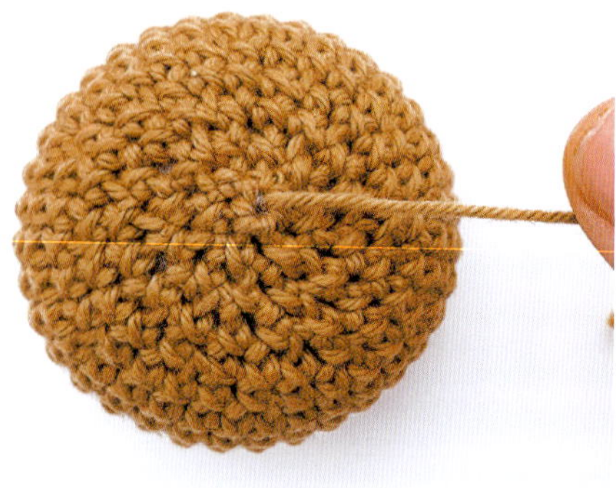
2

TEILE ZUSAMMENNÄHEN

Wenn alle Einzelteile für ein Tier gehäkelt sind, müssen sie mit einer Wollnadel zusammengenäht werden. Dafür verwende ich drei unterschiedliche Stiche: den Steppstich, den Matratzenstich und den Vorstich.

- Mit dem **Steppstich** wird ein Teil auf ein anderes aufgenäht (etwa eine Schnauze auf den Kopf).

1 Die Teile links auf rechts aufeinanderlegen. Die Nadel in die erste Masche durch beide Schichten führen und von hinten nach vorne durch die folgende Masche wieder ausstechen (**1**).
2 In die vorherige Masche durch beide Häkelstücke hindurchführen (**2**).
3 Rundum die Schritte 1 und 2 wiederholen (**3**).

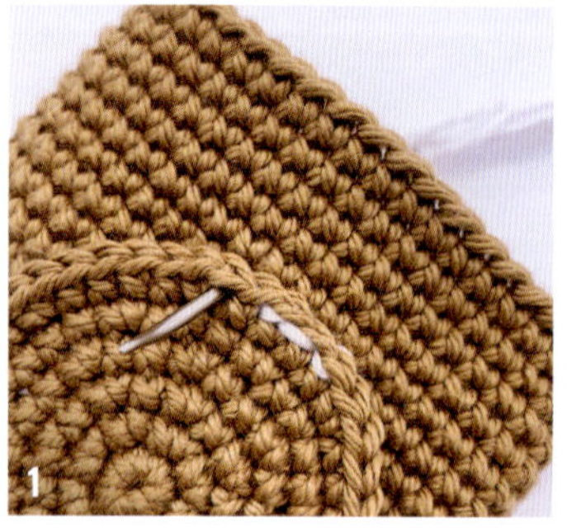
1

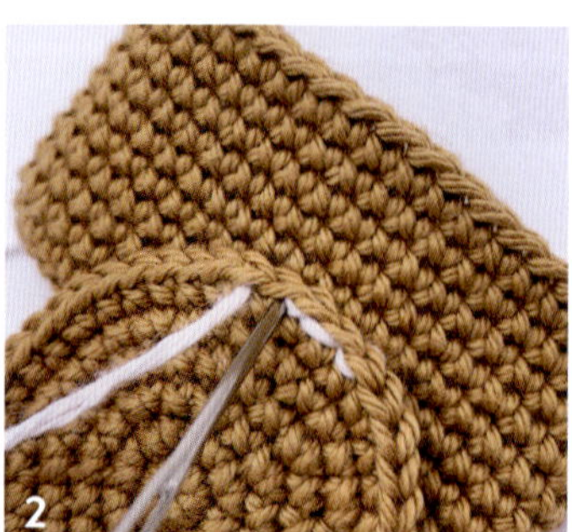
2

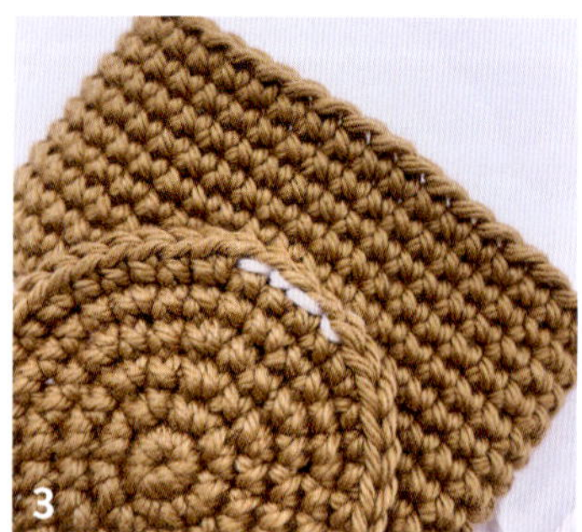
3

- Der **Matratzenstich** ist nahezu unsichtbar, wenn man den Faden nicht zu fest anzieht. Ich füge damit zwei offene Stücke aneinander, zum Beispiel einen Kopf und einen Körper.

1 Gegenüber von der Stelle, an der der Faden aus der Arbeit herauskommt, in die entsprechende Masche des anderen Häkelteils ein- und unter der nächsten Masche durchstechen (**1**).
2 Beim ersten Häkelteil gegenüber von der Stelle, wo der Faden austritt, wieder einstechen und unter der nächsten Masche ausstechen (**2**).
3 Die Schritte 1 und 2 so oft wie nötig wiederholen (**3**).

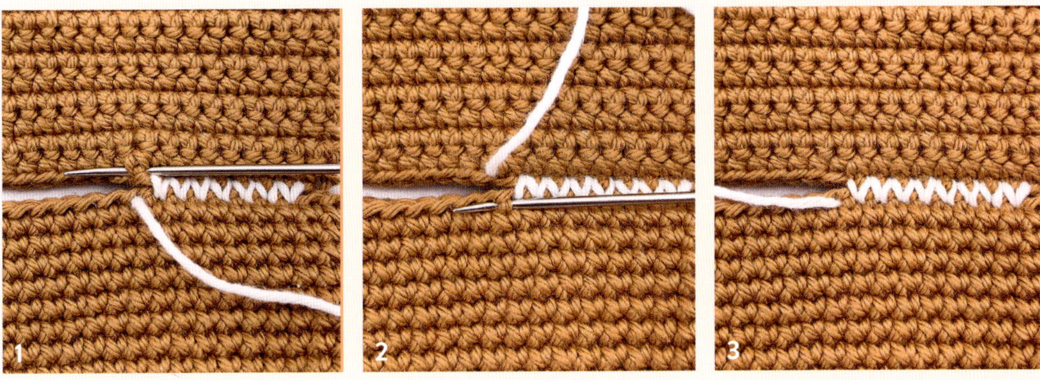

- Mit dem **Vorstich** wird ein flaches Teil an ein ausgestopftes genäht (etwa Arme an den Körper) oder ein offenes Teil an ein ausgestopftes (etwa Ohren an den Kopf oder der Schwanz an den Körper).

1 Mit der Nadel von hinten nach vorne in eine Masche des offenen Teils einstechen (**1**).
2 Von vorne nach hinten in die entsprechende Masche des anderen Häkelteils einstechen und durch die nächste Masche ausstechen (**2**).
3 Rundum die Schritte 1 und 2 wiederholen (**3**).

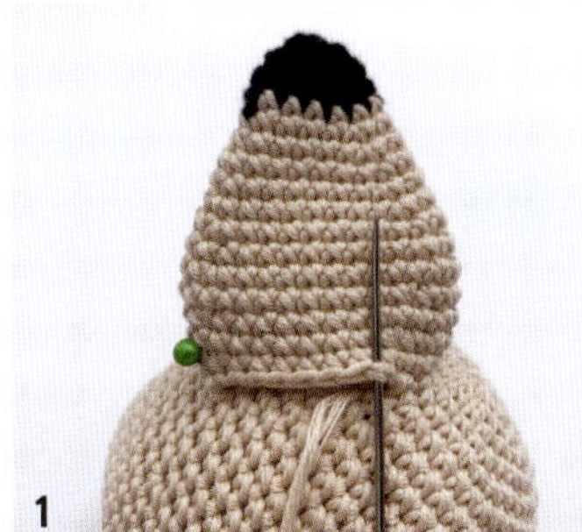

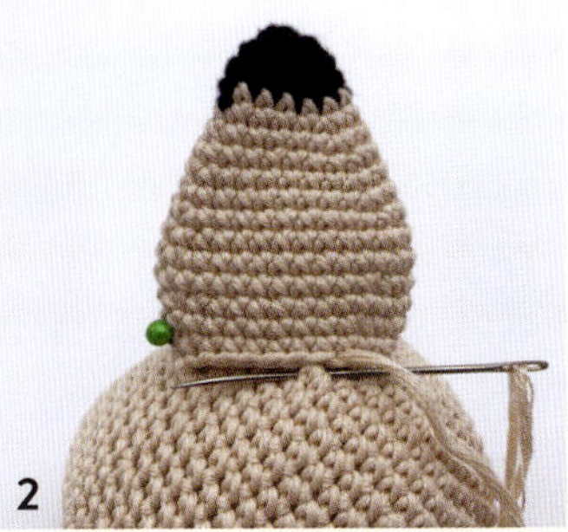

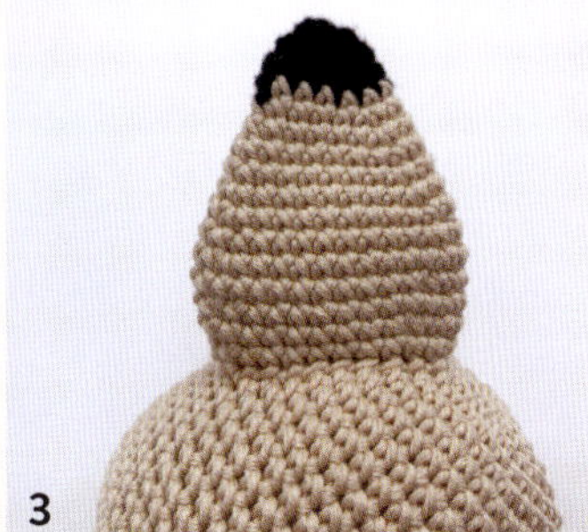

HINWEIS

- Den Faden mindestens an einem der zu verbindenden Teile lang genug lassen, um damit das ganze Teil wie angegeben annähen zu können. Wenn zwei offene Teile aneinandergenäht werden sollen (etwa Körper und Kopf), lasse ich gerne an beiden Teilen den Endfaden stehen. Am besten näht man mit einem Faden die Teile zusammen und verstärkt mit dem anderen die Naht zusätzlich noch ein wenig. Dann die Fäden vernähen.
- Zuvor die Teile mithilfe von Stecknadeln aneinandersetzen (1). Bei symmetrisch angeordneten Teilen (Arme, Beine, Ohren usw.) kann die Position dann noch korrigiert werden.
- Wenn der Kopf an den Körper genäht wird, in der Mitte des Halses beginnen, um sicherzugehen, dass der Kopf gerade sitzt (2).
- Wenn Kopf und Körper in verschiedenen Farben gehäkelt wurden, durch die beiden Maschenglieder des Kopfes und die hinteren Maschenglieder des Körpers nähen (oder durch beide Maschenglieder des Körpers und die hinteren Maschenglieder des Kopfes), damit eine saubere Verbindung entsteht (3).

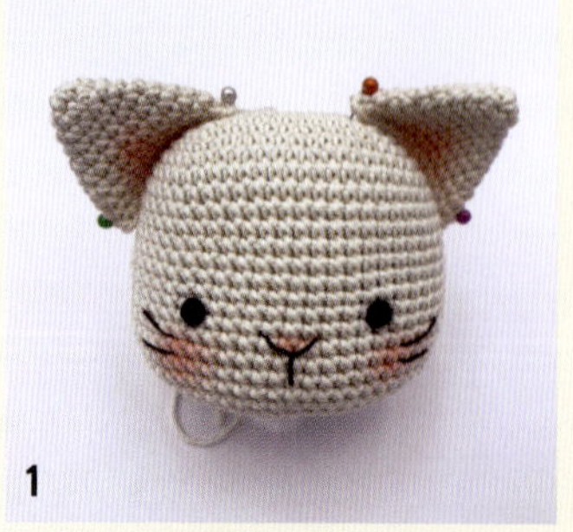
1

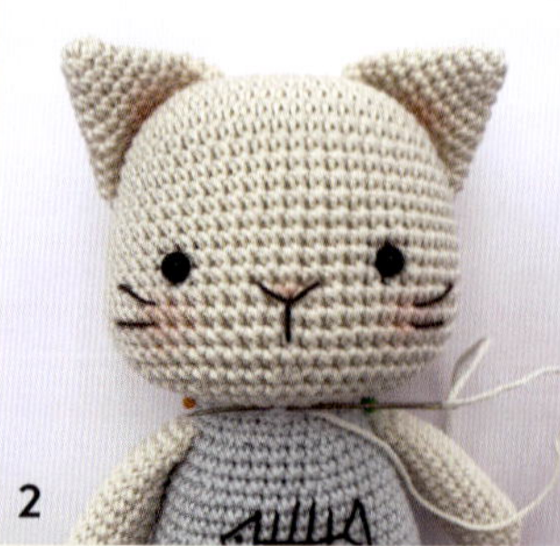
2

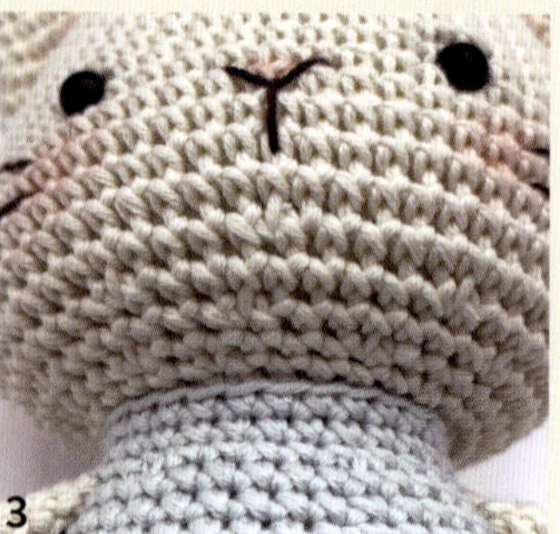
3

- Wenn eines der Teile ausgestopft ist, noch etwas Füllmaterial hinzufügen, bevor die Naht ganz geschlossen wird, damit das Teil schön ausgeformt wird.
- Alle verwendeten Materialien und Techniken für die Anfertigung der Häkeltiere in diesem Buch werden in diesem Technikteil ausführlich beschrieben.
- Treten im Verlauf der Arbeit Probleme auf, solltest du am besten diese Seiten durchblättern, um die Lösung für das Problem zu finden. Oder du siehst auf meinem YouTube-Kanal *Khuc Cay* nach, dort gibt es für bestimmte Techniken Erklärvideos und Tipps zum Häkeln.
- Wenn dann immer noch genauere Erklärungen nötig sind, kannst du gerne mit mir Kontakt aufnehmen. Ich helfe dir gerne!

STICKSTICHE

VORSTICH

Meistens sticke ich mit dem Vorstich.

1 Mit der Nadel von der linken auf die rechte Seite an der Stelle, wo der Stich beginnen soll, zwischen den Maschen einstechen und den Faden durchziehen.
2 Die Nadel von rechts nach links in die Masche einstechen, an der der Stich enden soll, und dort ausstechen, wo der nächste Stich beginnt (**1**). Die Nadel befindet sich somit wieder auf der rechten Arbeitsseite.
3 Den Vorgang für jeden Stich wiederholen (**2** und **3**).

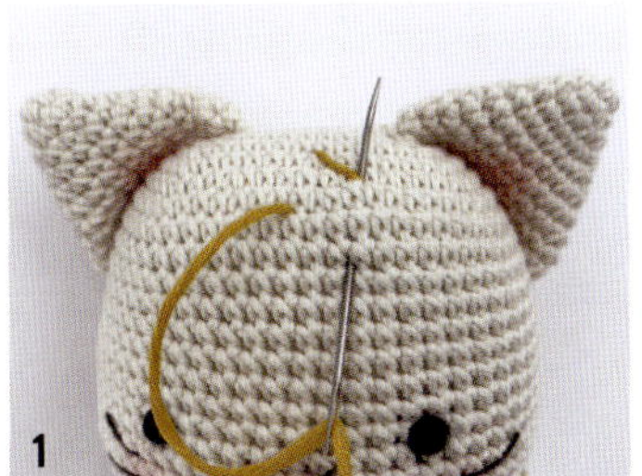
1

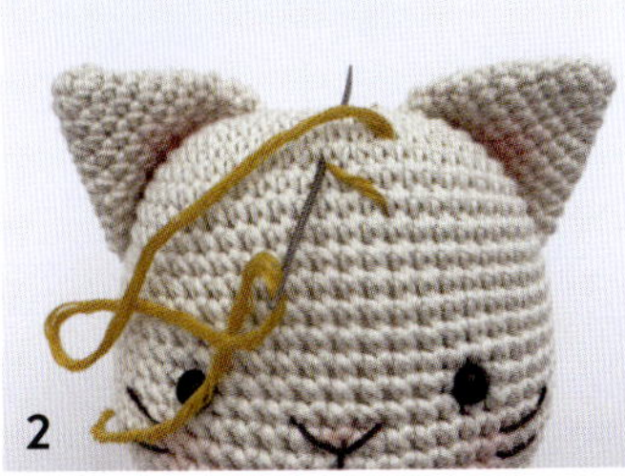
2

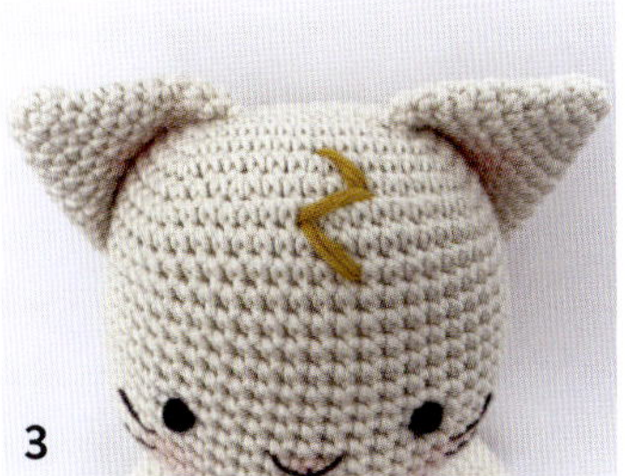
3

KNÖTCHENSTICH

Der Knötchenstich sieht auf den Tieren sehr hübsch aus und verleiht ihnen Struktur.

1 Mit der Nadel von der linken auf die rechte Seite einstechen und den Faden durchziehen (**1**).
2 Den Faden um die Nadel wickeln (**2**). Je öfter man wickelt, desto größer wird das Knötchen.
3 Die Nadel dicht an der Ausstichstelle wieder einstechen (**3**).
4 Den Faden vorsichtig durchziehen, sodass sich kleine Schlingen bilden (**4**). Darauf achten, den Faden nicht zu fest zu ziehen, damit sich der Stich nicht auflöst oder durch die Maschen hindurchzieht.

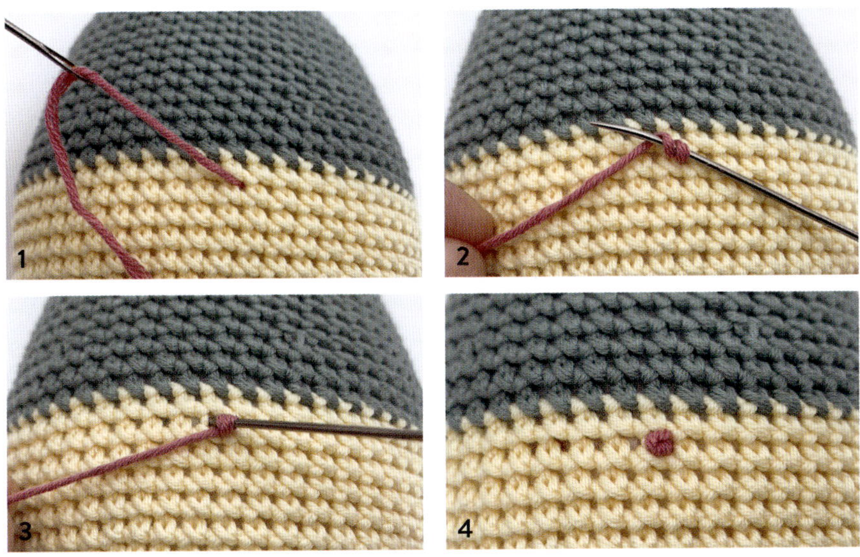
1 2 3 4

DIE ANLEITUNGEN RICHTIG LESEN

ABKÜRZUNGEN UND SYMBOLE

ABKÜRZUNGEN	
Abn	Abnahme(n)
fM	feste Masche(n)
hMg	hintere(s) Maschenglied(er)
hStb	halbes Stäbchen
Km	Kettmasche(n)
Lm	Luftmasche(n)
M	Masche(n)
R	Reihe(n)
Rd	Runde(n)
Stb	Stäbchen
vMg	vordere(s) Maschenglied(er)
Zun	Zunahme(n)
SYMBOLE	
[ ]	Anzahl der Maschen am Rundenende
( )	Zu wiederholende Anweisungen
{ }	in dieselbe Masche arbeiten
SCHWIERIGKEITSGRAD	
*	Leicht: Seltene Farbwechsel, einfache Form und Ausarbeitung. Schnelles Projekt.
**	Mittel: Aufwendigere Farbwechsel. Kompliziertere Form. Mehr Details und Einzelteile. Längeres Projekt.
***	Schwer: Viele Farbwechsel, aufwendigere Formen und Details. Langes Projekt.

Die folgenden Beispiele sollen helfen, die Anleitungen in diesem Buch zu verstehen.

BEISPIEL 1

23. Rd: (5 fM, 1 Abn) 6 x [36 fM].

> Für die 23. Runde sechs Mal (eine feste Masche in jede der fünf folgenden Maschen häkeln, dann eine Abnahme arbeiten).

Am Ende der 23. Runde hast du 36 feste Maschen.

BEISPIEL 2

14.–16. Rd: ***in Braun:*** **2 fM; (*in Beige:* 1 fM; *in Braun:* 3 fM) 11 x; *in Beige:* 1 fM; *in Braun:* 1 fM [48 fM].**

> Von der 14. bis 16. Runde diese Anleitung wie folgt arbeiten:

> Abwechselnd in Beige und Braun arbeiten (siehe zum Farbwechsel und Mitführen des Fadens, während mit der anderen Farbe gehäkelt wird, die Hinweise auf S. 18–19). Darauf achten, die angegebene Maschenzahl für jede Farbe zu häkeln.

In Braun: **2 fM.**

> Mit dem braunen Garn jeweils eine feste Masche in die beiden folgenden Maschen häkeln, dann einen Umschlag mit dem beigen Faden um die Nadel legen.

(*In Beige:* 1 fM; *in Braun:* 3 fM) 11 x

> Elf Mal die Anleitung in der Klammer wiederholen: Mit dem beigen Garn eine feste Masche in die folgende Masche häkeln, dann einen Umschlag mit dem braunen Faden um die Nadel legen. Mit dem braunen Garn jeweils eine feste Masche in die folgenden drei Maschen häkeln. Danach einen Umschlag mit dem beigen Garn um die Nadel legen.

In Beige: **1 fM; *in Braun:* 1 fM.**

> Mit dem beigen Garn eine feste Masche in die folgende Masche häkeln, dann einen Umschlag mit dem braunen Faden um die Nadel legen. Mit dem braunen Garn eine feste Masche in die folgende Masche häkeln. Anschließend mit dem braunen Garn weiterhäkeln.

Am Ende jeder Runde hast du 48 feste Maschen.

BEISPIEL 3

2. R (Armlöcher): 1 Lm, 6 fM, 6 Lm, 8 M überspringen (*1. Armloch,* 37); 14 fM, 6 Lm, 8 M überspringen (*2. Armloch*); 6 fM, wenden [38 M].

> Die Luftmasche am Anfang jeder Reihe zählt nicht als 1 fM (siehe Hinweise zu Hin- und Rückreihen, S. 17).

2. R (Armlöcher): 1 Lm, 6 fM.

> In dieser 2. Reihe werden die Öffnungen gehäkelt, damit die Arme des Tiers in die Weste passen. Eine Luftmasche häkeln, die erste feste Masche in dieselbe Masche wie die Luftmasche am Reihenanfang häkeln, dann jeweils eine feste Masche in die folgenden fünf Maschen.

6 Lm, 8 M überspringen (*1. Armloch,* 37).

> Sechs Luftmaschen häkeln, die folgenden acht Maschen überspringen und in die neunte Masche einstechen (von der letzten Masche aus gezählt). Nun sieht man auf dem Foto 37, wie es aussehen soll. Hier wird das erste Armloch geformt.

14 fM, 6 Lm, 8 M überspringen (*2. Armloch*), 6 fM.

> Jeweils eine feste Masche in die nächsten vierzehn Maschen häkeln. Sechs Luftmaschen häkeln, die folgenden acht Maschen überspringen und in die neunte Masche einstechen (von der letzten Masche aus gezählt). Dann jeweils eine feste Masche in die nächsten sechs Maschen häkeln.

Am Ende der 2. Reihe hast du insgesamt 38 Maschen gehäkelt. Die Arbeit wenden und mit der nächsten Reihe fortfahren.

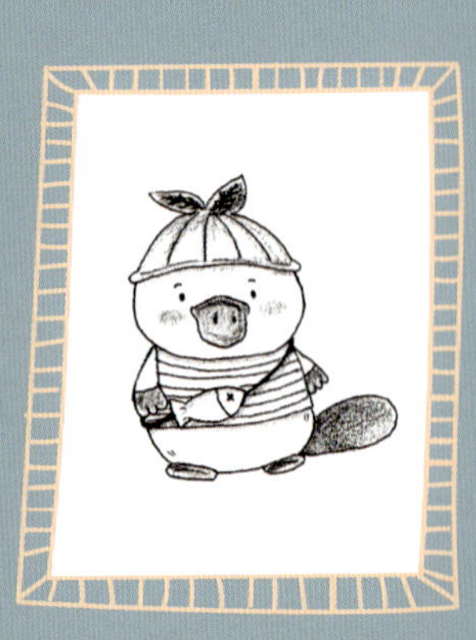
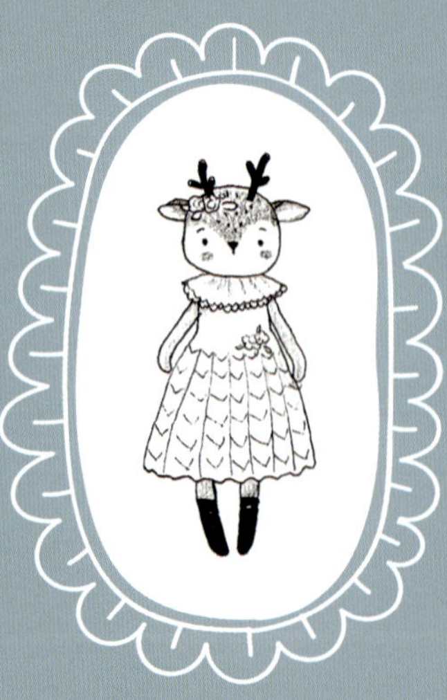
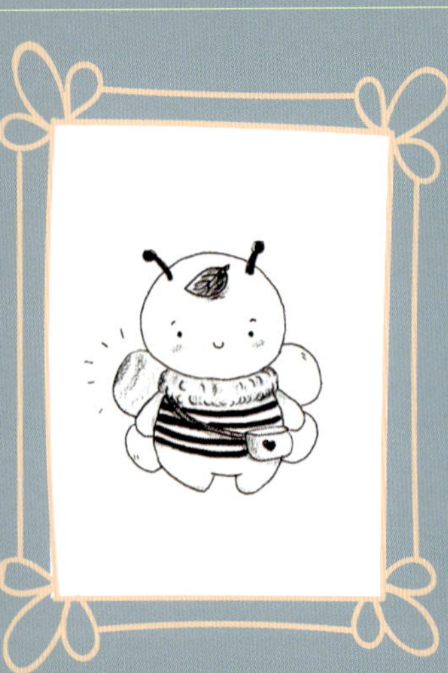

Anleitungen

ANNE *die Biene*

Diese kleine Biene arbeitet viel. Sie wacht stets bei Sonnenaufgang auf und ruht erst, wenn ihr Beutel voller Pollen ist. Trotzdem ist sie dank ihres Regenbogen-Flügels immer gut gelaunt! Pflanze eine Blume in deinen Garten, vielleicht siehst du Anne dann eines schönen Tages vorbeifliegen.

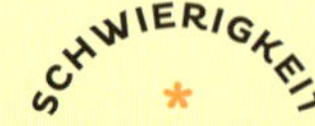

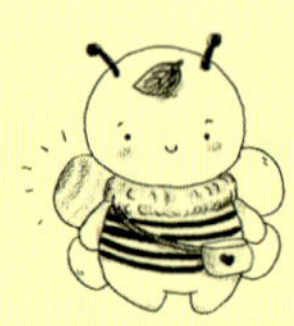

Größe: 18 cm

Material

- Grundausstattung (siehe S. 10)
- Häkelnadel 2,75 mm
- 2 Sicherheitsaugen Ø 8 mm

Garn

- DMC Happy Cotton in
  - Gelb (Fb. 788), 40 g,
  - Creme (Fb. 761), 20 g,
  - Schwarz (Fb. 775), 20 g,
  - Dunkelblau (Fb. 750),
  - Hellblau (Fb. 751),
  - Orange (Fb. 753),
  - Blassgrün (Fb. 779),
  - Grün (Fb. 780),
  - Rot (Fb. 790),
  - Senfgelb (Fb. 794),
  - Violett (Fb 795),
  - Blau (Fb. 797),
  jeweils ein kleiner Rest
- DMC Teddy in
  - Rosa (Fb. 313),
  ein kleiner Rest
- schwarzes Stickgarn

KOPF (in Gelb)

1. Rd: 8 fM in einen magischen Ring häkeln [8 fM].
2. Rd: 8 Zun [16 fM].
3. Rd: (1 fM, 1 Zun) 8 x [24 fM].
4. Rd: (2 fM, 1 Zun) 8 x [32 fM].
5. Rd: 1 fM, 1 Zun, (3 fM, 1 Zun) 7 x, 2 fM [40 fM].
6. Rd: (4 fM, 1 Zun) 8 x [48 fM].
7.–10. Rd: 1 fM in jede M [48 fM].
11. Rd: (7 fM, 1 Zun) 6 x [54 fM].
12.–15. Rd: 1 fM in jede M [54 fM].
16. Rd: (8 fM, 1 Zun) 6 x [60 fM].
17. Rd: 1 fM in jede M [60 fM].
18. Rd: (8 fM, 1 Abn) 6 x [54 fM].
19. Rd: 3 fM, 1 Abn, (7 fM, 1 Abn) 5 x, 4 fM [48 fM].
20. Rd: (6 fM, 1 Abn) 6 x [42 fM].
21. Rd: 2 fM, 1 Abn, (5 fM, 1 Abn) 5 x, 3 fM [36 fM].
22. Rd: (4 fM, 1 Abn) 6 x [30 fM].

Den Faden abschneiden, dabei zum Annähen lang genug lassen.
Die Sicherheitsaugen zwischen der 14. und 15. Rd im Abstand von 9 M einsetzen. Den Kopf ausstopfen.
Dann mit dem Stickgarn 2 Augenbrauen über den Augen sowie in der 16. Rd den Mund mittig zwischen den Augen aufsticken (**1**).

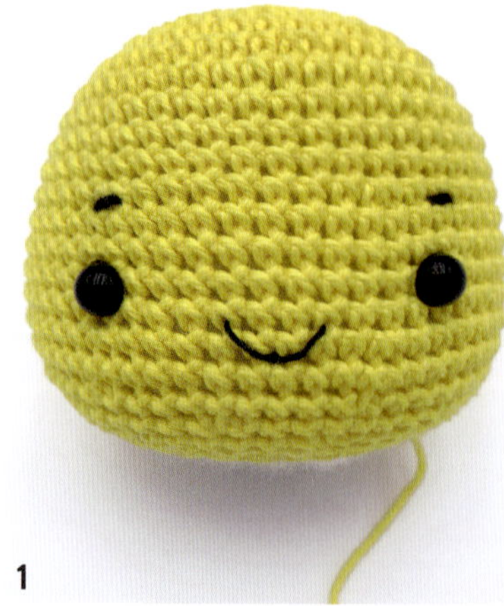
1

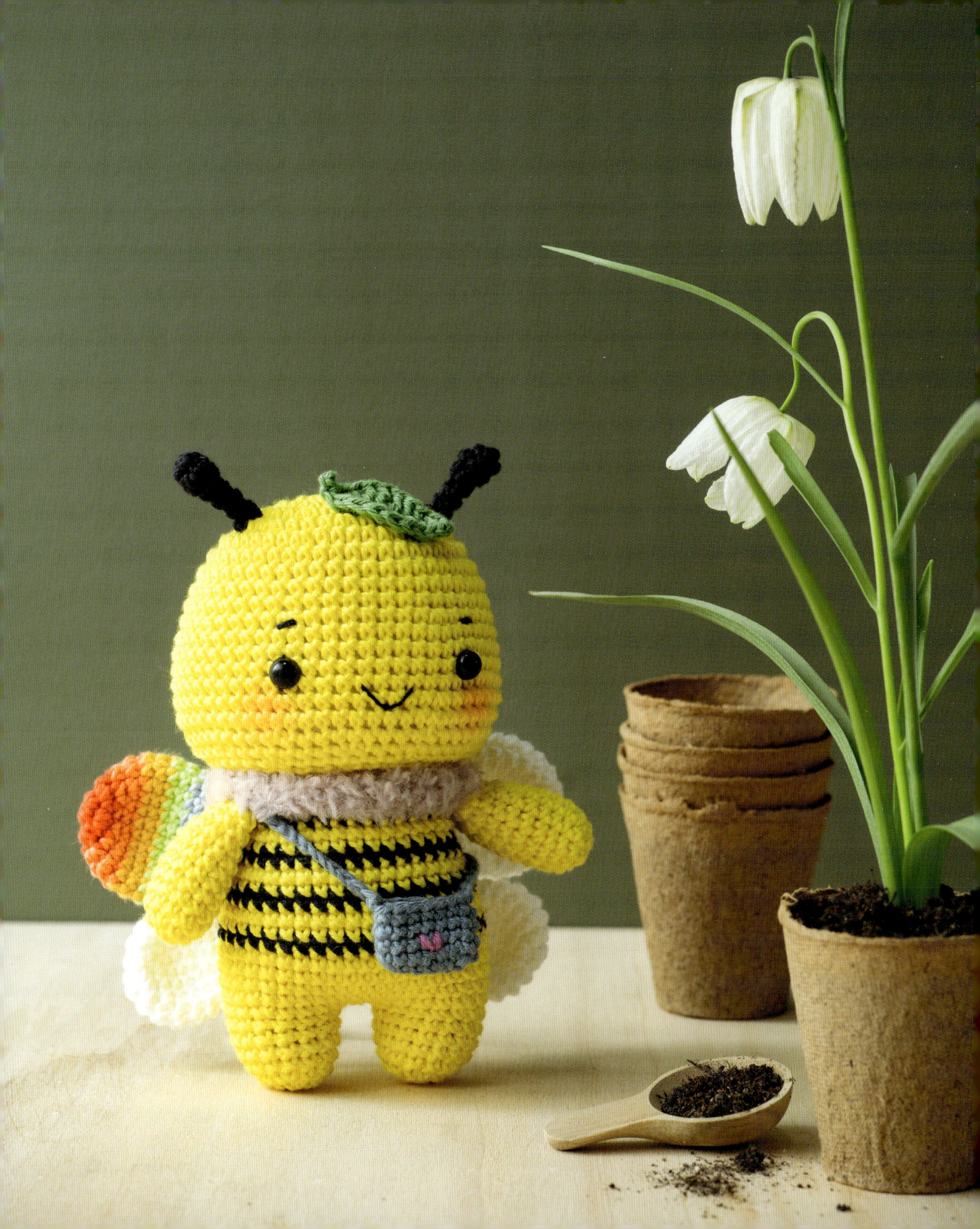

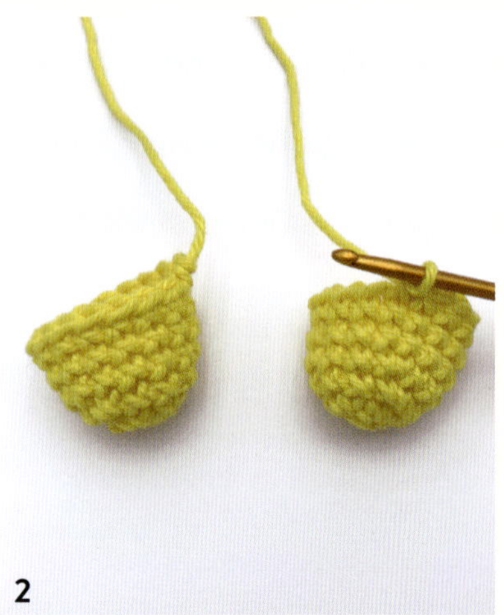

2

Beine (in Gelb, 2 x häkeln)

1. Rd: 6 fM in einen magischen Ring häkeln [6 fM].
2. Rd: 6 Zun [12 fM].
3. Rd: (3 fM, 1 Zun) 3 x [15 fM].
4.–6. Rd: 1 fM in jede M [15 fM].

Am Ende des 1. Beins den Faden abschneiden, jedoch nicht am Ende des 2. Beins, denn damit werden die Beine verbunden und der Körper gearbeitet (**2**).

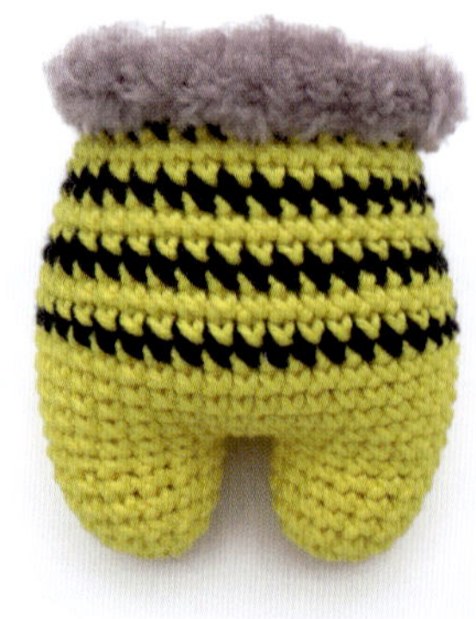

5

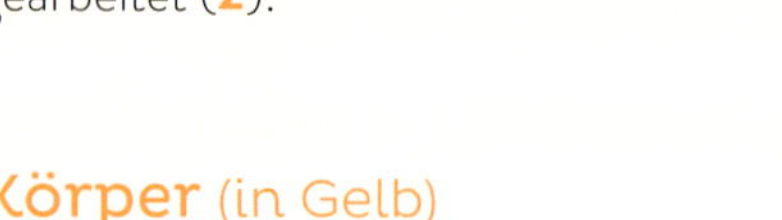

Körper (in Gelb)

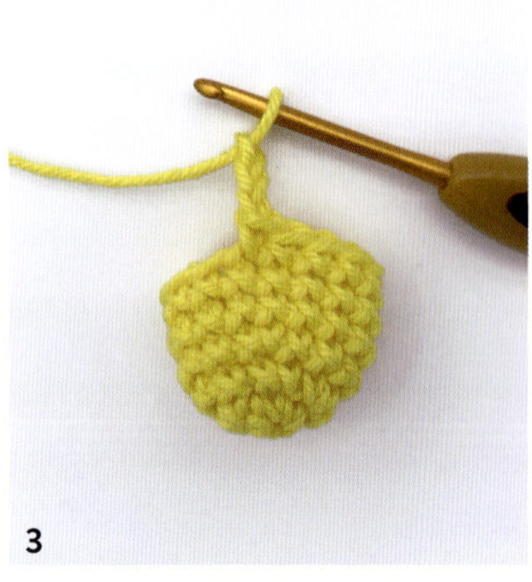

3

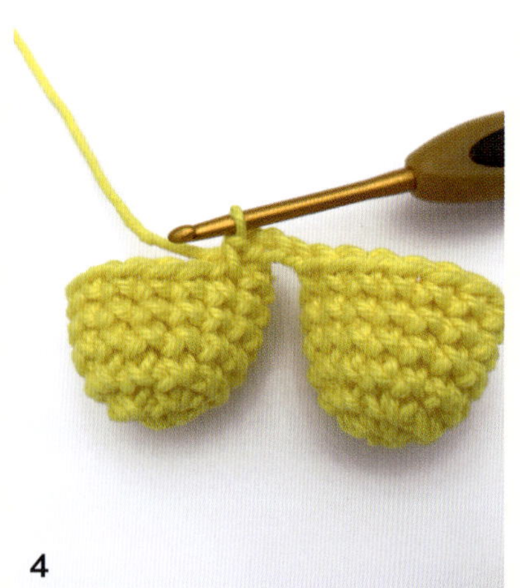

4

Den Körper an die miteinander verbundenen Beine häkeln.
Dazu mit dem 2. Bein beginnen und wie folgt häkeln: 3 Lm (**3**) und mit 1 fM an das 1. Bein häkeln (siehe S. 19), diese ist die 1. Masche des Körpers (**4**).

1. Rd: 1 fM in jede M des 1. Beins, 1 fM in die 3 Lm, 1 fM in jede M des 2. Beins, jeweils 1 fM in das andere Maschenglied der 3 Lm [36 fM].
2. Rd: 4 fM, 1 Zun, (5 fM, 1 Zun) 5 x, 1 fM [42 fM].
3.–6. Rd: 1 fM in jede M [42 fM].

Am Ende der 6. Rd zu Schwarz wechseln und dann bis zur 18. Rd abwechselnd 1 Rd in Schwarz und 2 Rd in Gelb häkeln.
Mit dem Ausstopfen der Beine und des Körpers beginnen und nach und nach weiteres Füllmaterial hinzufügen.

7.–10. Rd: 1 fM in jede M [42 fM].
11. Rd: (12 fM, 1 Abn) 3 x [39 fM].
12. und 13. Rd: 1 fM in jede M [39 fM].
14. Rd: (11 fM, 1 Abn) 3 x [36 fM].
15.–17. Rd: 1 fM in jede M [36 fM].
18. Rd: (4 fM, 1 Abn) 6 x [30 fM].

Am Ende der 18. Rd zum Garn Teddy in Rosa wechseln und den gelben und schwarzen Faden abschneiden.

19. Rd (Hals): Nur in die vMg häkeln, 2 Lm, (4 Stb, 2 Stb in die nächste M) 6 x, mit 1 Km enden [36 Stb].

Den Faden abschneiden und vernähen (**5**).

Arme (in Gelb, 2 x häkeln)

1. Rd: 6 fM in einen magischen Ring häkeln [6 fM].
2. Rd: 6 Zun [12 fM].
3.–11. Rd: 1 fM in jede M [12 fM].

Den Arm locker ausstopfen.
Den Arm flach drücken und die Maschen an der Öffnung aneinanderlegen (**6**). Die beiden gegenüberliegenden Maschen jeweils mit festen Maschen zusammenhäkeln [6 fM].
Den Faden abschneiden, dabei zum Annähen lang genug lassen (**7**).

Flügel

Kleine Flügel (in Creme, 2 x häkeln)

1. Rd: 6 fM in einen magischen Ring häkeln [6 fM].
2. Rd: 6 Zun [12 fM].
3. Rd: (1 fM, 1 Zun) 6 x [18 fM].
4.–6. Rd: 1 fM in jede M [18 fM].
7. Rd: (4 fM, 1 Abn) 3 x [15 fM].
8. und 9. Rd: 1 fM in jede M [15 fM].
10. Rd: (3 fM, 1 Abn) 3 x [12 fM].
11. Rd: 1 fM in jede M [12 fM].

Die Flügel flach drücken und die Maschen an der Öffnung aneinanderlegen. Die beiden gegenüberliegenden Maschen jeweils mit festen Maschen zusammenhäkeln [6 fM].
Den Faden abschneiden, dabei zum Annähen lang genug lassen (**8**).

Große Flügel (2 x häkeln)

Zwei große Flügel arbeiten, einen in Creme und einen in Regenbogenfarben. Diesen dafür immer 2 Rd in Rot, Orange, Senfgelb, Blassgrün, Hellblau, Blau und Violett häkeln.

1. Rd: 6 fM in einen magischen Ring häkeln [6 fM].
2. Rd: 6 Zun [12 fM].
3. Rd: (1 fM, 1 Zun) 6 x [18 fM].
4. Rd: (2 fM, 1 Zun) 6 x [24 fM].
5.–7. Rd: 1 fM in jede M [24 fM].
8. Rd: (2 fM, 1 Abn) 6 x [18 fM].
9.–11. Rd: 1 fM in jede M [18 fM].
12. Rd: (1 fM, 1 Abn) 6 x [12 fM].
13. Rd: 1 fM in jede M [12 fM].

Die Flügel flach drücken und die Maschen an der Öffnung aneinanderlegen. Die beiden gegenüberliegenden Maschen jeweils mit festen Maschen zusammenhäkeln [6 fM]. Den Faden abschneiden, dabei zum Annähen lang genug lassen (**8**).

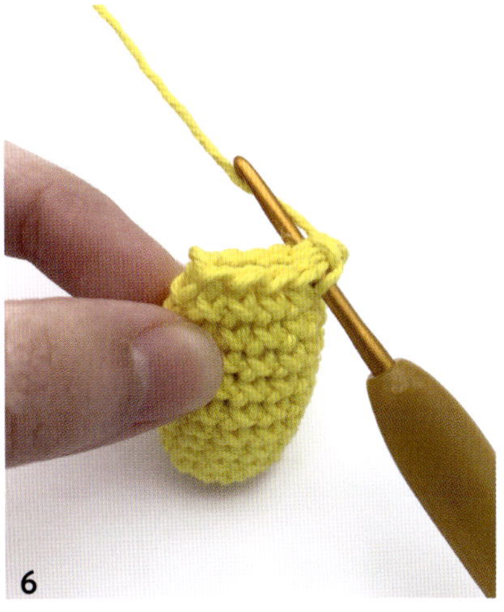
6

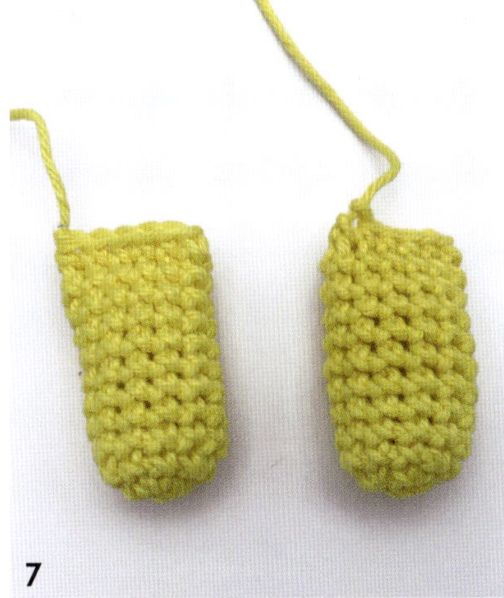
7

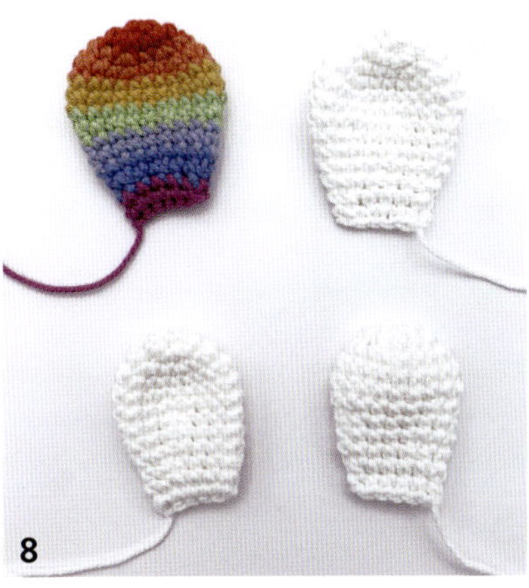
8

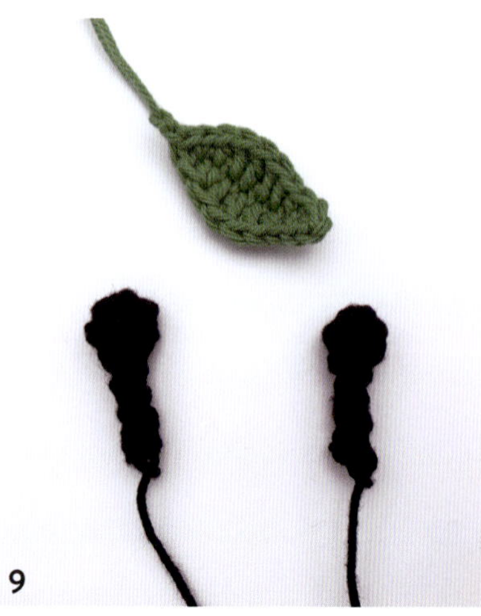
9

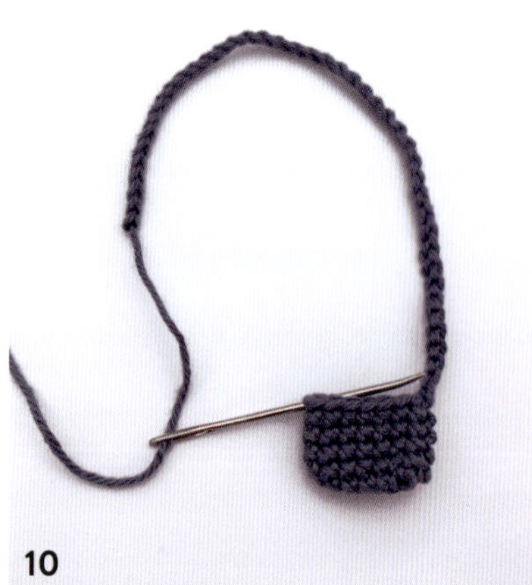
10

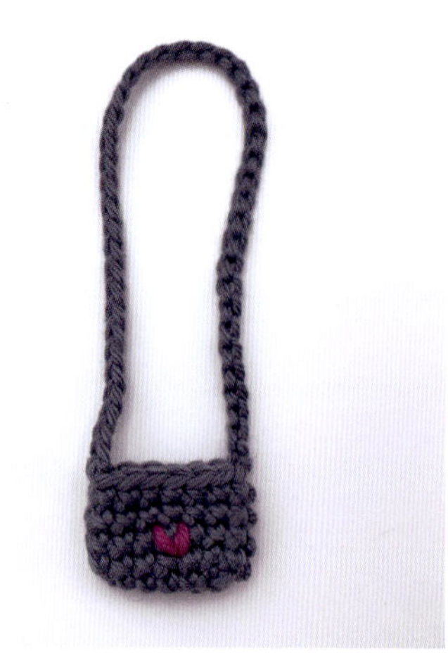
11

Fühler
(in Schwarz, 2 x häkeln)

1. Rd: 6 fM in einen magischen Ring häkeln [6 fM].
2. Rd: (1 Zun., 2 fM) 2 x [8 fM].
3. Rd: 4 Abn [4 fM].
4.–6. Rd: nur in die vMg häkeln, 1 fM in jede M [4 fM].

Den Faden abschneiden, dabei zum Annähen lang genug lassen (**9**).

Blatt (in Grün)

Eine Lm-Kette mit 9 Lm häkeln. In der 2. Lm von der Häkelnadel aus beginnen. Das Blatt wird um diese Lm-Kette herum gehäkelt. 1 fM, 1 hStb, 3 Stb, 1 hStb, 1 fM, {1 fM, 2 Lm, 1 fM} in die letzte Lm; auf der anderen Seite wie folgt fortfahren: 1 fM, 1 hStb, 3 Stb, 1 hStb, 1 fM; mit 1 Km enden. 2 Lm häkeln. Den Faden abschneiden, dabei zum Annähen lang genug lassen (**9**).

Tasche (in Dunkelblau)

Eine Lm-Kette mit 7 Lm häkeln. In der 2. Lm von der Häkelnadel aus beginnen. Die Tasche wird um diese Lm-Kette herum gehäkelt. Die Luftmasche am Anfang der Runden wird nicht als 1 fM gezählt.

1. Rd: 1 Zun, 4 fM, 3 fM in die letzte Lm; auf der anderen Seite wie folgt fortfahren: jeweils 1 fM in die nächsten 5 Lm, mit 1 Km enden [14 fM].
2.–5. Rd: 1 Lm, 14 fM, mit 1 Km enden [14 fM].

45 Lm häkeln. Den Faden abschneiden und den Riemen an die Tasche nähen (**10**).
Mit einem violetten Faden ein kleines Herz auf den Beutel sticken (**11**).

Zusammennähen

Die Fühler in der 5. Rd an den Kopf nähen. Das Blatt zwischen der 4. und 6. Rd an den Kopf nähen (**12**).
Mit Rouge die Wangen färben (**13**).
Die Arme an die vorletzte Rd des Körpers nähen (**14** und **15**).
Den Kopf an die hinteren Maschenglieder der 18. Rd des Körpers nähen, zuvor noch etwas Füllmaterial hinzufügen.
Die Flügel mit Stecknadeln am Rücken fixieren (die beiden großen Flügel oben am Rücken und die kleinen darunter) und festnähen (**16**). Den Beutel um die Biene hängen.

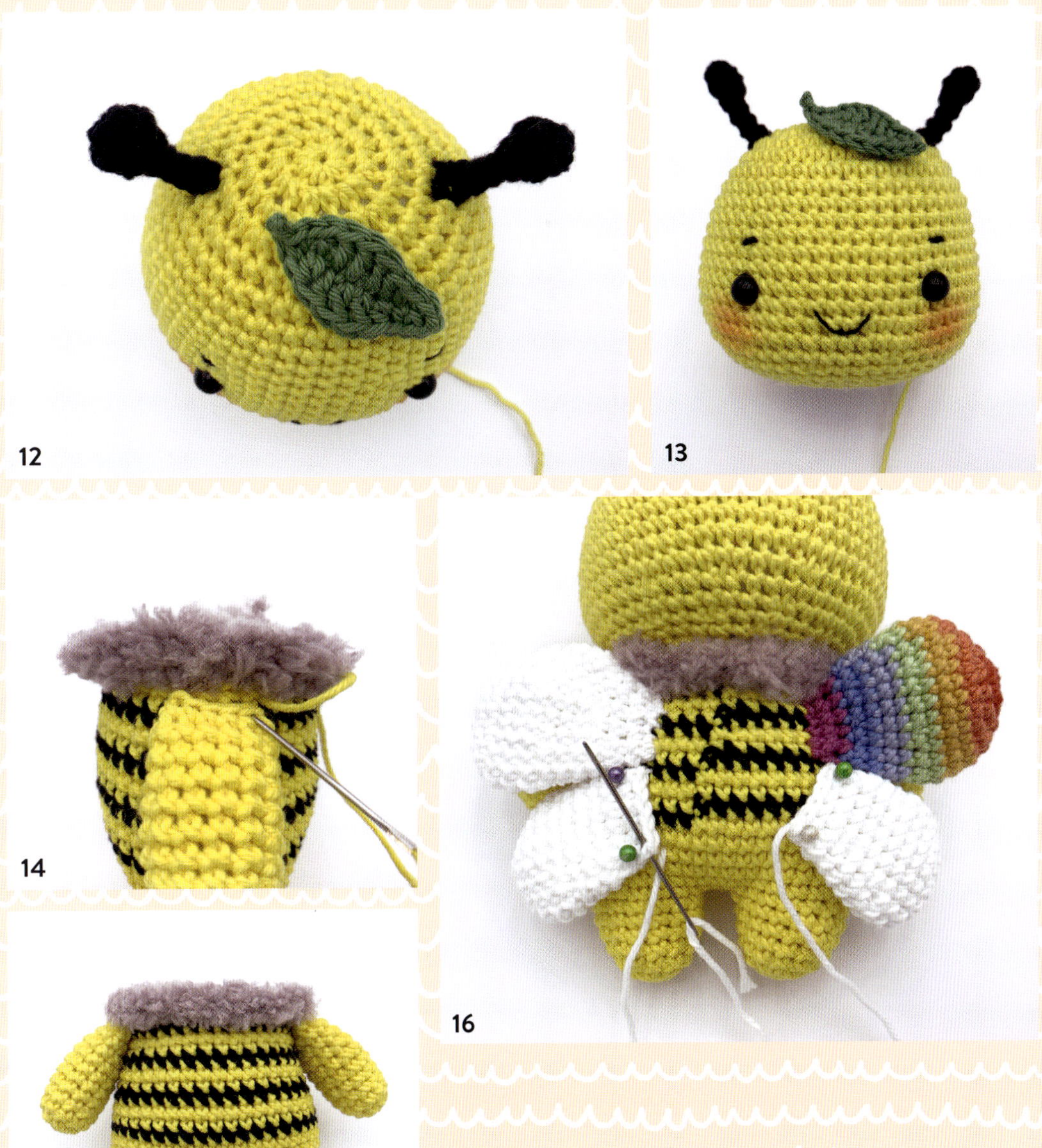
12
13
14
15
16

FELIPE *der Wüstenfuchs*

Felipe ist ein vornehmer Graf. Obwohl er unter der Woche stark mit seiner Arbeit beschäftigt ist, findet ihr ihn jedes Wochenende in der Dorfbücherei, wo er Kindern Geschichten vorliest. Dem Grafen ist Gemeinschaft sehr wichtig.

KOPF (mit Gelb beginnen)

1. Rd: 8 fM in einen magischen Ring häkeln [8 fM].
2. Rd: 8 Zun [16 fM].
3. Rd: (1 fM, 1 Zun) 8 x [24 fM].
4. Rd: (1 fM, 1 Zun) 8 x [32 fM].
5. Rd: 1 fM, 1 Zun, (3 fM, 1 Zun) 7 x, 2 fM [40 fM].
6. Rd: (4 fM, 1 Zun) 8 x [48 fM].
7. Rd: 1 fM in jede M [48 fM].
8. Rd: (7 fM, 1 Zun) 6 x [54 fM].
9.–12. Rd: 1 fM in jede M [54 fM].
13. Rd: 20 fM; *in Creme:* 3 fM; *in Gelb:* 8 fM; *in Creme:* 3 fM; *in Gelb:* 20 fM [54 fM].
14. Rd: 19 fM; *in Creme:* 5 fM; *in Gelb:* 6 fM; *in Creme:* 5 fM; *in Gelb:* 19 fM [54 fM].
15. Rd: 18 fM; *in Creme:* 7 fM; *in Gelb:* 4 fM; *in Creme:* 7 fM; *in Gelb:* 18 fM [54 fM].
16. Rd: 17 fM; *in Creme:* 20 fM; *in Gelb:* 17 fM [54 fM].
17. Rd: 8 fM, 1 Zun, 7 fM; *in Creme:* 1 fM, 1 Zun, (8 fM, 1 Zun) 2 x, 2 fM; *in Gelb:* 6 fM, 1 Zun, 8 fM, 1 Zun [60 fM].
18.–20. Rd: 17 fM; *in Creme:* 25 fM; *in Gelb:* 18 fM [60 fM].
21. Rd: 9 fM, 1 Zun, 7 fM; *in Creme:* 2 fM, 1 Zun, (9 fM, 1 Zun) 2 x, 2 fM; *in Gelb:* 7 fM, 1 Zun, 9 fM, 1 Zun [66 fM].
22. Rd: 9 fM, 1 Abn, 7 fM; *in Creme:* 2 fM, 1 Abn, (9 fM, 1 Abn) 2 x, 2 fM; *in Gelb:* 7 fM, 1 Abn, 9 fM, 1 Abn [60 fM].

Die Sicherheitsaugen zwischen der 16. und 17. Rd im Abstand von 8 M einsetzen, sodass sie in den cremefarbenen Halbkreisen liegen.
Mit dem Ausstopfen des Kopfes beginnen und nach und nach weiteres Füllmaterial hinzufügen.

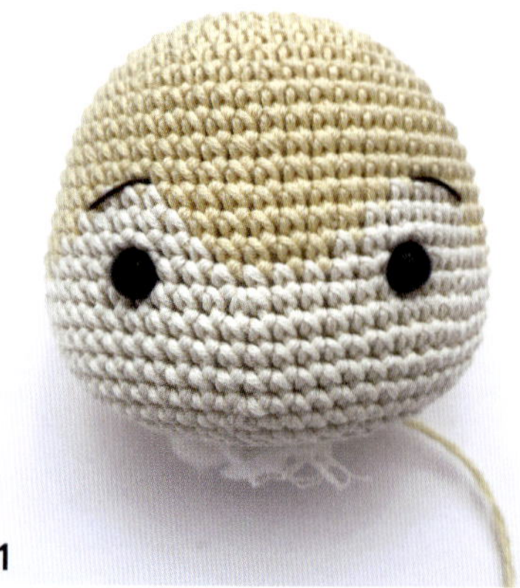

1

SCHWIERIGKEIT
**

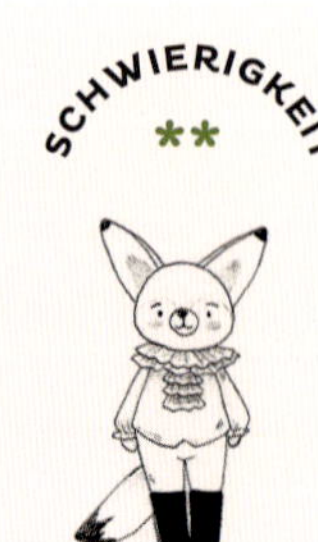

Größe: 23 cm

Material

- Grundausstattung (siehe S. 10)
- Häkelnadel 2,25 mm
- 2 Sicherheitsaugen Ø 7 mm
- dreieckige Sicherheitsnase Ø 8 x 6,5 mm

Fils

- DMC Natura Just Cotton in
  - Sand (Fb. N03),
  - Schwarz (Fb. N11),
  - Braun (Fb. N22),
  - Creme (Fb. N35),
  - Gelb (Fb. N83), jeweils 50 g,
  - Rosa (Fb. N07), ein kleiner Rest
- DMC Woolly in
  - Grün (Fb. 082), 50 g
- DMC Teddy in
  - Beige (Fb. 311), ein kleiner Rest
- braunes Stickgarn

Diese Liste bezieht sich auf die gelbe Version von Felipe. Für die Garn- und Materialangaben für die beige Version *siehe S. 43.*

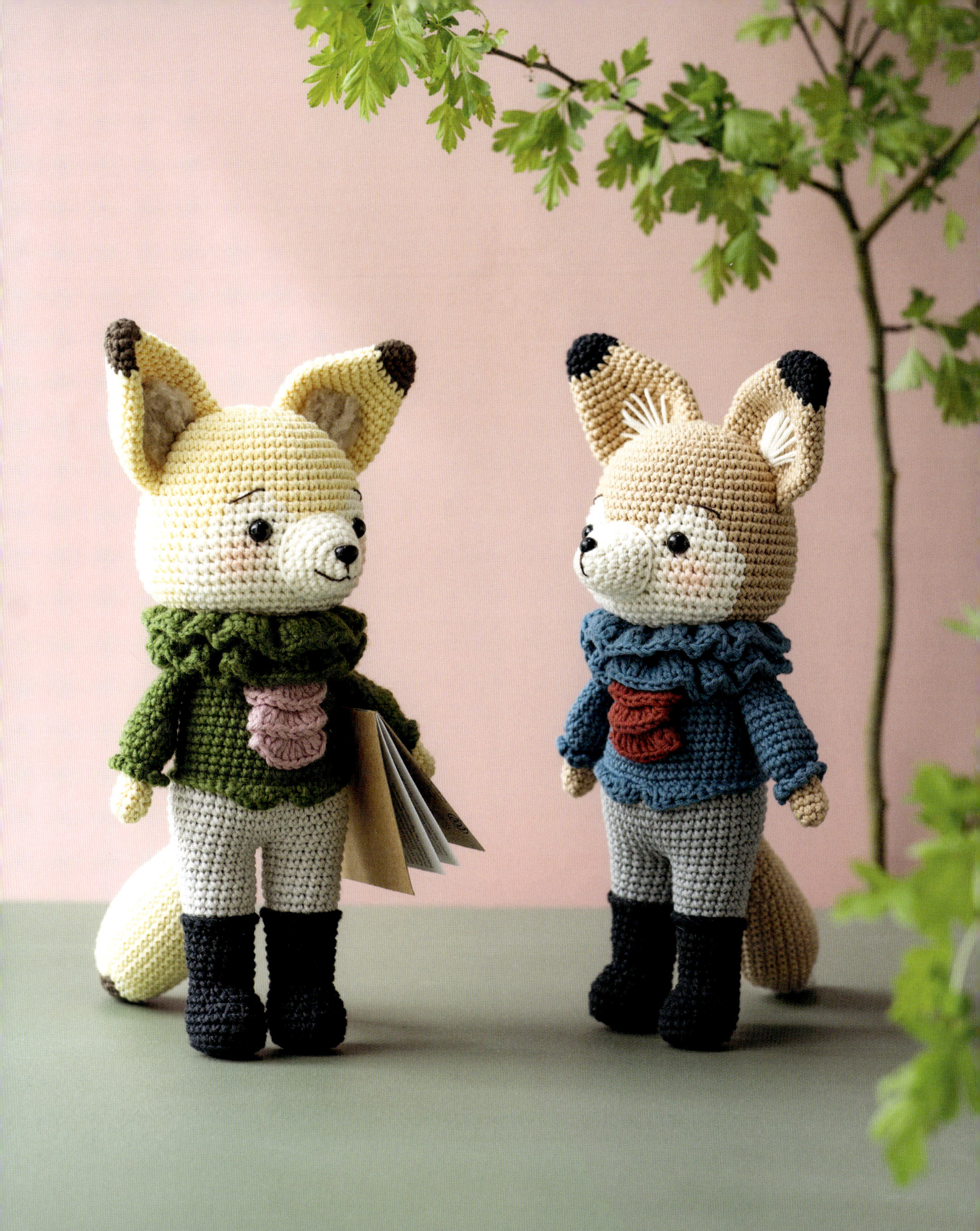

23. Rd: (4 fM, 1 Abn) 3 x; *in Creme:* (4 fM, 1 Abn) 4 x; *in Gelb:* (4 fM, 1 Abn) 3 x [50 fM].
24. Rd: 3 fM, 1 Abn, (3 fM, 1 Abn) 2 x; *in Creme:* 1 fM, 1 Abn, (3 fM, 1 Abn) 3 x, 2 fM; *in Gelb:* 1 fM, 1 Abn, (3 fM, 1 Abn) 2 x, 2 fM [40 fM].
25. Rd: (2 fM, 1 Abn) 3 x; *in Creme:* (2 fM, 1 Abn) 4 x; *in Gelb:* (2 fM, 1 Abn) 3 x [30 fM].

Den cremefarbenen Faden abschneiden und mit dem gelben weiterhäkeln.

26. Rd: (4 fM, 1 Abn) 5 x [25 fM].

Den Faden abschneiden, dabei zum Annähen lang genug lassen.
Mit dem Stickgarn 2 Augenbrauen über den Augen aufsticken (**1**).

Beine
(mit Schwarz beginnen)

Erstes Bein

1. Rd: 8 fM in einen magischen Ring häkeln [8 fM].
2. Rd: 8 Zun [16 fM].
3. Rd: 1 fM, 1 Zun, 4 fM, 4 Zun, 4 fM, 1 Zun, 1 fM [22 fM].
4. Rd: nur in die hMg häkeln, 1 fM in jede M [22 fM].
5.–6. Rd: 1 fM in jede M [22 fM].

Mit dem Ausstopfen des Beins beginnen und nach und nach weiteres Füllmaterial hinzufügen.

7. Rd: 7 fM, 4 Abn, 7 fM [18 fM].
8. Rd: 1 fM in jede M [18 fM].
9. Rd: 5 fM, 4 Abn, 5 fM [14 fM].
10. Rd: 4 fM, 1 Zun, 3 fM, 1 Zun, 5 fM [16 fM].
11.–14. Rd: 1 fM in jede M [16 fM].
15. Rd: 4 fM, 1 Zun, 7 fM, 1 Zun, 3 fM [18 fM].
16. Rd: 1 fM in jede M [18 fM].

Am Ende der 16. Rd den sandfarbenen Faden anschlingen und den schwarzen Faden außen am Bein ruhen lassen. Damit werden später die Details des Stiefels gehäkelt (**2**).

17. Rd: Nur in die hMg häkeln, 1 fM in jede M [18 fM].
18.–21. Rd: 1 fM in jede M [18 fM].
22. Rd: 5 fM, 1 Zun, 12 fM [19 fM].
23. Rd: 1 fM in jede M [19 fM].
24. Rd: 16 fM [16 fM]. Die Rd hier beenden und die letzten 3 M nicht häkeln.

Den Faden abschneiden und vernähen.

Zweites Bein

1.–23. Rd: Wie das 1. Bein häkeln.
24. Rd: 1 fM in jede M [19 fM].
25. Rd: 7 fM [7 fM]. Die Rd hier beenden und die letzten 12 M nicht häkeln.

Den Faden nach der letzten Rd nicht abschneiden, damit werden später die beiden Beine zusammengefügt und der Körper gearbeitet.
Für die Details des Stiefels siehe nebenstehenden Kasten.

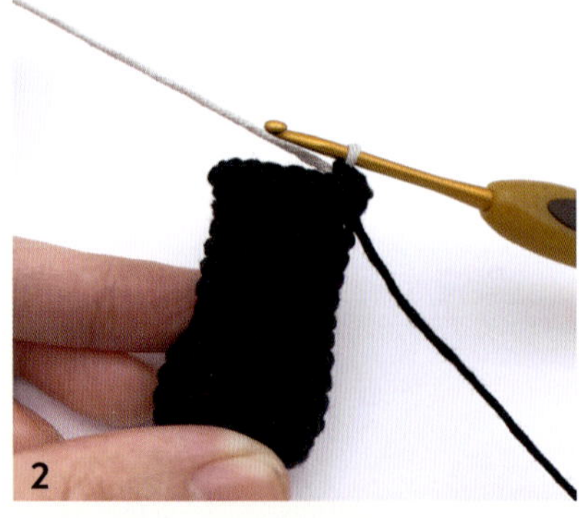
2

DETAILS DES STIEFELS

Das Bein umdrehen, in die vMg der 16. Rd häkeln. In die letzte M der Rd stechen und den schwarzen Faden aufnehmen (3): 1 Km in jede M bis zum Rd-Ende. Den Faden abschneiden und vernähen (4).

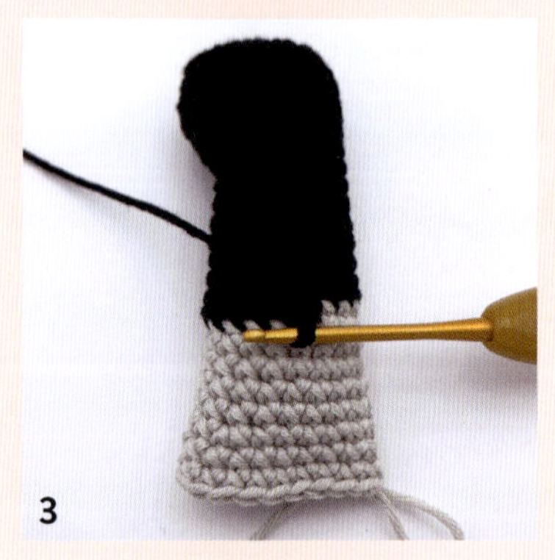
3

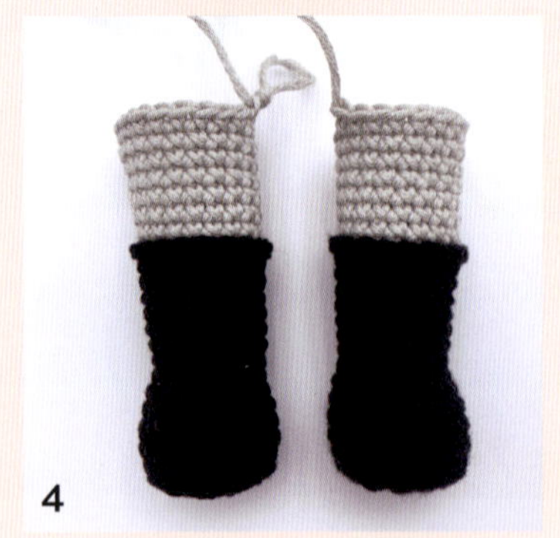
4

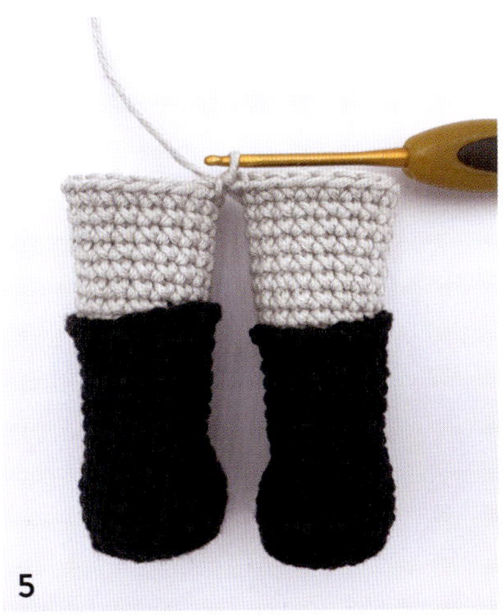
5

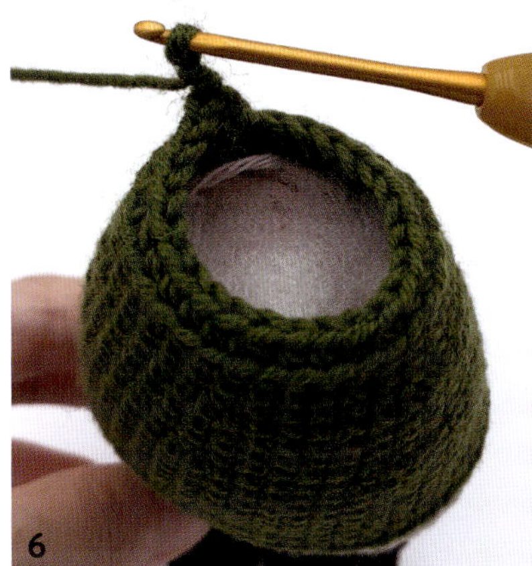
6

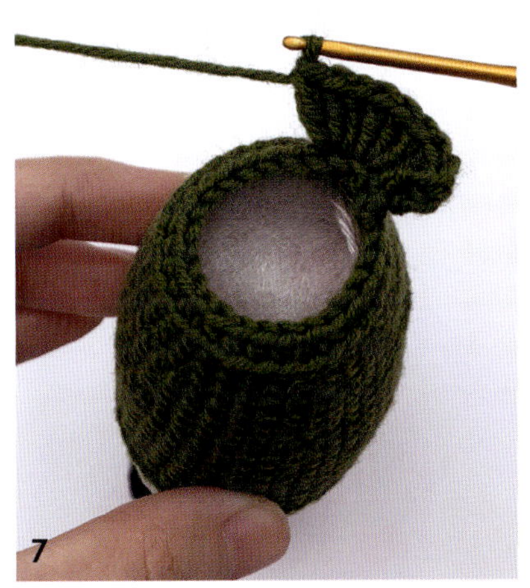
7

Körper
(mit Sand beginnen)

Den Körper an die miteinander verbundenen Beine häkeln.
Dazu mit dem 2. Bein beginnen: Dieses mit 1 fM mit dem 1. Bein verbinden (siehe S. 19); dies ist die 1. Masche des Körpers (**5**).

1. Rd: 9 fM, 1 Zun, 9 fM in das 1. Bein, 9 fM, 1 Zun, 9 fM in das 2. Bein [40 fM].
2.–3. Rd: 1 fM in jede M [40 fM].
4. Rd: (9 fM, 1 Zun) 4 x [44 fM].
5.–6. Rd (2 Rd): 1 fM in jede M [44 fM].

Am Ende der 6. Rd zum grünen Garn wechseln und den sandfarbenen Faden abschneiden.
Mit dem Ausstopfen des Körpers beginnen und nach und nach weiteres Füllmaterial hinzufügen.

7. Rd: 1 fM in jede M [44 fM].
8. Rd: Nur in die hMg häkeln, 1 fM in jede M [44 fM].
9. Rd: 1 fM in jede M [44 fM].
10. Rd: (9 fM, 1 Abn) 4 x [40 fM].
11.–16. Rd: 1 fM in jede M [40 fM].
17. Rd: (6 fM, 1 Abn) 5 x [35 fM].
18.–20. Rd: 1 fM in jede M [35 fM].
21. Rd: (6 fM, 1 Abn) 5 x [30 fM].
22.–23. Rd: 1 fM in jede M [30 fM].
24. Rd: Nur in die hMg häkeln, (4 fM, 1 Abn) 5 x [25 fM].

Den Faden nicht abschneiden und den Kragen in geschlossenen Runden weiterhäkeln. Die beiden Lm am Beginn der Rd zählen als ein Stäbchen.

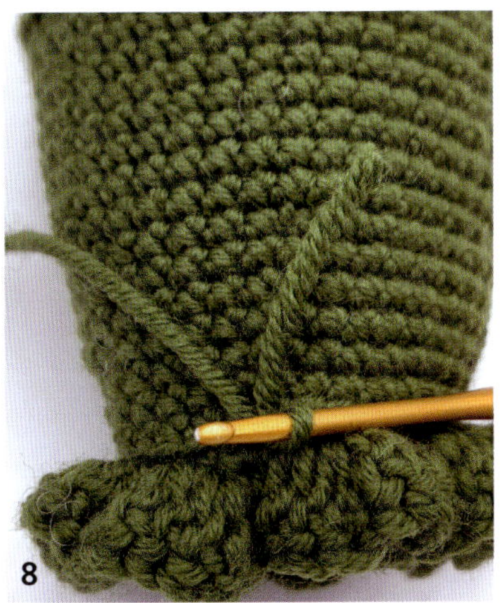
8

1. Rüschenkragen

1. Rd: In die vMg der 24. Rd des Körpers häkeln, 2 Lm, wenden (**6** und **7**), 3 Stb in jede M, mit 1 Km enden [75 Stb].
2. Rd: 2 Lm, 1 Stb in jede M, mit 1 Km enden [75 Stb].

Den Faden abschneiden und vernähen.

2. Rüschenkragen

1. Rd: Den Körper umdrehen und in die vMg der 23. Rd häkeln. Die Häkelnadel in die letzte Masche der Rd einstechen und den grünen Faden aufnehmen (**8**), 2 Lm, 3 Stb in jede M, mit 1 Km enden [90 Stb].
2. Rd: 2 Lm, 1 Stb in jede M, mit 1 Km enden [90 Stb].

Den Faden abschneiden und vernähen. Für die Details des Hemds siehe den Kasten auf der nächsten Seite.

DETAILS DES HEMDS

In die vMg der 7. Rd des Körpers häkeln. Die Vorderseite des Körpers zeigt dabei zu dir. Die Häkelnadel in die Masche der vorderen Körpermitte einstechen und den grünen Faden aufnehmen (9): 3 Lm, 1 Stb jeweils in die beiden nächsten M, 2 hStb, 2 fM, 30 Km, 2 fM, 2 hStb, 2 Stb, 2 Lm, 1 Km in die letzte M. Den Faden abschneiden und vernähen (10).

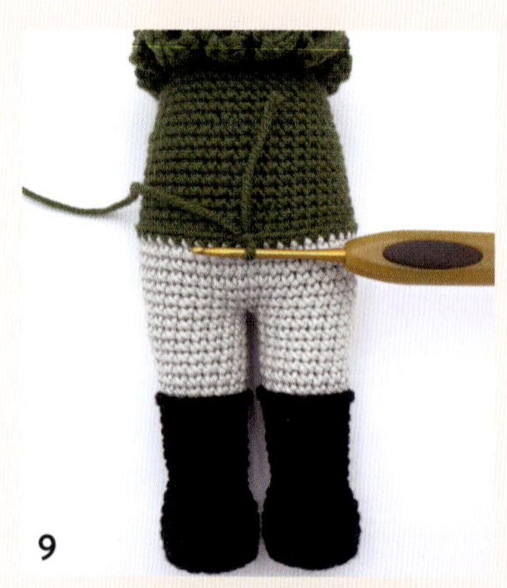

9

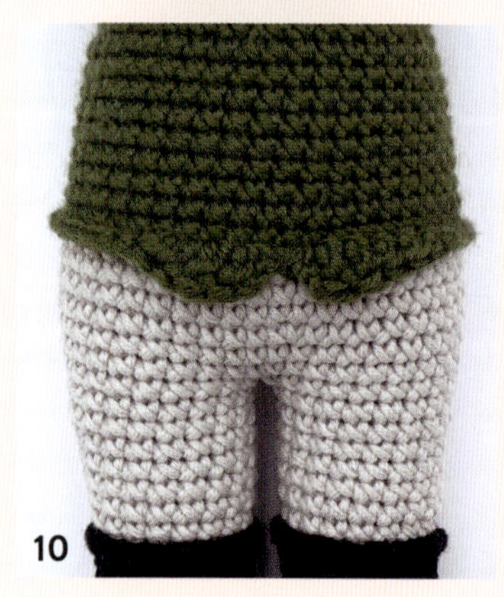

10

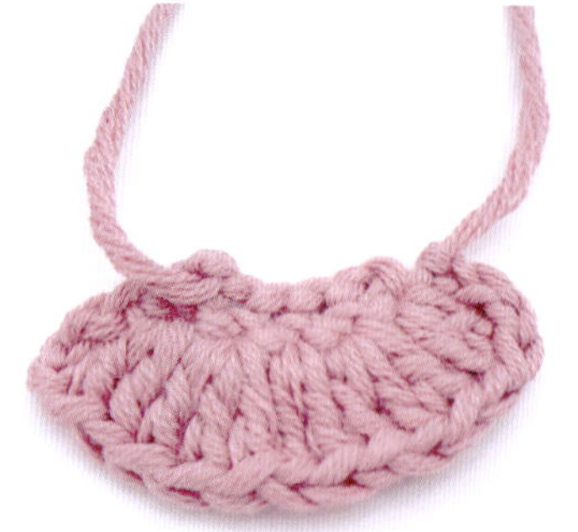

11

Spitzen am Hemd (in Rosa; 3 x häkeln)

Eine Lm-Kette mit 6 Lm häkeln. In der 2. Lm von der Häkelnadel aus beginnen. Auf der Lm-Kette in Hin- und Rückreihen arbeiten.

1. R: 5 fM, wenden [5 fM].
2. R: 3 Lm, 2 Stb in die 1. M, 3 Stb in die nächste M, 2 Stb in die nächste M, 3 Stb in die nächste M, 2 Stb in die letzte M, 3 Lm, 1 Km in die letzte M [19 M].

Den Faden abschneiden, dabei zum Annähen lang genug lassen (**11**).

Arme (mit Gelb beginnen, 2 x häkeln)

1. Rd: 6 fM in einen magischen Ring häkeln [6 fM].
2. Rd: (1 Zun, 1 fM) 3 x [9 fM].
3.–5. Rd: 1 fM in jede M [9 fM].

Am Ende der 5. Rd zum grünen Garn wechseln und den gelben Faden abschneiden.

6. Rd: 1 fM in jede M [9 fM].
7. Rd: Nur in die hMg häkeln, (2 fM, 1 Zun) 3 x [12 fM].
8. Rd: (1 fM, 1 Zun) 6 x [18 fM].

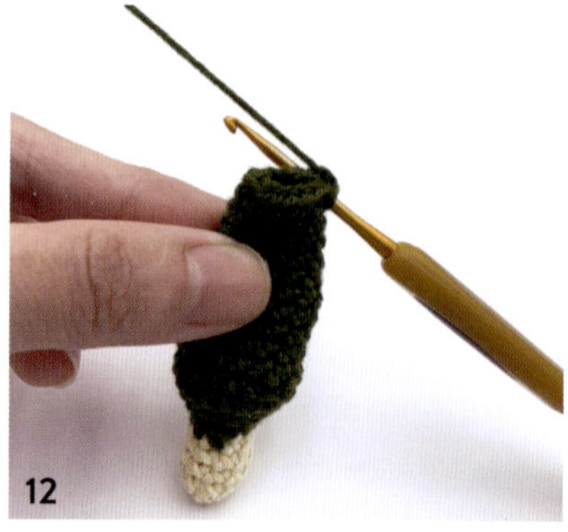

12

9.–10. Rd: 1 fM in jede M [18 fM].
11. Rd: (4 fM, 1 Abn) 3 x [15 fM].
12.–14. Rd: 1 fM in jede M [15 fM].
15. Rd: (3 fM, 1 Abn) 3 x [12 fM].
16.–20. Rd: 1 fM in jede M [12 fM].

Den Arm flach drücken und die M an der Öffnung aneinanderlegen (**12**). Die beiden gegenüberliegenden M jeweils mit fM zusammenhäkeln [6 fM].
Den Faden abschneiden, dabei zum Annähen lang genug lassen.
Für die Details des Ärmels siehe nebenstehenden Kasten.

Ohren (mit Braun beginnen, 2 x häkeln)

1. Rd: 6 fM in einen magischen Ring häkeln [6 fM].
2. Rd: 6 Zun [12 fM].
3. Rd: 1 fM in jede M [12 fM].
4. Rd: (3 fM, 1 Zun) 3 x [15 fM].

Am Ende der 4. Rd zum gelben Garn wechseln und den braunen Faden abschneiden.

5. Rd: 1 fM in jede M [15 fM].
6. Rd: (4 fM, 1 Zun) 3 x [18 fM].
7. Rd: (5 fM, 1 Zun) 3 x [21 fM].
8. Rd: 1 fM in jede M [21 fM].
9. Rd: (6 fM, 1 Zun) 3 x [24 fM].

DETAILS DES ÄRMELS

**Den Arm umdrehen und in die vorderen Maschenglieder der 6. Runde häkeln.
Die Häkelnadel in die letzte M der Rd einstechen und den grünen Faden aufnehmen (13), (3 Lm, 1 Km in die nächste M) 9 x [27 M]. Den Faden abschneiden und vernähen (14).**

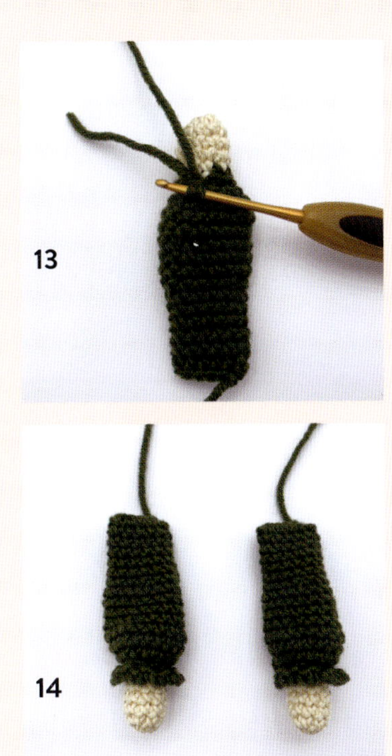

10. Rd: (7 fM, 1 Zun) 3 x [27 fM].
11. Rd: 1 fM in jede M [27 fM].
12. Rd: (8 fM, 1 Zun) 3 x [30 fM].
13. Rd: 1 fM in jede M [30 fM].
14. Rd: (8 fM, 1 Abn) 3 x [27 fM].
15. Rd: 1 fM in jede M [27 fM].
16. Rd: (7 fM, 1 Abn) 3 x [24 fM].
17. Rd: 1 fM in jede M [24 fM].

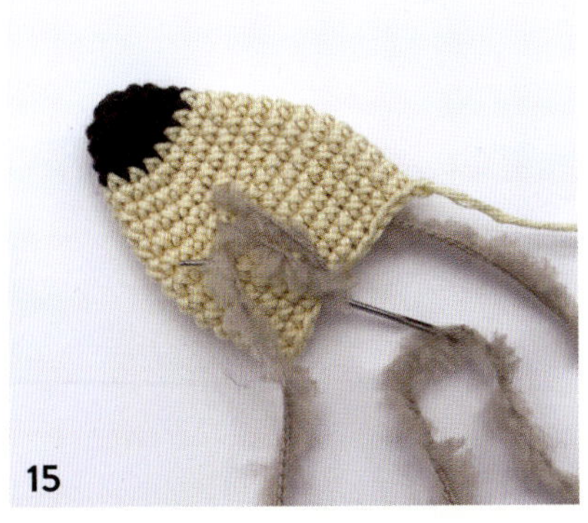

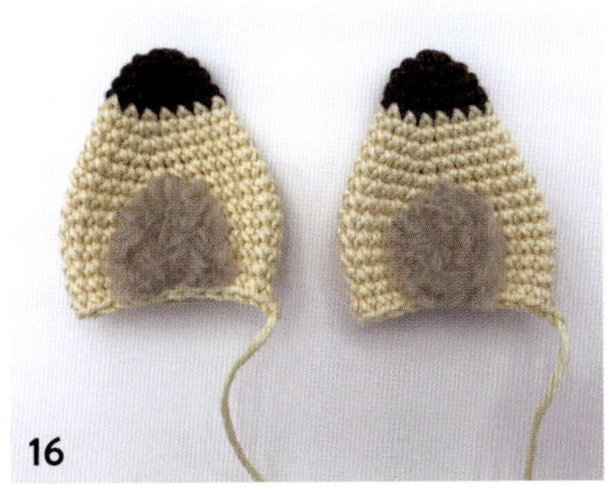

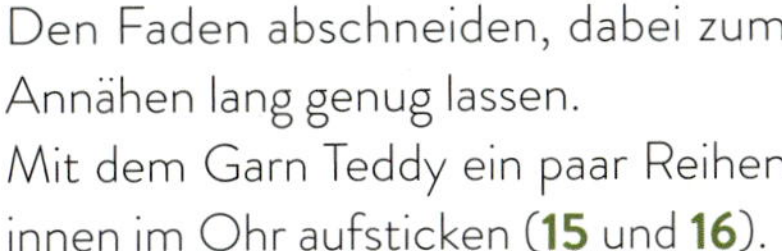

Den Faden abschneiden, dabei zum Annähen lang genug lassen.
Mit dem Garn Teddy ein paar Reihen innen im Ohr aufsticken (**15** und **16**).

Schnauze (in Creme)

1. Rd: 6 fM in einen magischen Ring häkeln [6 fM].
2. Rd: 6 Zun [12 fM].
3. Rd: 1 fM, 1 Zun, (3 fM, 1 Zun) 2 x, 2 fM [15 fM].
4. Rd: 2 fM, 1 Zun, (4 fM, 1 Zun) 2 x, 2 fM [18 fM].
5. Rd: 3 fM, 1 Zun, (5 fM, 1 Zun) 2 x, 2 fM [21 fM].
6. Rd: 1 fM in jede M [21 fM].

Den Faden abschneiden, dabei zum Annähen lang genug lassen. Ein unsichtbares Ende arbeiten (siehe S. 20).

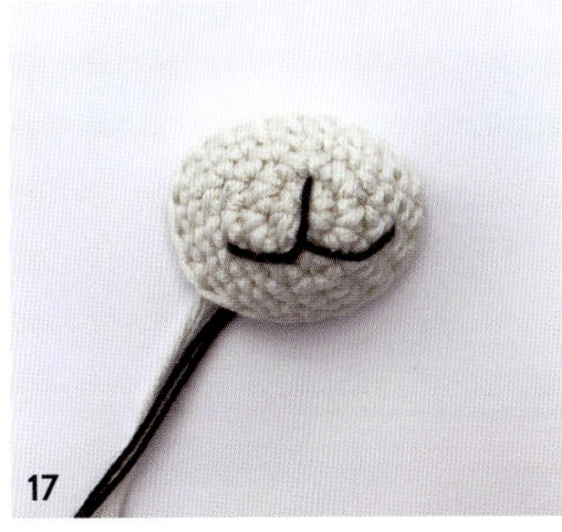

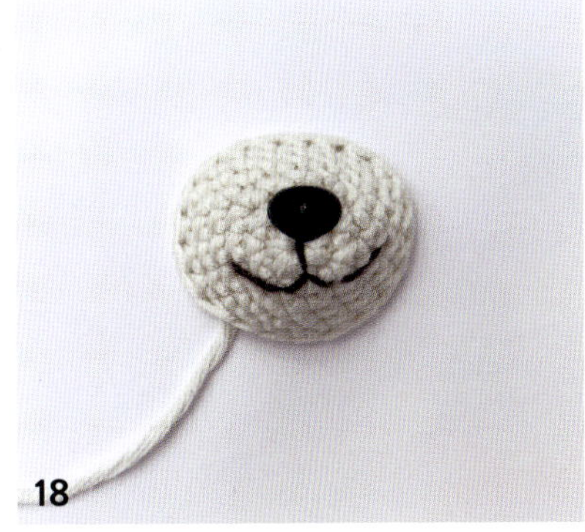

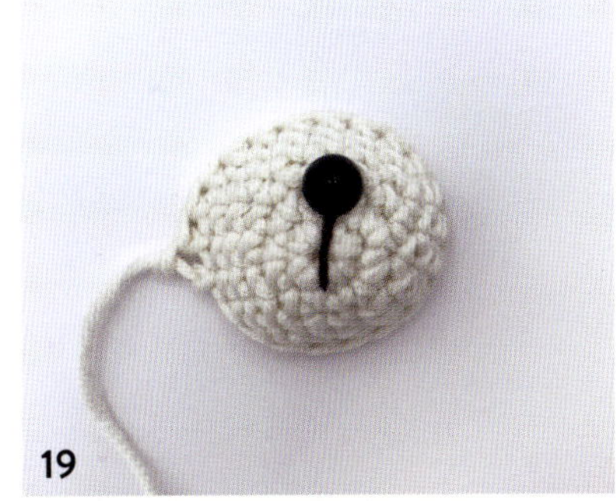

Mit dem Stickgarn den Mund und die Linie zur Nase aufsticken (**17**). Die dreieckige Sicherheitsnase einsetzen (**18**). Anstelle der dreieckigen Sicherheitsnase kann auch ein Sicherheitsauge mit ∅ 6 mm verwendet werden (**19**).

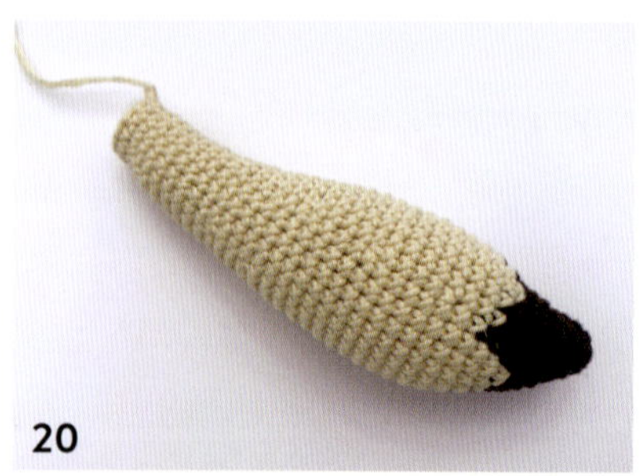
20

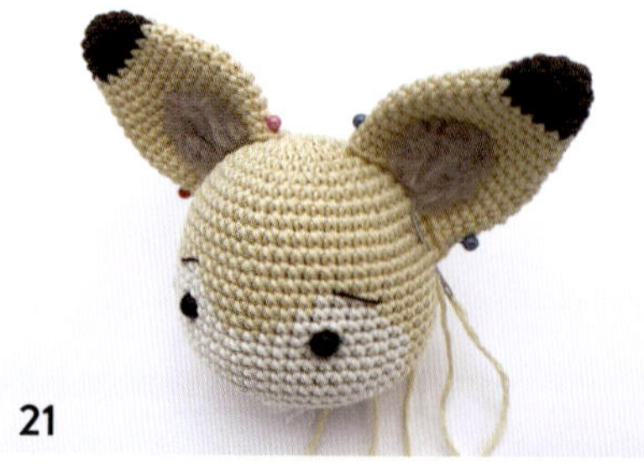
21

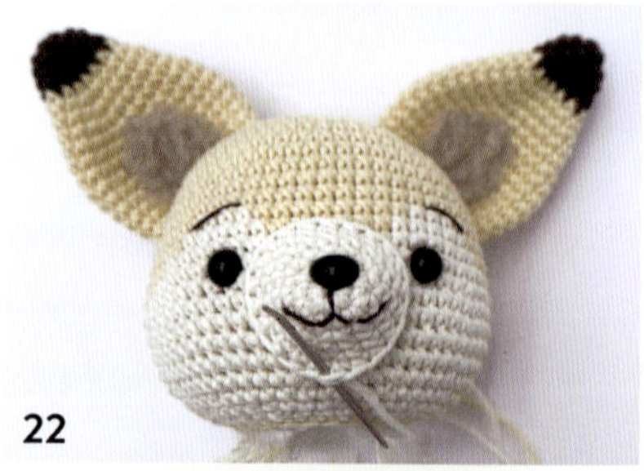
22

Schwanz
(mit Braun beginnen)

1. Rd: 6 fM in einen magischen Ring häkeln [6 fM].
2. Rd: (1 Zun, 1 fM) 3 x [9 fM].
3. Rd: 1 Zun, 8 fM [10 fM].
4. Rd: 1 Zun, 9 fM [11 fM].
5. Rd: 1 Zun, 10 fM [12 fM].
6. Rd: (2 fM, 1 Zun) 4 x [16 fM].
7. Rd: 1 fM in jede M [16 fM].
8. Rd: (*in Gelb:* 1 Zun; *in Braun:* 3 fM) 4 x [20 fM].
9. Rd: (*in Gelb:* 1 Zun, 2 fM; *in Braun:* 2 fM; *in Gelb:* 1 Zun, 3 fM; *in Braun:* 1 fM) 2 x [24 fM].
10. Rd: *in Gelb:* 5 fM; *in Braun:* 1 fM; *in Gelb:* 11 fM; *in Braun:* 1 fM; *in Gelb:* 6 fM [24 fM].

Den braunen Faden abschneiden und mit dem gelben weiterhäkeln. Mit dem Ausstopfen des Schwanzes beginnen und nach und nach weiteres Füllmaterial hinzufügen.

11. Rd: 1 fM in jede M [24 fM].
12. Rd: (5 fM, 1 Zun) 4 x [28 fM].
13.–16. Rd: 1 fM in jede M [28 fM].
17. Rd: (12 fM, 1 Abn) 2 x [26 fM].
18.–21. Rd: 1 fM in jede M [26 fM].
22. Rd: (11 fM, 1 Abn) 2 x [24 fM].
23.–24. Rd: 1 fM in jede M [24 fM].
25. Rd: (4 fM, 1 Abn) 4 x [20 fM].
26.–27. Rd: 1 fM in jede M [20 fM].
28. Rd: (5 fM, 1 Abn) 4 x [16 fM].
29.–32. Rd: 1 fM in jede M [16 fM].
33. Rd: 1 Abn, 14 fM [15 fM].
34. Rd: 1 Abn, 13 fM [14 fM].
35. Rd: 1 Abn, 12 fM [13 fM].
36. Rd: 1 Abn, 11 fM [12 fM].
37. Rd: 1 fM in jede M [12 fM].

Den Faden abschneiden, dabei zum Annähen lang genug lassen (**20**).

Zusammennähen

Die Ohren mit Stecknadeln zwischen der 3. und 12. Rd am Kopf feststecken und annähen (**21**).
Die Schnauze zwischen den Augen zwischen der 15. und 21. Rd am Kopf annähen, dabei noch ausstopfen (**22**). Die Arme unterhalb des Kragens annähen. Die Spitzen mittig auf den Bauch nähen (**23, 24** und **25**). Den Schwanz mittig am Rücken an die 6. und 7. Rd des Körpers nähen (**26**). Den Kopf an die hinteren Maschenglieder der 24. Rd des Körpers nähen, zuvor noch etwas Füllmaterial hinzufügen. Mit Rouge die Wangen färben.

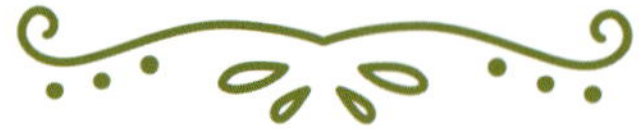

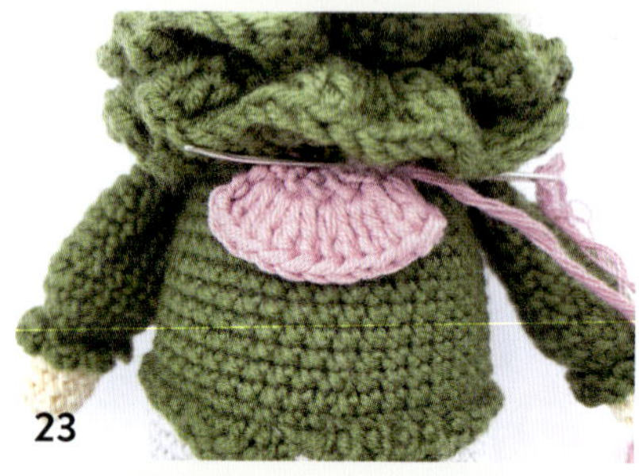
23

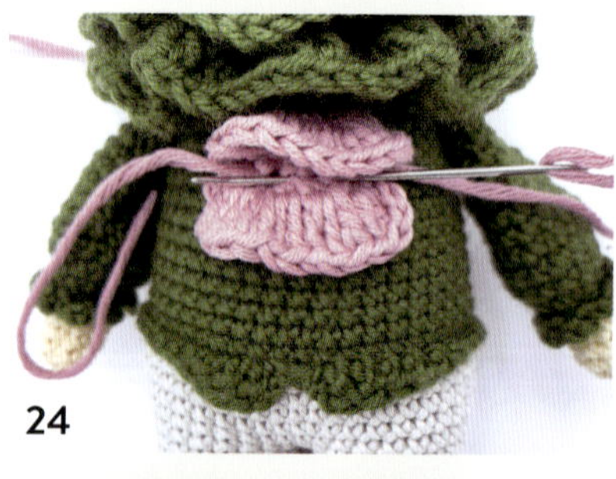
24

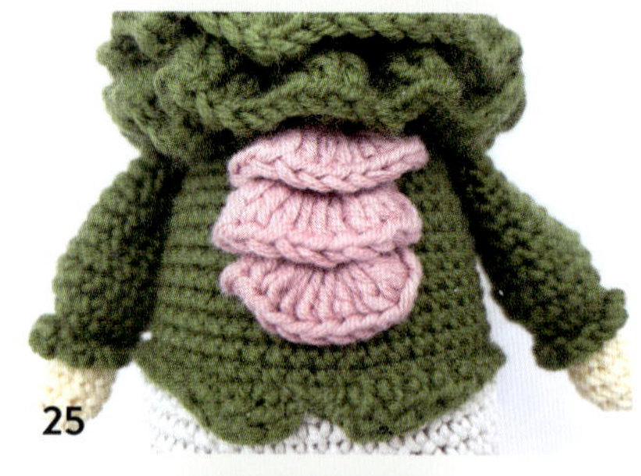
25

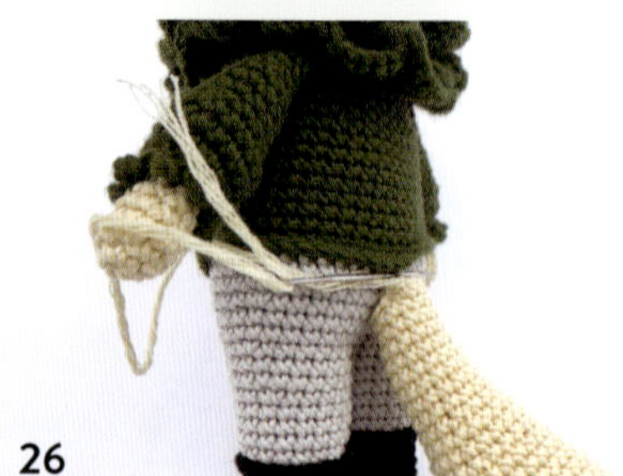
26

UND FÜR DIE VERSION IN BEIGE?

Hier folgen die Material- und Farbangaben für die beige Version von Felipe. Aber ihr könnt eurer Fantasie natürlich auch freien Lauf lassen!

	VERSION IN GELB	VERSION IN BEIGE
	MATERIAL	
Nase	dreieckige Sicherheitsnase Ø 8 x 6,5 mm	runde Sicherheitsnase oder -auge Ø 6 mm
	DMC Natura Just Cotton	
Hose	Sand (Fb. N03), 50 g	Grau (Fb. N09), 50 g
Stiefel	Schwarz (Fb. N11), 50 g	
Ohrenspitze	Braun (Fb. N22), 50 g	Schwarz (Fb. N11), Rest vom Garn für die Stiefel
Schwanzspitze	Braun (Fb. N22), Rest vom Garn für die Ohren	Creme (Fb. N35), Rest vom Garn für Gesicht und Schnauze
Gesicht und Schnauze	Creme (Fb. N35), 50 g	
Fell	Gelb (Fb. N83), 50 g	Beige (Fb. N37), 50 g
Spitzen am Hemd	Rosa (Fb. N07), ein kleiner Rest	Rot (Fb. N34), ein kleiner Rest
	DMC Woolly	DMC Natura Just Cotton
Hemd	Grün (Fb. 082), 50 g	Blau (Fb. N878), 50 g
	DMC Teddy	DMC Natura Just Cotton
Inneres der Ohren	Beige (Fb. 311), ein kleiner Rest	Creme (Fb. N35), Rest vom Garn für Gesicht und Schnauze
	Stickgarn	
Augenbrauen und Mund	Braun	

GRIFFIN *die Giraffe*

Was bringt Professor Griffin wohl heute in den Kunstunterricht mit? Diese Frage stellen sich alle seine Schüler*innen der ersten Klasse, denn ihr Lehrer bringt ihnen jeden Tag eine neue, interessante Technik bei. Eines ist sicher: Er trägt immer seine Weste!

KOPF (mit Gelb beginnen)

1. Rd: 8 fM in einen magischen Ring häkeln[8 fM].
2. Rd: 8 Zun [16 fM].
3. Rd: (1 fM, 1 Zun) 8 x [24 fM].
4. Rd: (2 fM, 1 Zun) 8 x [32 fM].
5. Rd: 1 fM, 1 Zun, (3 fM, 1 Zun) 7 x, 2 fM [40 fM].
6. Rd: (2 fM, 1 Zun) 8 x [48 fM].
7. Rd: 20 fM; *in Orange:* 2 fM; *in Gelb:* 4 fM; *in Orange:* 2 fM; *in Gelb:* 20 fM [48 fM].
8. Rd: 19 fM; *in Orange:* 3 fM; *in Gelb:* 4 fM; *in Orange:* 3 fM; *in Gelb:* 19 fM [48 fM].
9. Rd: 20 fM; *in Orange:* 2 fM; *in Gelb:* 4 fM; *in Orange:* 2 fM; *in Gelb:* 20 fM [48 fM].
10. Rd: (7 fM, 1 Zun) 6 x [54 fM].
11. Rd: 26 fM; *in Orange:* 2 fM; *in Gelb:* 26 fM [54 fM].
12. Rd: 25 fM; *in Orange:* 4 fM; *in Gelb:* 25 fM [54 fM].
13. Rd: 26 fM; *in Orange:* 2 fM; *in Gelb:* 26 fM [54 fM].

Den orangen Faden abschneiden und mit dem gelben weiterhäkeln.
14.–16. Rd: 1 fM in jede M [54 fM].
17. Rd: (8 fM, 1 Zun) 6 x [60 fM].
18.–20. Rd : 1 fM in jede M [60 fM].
21. Rd: (9 fM, 1 Zun) 6 x [66 fM].
22.–23. Rd: 1 fM in jede M [66 fM].
24. Rd: (9 fM, 1 Abn) 6 x [60 fM].
25. Rd: 4 fM, 1 Abn, (8 fM, 1 Abn) 5 x, 4 fM [54 fM].
26. Rd: (7 fM, 1 Abn) 6 x [48 fM].
27. Rd: 3 fM, 1 Abn, (6 fM, 1 Abn) 5 x, 3 fM [42 fM].

Die Sicherheitsaugen zwischen der 17. und 18. Rd im Abstand von 9 M einsetzen. Hier wurden die Augen unterhalb der orangen Flecken eingesetzt, aber ihr könnt sie auch an einer anderen Stelle platzieren.
Mit dem Ausstopfen des Kopfes beginnen und nach und nach weiteres Füllmaterial hinzufügen.

SCHWIERIGKEIT
**

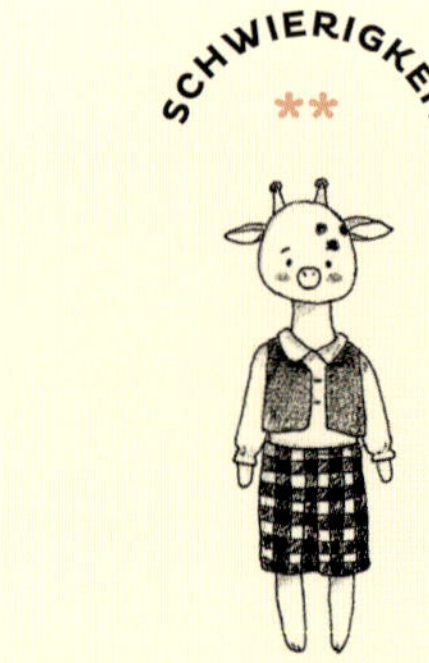

Größe: 27 cm

Material
- Grundausstattung (siehe S. 10)
- Häkelnadel 2,25 mm
- 2 Sicherheitsaugen Ø 7 mm

Garn
- DMC Natura Just Cotton
  - Dunkelgrün (Fb. N14),
  - Gelb (Fb. N16),
  - Hellgrün (Fb. N20),
  - Rot (Fb. N34),
  - Rosa (Fb. N82),
  - Blassgrün (Fb. N87),
  - Orange (Fb. N105), jeweils 50 g,
  - Braun (Fb. N22),
  - Creme (Fb. N35), jeweils ein kleiner Rest

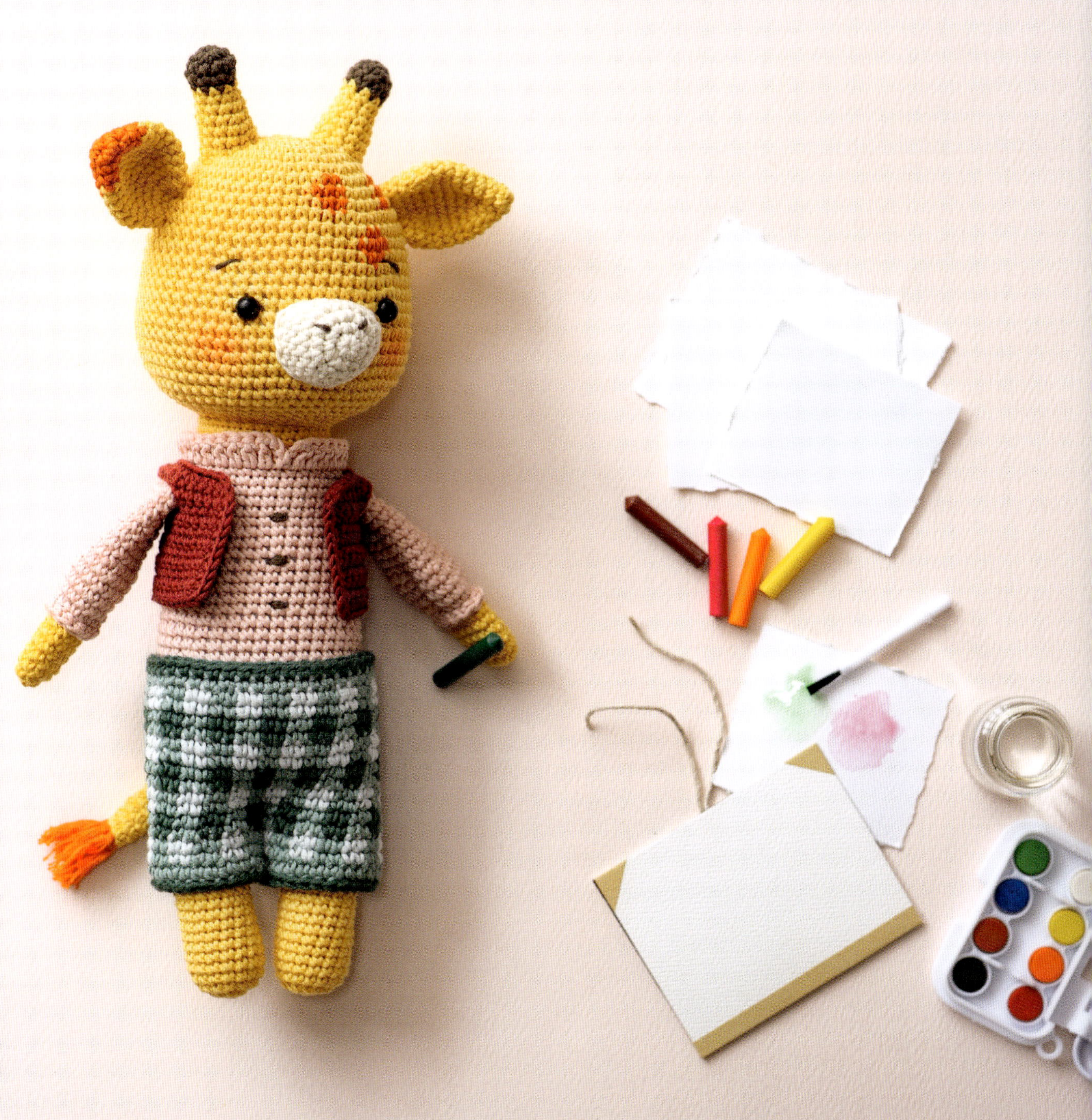

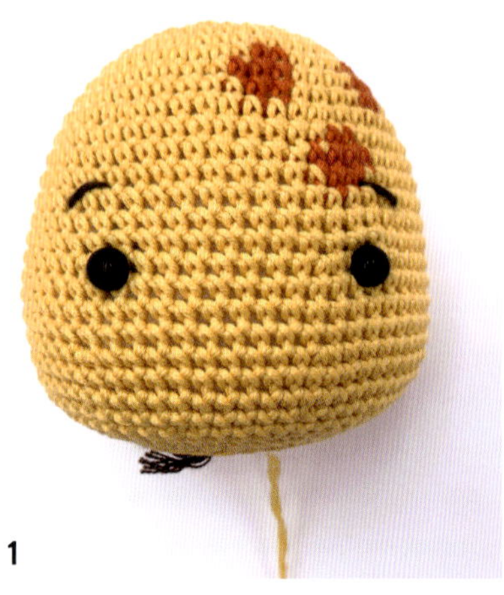
1

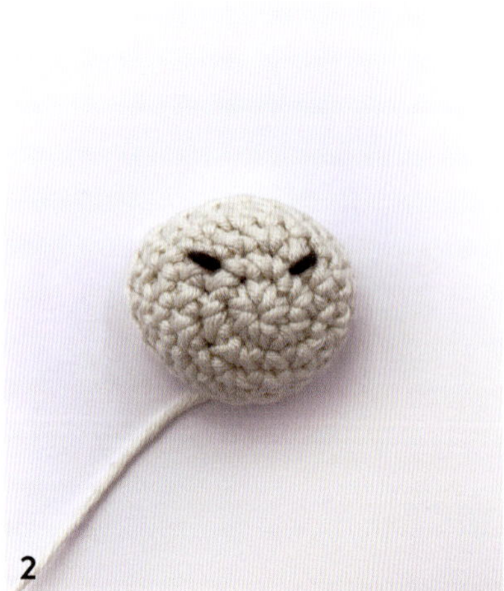
2

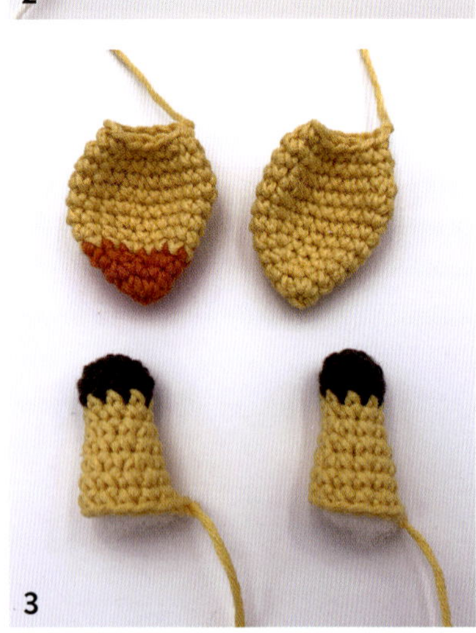
3

28. Rd: (5 fM, 1 Abn) 6 x [36 fM].
29. Rd: 2 fM, 1 Abn, (4 fM, 1 Abn) 5 x, 2 fM [30 fM].

Den Faden abschneiden, dabei zum Annähen lang genug lassen.
Mit dem braunen Garn 2 Augenbrauen über den Augen aufsticken (**1**).

SCHNAUZE (in Creme)

1. Rd: 6 fM in einen magischen Ring häkeln [6 fM].
2. Rd: 6 Zun [12 fM].
3. Rd: (1 fM, 1 Zun) 6 x [18 fM].
4. Rd: 3 fM, 1 Zun, (5 fM, 1 Zun) 2 x, 2 fM [21 fM].
5.–6. Rd: 1 fM in jede M [21 fM].

Den Faden abschneiden, dabei zum Annähen lang genug lassen.
Ein unsichtbares Ende arbeiten (siehe Seite 20).
Mit dem braunen Garn 2 Linien auf die 3. Rd der Schnauze sticken (**2**).

OHREN

ERSTES OHR (mit Orange beginnen)

1. Rd: 6 fM in einen magischen Ring häkeln [6 fM].
2. Rd: (1 Zun, 1 fM) 3 x [9 fM].
3. Rd: (2 fM, 1 Zun) 3 x [12 fM].
4. Rd: 1 fM, 1 Zun, (3 fM, 1 Zun) 2 x, 2 fM [15 fM].

Am Ende der 4. Rd zum gelben Garn wechseln und den orangen Faden abschneiden.

5. Rd: (4 fM, 1 Zun) 3 x [18 fM].
6. Rd: 1 fM in jede M [18 fM].
7. Rd: (5 fM, 1 Zun) 3 x [21 fM].
8. Rd: 3 fM, 1 Zun, (6 fM, 1 Zun) 2 x, 3 fM [24 fM].
9. Rd: (5 fM, 1 Abn) 3 x [21 fM].
10. Rd: (5 fM, 1 Abn) 3 x [18 fM].
11. Rd: 1 fM in jede M [18 fM].
12. Rd: (1 fM, 1 Abn) 6 x [12 fM].

Den Faden abschneiden, dabei zum Annähen lang genug lassen (**3**).

ZWEITES OHR

Dieses Ohr wie das erste häkeln, aber ganz in Gelb.

HÖRNER (mit Braun beginnen, 2 x häkeln)

1. Rd: 8 fM in einen magischen Ring häkeln [8 fM].
2. Rd: (1 Zun, 3 fM) 2 x [10 fM].
3. Rd: 1 fM in jede M [10 fM].

Am Ende der 3. Rd zum gelben Garn wechseln und den braunen Faden abschneiden.

4. Rd: (1 Abn, 3 fM) 2 x [8 fM].
5. Rd: 1 fM in jede M [8 fM].
6. Rd: (1 Zun, 3 fM) 2 x [10 fM].
7. Rd: 1 fM in jede M [10 fM].
8. Rd: (1 Zun, 4 fM) 2 x [12 fM].
9.–10. Rd: 1 fM in jede M [12 fM].

Den Faden abschneiden, dabei zum Annähen lang genug lassen.
Das Horn ausstopfen (**3**).

DEN KOPF ZUSAMMENNÄHEN

Die Hörner zwischen der 3. und 6. Rd am Kopf feststecken, dann die Ohren zwischen der 9. und 11. Rd (4 und 5). Anschließend annähen.
Die Schnauze zwischen den Augen zwischen der 17. und 22. Rd am Kopf annähen, dabei noch ausstopfen.
Mit Rouge die Wangen färben (6).

BEINE (in Gelb, 2 x häkeln)

1. Rd: 8 fM in einen magischen Ring häkeln [8 fM].
2. Rd: 8 Zun [16 fM].
Nach und nach das Bein ausstopfen.
3.–20. Rd: 1 fM in jede M [16 fM].

Am Ende des 1. Beins den gelben Faden abschneiden.
Am Ende des 2. Beins den rosa Faden anschlingen und damit die Beine verbinden und den Körper häkeln (7).

KÖRPER (mit Rosa beginnen)

Den Körper an die miteinander verbundenen Beine häkeln.
Dafür mit dem 2. Bein beginnen:
3 Lm häkeln (8) und diese mit 1 fM an das 1. Bein häkeln (siehe Seite 19); dies ist die 1. Masche des Körpers (9).

1. Rd: 1 fM in jede M des 1. Beins, jeweils 1 fM in die 3 Lm, 1 fM in jede M des 2. Beins, jeweils 1 fM in das andere Maschenglied der 3 Lm [38 fM].
2. Rd: 16 fM, 1 Zun, 1 fM, 1 Zun, 16 fM, 1 Zun, 1 fM, 1 Zun [42 fM].
3.–12. Rd: 1 fM in jede M [42 fM].

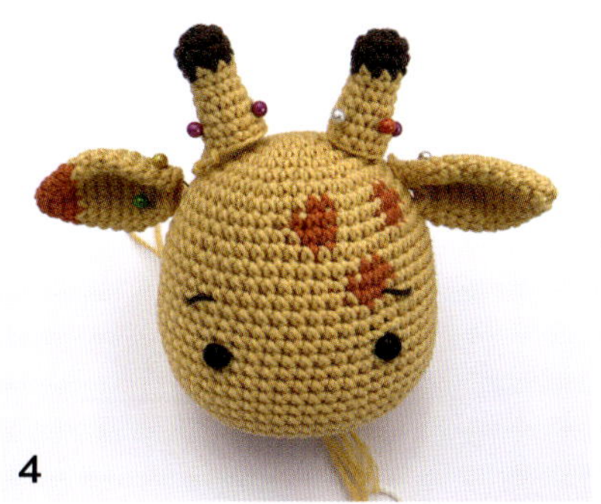
4

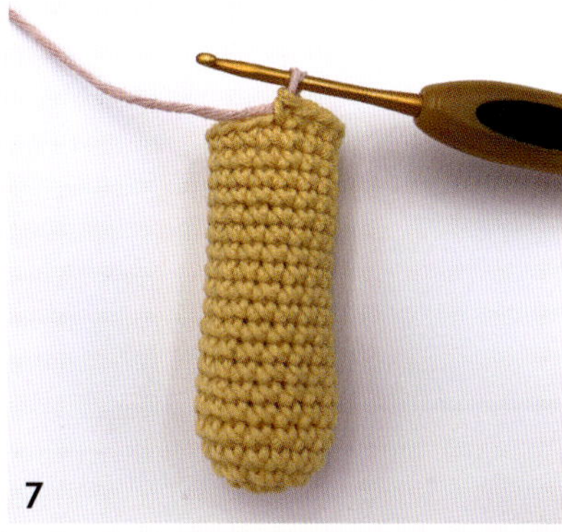
7

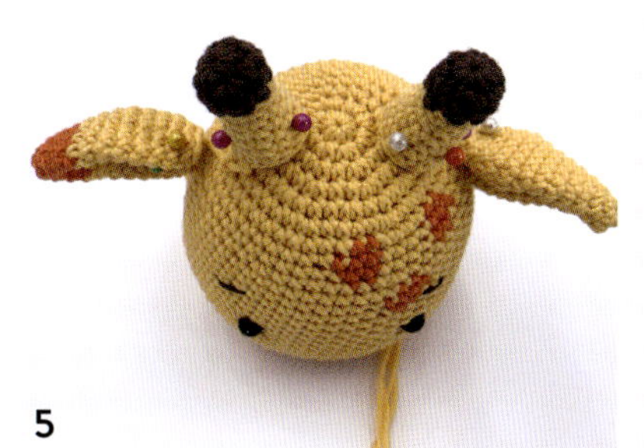
5

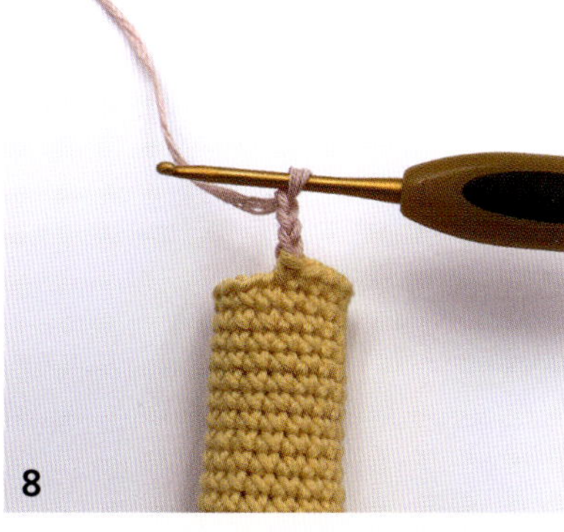
8

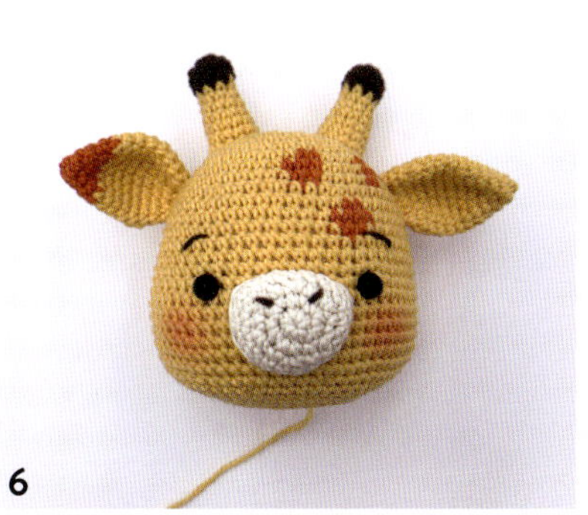
6

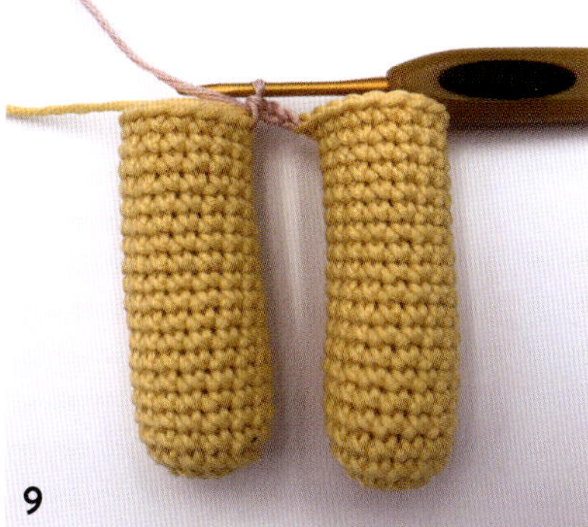
9

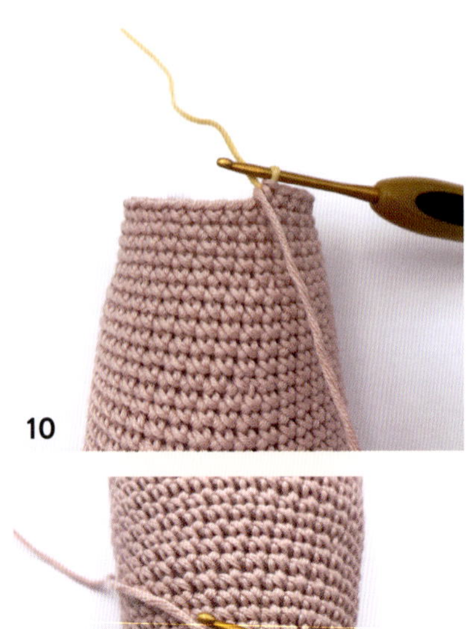
10

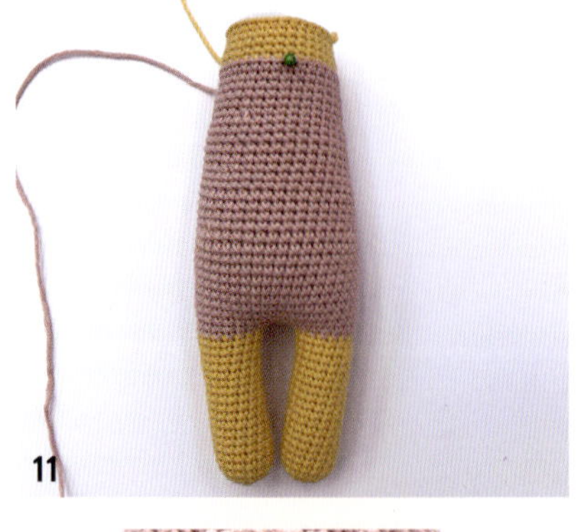
11

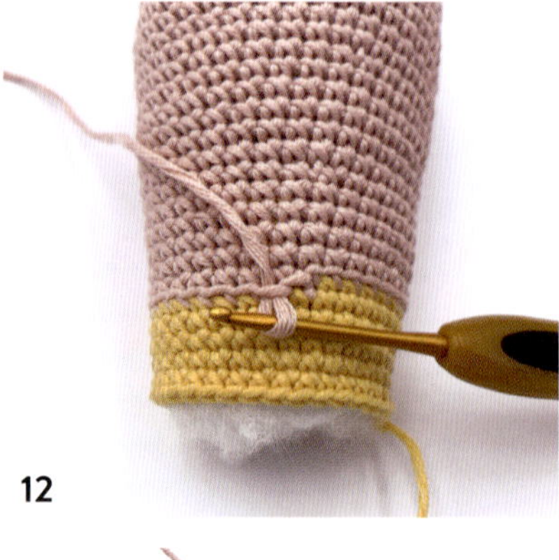
12

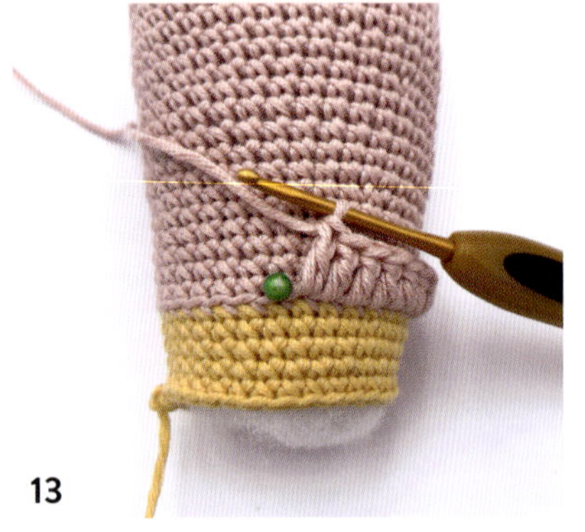
13

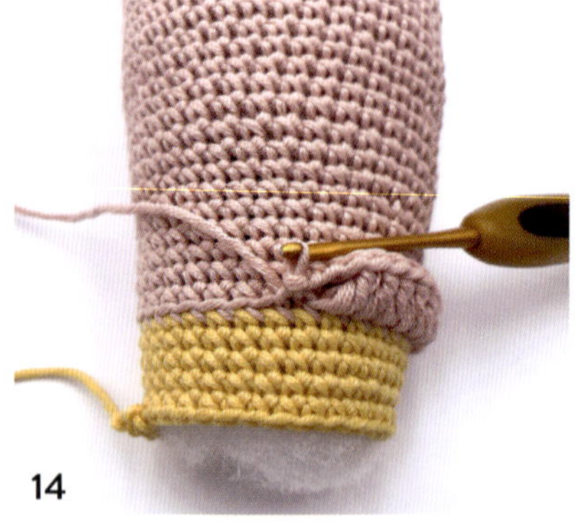
14

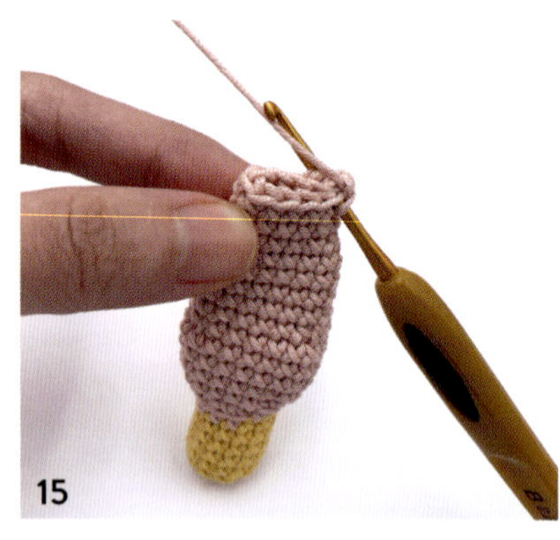
15

Mit dem Ausstopfen des Körpers beginnen und nach und nach weiteres Füllmaterial hinzufügen.

13. Rd: (12 fM, 1 Abn) 3 x [39 fM].
14.–18. Rd: 1 fM in jede M [39 fM].
19. Rd: (11 fM, 1 Abn) 3 x [36 fM].
20.–24. Rd: 1 fM in jede M [36 fM].
25. Rd: (10 fM, 1 Abn) 3 x [33 fM].
26.–30. Rd: 1 fM in jede M [33 fM].

Am Ende der 30. Rd den gelben Faden aufnehmen und den rosa Faden außen am Körper ruhen lassen, nicht abschneiden. Damit wird später der Kragen gehäkelt (10).

31. Rd: Nur in die hMg häkeln, 1 fM in jede M [33 fM].
32. Rd: (9 fM, 1 Abn) 3 x [30 fM].
33.–35. Rd: 1 fM in jede M [30 fM].
36. Rd: 10 fM [10 fM]. Die Rd hier beenden und die letzten 20 M nicht häkeln.

Den Faden abschneiden, dabei zum Annähen lang genug lassen.

KRAGEN

In die vorderen Maschenglieder der 30. Rd des Körpers häkeln.
Die Vorderseite des Körpers zeigt dabei zu dir. Die M der vorderen Körpermitte mit einer Stecknadel markieren (11). Den Körper umdrehen und die Häkelnadel in die letzte M der Rd einstechen. Den rosa Faden aufnehmen (12): 2 Lm, 1 Stb in jede M bis zur Markierung (13), 3 Lm, 1 Km in die markierte M (14), 3 Lm, 1 Stb in jede M bis zum Ende der Rd, mit 1 Km enden. Den Faden abschneiden und vernähen.

ARME (mit Gelb beginnen, 2 x häkeln)

1. Rd: 6 fM in einen magischen Ring häkeln [6 fM].
2. Rd: 6 Zun [12 fM].
3.–7. R: 1 fM in jede M [12 fM].

Am Ende der 7. Rd zum rosa Garn wechseln und den gelben Faden abschneiden.

8. Rd: 1 fM in jede M [12 fM].
9. Rd: Nur in die hMg häkeln, (1 fM, 1 Zun) 6 x [18 fM].
10.–13. Rd: 1 fM in jede M [18 fM].
14. Rd: (4 fM, 1 Abn) 3 x [15 fM].
15.–18. Rd: 1 fM in jede M [15 fM].
19. Rd: (3 fM, 1 Abn) 3 x [12 fM].
20.–22. Rd: 1 fM in jede M [12 fM].
Den Arm flach drücken und die M an der Öffnung aneinanderlegen (15).

DETAILS DES ÄRMELS

Den Arm umdrehen und in die vorderen Maschenglieder der 8. Rd häkeln.
Die Häkelnadel in die letzte M der Rd stechen und den rosa Faden aufnehmen (16): 1 Lm, 1 fM in jede M, mit 1 Km enden [12 fM].
Den Faden abschneiden und vernähen (17).

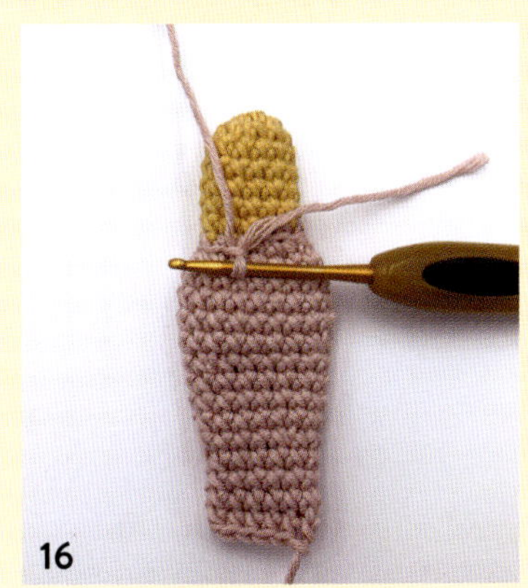

16

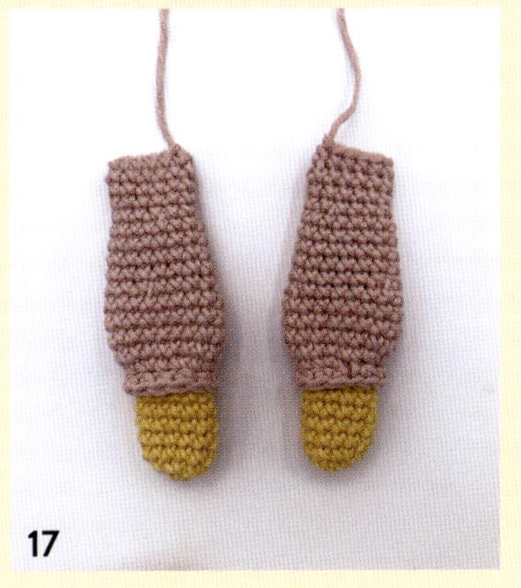

17

Die beiden gegenüberliegenden M jeweils mit fM zusammenhäkeln [6 fM].
Den Faden abschneiden, dabei zum Annähen lang genug lassen.
Für die Details des Ärmels siehe nebenstehenden Kasten.

SCHWANZ (in Gelb)

1. Rd: 6 fM in einen magischen Ring häkeln [6 fM].
2. Rd: 1 Zun, 5 fM [7 fM].
3. Rd: 1 fM in jede M [7 fM].
4. Rd: 1 Zun, 6 fM [8 fM].
5.–9. Rd: 1 fM in jede M [8 fM].
10. Rd: 1 Zun, 7 fM [9 fM].
11.–18. Rd: 1 fM in jede M [9 fM].

Den Faden abschneiden, dabei zum Annähen lang genug lassen.
Ein paar orange Fäden für die Schwanzspitze abschneiden und diese an der ersten Rd des Schwanzes anbringen (**18, 19, 20** und **21**).

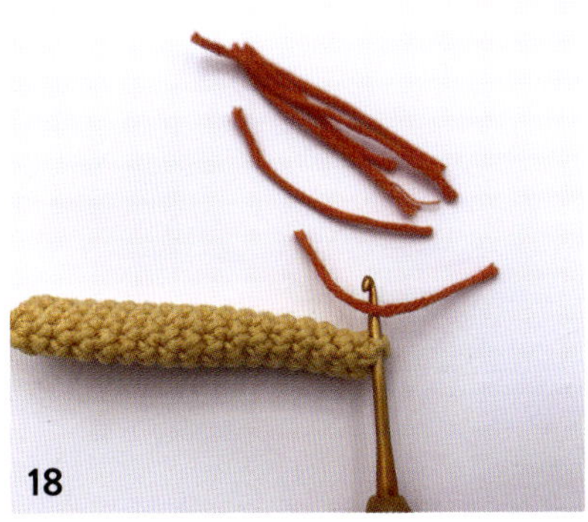

18

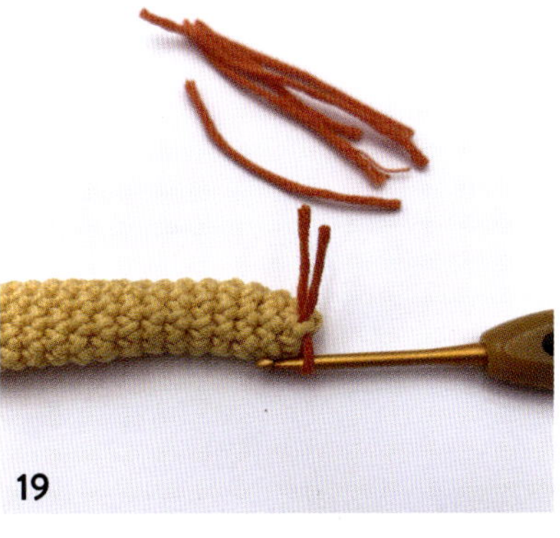

19

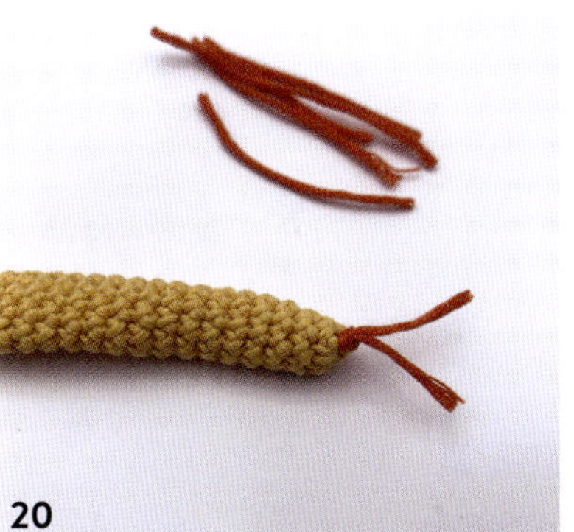

20

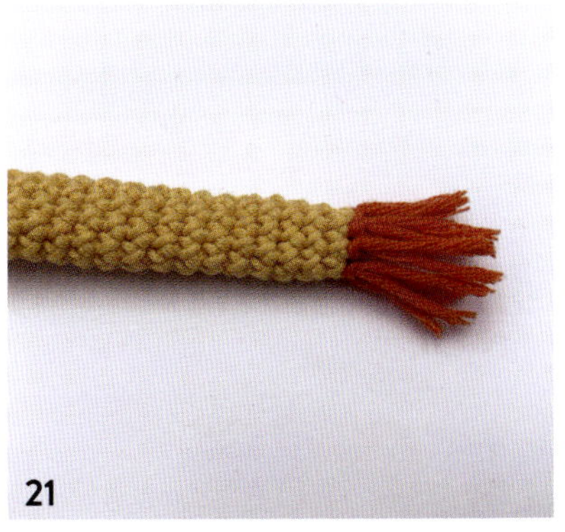

21

DEN KÖRPER ZUSAMMENNÄHEN

Die Arme 1 Rd unterhalb des Kragens annähen (22).
Mit dem braunen Garn drei kleine Linien auf den Körper sticken (23).
Den Schwanz mittig am Rücken an die 10. und 11. Rd des Körpers nähen (24).
Anschließend den Kopf an die hinteren Maschenglieder der letzten Rd des Körpers nähen, zuvor noch etwas Füllmaterial hinzufügen.

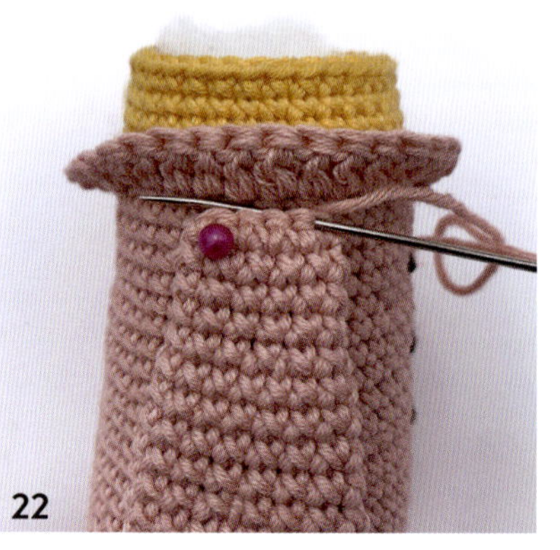

22

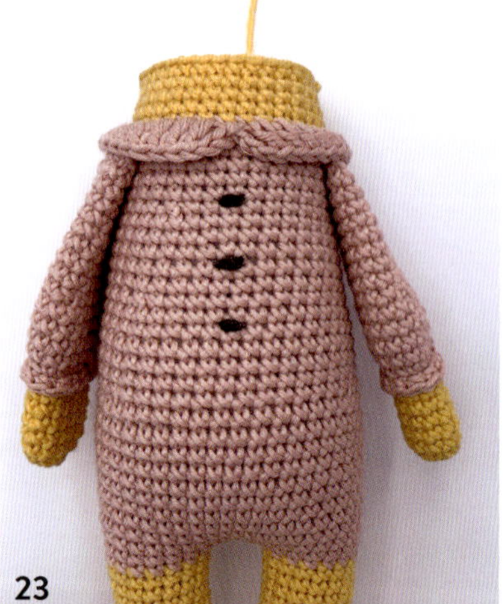

23

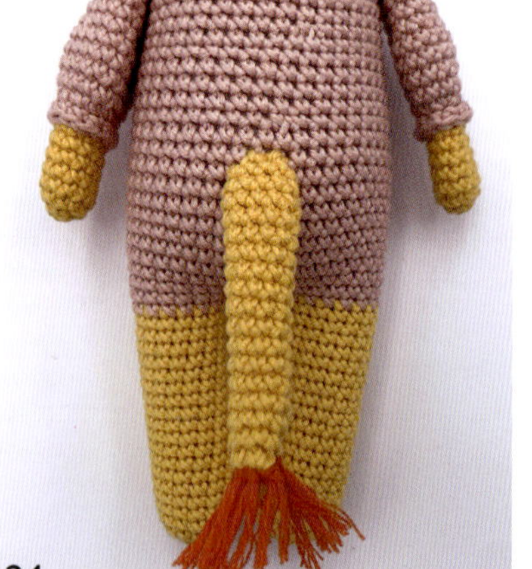

24

KLEIDUNG

HOSE

HOSENBEINE

(mit Hellgrün beginnen, 2 x häkeln)

Eine Kette aus 24 Lm häkeln, mit 1 Km enden (25). In geschlossenen Rd häkeln, dabei wird die Lm am Anfang der Rd nicht als 1 fM gezählt.

1. Rd: 1 Lm, 1 fM in jede M, mit 1 Km enden [24 fM].

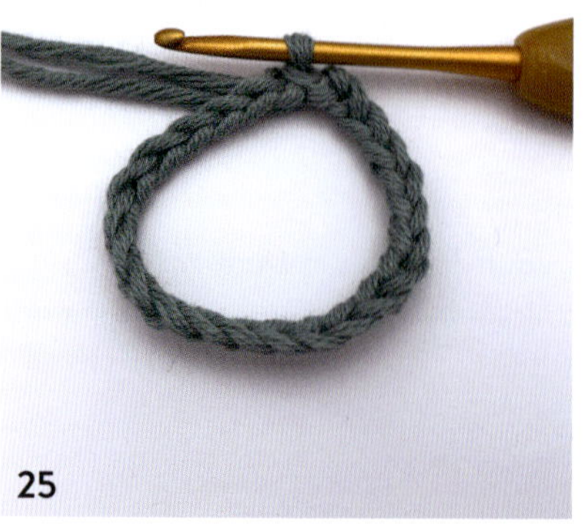

25

DETAILS DER HOSE

In die Lm-Kette des 1. Beins einstechen und den dunkelgrünen Faden aufnehmen (26): 1 Km in jede M. Den Faden abschneiden und vernähen (27). Den Vorgang am 2. Hosenbein wiederholen (28).

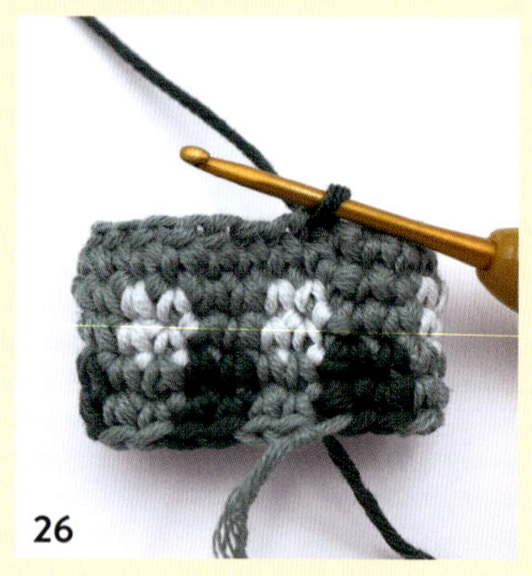

26

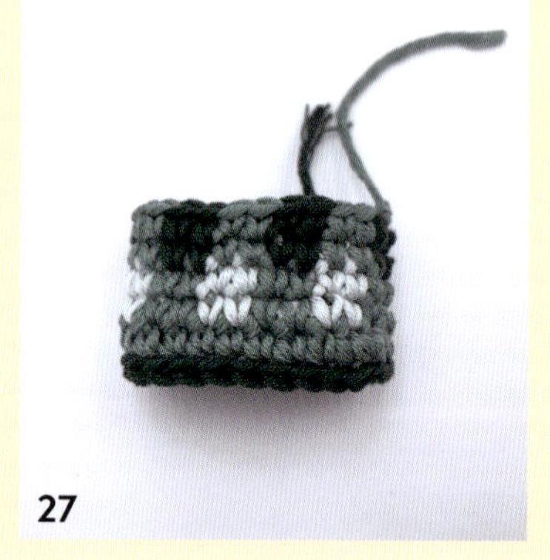

27

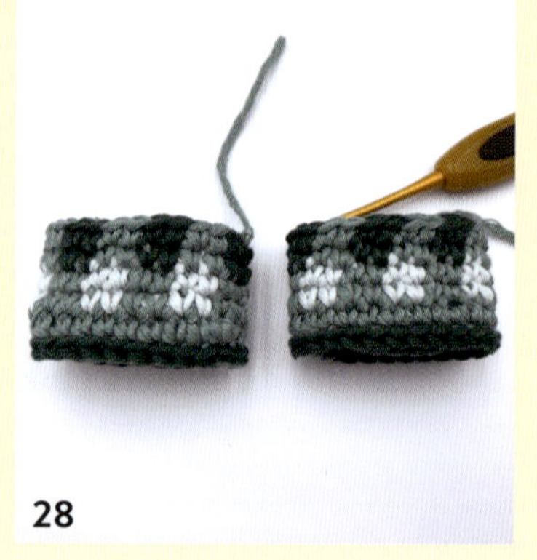

28

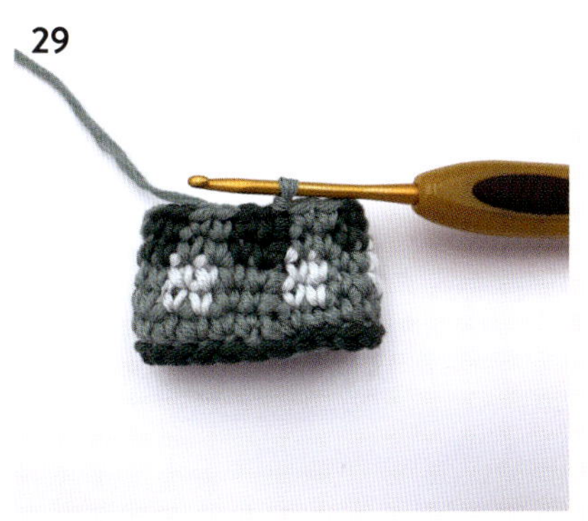
29

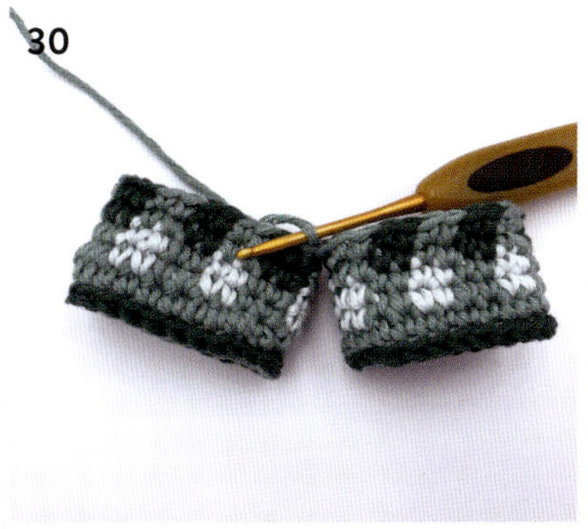
30

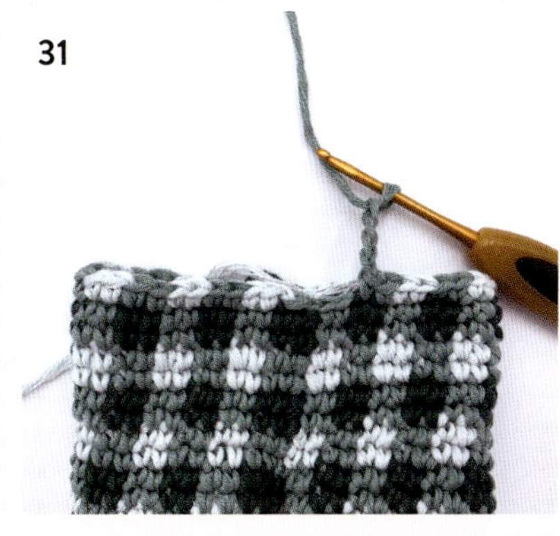
31

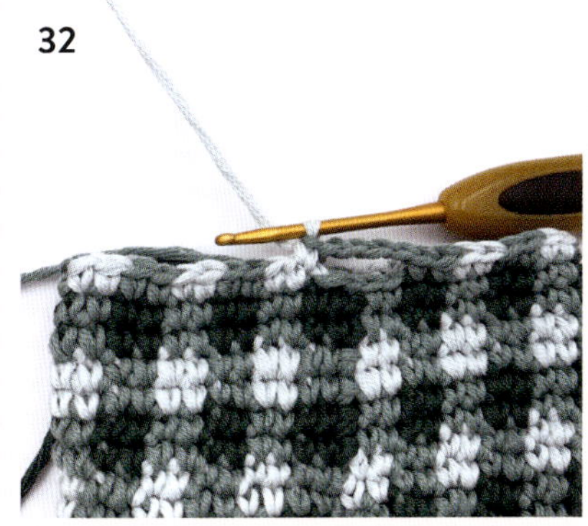
32

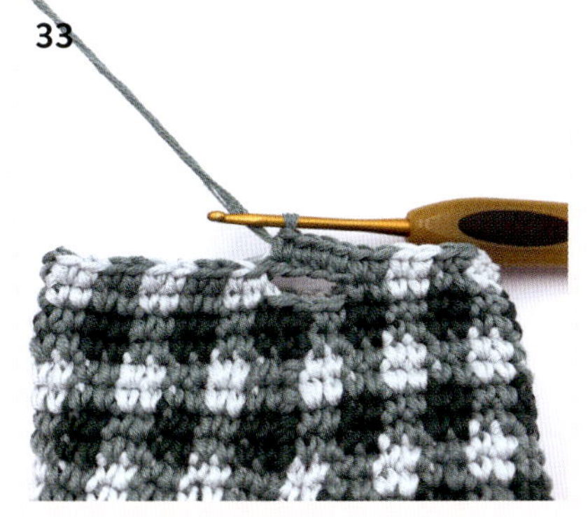
33

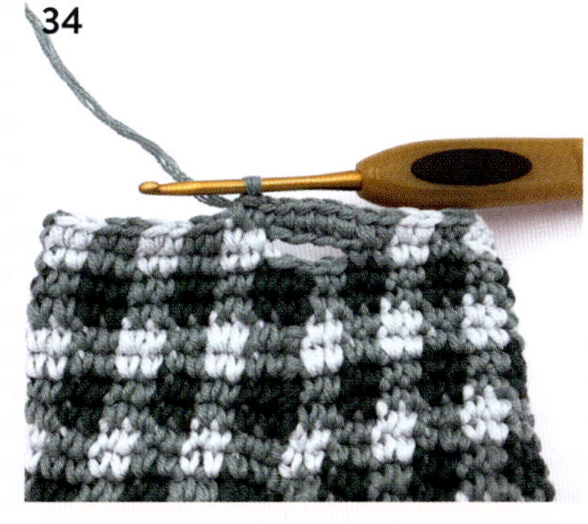
34

2.–3. Rd: 1 Lm, (*in Hellgrün:* 2 fM; *in Blassgrün:* 2 fM) 6 x, mit 1 Km enden [24 fM].
4.–5. Rd: 1 Lm, (*in Dunkelgrün:* 2 fM; *in Hellgrün:* 2 fM) 6 x, mit 1 Km enden [24 fM].

Am Ende des 1. Beins den Faden abschneiden, jedoch nicht am Ende des 2. Beins, denn damit werden die Beine verbunden und der Körper gearbeitet. Für die Details der Hose siehe nebenstehenden Kasten.

OBERER TEIL DER HOSE

(mit Hellgrün beginnen)

Mit dem 2. Bein beginnen und wie folgt häkeln (29): mit 1 Km an dem 1. Bein befestigen; diese ist die 1. Masche des oberen Teils der Hose (30).
In geschlossenen Rd häkeln, dabei wird die Lm am Anfang der Rd nicht als 1 fM gezählt.

1. Rd: 1 Lm, (*in Hellgrün:* 2 fM; *in Blassgrün:* 2 fM) 6 x in das 1. Bein, (*in Hellgrün:* 2 fM; *in Blassgrün:* 2 fM) 6 x in das 2. Bein, mit 1 Km enden [48 fM].
2. Rd: 1 Lm, (*in Hellgrün:* 2 fM; *in Blassgrün:* 2 fM) 12 x, mit 1 Km enden [48 fM].
3.–4. Rd: 1 Lm, (*in Dunkelgrün:* 2 fM; *in Hellgrün:* 2 fM) 12 x, mit 1 Km enden [48 fM].
5.–6. Rd: 1 Lm, (*in Hellgrün:* 2 fM; *in Blassgrün:* 2 fM) 12 x, mit 1 Km enden [48 fM].
7.–8. Rd: 1 Lm, (*in Dunkelgrün:* 2 fM; *in Hellgrün:* 2 fM) 12 x, mit 1 Km enden [48 fM].
9. Rd: *in Hellgrün:* 2 Lm, (*in Blassgrün:* 2 fM; *in Hellgrün:* 2 fM) 11 x [46 fM].
Die Rd hier beenden und die letzten 2 M nicht häkeln.

10. Rd (Loch für den Schwanz): 4 Lm (31), 4 M überspringen (32), (*in Blassgrün:* 2 fM; *in Hellgrün:* 2 fM) 11 x [48 fM].

Am Ende der 10. Rd mit dem hellgrünen Garn weiterhäkeln und den blassgrünen Faden abschneiden.

11. Rd: 1 fM in alle 4 Lm (33), dann am oberen Teil der Hose weiterarbeiten (34): 2 fM, 1 Abn, (6 fM, 1 Abn) 5 x [42 fM].

Am Ende der 11. Rd zum dunkelgrünen Garn wechseln und den hellgrünen Faden abschneiden.

12. Rd: 1 fM in jede M [42 fM].

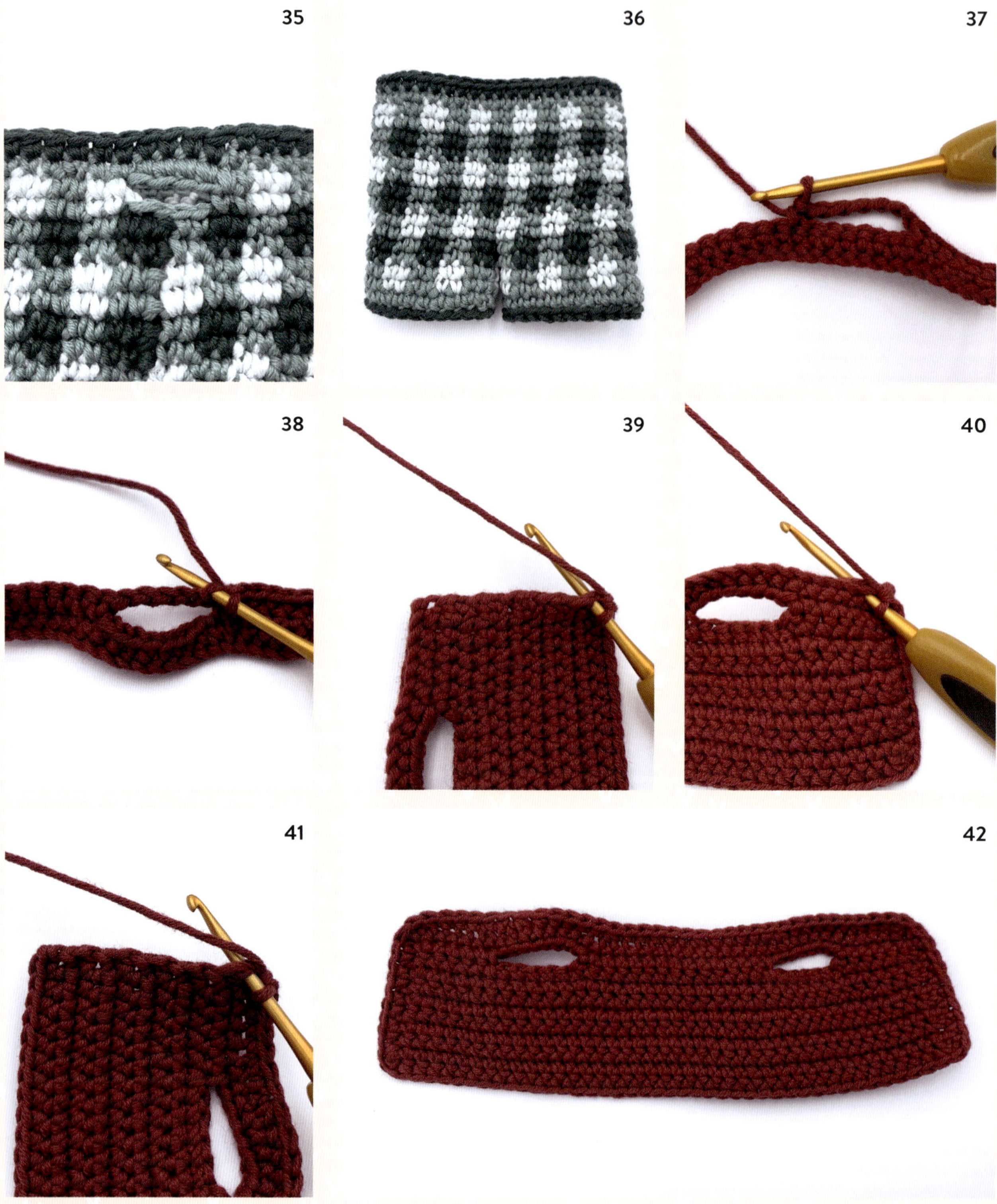
35
36
37
38
39
40
41
42

Den Faden abschneiden, dabei ein unsichtbares Ende arbeiten (siehe Seite 20) und den Faden vernähen (**35** und **36**).

WESTE

Eine Lm-Kette mit 43 Lm häkeln. In der 2. Lm von der Häkelnadel aus beginnen. Auf der Lm-Kette in Hin- und Rückreihen arbeiten. Die Luftmasche am Anfang jeder Reihe zählt nicht als 1 fM.

1. R: 42 fM, wenden [42 fM].
2. R (Armlöcher): 1 Lm, 6 fM; 6 Lm, 8 M überspringen (1. Armloch, **37**); 14 fM, 6 Lm, 8 M überspringen (2. Armloch); 6 fM, wenden [38 fM].
3. R: 1 Lm, 6 fM, 1 fM in alle der 6 Lm (**38**), 14 fM, 1 fM in alle der 6 Lm, 6 fM, wenden [38 fM].
4. R: 1 Lm, 38 fM, wenden [38 fM].
5. R: 1 Lm, 4 fM, 1 Zun, (9 fM, 1 Zun) 3 x, 3 fM [42 fM].
6.–11. R: 1 Lm, 42 fM, wenden [42 fM].

Am Ende der 11. R die Arbeit nicht wenden, sondern auf derselben Seite der Weste fortfahren (**39**), 1 fM in jede M [11 fM]; auf der Anfangs-Lm-Kette fortfahren (**40**), 2 fM, 1 Abn (5 fM, 1 Abn) 5 x, 3 fM [36 fM]; auf der anderen Seite der Weste fortfahren (**41**), 1 fM in jede M [11 fM].
Den Faden abschneiden, dabei ein unsichtbares Ende arbeiten (siehe S. 20) und den Faden vernähen (**42**). Die Weste kann in jeder beliebigen Farbe gehäkelt werden (**43**). Sie sieht auch an dem kleinen Krokodil Keiko sehr hübsch aus (siehe S. 61), das mit dem Garn Natura Just Cotton gehäkelt wird.

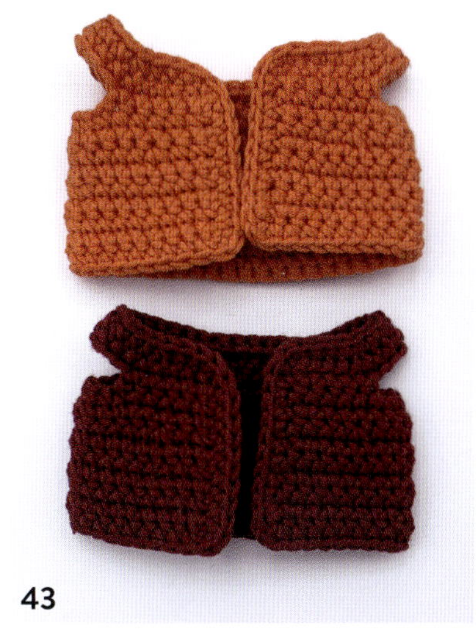

43

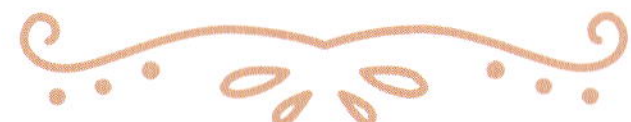

HEINA *der Pilz*

Der kleine Pilz Heina ist der süßeste und charmanteste im Wald. Heina verbringt gerne Zeit in der Nähe des Flusses, um dort dem Gesang der Vögel zu lauschen. Sie sendet positive Schwingungen aus.

KOPF UND KÖRPER

(mit Beige beginnen)

KOPF

1. Rd: 8 fM in einen magischen Ring häkeln [8 fM].
2. Rd: 8 Zun [16 fM].
3. Rd: (1 fM, 1 Zun) 8 x [24 fM].
4. Rd: (2 fM, 1 Zun) 8 x [32 fM].
5. Rd: 1 fM, 1 Zun, (3 fM, 1 Zun) 7 x, 2 fM [40 fM].
6. Rd: (4 fM, 1 Zun) 8 x [48 fM].
7.–10. Rd: 1 fM in jede M [48 fM].
11. Rd: (7 fM, 1 Zun) 6 x [54 fM].
12.–15. Rd: 1 fM in jede M [54 fM].
16. Rd: (8 fM, 1 Zun) 6 x [60 fM].
17.–18. Rd: 1 fM in jede M [60 fM].
19. Rd: (8 fM, 1 Abn) 6 x [54 fM].
20. Rd: 3 fM, 1 Abn, (7 fM, 1 Abn) 5 x, 4 fM [48 fM].
21. Rd: (6 fM, 1 Abn) 6 x [42 fM].
22. Rd: 2 fM, 1 Abn, (5 fM, 1 Abn) 5 x, 3 fM [36 fM].

Die Sicherheitsaugen zwischen der 13. und 14. Rd im Abstand von 5 M einsetzen.
Mit dem Ausstopfen des Kopfes beginnen und nach und nach weiteres Füllmaterial hinzufügen.

23. Rd: (4 fM, 1 Abn) 6 x [30 fM].
24. Rd: 1 fM, 1 Abn, (3 fM, 1 Abn) 5 x, 2 fM [24 fM].

Am Ende der 24. Rd zum cremefarbenen Garn wechseln und den beigen Faden abschneiden.

25. Rd: Nur in die hMg häkeln, 1 fM in jede M [24 fM].
26. Rd: (3 fM, 1 Zun) 6 x [30 fM].

Den cremefarbenen Faden nicht abschneiden. Damit wird der Körper gehäkelt, nachdem der Kragen fertiggestellt ist. Siehe dazu zunächst den Kasten auf der folgenden Seite, bevor mit dem Körper fortgefahren wird.

SCHWIERIGKEIT
*

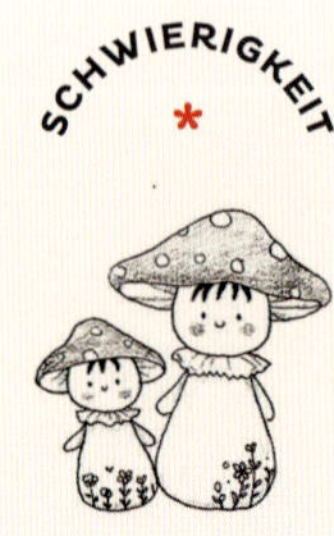

Größe: 15 cm

Material
- Grundausstattung (siehe S. 10)
- Häkelnadel 2,25 mm
- 2 Sicherheitsaugen Ø 5 mm

Garn
- DMC Natura Just Cotton
  - Weiß (Fb. N01),
  - Creme (Fb. N35),
  - Beige (Fb. N81),
  - Rot (Fb. N555), jeweils 50 g,
  - Braun (Fb. N41), ein kleiner Rest,
  - geringe Mengen für die Blumen in Blau (Fb. N100), Blassgrün (Fb. N 12), Olivgrün (Fb. 989), Dunkelgrün (Fb. N14), Limettengrün (Fb. N13), Likörgrün (Fb. N76), Gelb (Fb. N16), Blassgelb (Fb. N83), Orange (Fb. N105), Rosa (Fb. N82)
- braunes Stickgarn

Diese Liste bezieht sich auf die kleine Version von Heina (15 cm). Für die Garn- und Materialangaben für den größeren Pilz (18 cm) siehe S. 59.

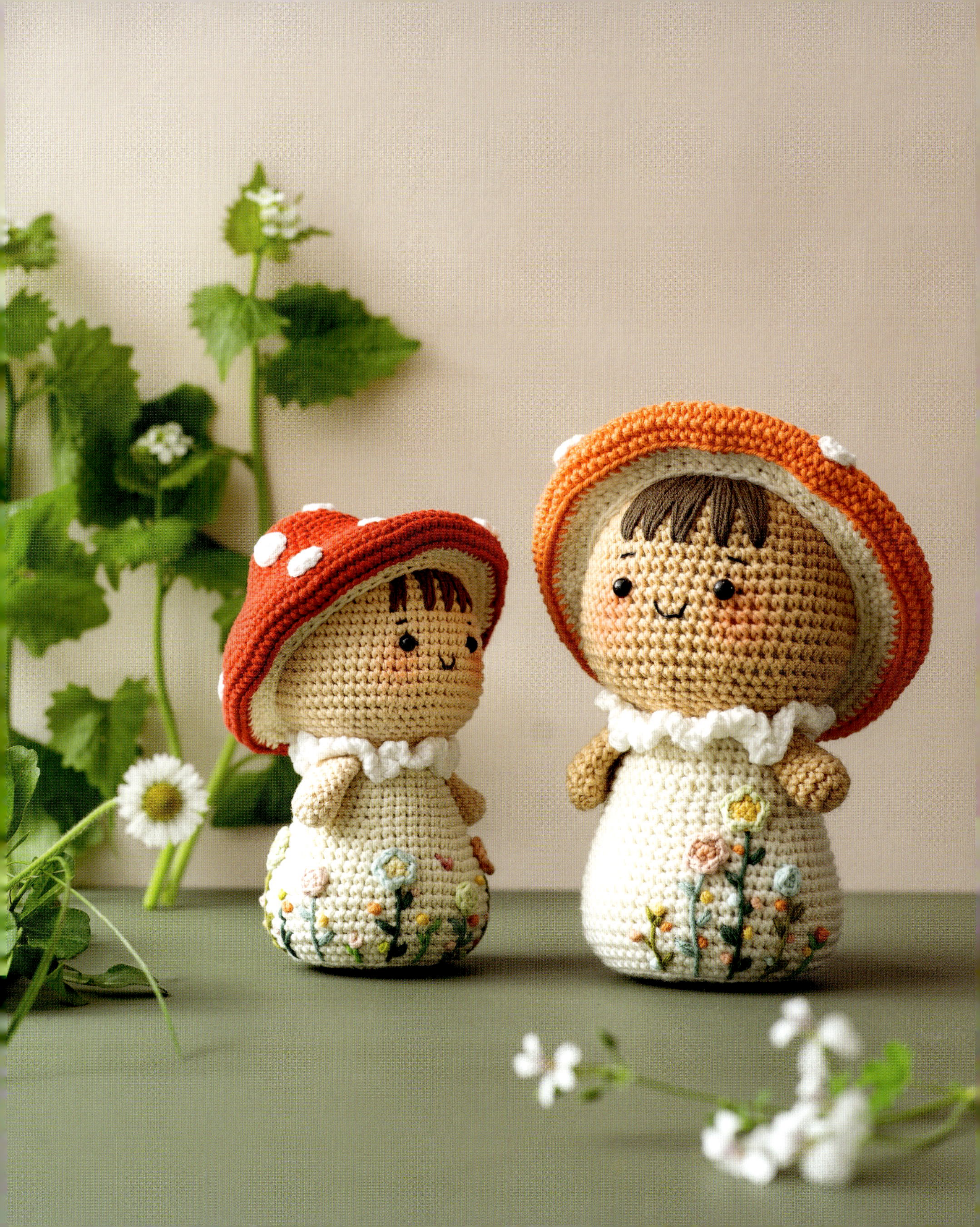

KRAGEN

In die vMg der 24. Rd häkeln. Die Häkelnadel in die letzte M der Rd stechen und den weißen Faden aufnehmen (1).

1. Rd: 2 Lm, 2 hStb in jede M, mit 1 Km enden [48 hStb].

2. Rd: (3 Lm, 1 Km in die nächste M) 48 x [144 M].

Den Faden abschneiden und vernähen (2).

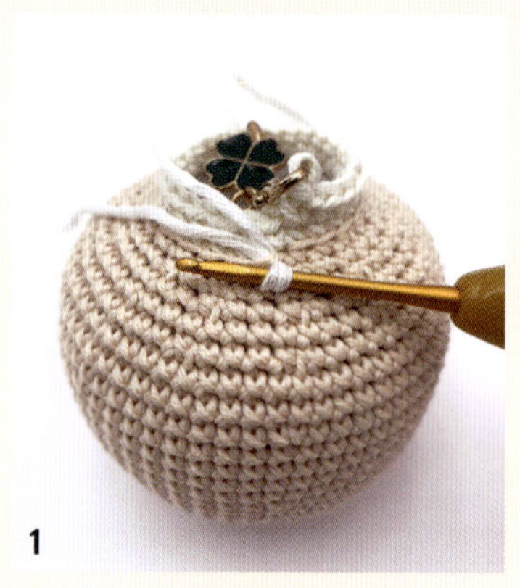

1

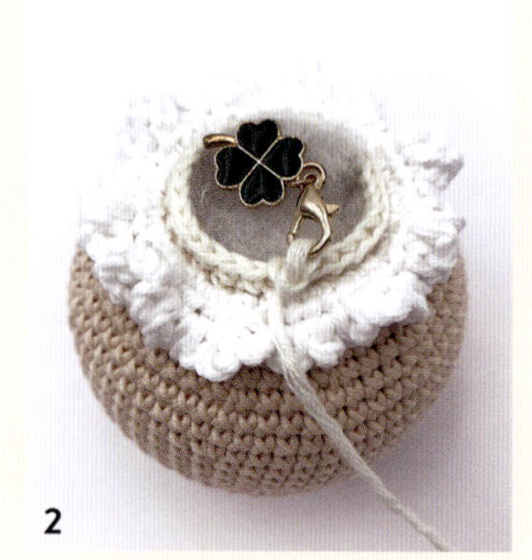

2

KÖRPER

Mit dem cremefarbenen Faden weiterhäkeln.

27.–28. Rd: 1 fM in jede M [30 fM].
29. Rd: (4 fM, 1 Zun) 6 x [36 fM].
30.–32. Rd: 1 fM in jede M [36 fM].
33. Rd: (5 fM, 1 Zun) 6 x [42 fM].
34. Rd: 1 fM in jede M [42 fM].
35. Rd: (6 fM, 1 Zun) 6 x [48 fM].
36.–37. Rd: 1 fM in jede M [48 fM].
38. Rd: (7 fM, 1 Zun) 6 x [54 fM].
39.–40. Rd: 1 fM in jede M [54 fM].
41. Rd: (8 fM, 1 Zun) 6 x [60 fM].
42.–43. Rd: 1 fM in jede M [60 fM].
44. Rd: (8 fM, 1 Abn) 6 x [54 fM].
45. Rd: 1 fM in jede M [54 fM].
46. Rd: Nur in die hMg häkeln, (4 fM, 1 Abn) 9 x [45 fM].
47. Rd: 1 fM, 1 Abn, (3 fM, 1 Abn) 8 x, 2 fM [36 fM].
48. Rd: (2 fM, 1 Abn) 9 x [27 fM].
49. Rd: (1 fM, 1 Abn) 9 x [18 fM].
50. Rd: 9 Abn [9 fM].
51. Rd: 1 Abn [1 fM].

Die Rd hier beenden und die letzten 7 M nicht häkeln.
Den Körper nochmals ausstopfen.
Den Faden durchziehen und die restlichen Maschen schließen (3).

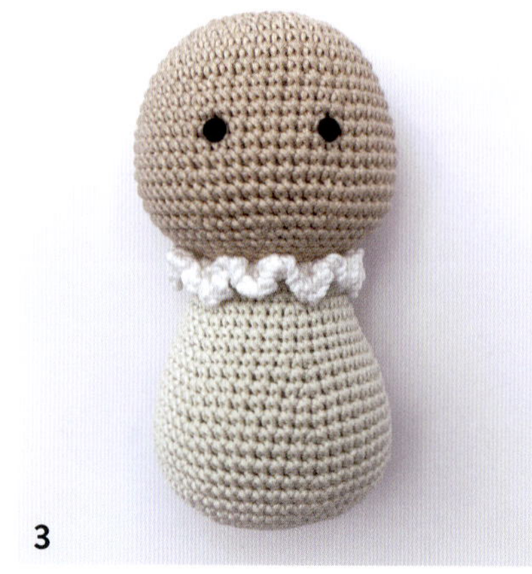

3

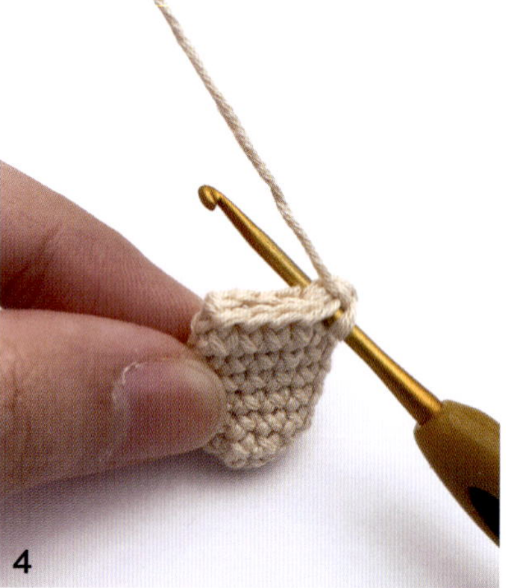

4

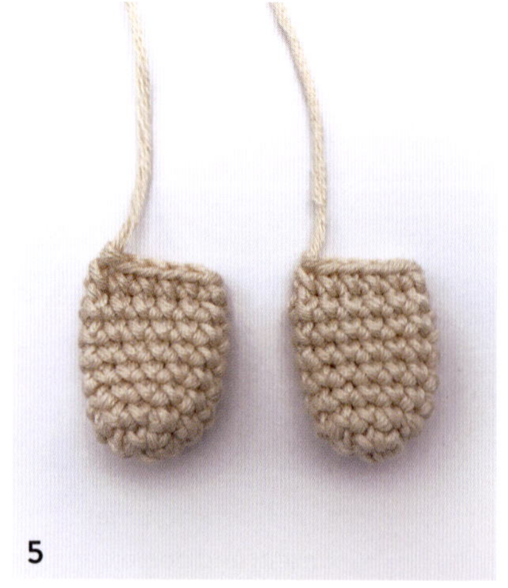

5

ARME (in Beige, 2 x häkeln)

1. Rd: 6 fM in einen magischen Ring häkeln [6 fM].
2. Rd: 6 Zun [12 fM].
3.–8. Rd: 1 fM in jede M [12 fM].

Den Arm flach drücken und die M an der Öffnung aneinanderlegen (**4**). Die beiden gegenüberliegenden M jeweils mit fM zusammenhäkeln [6 fM].
Den Faden abschneiden, dabei zum Annähen lang genug lassen (**5**).

HUT (mit Rot beginnen)

1. Rd: 8 fM in einen magischen Ring häkeln [8 fM].
2. Rd: 8 Zun [16 fM].
3. Rd: (1 fM, 1 Zun) 8 x [24 fM].
4. Rd: 1 fM in jede M [24 fM].
5. Rd: (2 fM, 1 Zun) 8 x [32 fM].
6. Rd: 1 fM in jede M [32 fM].
7. Rd: (7 fM, 1 Zun) 4 x [36 fM].
8. Rd: (8 fM, 1 Zun) 4 x [40 fM].
9. Rd: 1 fM in jede M [40 fM].
10. Rd: (9 fM, 1 Zun) 4 x [44 fM].
11. Rd: 5 fM, 1 Zun, (10 fM, 1 Zun) 3 x, 5 fM [48 fM].
12. Rd: (7 fM, 1 Zun) 6 x [54 fM].
13. Rd: 4 fM, 1 Zun, (8 fM, 1 Zun) 5 x, 4 fM [60 fM].
14. Rd: (5 fM, 1 Zun) 10 x [70 fM].
15. Rd: 1 fM in jede M [70 fM].
16. Rd: (6 fM, 1 Zun) 10 x [80 fM].
17. Rd: 1 fM in jede M [80 fM].
18. Rd: (7 fM, 1 Zun) 10 x [90 fM].
19. Rd: 1 fM in jede M [90 fM].
20. Rd: (8 fM, 1 Zun) 10 x [100 fM].
21.–22. Rd: 1 fM in jede M [100 fM].

Am Ende der 22. Rd zum cremefarbenen Garn wechseln und den roten Faden abschneiden.

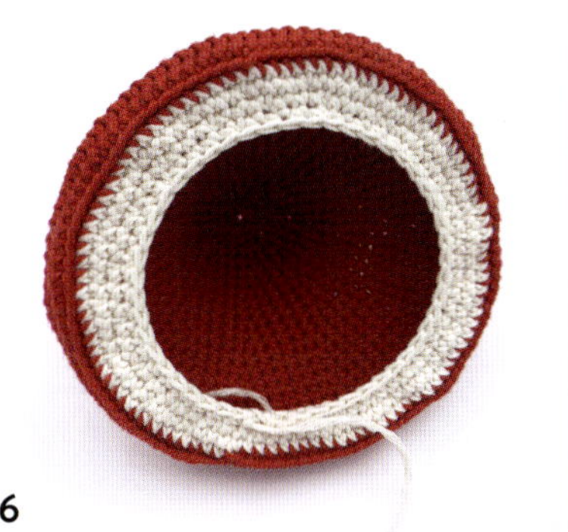

6

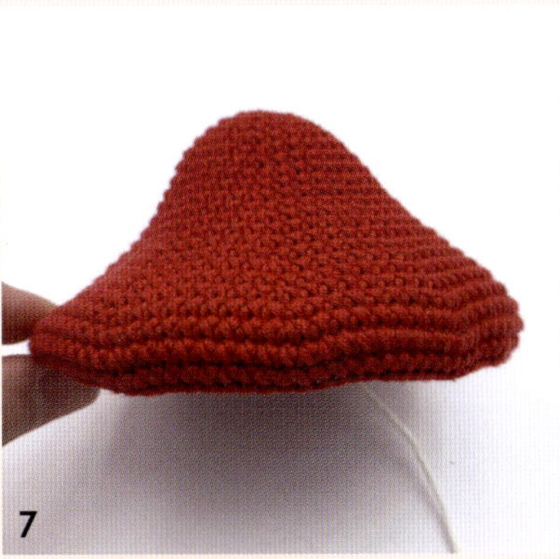

7

23. Rd: Nur in die hMg häkeln, 1 fM in jede M [100 fM].
24. Rd: (3 fM, 1 Abn) 20 x [80 fM].
25. Rd: 1 fM, 1 Abn, (2 fM, 1 Abn) 19 x, 1 fM [60 fM].
26. Rd: (3 fM, 1 Abn) 12 x [48 fM].

Den Faden abschneiden, dabei zum Annähen lang genug lassen (**6** und **7**).

PUNKTE (in Weiß)

KLEINE PUNKTE (3 x häkeln)

5 fM in einen magischen Ring häkeln und mit 1 Km enden [5 fM].
Den Faden abschneiden, dabei zum Annähen lang genug lassen.

MITTELGROSSE PUNKTE (3 x häkeln)

6 fM in einen magischen Ring häkeln und mit 1 Km enden [6 fM].
Den Faden abschneiden, dabei zum Annähen lang genug lassen.

GROSSE PUNKTE (3 x häkeln)

7 fM in einen magischen Ring häkeln und mit 1 Km enden [7 fM].
Den Faden abschneiden, dabei zum Annähen lang genug lassen.

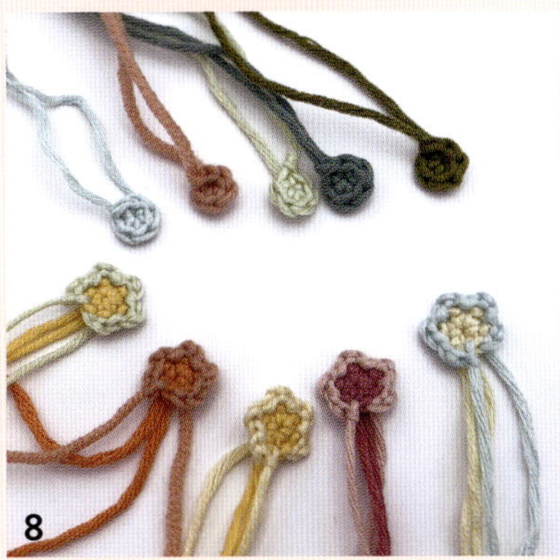

8

BLUMEN (in beliebiger Farbe)

KLEINE BLUMEN (5 x häkeln)

6 fM in einen magischen Ring häkeln und mit 1 Km enden [6 fM].
Den Faden abschneiden, dabei zum Annähen lang genug lassen (**8**).

GROSSE BLUMEN (5 x häkeln)

Die Km am Ende der Rd zählt nicht zu den Maschen.

1. Rd: 5 fM in einen magischen Ring häkeln, mit 1 Km enden [5 fM].
2. Rd: mit einer anderen Farbe fortfahren, (2 Lm, 1 Km in die nächste M) 5 x [10 M].

Den Faden abschneiden, dabei zum Annähen lang genug lassen (**8**).

ZUSAMMENNÄHEN

Die Punkte auf den Hut nähen (**9**).
Mit dem braunen Stickgarn die Haare zwischen der 19. und 21. Rd des Kopfs aufsticken (**10** und **11**).
Mit dem braunen Stickgarn die Augenbrauen 1 Rd über den Augen sowie den Mund in der 15. Rd zwischen den Augen aufsticken.
Mit Rouge die Wangen färben (**12**).
Die Blumen auf den Körper nähen (**13**).
Stiele, Blätter und kleine Knospen mit dem Steppstich (siehe S. 22) und Knötchenstich aufsticken (siehe S. 25) (**14**).
Die Arme 1 Rd unterhalb des Kragens an den Körper nähen (**15**).
Den Hut auf den Kopf nähen (**16**).

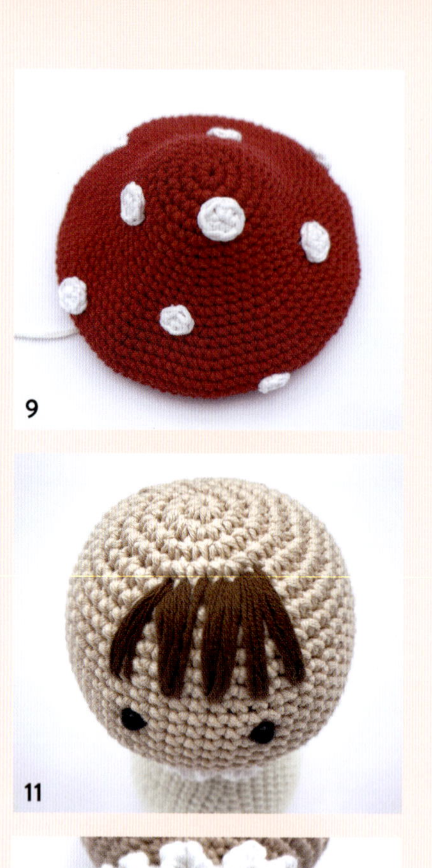

9

11

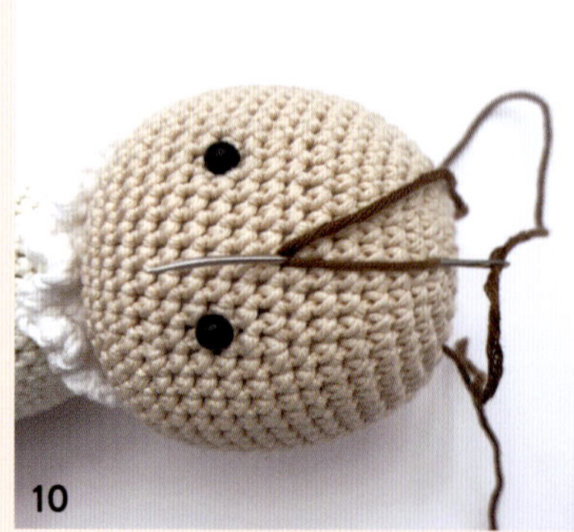

10

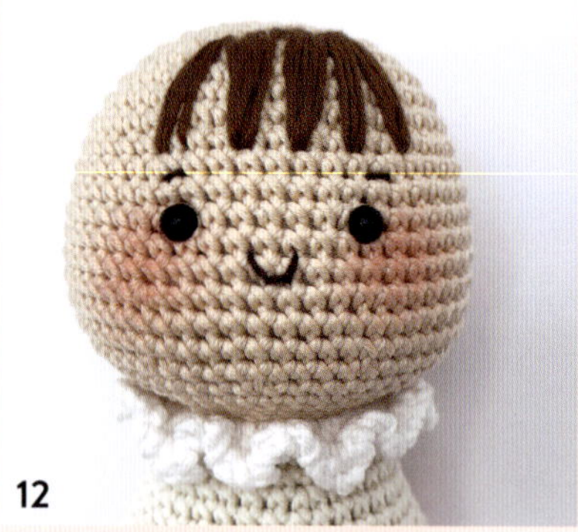

12

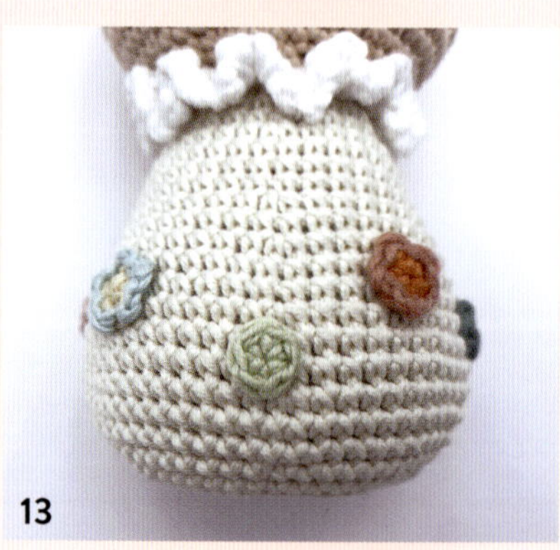

13

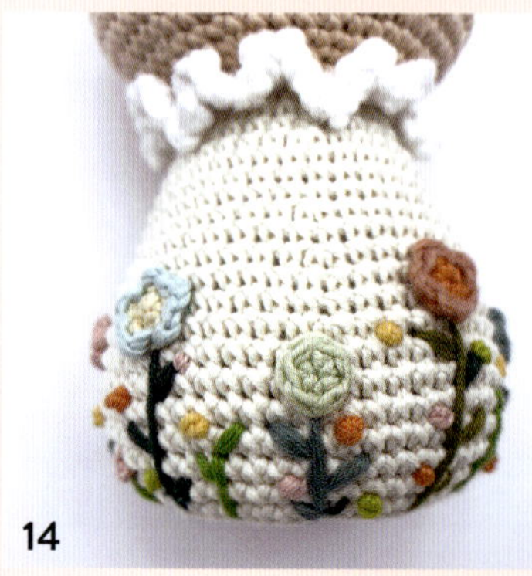

14

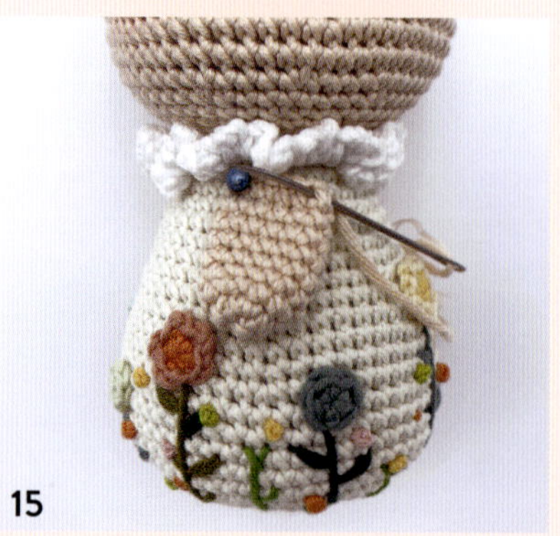

15

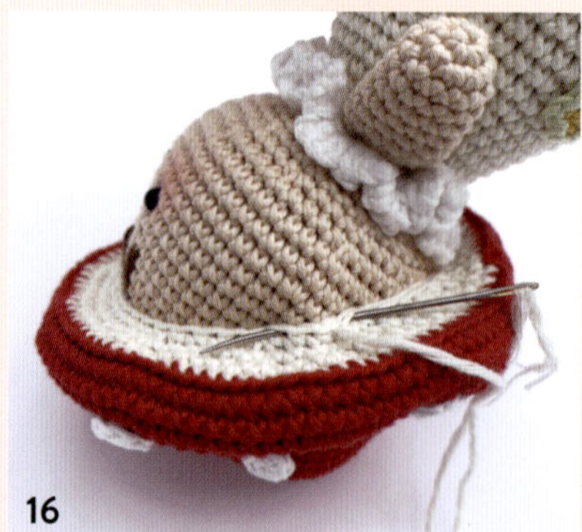

16

UND FÜR DIE GROSSE VERSION?

Hier folgen die Material- und Farbangaben für die große Version von Heina.
Aber ihr könnt eurer Fantasie natürlich auch freien Lauf lassen!

	KLEINE VERSION (15 CM)	GROSSE VERSION (18 CM)
MATERIAL		
Häkelnadel	2,25 mm	2,75 mm
2 Sicherheitsaugen	Ø 5 mm	Ø 6 mm
	DMC Natura Just Cotton	DMC Happy Cotton
Kragen und Punkte	Weiß (Fb. N01), 50 g	Weiß (Fb. 761), 20 g
Hut	Rot (Fb. N555), 50 g	Orange (Fb. 753), 40 g
	DMC Natura Just Cotton	DMC Wooly
Körper und Unterseite des Hutes	Creme (Fb. N35), 50 g	Creme (Fb. 03), 50 g
Kopf und Arme	Beige (Fb. N81), 50 g	Beige (Fb. 134), 50 g
	DMC Natura Just Cotton	DMC Natura Just Cotton
Haare	Braun (Fb. N41), ein kleiner Rest	Dunkelbraun (Fb. N22), ein kleiner Rest
Blumen	geringe Mengen von: Blau (Fb N100), Blassgrün (Fb. N12), Olivgrün (Fb. 989), Dunkelgrün (Fb. N14), Limettengrün (Fb. N13), Likörgrün (Fb. N76), Gelb (Fb. N16), Blassgelb (Fb. N83), Orange (Fb. N105), Rosa (Fb. N82)	
	Stickgarn	
Augenbrauen und Mund	Braun	

KEIKO *das Krokodil*

Keiko ist ein verträumtes Krokodil. Er liebt es, die Wolken am Himmel zu beobachten und darin Fantasiegebilde zu erkennen, und träumt davon, direkt in die Herzen dieser Wolken zu fliegen.

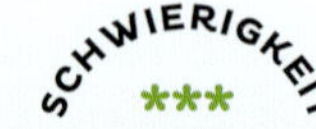

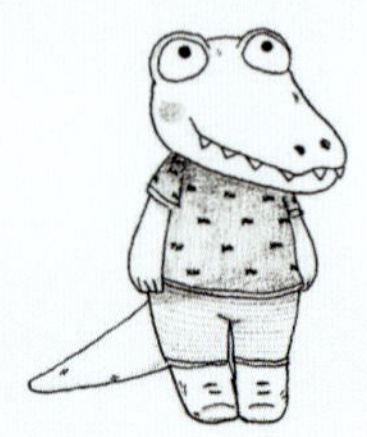

Größe: 25 cm

Material
- Grundausstattung (siehe S. 10)
- Häkelnadel 2,75 mm
- 2 Sicherheitsaugen Ø 9 mm
- weiße Filzwolle, kleiner Rest
- Filznadel

Garn
- DMC 100 % Baby Cotton in
  - Grün (Fb. 752), 50 g
- DMC Happy Cotton
  - Blau (Fb. 750),
  - Creme (Fb. 761),
  - Rosa (Fb. 768),
  - Beige (Fb. 776),
  - Rot (Fb. 791), jeweils 50 g,
  - Schwarz (Fb. 775), ein kleiner Rest

Diese Liste bezieht sich auf die große Version von Keiko (25 cm). Für die Garn- und Materialangaben für das kleinere Krokodil (20 cm) siehe S. 67.

KOPF (in Grün)

Eine Lm-Kette mit 7 Lm häkeln. In der 2. Lm von der Nadel aus beginnen. Der Kopf wird um diese Lm-Kette herum gehäkelt.

1. Rd: 1 Zun, 1 fM in jede der 4 folgenden Lm, 4 fM in die letzte Lm. Auf der anderen Seite wie folgt fortfahren: 1 fM in jede der 4 folgenden Lm, 1 Zun [16 fM].
2. Rd: 16 fM, 1 Zun, 4 fM, 1 Zun, 2 fM, 1 Zun, 4 fM, 1 Zun. 1 fM [20 fM].
3. Rd: 1 fM, 1 Zun, 6 fM, 1 Zun, 2 fM, 1 Zun, 6 fM, 1 Zun. 1 fM [24 fM].
4.–5. Rd: 1 fM in jede M [24 fM].
6. Rd: 2 fM, 1 Zun, 6 fM, 1 Zun, 4 fM, 1 Zun, 6 fM, 1 Zun, 2 fM [28 fM].
7.–8. Rd: 1 fM in jede M [28 fM].
9. Rd: 2 fM, 1 Zun, 8 fM, 1 Zun, 4 fM, 1 Zun, 8 fM, 1 Zun, 2 fM [32 fM].
10.–11. Rd: 1 fM in jede M [32 fM].
12. Rd: 2 fM, 1 Zun, 10 fM, 1 Zun, 4 fM, 1 Zun, 10 fM, 1 Zun, 2 fM [36 fM].
13.–14. Rd: 1 fM in jede M [36 fM].
15. Rd: 22 fM, (1 Zun, 2 fM) 4 x, 2 fM [40 fM].
16.–17. Rd: 1 fM in jede M [40 fM].
18. Rd: 21 fM, (1 Zun, 4 fM) 3 x, 1 Zun, 3 fM [44 fM].

Mit dem Ausstopfen des Kopfes beginnen und nach und nach weiteres Füllmaterial hinzufügen.

19.–20. Rd: 1 fM in jede M [44 fM].
21. Rd: 23 fM, (1 Zun, 4 fM) 4 x, 1 fM [48 fM].
22. Rd: 1 fM in jede M [48 fM].
23. Rd: 22 fM, (1 Zun, 6 fM) 3 x, 1 Zun, 4 fM [52 fM].
24. Rd: 1 fM in jede M [52 fM].
25. Rd: 24 fM, (1 Zun, 6 fM) 4 x [56 fM].
26.–31. Rd: 1 fM in jede M [56 fM].
32. Rd: (5 fM, 1 Abn) 8 x [48 fM].
33.–34. Rd: 1 fM in jede M [48 fM].
35. Rd: (4 fM, 1 Abn) 8 x [40 fM].
36. Rd: 1 fM in jede M [40 fM].
37. Rd: (3 fM, 1 Abn) 8 x [32 fM].
38. Rd: 1 fM in jede M [32 fM].
39. Rd: (2 fM, 1 Abn) 8 x [24 fM].
40. Rd: (2 fM, 1 Abn) 6 x [18 fM].
41. Rd: (1 fM, 1 Abn) 6 x [12 fM].
42. Rd: 6 Abn [6 fM].

Den Kopf fertig ausstopfen. Den Faden durchziehen und die restlichen Maschen schließen.

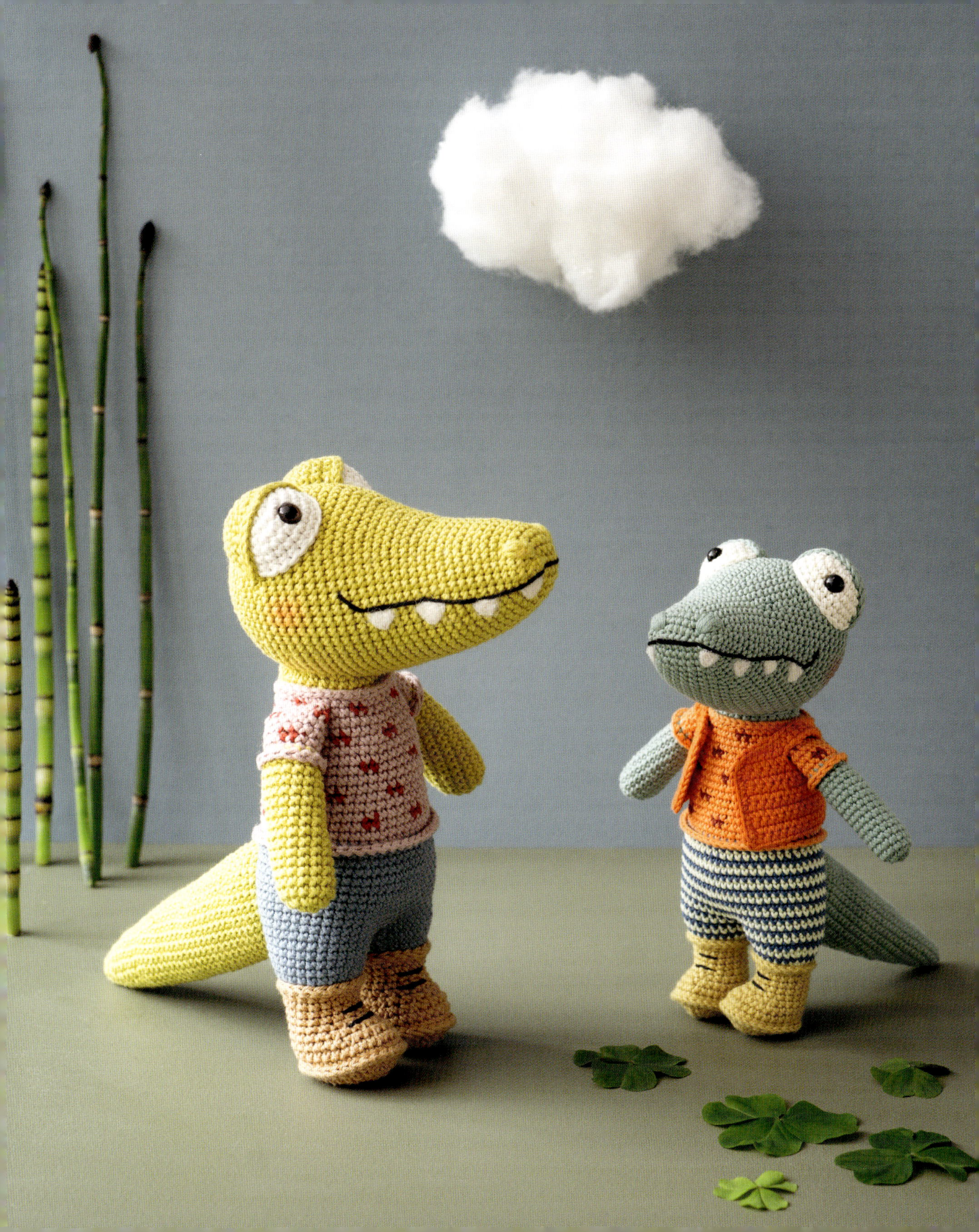

AUGEN (mit Grün beginnen, 2 x häkeln)

1. Rd: 6 fM in einen magischen Ring häkeln [6 fM].
2. Rd: 3 Zun; *in Creme:* 3 Zun [12 fM].
3. Rd: *in Grün:* (1 fM, 1 Zun) 3 x; *in Creme:* (1 fM, 1 Zun) 3 x [18 fM].
4. Rd: *in Grün:* (2 fM, 1 Zun) 3 x; *in Creme:* (2 fM, 1 Zun) 3 x [24 fM].
5.–7. Rd: *in Grün:* 12 fM; *in Creme:* 12 fM [24 fM].

Den grünen Faden in der 7. Rd nicht abschneiden. Damit werden die Details der Augen gehäkelt, siehe dafür den Kasten rechts.
Den cremefarbenen Faden abschneiden, dabei zum Annähen lang genug lassen.

DETAILS DER AUGEN

Die Häkelnadel in die 1. cremefarbene M der 7. Rd des Auges einstechen. Mit dem grünen Faden (**1**) Km auf der Trennlinie zwischen dem grünen und hellen Teil der Augen häkeln (**2** und **3**). Am Ende der R wie folgt häkeln: 1 Lm, wenden, 1 Km in jede M (**4**). Den grünen Faden abschneiden, dabei zum Annähen lang genug lassen (**5**).
Das Sicherheitsauge jeweils in den weißen Teil zwischen der 4. und 5. Rd des Auges einsetzen (**6**).

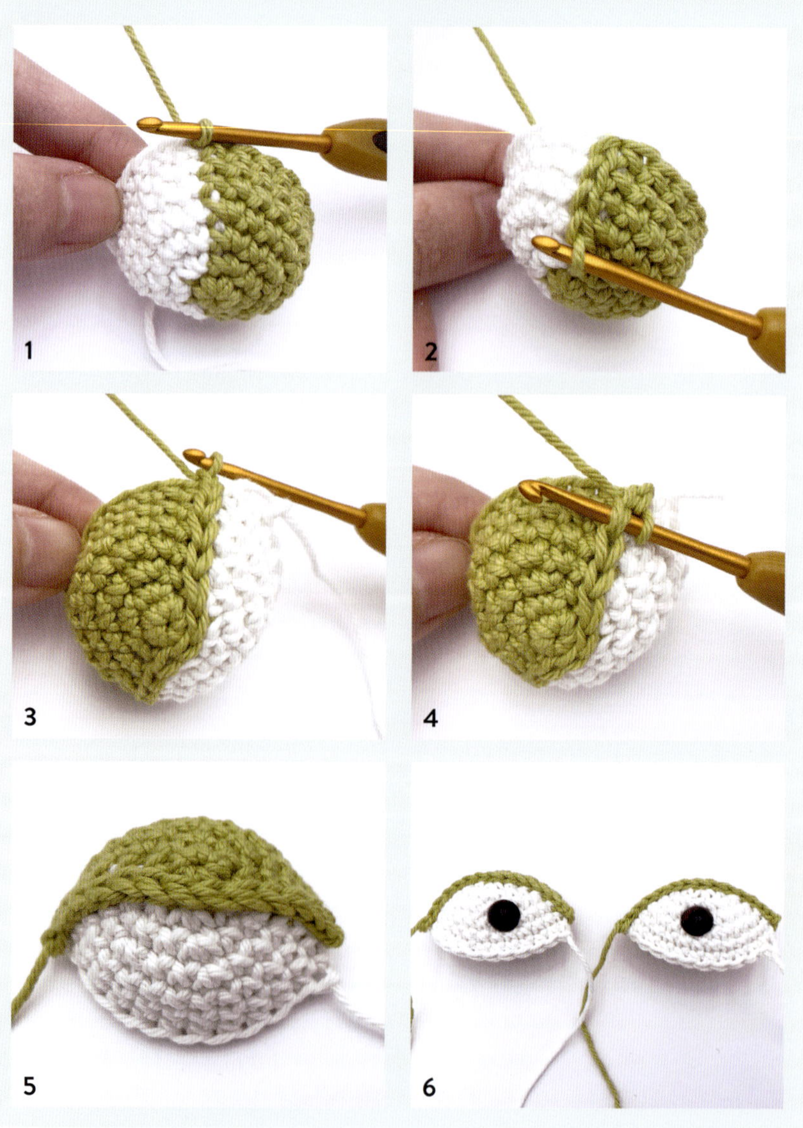

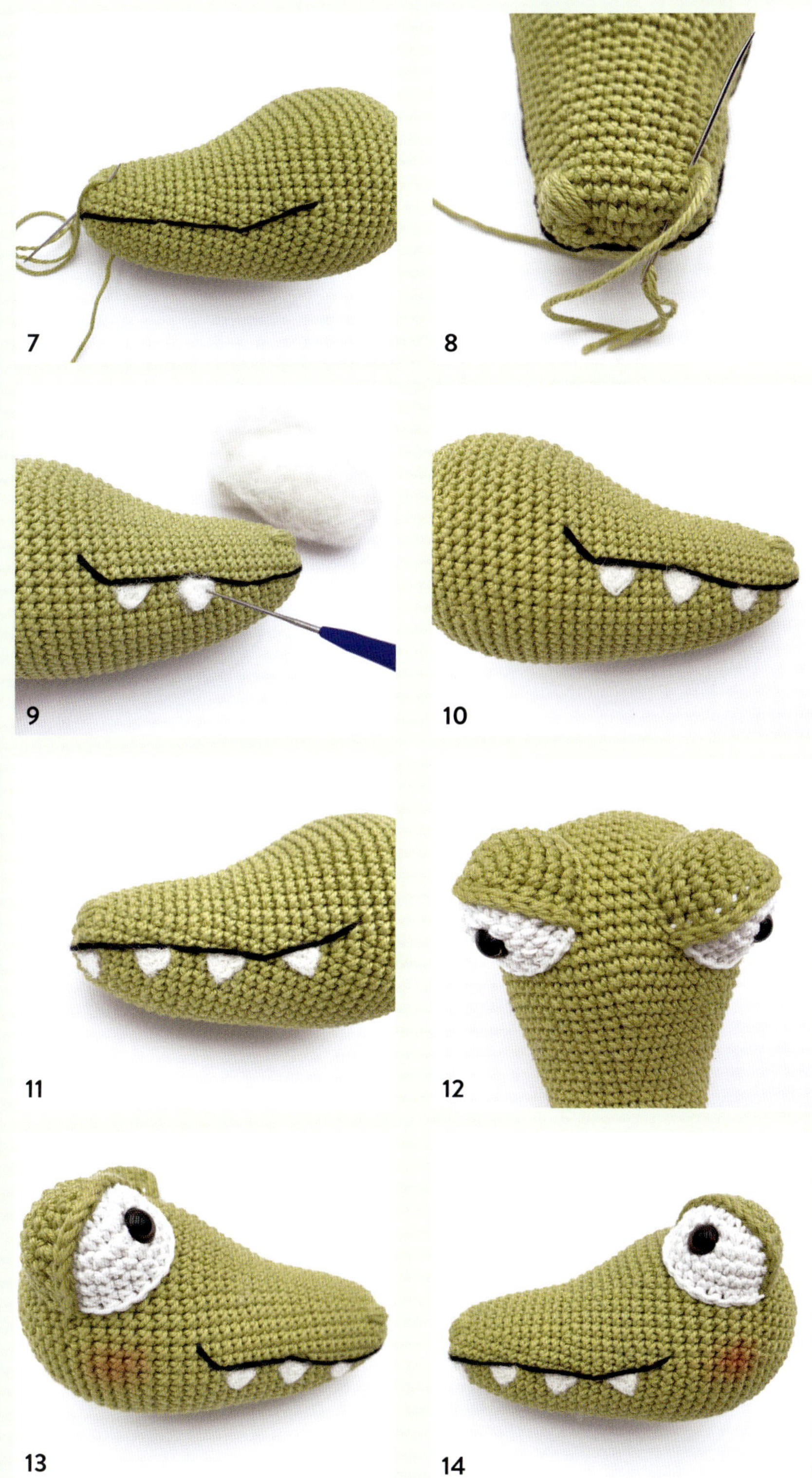

7 8 9 10 11 12 13 14

DEN KOPF ZUSAMMENNÄHEN

Mit dem schwarzen Garn den Mund zwischen der 1. und 24. Rd auf den Kopf sticken. Mit dem grünen Garn die Nase zwischen der 2. und 4. Rd aufsticken (**7** und **8**).
Mit der Filznadel die Zähne aus Filzwolle unterhalb der Linie für den Mund einarbeiten (**9**, **10** und **11**).
Die Augen ausstopfen und zwischen der 25. und 35. Rd an den Kopf nähen. Mit Rouge die Wangen färben (**12**, **13** und **14**).

ARME (mit Grün beginnen, 2 x häkeln)

1. Rd: 7 fM in einen magischen Ring häkeln [7 fM].
2. Rd: 7 Zun [14 fM].

Mit dem Ausstopfen des Arms beginnen und nach und nach weiteres Füllmaterial hinzufügen.

3.–16. Rd: 1 fM in jede M [14 fM].

Am Ende der 16. Rd zum rosa Garn wechseln und den grünen Faden abschneiden.

17. Rd: Nur in die hMg häkeln, 1 fM in jede M [14 fM].
18. Rd: *in Rosa:* 2 fM; (*in Rot:* 2 fM; *in Rosa:* 3 fM) 2 x; *in Rot:* 2 fM [14 fM].
19.–20. Rd: *in Rosa:* 1 fM in jede M [14 fM].
21. Rd: (*in Rot:* 2 fM; *in Rosa:* 3 fM) 2 x; *in Rot:* 2 fM; *in Rosa:* 2 fM [14 fM].

Den roten Faden abschneiden und vernähen.

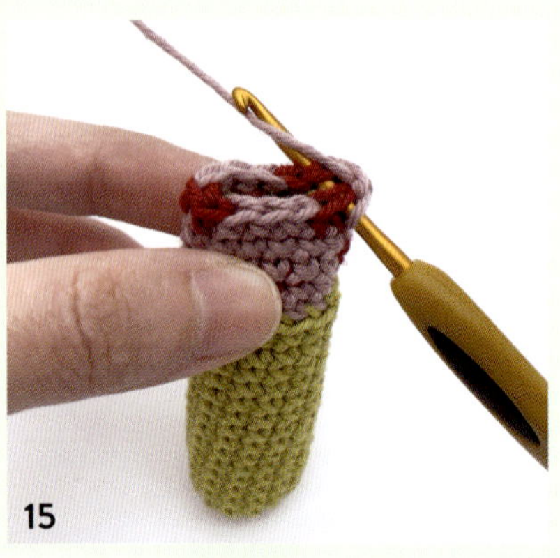

15

DETAILS DES ÄRMELS

Den Arm umdrehen, in die vMg der 16. Rd häkeln. In die letzte M der Rd einstechen und den rosa Faden aufnehmen (16), 1 Lm, 1 fM in jede M, mit 1 Km enden [14 fM]. Den Faden abschneiden und vernähen (17).

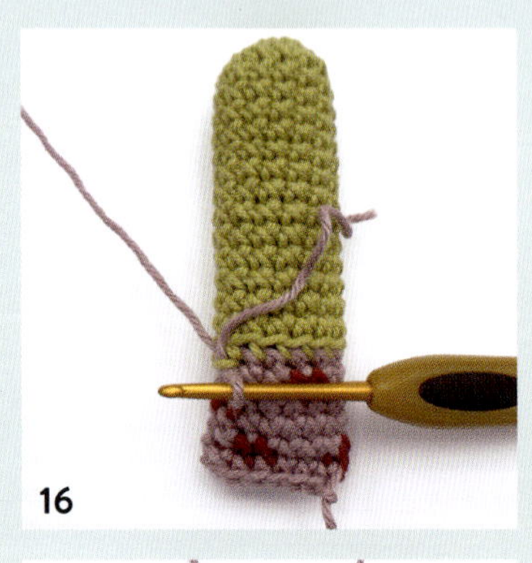

16

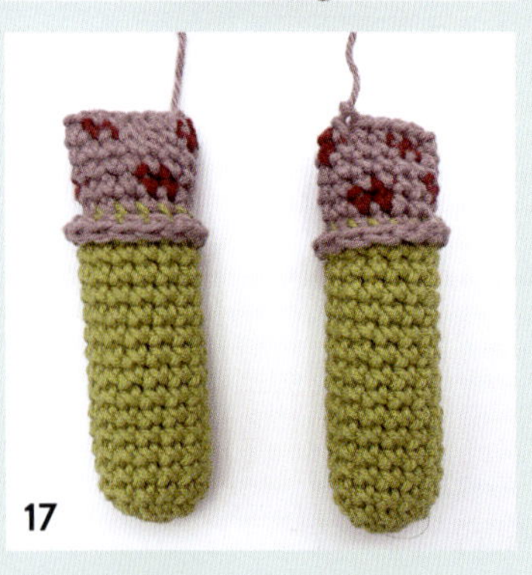

17

Den Arm flach drücken und die M an der Öffnung aneinanderlegen (**15**). Die beiden gegenüberliegenden M jeweils mit fM zusammenhäkeln [7 fM]. Den Faden abschneiden, dabei zum Annähen lang genug lassen.
Für die Details des Ärmels siehe nebenstehenden Kasten.

SCHWANZ (in Grün)

1. Rd: 6 fM in einen magischen Ring häkeln [6 fM].
2. Rd: (1 Zun, 1 fM) 3 x [9 fM].
3. Rd: 1 fM in jede M [9 fM].
4. Rd: (2 fM, 1 Zun) 3 x [12 fM].
5. Rd: 1 fM in jede M [12 fM].
6. Rd: (5 fM, 1 Zun) 2 x [14 fM].
7. Rd: 1 fM in jede M [14 fM].
8. Rd: (6 fM, 1 Zun) 2 x [16 fM].
9.–10. Rd: 1 fM in jede M [16 fM].
11. Rd: (7 fM, 1 Zun) 2 x [18 fM].
12. Rd: 1 fM in jede M [18 fM].
13. Rd: (5 fM, 1 Zun) 3 x [21 fM].
14.–15. Rd: 1 fM in jede M [21 fM].
16. Rd: (6 fM, 1 Zun) 3 x [24 fM].

Mit dem Ausstopfen des Schwanzes beginnen und nach und nach weiteres Füllmaterial hinzufügen.

17.–21. Rd: 1 fM in jede M [24 fM].
22. Rd: (7 fM, 1 Zun) 3 x [27 fM].
23.–30. Rd: 1 fM in jede M [27 fM].
31. Rd: (8 fM, 1 Zun) 3 x [30 fM].
32.–36. Rd: 1 fM in jede M [30 fM].

Den Faden abschneiden, dabei zum Annähen lang genug lassen (**18**).

BEINE
(mit Beige beginnen)

ERSTES BEIN

Eine Lm-Kette mit 6 Lm häkeln.
In der 2. Lm von der Nadel aus beginnen. Das Bein wird um diese Lm-Kette herum gehäkelt.

1. Rd: 1 Zun, 1 fM in jede der 3 folgenden Lm, 4 fM in die letzte Lm. Auf der anderen Seite wie folgt fortfahren: jeweils 1 fM in die nächsten der 3 Lm, 1 Zun [14 fM].
2. Rd: 1 fM, 1 Zun, 3 fM, 1 Zun, 2 fM, 1 Zun, 3 fM, 1 Zun, 1 fM [18 fM].
3. Rd: 1 fM, 1 Zun, 5 fM, 1 Zun, 2 fM, 1 Zun, 5 fM, 1 Zun, 1 fM [22 fM].

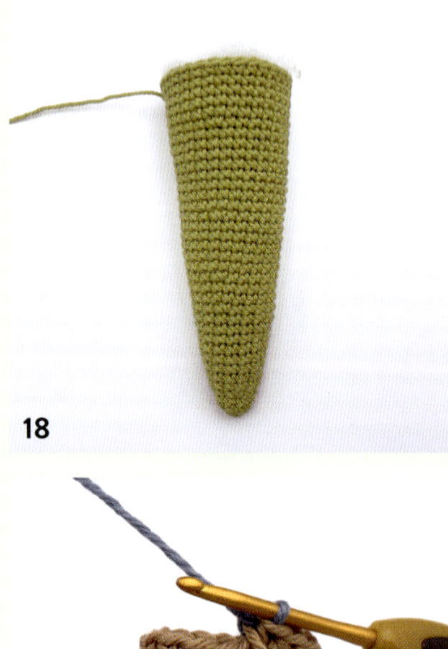

18

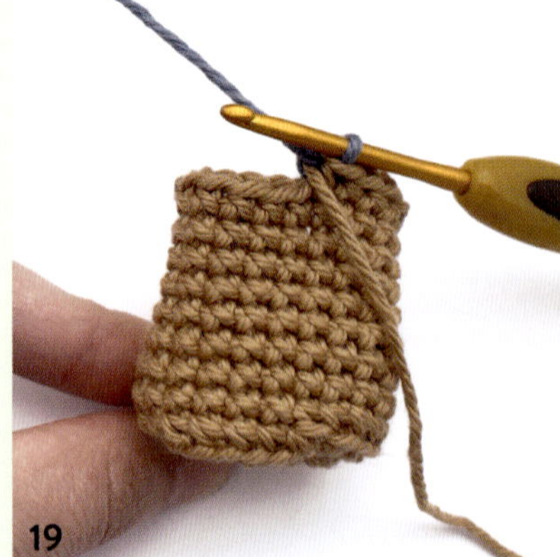

19

4. Rd: (1 Zun, 1 fM) 2 x, 5 fM, (1 Zun, 1 fM) 3 x, 5 fM, 1 Zun, 1 fM [28 fM].
5. Rd: Nur in die hMg häkeln, 1 fM in jede M [28 fM].
6. Rd: 1 fM in jede M [28 fM].
7. Rd: 12 fM, (1 Abn, 1 fM) 3 x, 7 fM [25 fM].
8. Rd: 8 fM, (1 Abn, 1 fM) 4 x, 5 fM [21 fM].
9. Rd: 7 fM, (1 Abn, 1 fM) 3 x, 5 fM [18 fM].
10.–11. Rd: 1 fM in jede M [18 fM].
12. Rd: (5 fM, 1 Zun) 3 x [21 fM].
13. Rd: 1 fM in jede M [21 fM].

Am Ende der 13. Rd den blauen Faden aufnehmen und den beigen außen am Bein ruhen lassen. Damit werden später die Details des Stiefels gehäkelt (**19**).

14. Rd: Nur in die hMg häkeln, (6 fM, 1 Zun) 3 x [24 fM].
15. Rd: 1 fM in jede M [24 fM].
16. Rd: (7 fM, 1 Zun) 3 x [27 fM].
17. Rd: 1 fM in jede M [20 fM]. Die Rd hier beenden, die letzten 7 M nicht häkeln.

Den Faden abschneiden und vernähen. Das Bein ausstopfen.

LUST AUF STREIFEN?

Wenn ihr wie für den kleinen Keiko eine gestreifte Hose häkeln wollt, ab jetzt bis zur 14. Rd des Körpers abwechselnd 1 Rd in Blassgrün und 1 Rd in Blau arbeiten.

DETAILS DES STIEFELS

1. Das Bein umdrehen und in die vMg der 13. Rd häkeln. In die letzte M der Rd stechen und den beigen Faden aufnehmen (20): 1 Km in jede M bis zum Ende der Rd. Den Faden abschneiden und vernähen.
2. In die vMg der 4. Rd häkeln, die Häkelnadel in die letzte M der Rd stechen und den beigen Faden aufnehmen (21): 1 Km in jede M bis zum Ende der Rd. Den Faden abschneiden und vernähen.
Mit einem schwarzen Faden zwei kleine Schnürsenkel auf die Schuhe sticken (22).

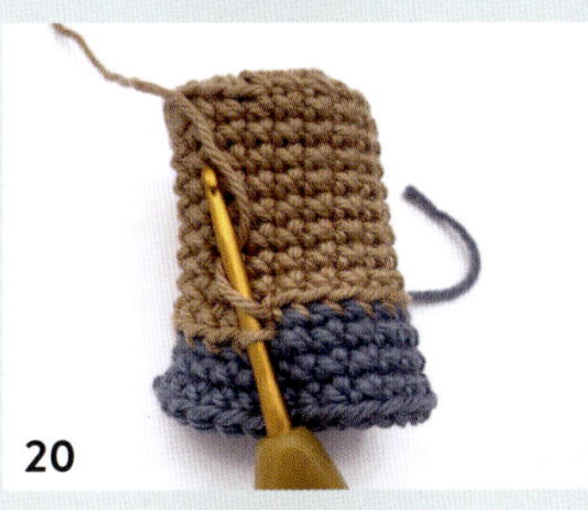
20

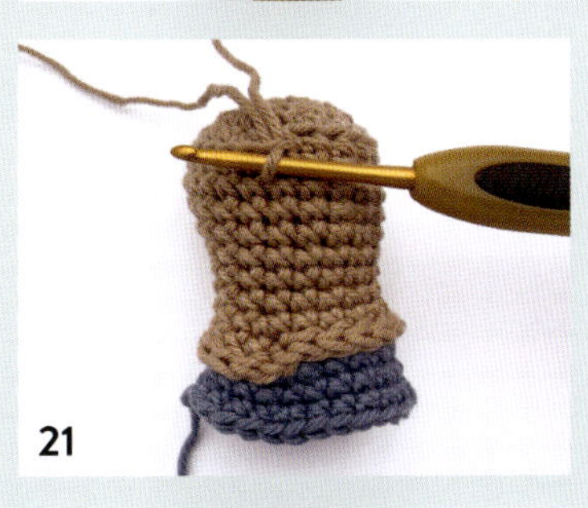
21

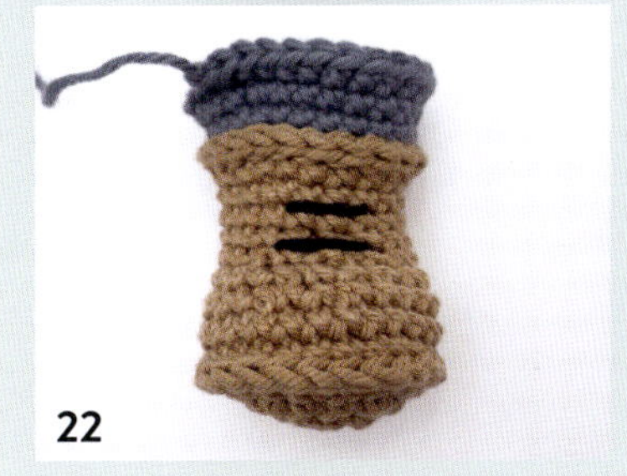
22

ZWEITES BEIN

1.–16. Rd: Wie das 1. Bein häkeln.
17. Rd: 1 fM in jede M [27 fM].
18. Rd: 1 fM in jede M [8 fM]. Die Rd hier beenden, die letzten 19 M nicht häkeln.

Den Faden nach der letzten Rd nicht abschneiden, damit werden später die beiden Beine zusammengefügt und der Körper gearbeitet.
Für die Details des Stiefels siehe nebenstehenden Kasten.

KÖRPER
(mit Blau beginnen)

Den Körper an die miteinander verbundenen Beine häkeln.
Dafür mit dem 2. Bein beginnen: dieses mit 1 fM mit dem 1. Bein verbinden (siehe Seite 19); dies ist die 1. M des Körpers (**23**).

1. Rd: 1 fM in jede M des 1. Beins, 1 fM in jede M des 2. Beins [54 fM].
2.–12. Rd: 1 fM in jede M [54 fM].
13. Rd: (7 fM, 1 Abn) 6 x [48 fM].
14. Rd: 1 fM in jede M [48 fM].

Am Ende der 14. Rd zum rosa Garn wechseln und den blauen Faden abschneiden.

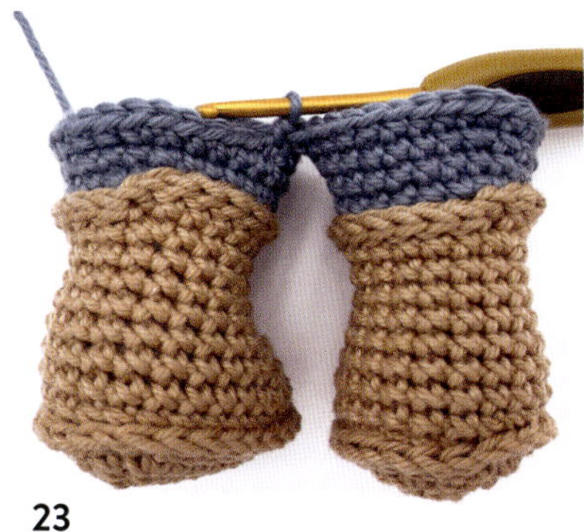
23

15. Rd: Nur in die hMg häkeln, 1 fM in jede M [48 fM].
16. Rd: 1 fM in jede M [48 fM].

Mit dem Ausstopfen des Körpers beginnen und nach und nach weiteres Füllmaterial hinzufügen.

17. Rd: (*in Rot:* 2 fM; *in Rosa:* 4 fM) 8 x [48 fM].
18. Rd: (6 fM, 1 Abn) 6 x [42 fM].
19. Rd: 1 fM in jede M [42 fM].
20. Rd: (*in Rot:* 2 fM; *in Rosa:* 4 fM) 7 x [42 fM].
21.–22. Rd: 1 fM in jede M [42 fM].
23. Rd: 3 fM; (*in Rot:* 2 fM; *in Rosa:* 4 fM) 6 x; *in Rot:* 2 fM; *in Rosa:* 1 fM [42 fM].
24.–25. Rd: 1 fM in jede M [42 fM].
26. Rd: (*in Rot:* 2 fM; *in Rosa:* 4 fM) 7 x [42 fM].
27. Rd: (5 fM, 1 Abn) 6 x [36 fM].
28. Rd: 1 fM in jede M [36 fM].
29. Rd: (*in Rot:* 2 fM; *in Rosa:* 4 fM) 6 x [36 fM].

Den roten Faden abschneiden und mit dem rosa Faden weiterhäkeln.

30. Rd: 1 fM in jede M [36 fM].

Am Ende der 30. Rd den grünen Faden aufnehmen und den rosa Faden außen am Körper ruhen lassen. Damit wird später der Kragen gehäkelt (**24**).

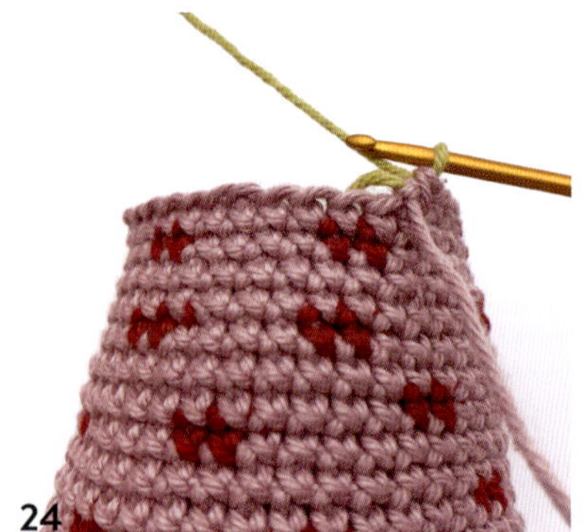
24

31. Rd: Nur in die hMg häkeln, (4 fM, 1 Abn) 6 x [30 fM].
32. Rd: 1 fM in jede M [30 fM].
33. Rd: 10 fM [10 fM]. Die Rd hier beenden und die letzten 20 M nicht häkeln.

Den Faden abschneiden, dabei zum Annähen lang genug lassen.

KRAGEN

Den Körper umdrehen und in die vorderen Maschenglieder der 30. Rd häkeln. Die Häkelnadel in die letzte M der Rd einstechen und den rosa Faden aufnehmen (**25**), 1 Km in jede M.
Den Faden abschneiden und vernähen. Für die Details des T-Shirts siehe nebenstehenden Kasten.

ZUSAMMENNÄHEN

Die Arme 1 Rd unterhalb des Kragens annähen (**27**).
Den Schwanz mittig am Rücken zwischen der 2. und 13. Rd des Körpers annähen (**28**).
Den Körper zwischen der 28. und 35. Rd an den Kopf nähen (**29**).
Für die Weste des kleinen Krokodils siehe S. 53, sie wird wie die Weste für die Giraffe gearbeitet.

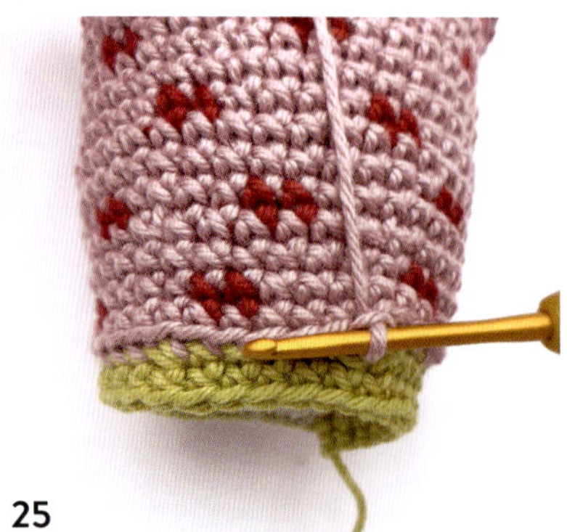
25

DETAILS DES T-SHIRTS

Den Körper umdrehen und in die vMg der 14. Rd häkeln. Die Häkelnadel in die letzte M der Rd einstechen und den rosa Faden aufnehmen (26), bis zum Ende der Rd 1 Lm, 1 fM in jede M häkeln, mit 1 Km enden. Den Faden abschneiden und vernähen.

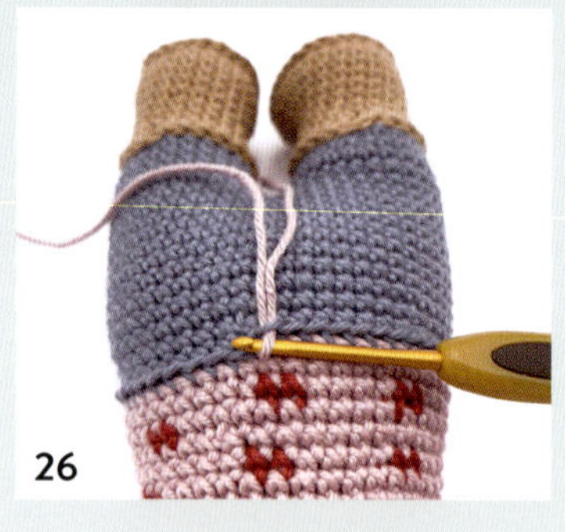
26

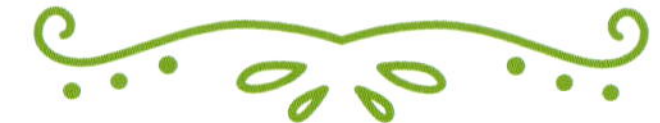

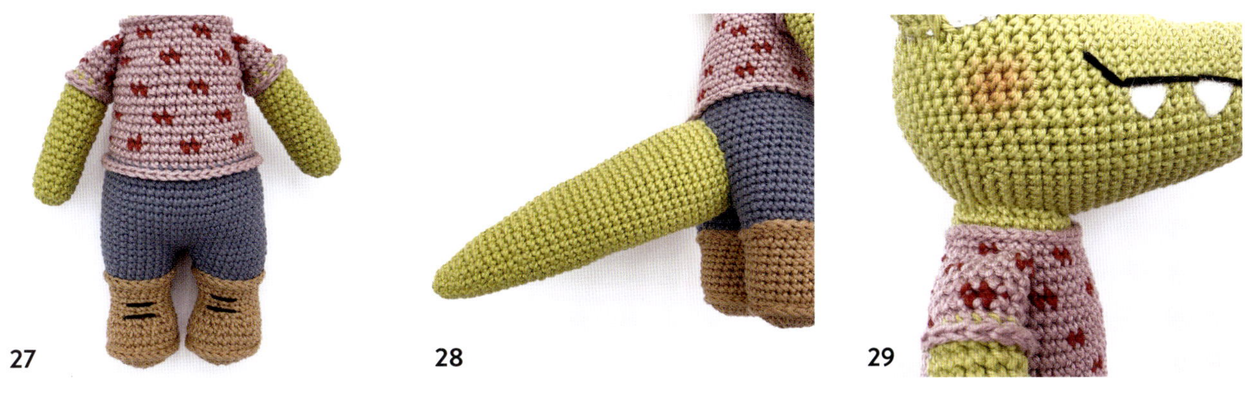

27 28 29

UND FÜR DIE KLEINE VERSION ?

Hier folgen die Material- und Farbangaben für die kleinere Version von Keiko.
Aber ihr könnt eurer Fantasie natürlich auch freien Lauf lassen!

	GROSSE VERSION (25 CM)	KLEINE VERSION (20 CM)
	MATERIAL	
Häkelnadel	2,75 mm	2,25 mm
2 Sicherheitsaugen	∅ 9 mm	∅ 8 mm
	DMC 100 % Baby Cotton	DMC Natura Just Cotton
Körper	Grün (Fb. 752), 50 g	Grün (Fb. N20), 50 g
	DMC Happy Cotton	DMC Natura Just Cotton
Hose	Blau (Fb. 750), 20 g	Blassgrün (Fb. N12), 50 g, und Blau (Fb. N27), 50 g
Augen	Creme (Fb. 761), 20 g	Creme (Fb. N35), 50 g
T-Shirt	Rosa (Fb. 768), 20 g	Orange (Fb. N47), 50 g
Details des T-Shirts	Rot (Fb. 791), 20 g	Rot (Fb. N34), 50 g
Mund	Schwarz (Fb. 775), ein kleiner Rest	Schwarz (Fb. N11), ein kleiner Rest
Weste		Orange (Fb. N105), 50 g
	DMC Happy Cotton	DMC Woolly
Schuhe	Beige (Fb. 776), 20 g	Gelb (Fb. 091), 50 g

LIAM *das Kätzchen*

Wenn bei Einbruch der Dunkelheit in der Stadt die Lichter angehen, tritt Liam in Aktion. Er ist ein Kater mit Superkräften, der mit wehendem Umhang durch die Luft fliegen kann, um Menschen in Gefahr zu retten. Jede Nacht sorgt er dafür, dass die Stadt friedlich schlafen kann.

KOPF (in Weiß)

Eine Lm-Kette mit 12 Lm häkeln. In der 2. Lm von der Häkelnadel aus beginnen. Der Kopf wird um diese Lm-Kette herum gehäkelt.

1. Rd: 1 Zun, 1 fM in jede der 9 folgenden Lm, 9 fM in die letzte Lm. Auf der anderen Seite wie folgt fortfahren: 1 fM in jede der 10 folgenden Lm [24 fM].
2. Rd: 2 Zun, 9 fM, 3 Zun, 9 fM, 1 Zun [30 fM].
3. Rd: (1 fM, 1 Zun) 2 x, 10 fM, (1 Zun, 1 fM) 3 x, 9 fM, 1 Zun [36 fM].
4. Rd: (5 fM, 1 Zun) 6 x [42 fM].
5. Rd: 2 fM, 1 Zun, (6 fM, 1 Zun) 5 x, 4 fM [48 fM].
6. Rd: (7 fM, 1 Zun) 6 x [54 fM].
7.–16. Rd: 1 fM in jede M [54 fM].
17. Rd: (8 fM, 1 Zun) 6 x [60 fM].
18.–20. Rd: 1 fM in jede M [60 fM].
21. Rd: (8 fM, 1 Abn) 6 x [54 fM].

Die Sicherheitsaugen zwischen der 15. und 16. Rd im Abstand von 8 M einsetzen. Mit dem Ausstopfen des Kopfes beginnen und nach und nach weiteres Füllmaterial hinzufügen.

22. Rd: 3 fM, 1 Abn, (7 fM, 1 Abn) 5 x, 4 fM [48 fM].
23. Rd: (6 fM, 1 Abn) 6 x [42 fM].
24. Rd: 2 fM, 1 Abn, (5 fM, 1 Abn) 5 x, 3 fM [36 fM].
25. Rd: (4 fM, 1 Abn) 6 x [30 fM].

Den Faden abschneiden, dabei zum Annähen lang genug lassen.
Mit braunem Stickgarn die Nase mittig zwischen der 17. und 19. Rd zwischen die beiden Augen sowie die Schnurrhaare unterhalb der Augen aufsticken. Mit Rouge die Wangen und die Nase färben (**1**).

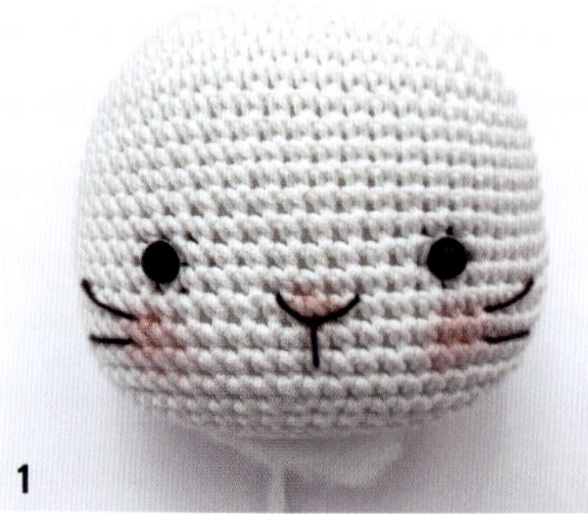

1

SCHWIERIGKEIT

*

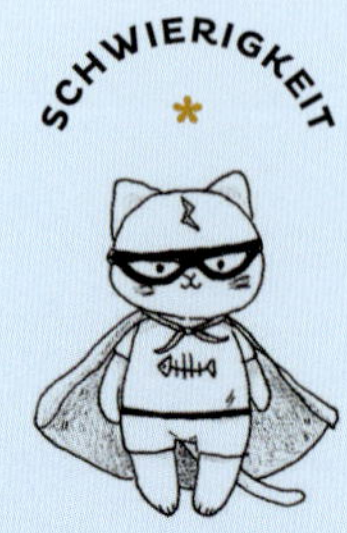

Größe: 20 cm

Material

- Grundausstattung (siehe S. 10)
- Häkelnadel 2,25 mm
- 2 Sicherheitsaugen Ø 6 mm

Garn

- DMC Natura Just Cotton in
  - Weiß (Fb. N01),
  - Gelb (Fb. N83),
  - Senfgelb (Fb. N85),
  - Orange (Fb. N105), jeweils 50 g
- DMC Woolly in
  - Blau (Fb. 072), 50 g
- schwarzes und braunes Stickgarn

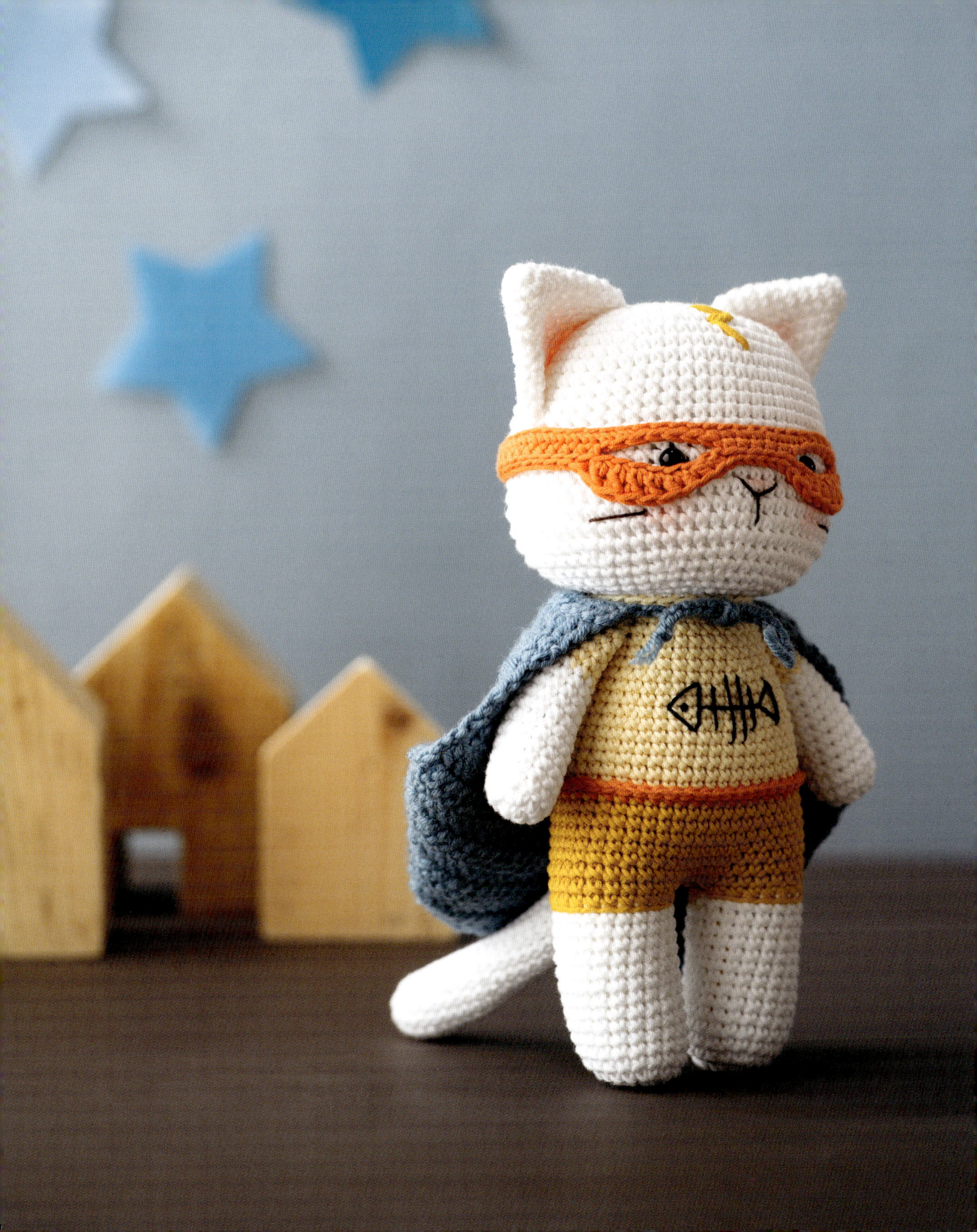

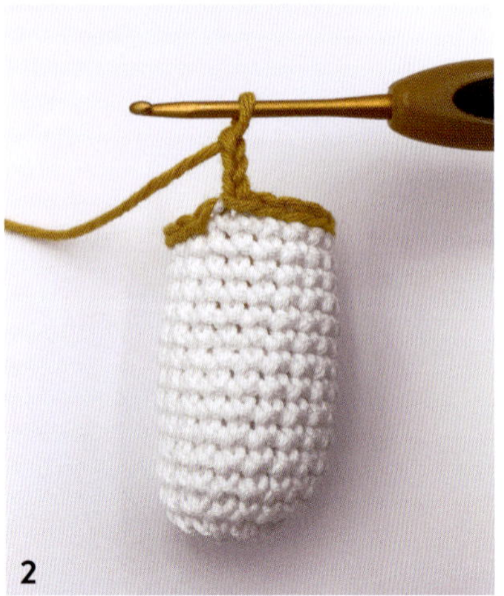
2

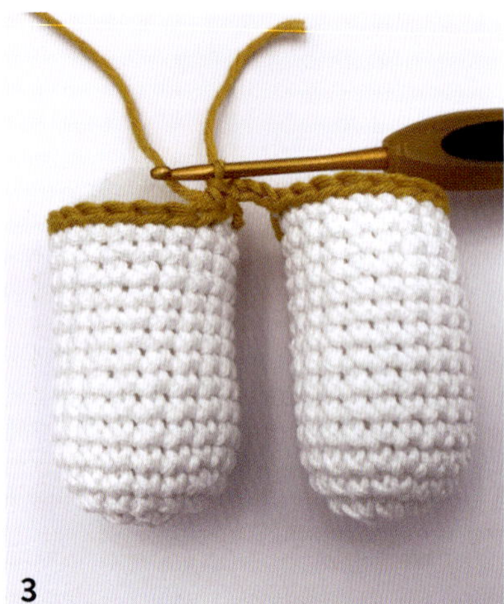
3

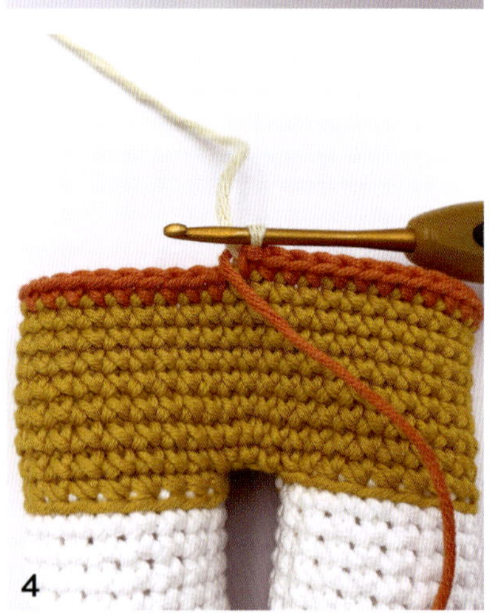
4

BEINE (mit Weiß beginnen, 2 x häkeln)

1. Rd: 8 fM in einen magischen Ring häkeln [8 fM].
2. Rd: 8 Zun [16 fM].
3. Rd: (3 fM, 1 Zun) 4 x [20 fM].

Mit dem Ausstopfen des Beins beginnen und nach und nach weiteres Füllmaterial hinzufügen.

4.–15. Rd: 1 fM in jede M [20 fM].

Am Ende der 15. Rd zum senfgelben Garn wechseln und den weißen Faden abschneiden.

16. Rd: 1 Km in jede M [20 Km].

Am Ende des 1. Beins den Faden abschneiden, jedoch nicht am Ende des 2. Beins, denn damit werden die Beine verbunden und der Körper gearbeitet.

KÖRPER (mit Senfgelb beginnen)

Den Körper an die miteinander verbundenen Beine häkeln.
Dafür mit dem 2. Bein beginnen und wie folgt häkeln:
3 Lm (**2**), diese mit 1 fM an das 1. Bein häkeln, dabei in das hMg der letzten Rd häkeln (siehe S. 19). Diese ist die 1. Masche des Körpers (**3**).

1 Rd: Nur in die hMg der Beine arbeiten: 1 fM in jede M des 1. Beins, jeweils 1 fM in die 3 Lm, 1 fM in jede M des 2. Beins, jeweils 1 fM in das andere Maschenglied der 3 Lm [46 fM].
2. Rd: 21 fM, 1 Zun, 22 fM, 1 Zun, 1 fM [48 fM].
3.–8. Rd: 1 fM in jede M [48 fM].

Am Ende der 8. Rd zum orangen Garn wechseln und den senfgelben Faden abschneiden.
Mit dem Ausstopfen des Körpers beginnen und nach und nach weiteres Füllmaterial hinzufügen.

9. Rd: 1 fM in jede M [48 fM].

Am Ende der 9. Rd den gelben Faden aufnehmen und den orangen außen am Körper ruhen lassen. Damit wird später das Detail der Hose gehäkelt (**4**).

10. Rd: Nur in die hMg häkeln, 1 fM in jede M [48 fM].
11.–15. Rd: 1 fM in jede M [48 fM].
16. Rd: (6 fM, 1 Abn) 6 x [42 fM].
17.–19. Rd: 1 fM in jede M [42 fM].
20. Rd: (5 fM, 1 Abn) 6 x [36 fM].
21.–23. Rd: 1 fM in jede M [36 fM].
24. Rd: (4 fM, 1 Abn) 6 x [30 fM].
25. Rd: 1 fM in jede M [30 fM].

Den Faden abschneiden, dabei zum Annähen lang genug lassen.
Für die Details des Gürtels siehe den Kasten auf der folgenden Seite.

ARME (mit Weiß beginnen, 2 x häkeln)

1. Rd: 7 fM in einen magischen Ring häkeln [7 fM].
2. Rd: 7 Zun [14 fM].
3.–12. Rd: 1 fM in jede M [14 fM].

Am Ende der 12. Rd zum gelben Garn wechseln und den weißen Faden abschneiden.

DETAILS DES GÜRTELS

Den Körper umdrehen und in die vMg der 9. Rd häkeln. Die Häkelnadel in die letzte M der Rd stechen und den orangen Faden aufnehmen (5): 1 Km in jede M bis zum Ende der Rd. Den Faden abschneiden und vernähen. Mit schwarzem Stickgarn eine Fischgräte auf die Vorderseite des T-Shirts sticken (6).

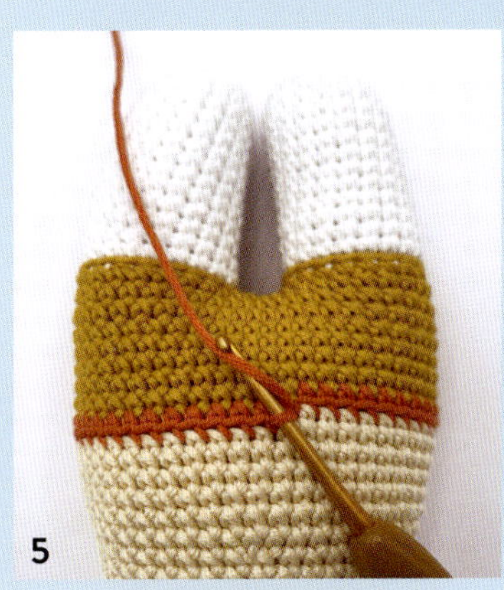
5

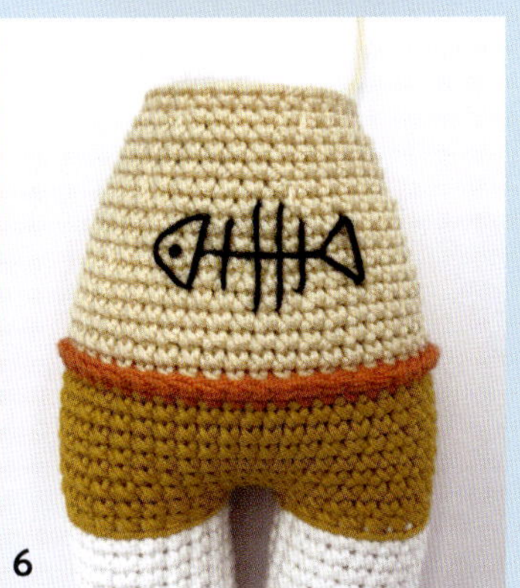
6

13.–17. Rd: 1 fM in jede M [14 fM].

Den Arm ausstopfen.
Den Arm flach drücken und die M an der Öffnung aneinanderlegen (7). Die beiden gegenüberliegenden M jeweils mit fM zusammenhäkeln [7 fM].
Den Faden abschneiden, dabei zum Annähen lang genug lassen (8).

OHREN (mit Weiß beginnen, 2x häkeln)

1. Rd: 6 fM in einen magischen Ring häkeln [6 fM].
2. Rd: (1 Zun, 2 fM) 2x [8 fM].
3. Rd: (3 fM, 1 Zun) 2x [10 fM].
4. Rd: (4 fM, 1 Zun) 2x [12 fM].
5. Rd: (5 fM, 1 Zun) 2x [14 fM].
6. Rd: (6 fM, 1 Zun) 2x [16 fM].
7. Rd: (7 fM, 1 Zun) 2x [18 fM].
8. Rd: 3 fM, 1 Zun, (5 fM, 1 Zun) 2x, 2 fM [21 fM].
9. Rd: (6 fM, 1 Zun) 3x [24 fM].
10. Rd: (5 fM, 1 Zun) 4x [28 fM].

Den Faden abschneiden, dabei zum Annähen lang genug lassen (9).

SCHWANZ (in Weiß)

1. Rd: 6 fM in einen magischen Ring häkeln [6 fM].
2. Rd: (1 Zun, 1 fM) 3x [9 fM].
3. Rd: (1 Zun, 2 fM) 3x [12 fM].
4.–12. Rd: 1 fM in jede M [12 fM].

Mit dem Ausstopfen des Schwanzes beginnen und nach und nach weiteres Füllmaterial hinzufügen.

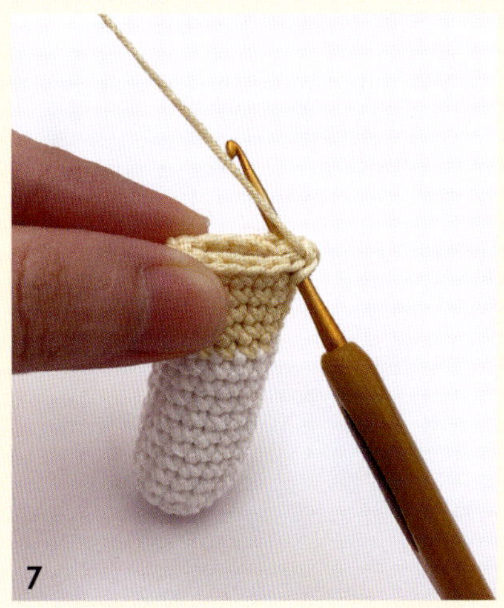
7

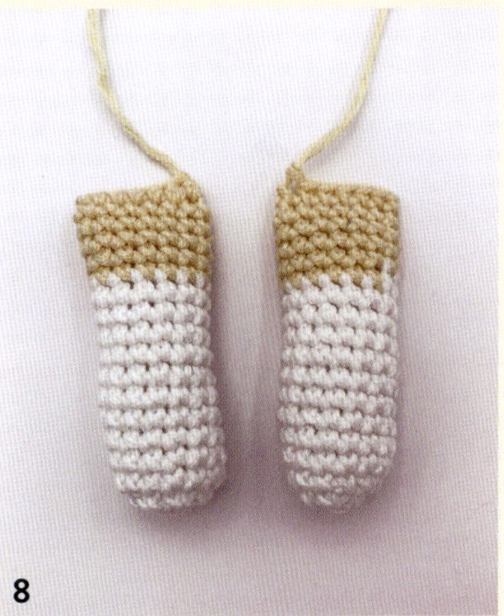
8

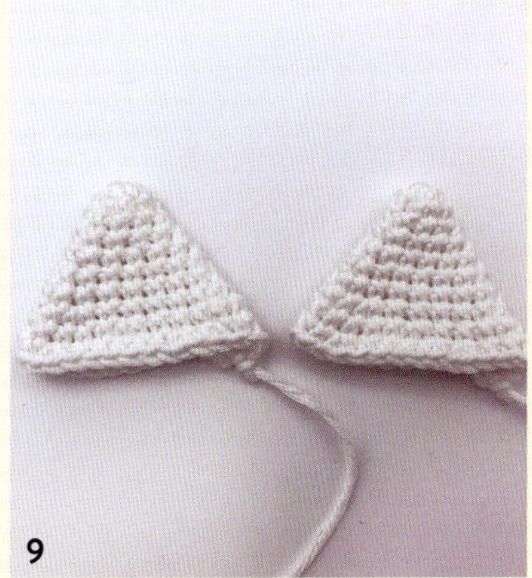
9

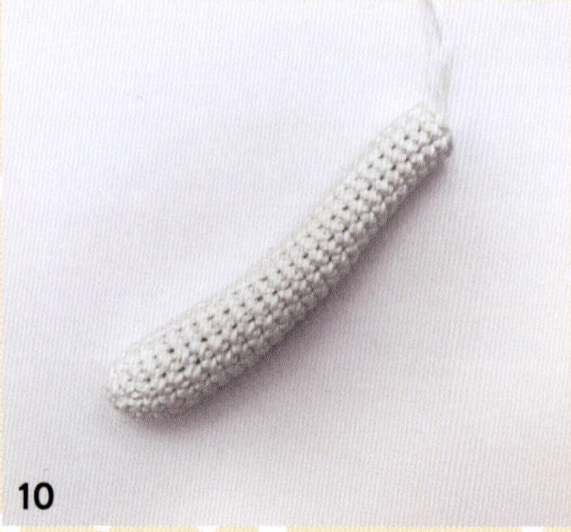

10

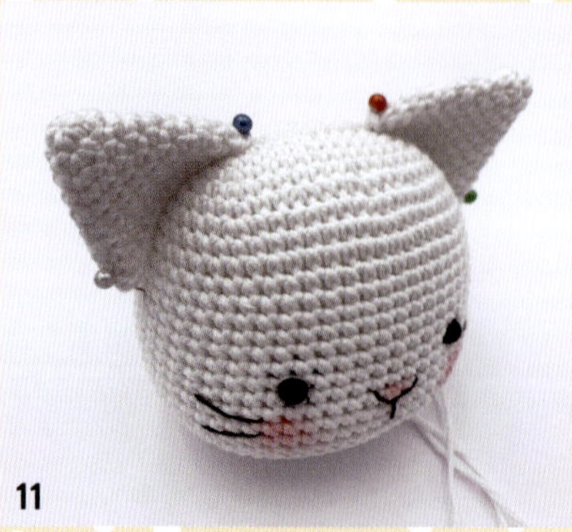

11

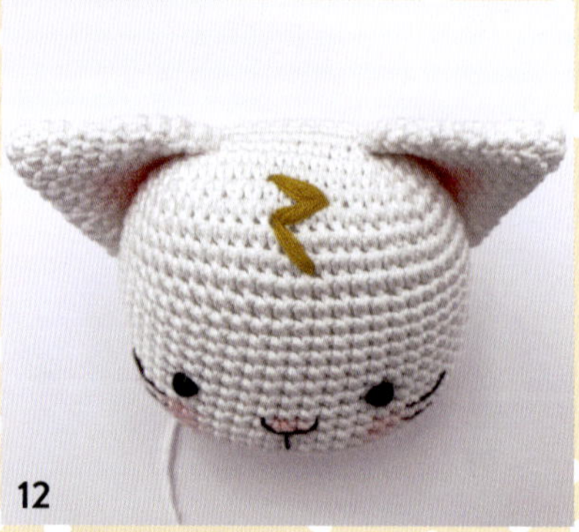

12

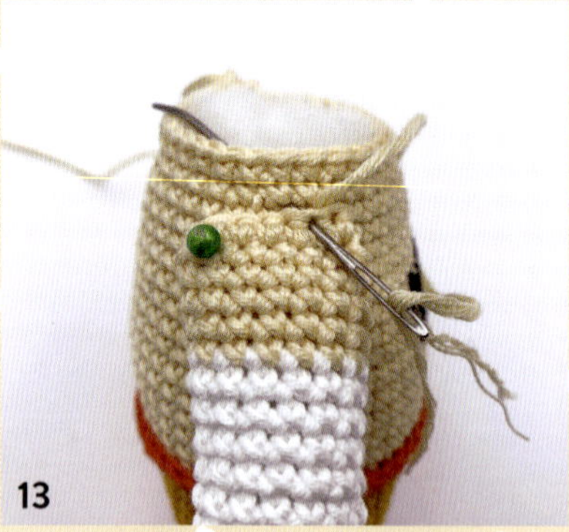

13

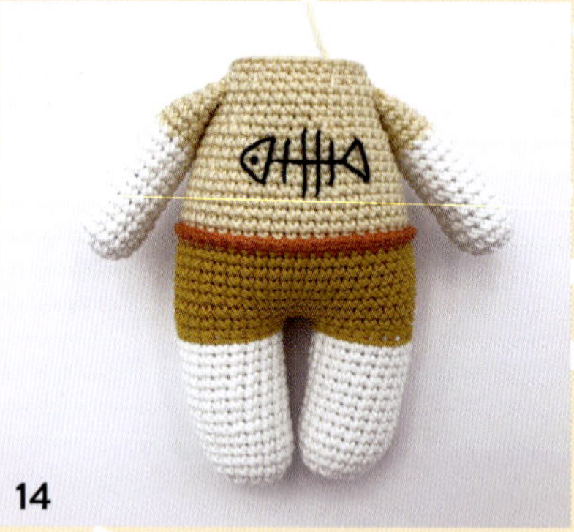

14

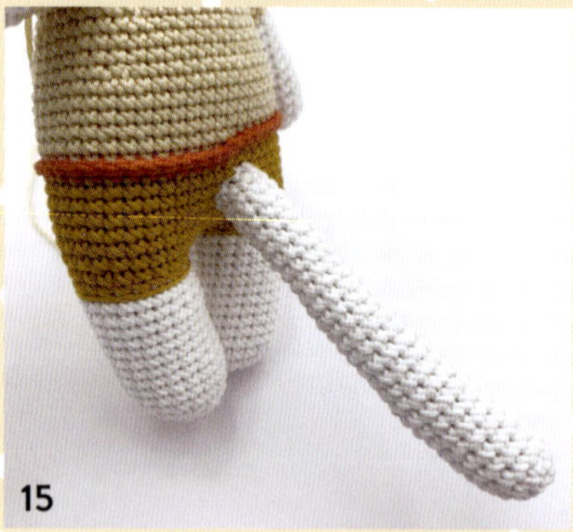

15

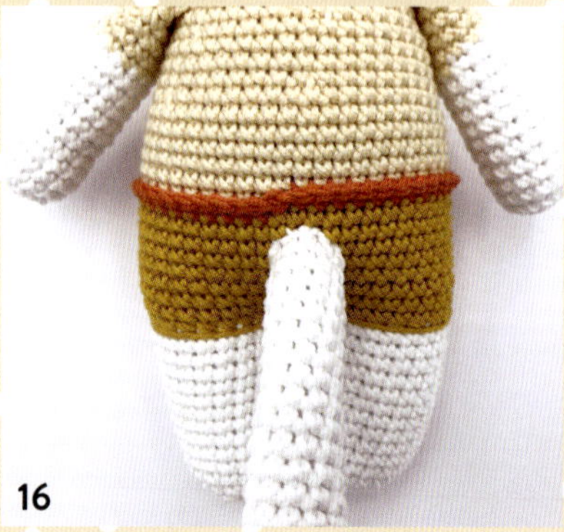

16

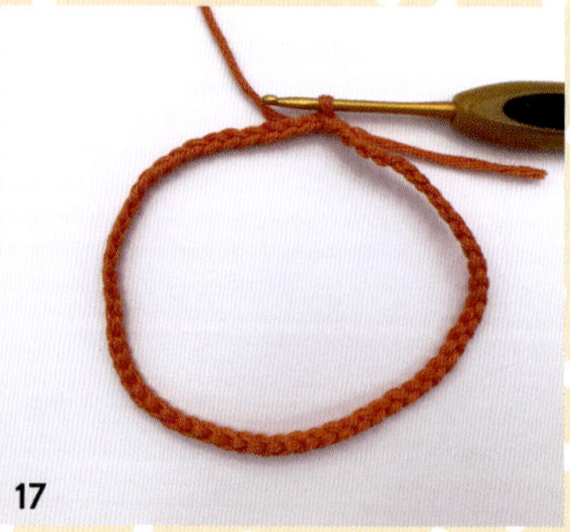

17

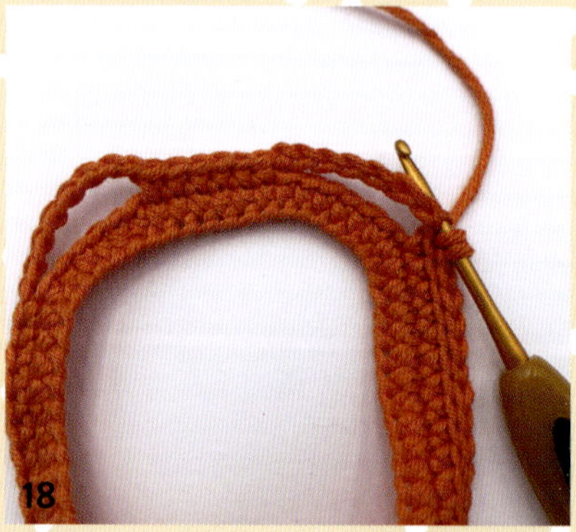

18

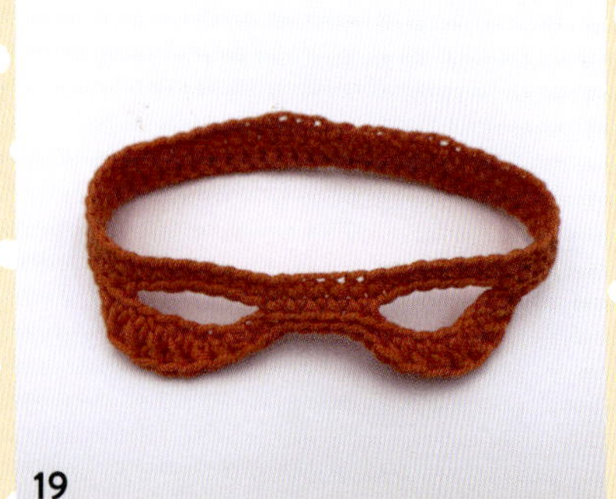

19

13. Rd: (10 fM, 1 Abn) [11 fM].
14.–18. Rd: 1 fM in jede M [11 fM].
19. Rd: 10 fM, 1 Abn [10 fM].
20.–29. Rd: 1 fM in jede M [10 fM].

Den Faden abschneiden, dabei zum Annähen lang genug lassen (**10**).

ZUSAMMENNÄHEN

Die Ohren mit Stecknadeln zwischen der 1. und 11. Rd am Kopf feststecken und annähen (**11**).
Mit Rouge das Innere der Ohren färben.
Mit dem senfgelben Garn einen Blitz zwischen der 4. und 7. Rd des Kopfes aufsticken (**12**).
Die Arme 2 Rd unterhalb des Kragens annähen (**13** und **14**).
Den Schwanz mittig am Rücken an die 5. und 7. Rd des Körpers nähen (**15** und **16**).
Den Kopf an die hinteren Maschenglieder der letzten Rd des Körpers nähen, zuvor noch etwas Füllmaterial hinzufügen.

KLEIDUNG

MASKE (in Orange)

Eine Kette aus 60 Lm häkeln, mit 1 Km enden (**17**). In geschlossenen Runden häkeln, dabei wird die Lm am Anfang der Rd nicht als 1 fM gezählt.

1. Rd: 1 Lm, 1 fM in jede M, mit 1 Km enden [60 fM].
2. Rd: 1 Lm, 21 fM, 8 Lm häkeln, 6 fM überspringen, 6 fM, 8 Lm häkeln, 6 fM überspringen, 21 fM, mit 1 Km enden [64 M].
3. Rd: Nur in die hMg häkeln, 21 Km, auf der Lm-Kette fortfahren (**18**), 4 Stb, 3 hStb, 1 fM, in den hMg fortfahren, 6 Km, auf der Lm-Kette fortfahren, 1 fM, 3 hStb, 4 Stb, in den hMg fortfahren, 21 Km [64 M].

Den Faden abschneiden und vernähen (**19**).

UMHANG (in Blau)

Eine Lm-Kette mit 27 Lm häkeln.
In der 4. Lm von der Nadel aus beginnen. Auf der Lm-Kette in Hin- und Rückreihen arbeiten. Die 3 Lm am Beginn der R zählen nicht zu den Stäbchen.

1. R: 24 Stb, wenden [24 Stb].
2. R: 3 Lm, 2 Stb, 1 Stb in die nächste M, (5 Stb, 2 Stb in die nächste M) 3 x, 3 Stb, wenden [28 Stb].
3. R: 3 Lm, 1 Stb in jede M, wenden [28 Stb].
4. R: 3 Lm, 3 Stb, 2 Stb in die nächste M, (6 Stb, 2 Stb in die nächste M) 3 x, 3 Stb, wenden [32 Stb].
5. R: 3 Lm, 1 Stb in jede M, wenden [32 Stb].
6. R: 3 Lm, 3 Stb, 2 Stb in die nächste M, (7 Stb, 2 Stb in die nächste M) 3 x, 4 Stb, wenden [36 Stb].
7.–9. R: 3 Lm, 1 Stb in jede M, wenden [36 Stb].
10. R: 3 Lm, 4 Stb, 2 Stb in die nächste M, (8 Stb, 2 Stb in die nächste M) 3 x, 4 Stb, wenden [40 Stb].
11.–13. R: 3 Lm, 1 Stb in jede M, wenden [40 Stb].
14. R: 3 Lm, 4 Stb, 2 Stb in die nächste M, (9 Stb, 2 Stb in die nächste M) 3 x, 5 Stb [44 Stb].

Den Faden abschneiden und vernähen (**20**).

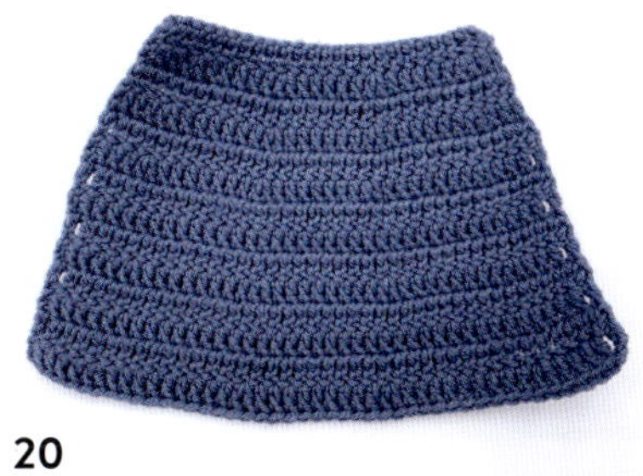
20

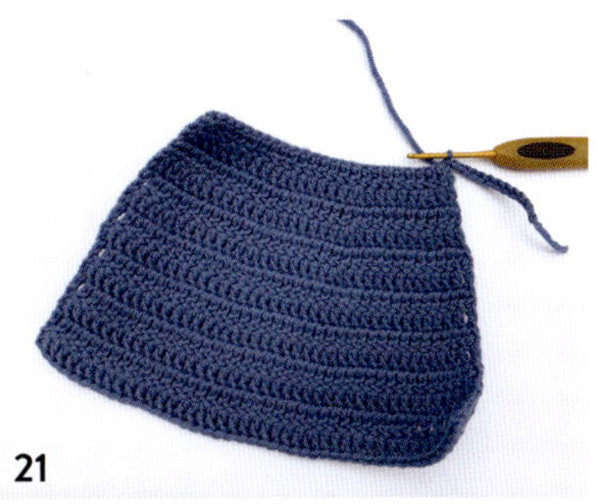
21

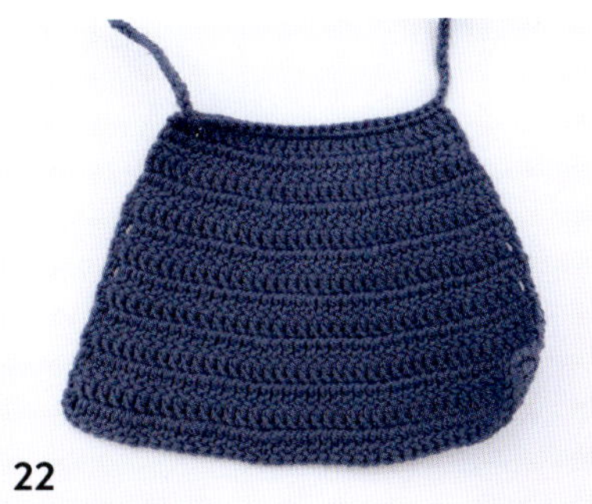
22

BINDEBAND (in Blau)

Eine Kette mit 15 Lm häkeln, auf der Anfangs-Lm-Kette des Umhangs weiterhäkeln (**21**), 1 fM in jede M, 15 Lm [54 M].
Den Faden abschneiden und vernähen (**22**).

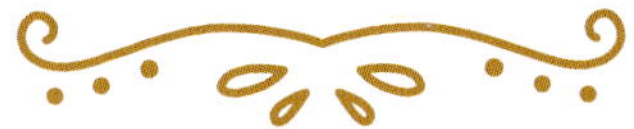

LUCAS *das Wildschwein*

Gesund essen, Sport treiben, früh ins Bett gehen und früh aufstehen – das sind die täglichen Routinen, die Lucas sich auferlegt, um gesund zu bleiben. Er bereitet sich gerade auf seinen ersten Marathon vor und ist sehr gespannt auf diese Herausforderung!

KOPF

(mit Beige beginnen)

1. Rd: 8 fM in einen magischen Ring häkeln [8 fM].
2. Rd: 8 Zun [16 fM].
3. Rd: (1 fM, 1 Zun) 3 x; (*in Braun:* 1 fM; *in Beige:* 1 Zun) 3 x; *in Beige:* (1 fM, 1 Zun) 2 x [24 fM].
4. Rd: (2 fM, 1 Zun) 2 x, 2 fM; *in Braun:* 1 Zun, 1 fM; *in Beige:* 1 Zun; *in Braun:* 3 fM; *in Beige:* 1 Zun; *in Braun:* 1 fM, 1 Zun; *in Beige:* 3 fM, 1 Zun, 2 fM, 1 Zun [32 fM].
5. Rd: 3 fM, 1 Zun, 4 fM, 1 Zun, 1 fM; *in Braun:* 3 fM; *in Beige:* 1 Zun, 1 fM; *in Braun:* 1 fM, 1 Zun, 1 fM; *in Beige:* 1 fM, 1 Zun; *in Braun:* 3 fM; *in Beige:* (1 Zun, 3 fM) 2 x, 1 Zun [40 fM].
6. Rd: 1 fM, 1 Zun, (4 fM, 1 Zun) 2 x; *in Braun:* 3 fM; *in Beige:* 1 fM, 1 Zun; *in Braun:* 4 fM; *in Beige:* 1 Zun, 2 fM; *in Braun:* 3 fM; *in Beige:* (1 Zun, 4 fM) 2 x, 1 Zun, 1 fM [48 fM].
7.–8. Rd: 15 fM; *in Braun:* 3 fM; *in Beige:* 4 fM; *in Braun:* 4 fM; *in Beige:* 4 fM; *in Braun:* 3 fM; *in Beige:* 15 fM [48 fM].
9. Rd: 7 fM, 1 Zun, 6 fM, 1 Zun; *in Braun:* 3 fM; *in Beige:* 3 fM, 1 Zun; *in Braun:* 4 fM; *in Beige:* 3 fM, 1 Zun; *in Braun:* 3 fM; *in Beige:* 4 fM, 1 Zun, 8 fM, 1 Zun, 1 fM [54 fM].
10.–11. Rd: 17 fM; *in Braun:* 3 fM; *in Beige:* 5 fM; *in Braun:* 4 fM; *in Beige:* 5 fM; *in Braun:* 3 fM; *in Beige:* 17 fM [54 fM].
12. Rd: 18 fM; *in Braun:* 2 fM; *in Beige:* 6 fM; *in Braun:* 2 fM; *in Beige:* 6 fM; *in Braun:* 2 fM; *in Beige:* 18 fM [54 fM].

Am Ende der 12. Rd mit dem beigen Garn fortfahren und den braunen Faden abschneiden.

13.–15. Rd: 1 fM in jede M [54 fM].
16. Rd: (8 fM, 1 Zun) 6 x [60 fM].
17.–18. Rd: 1 fM in jede M [60 fM].
19. Rd: (9 fM, 1 Zun) 6 x [66 fM].
20.–21. Rd: 1 fM in jede M [66 fM].
22. Rd: (9 fM, 1 Abn) 6 x [60 fM].
23. Rd: 4 fM, 1 Abn, (8 fM, 1 Abn) 5 x, 4 fM [54 fM].
24. Rd: (7 fM, 1 Abn) 6 x [48 fM].
25. Rd: 3 fM, 1 Abn, (6 fM, 1 Abn) 5 x, 3 fM [42 fM].

Die Sicherheitsaugen zwischen der 17. und 18. Rd im Abstand von 10 M einsetzen. Mit dem Ausstopfen des Kopfes beginnen und nach und nach weiteres Füllmaterial hinzufügen.

SCHWIERIGKEIT
**

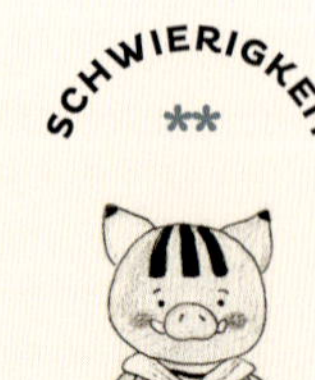

Größe: 17 cm

Material

- Grundausstattung (siehe S. 10)
- Häkelnadel 2,25 mm und 2,75 mm für das Halstuch
- 2 Sicherheitsaugen Ø 7 mm

Garn

- DMC Natura Just Cotton in
  - Blau (Fb. N09),
  - Creme (Fb. N35),
  - Beige (Fb. N37),
  - Braun (Fb. N41),
  - Gelb (Fb. N85), jeweils 50 g,
  - Orange (Fb. N47), kleiner Rest
- DMC Woolly in
  - Grün (Fb. 087), kleiner Rest
- schwarzes Stickgarn

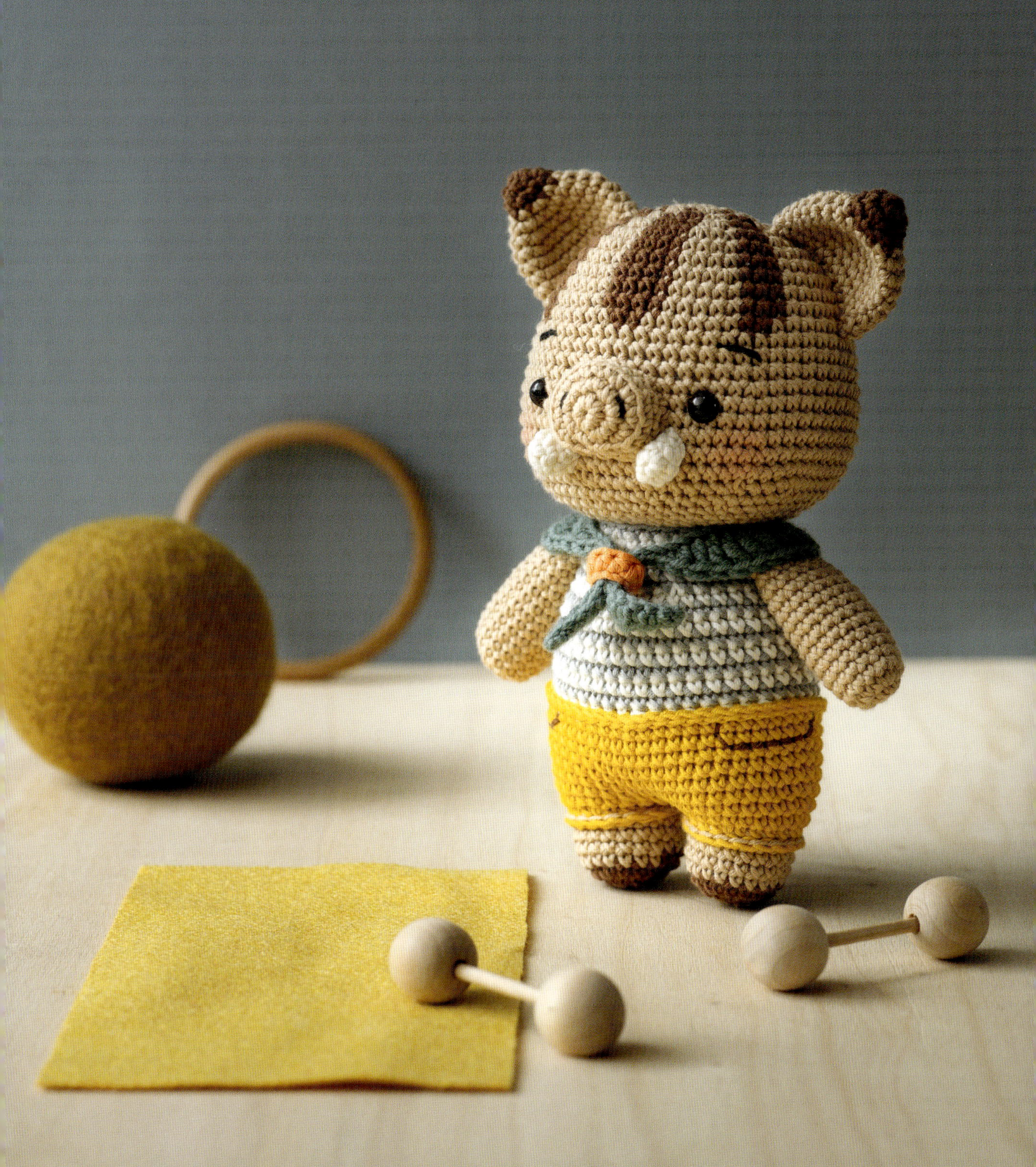

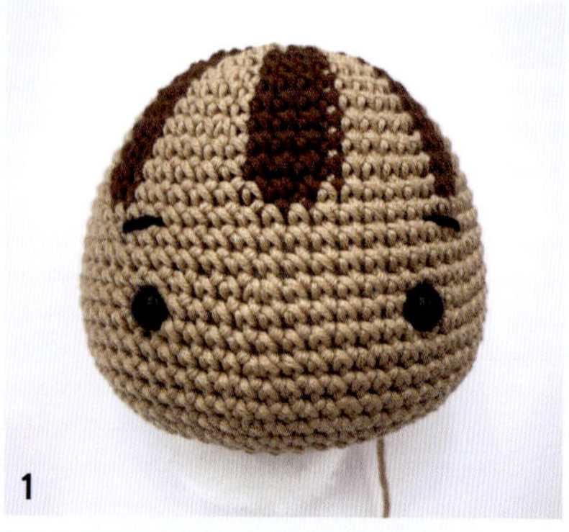
1

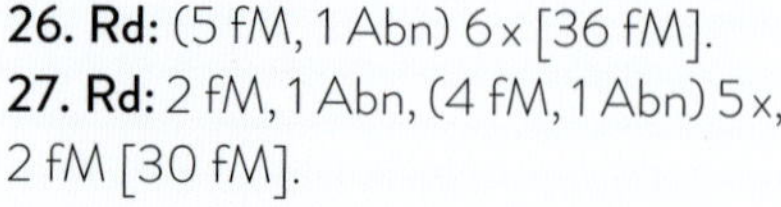

26. Rd: (5 fM, 1 Abn) 6 x [36 fM].
27. Rd: 2 fM, 1 Abn, (4 fM, 1 Abn) 5 x, 2 fM [30 fM].

Den Faden abschneiden, dabei zum Annähen lang genug lassen.
Mit dem Stickgarn 2 Augenbrauen über den Augen aufsticken (**1**).

OHREN (mit Braun beginnen, 2 x häkeln)

1. Rd: 6 fM in einen magischen Ring häkeln [6 fM].
2. Rd: (1 Zun, 1 fM) 3 x [9 fM].
3. Rd: 1 fM in jede M [9 fM].

Am Ende der 3. Rd zum beigen Garn wechseln und den braunen Faden abschneiden.

4. Rd: (2 fM, 1 Zun) 3 x [12 fM].
5. Rd: (1 fM, 1 Zun) 6 x [18 fM].
6. Rd: (2 fM, 1 Zun) 6 x [24 fM].
7.–11. Rd: 1 fM in jede M [24 fM].

Den Faden abschneiden, dabei zum Annähen lang genug lassen (**2**).

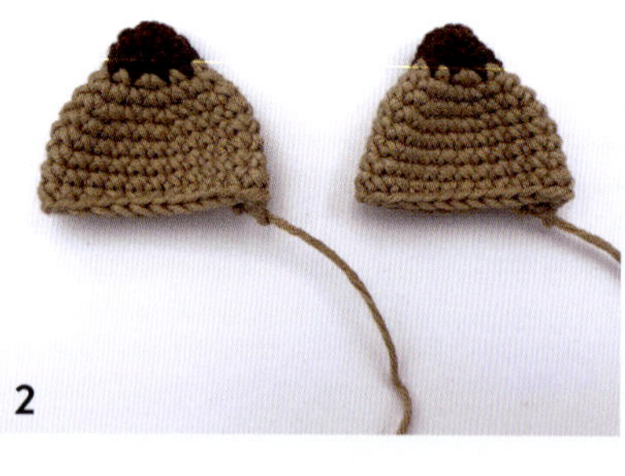
2

SCHNAUZE (in Beige)

1. Rd: 8 fM in einen magischen Ring häkeln [8 fM].
2. Rd: 8 Zun [16 fM].
3. Rd: 2 Km, 3 Zun, 6 fM, 3 Zun, 2 Km [22 M].
4. Rd: Nur in die hMg häkeln, 1 fM in jede M [22 fM].
5. Rd: 1 fM in jede M [22 fM].

Den Faden abschneiden, dabei zum Annähen lang genug lassen.
Mit dem Stickgarn 2 Linien auf die Schnauze sticken (**3**).

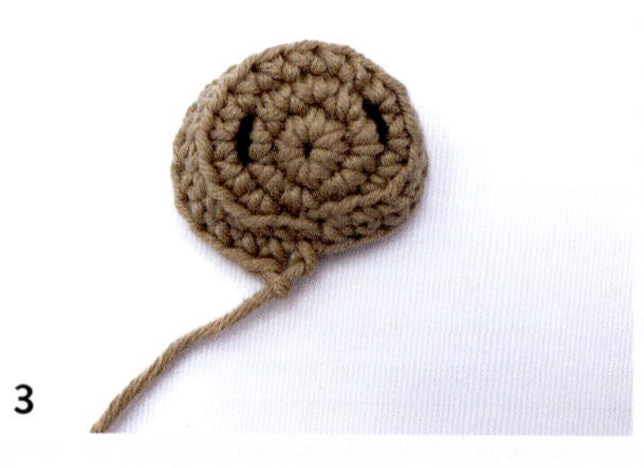
3

STOSSZÄHNE (in Creme, 2 x häkeln)

1. Rd: 5 fM in einen magischen Ring häkeln [5 fM].
2. Rd: 1 Zun, 4 fM [6 fM].
3. Rd: 1 Zun, 5 fM [7 fM].

Den Faden abschneiden, dabei zum Annähen lang genug lassen (**4**).

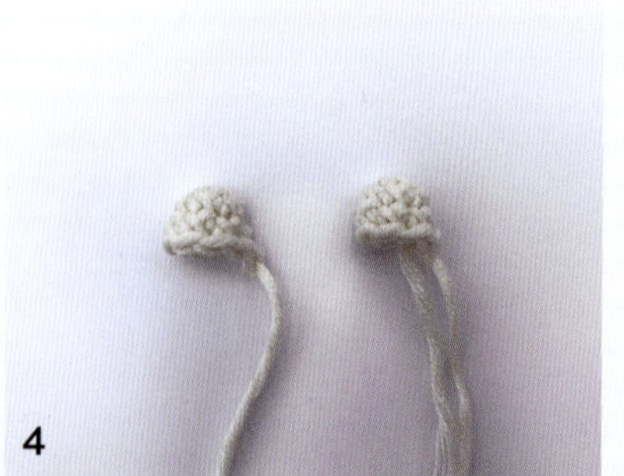
4

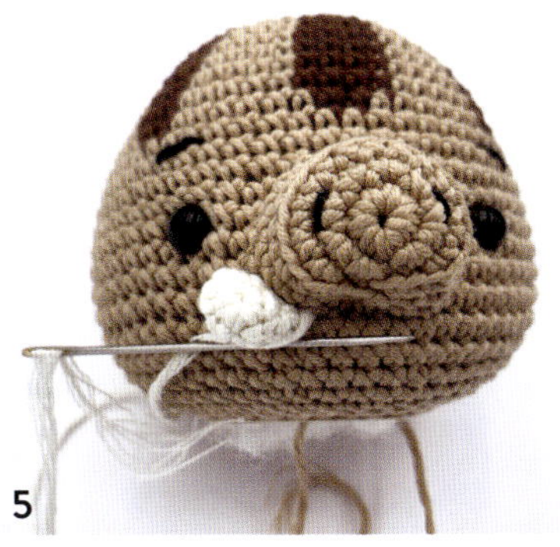

5

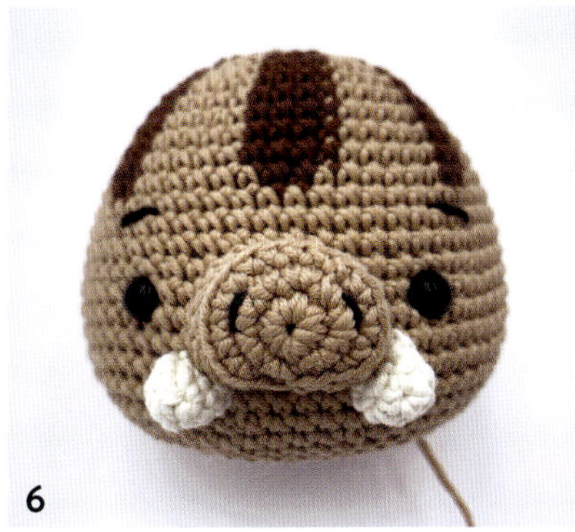

6

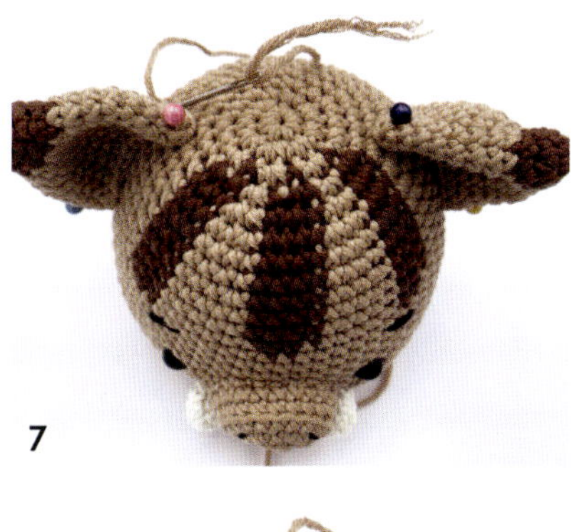

7

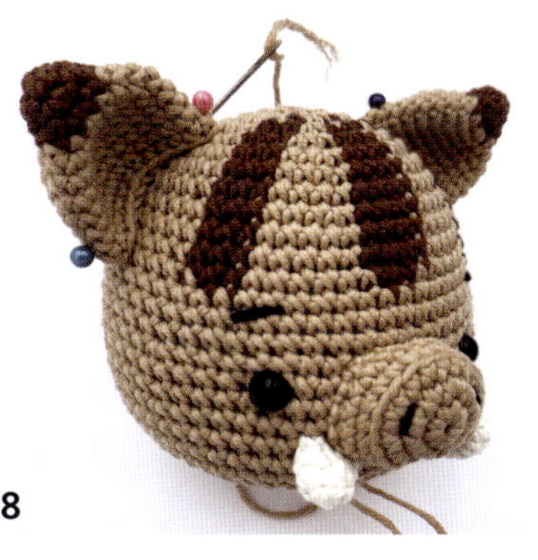

8

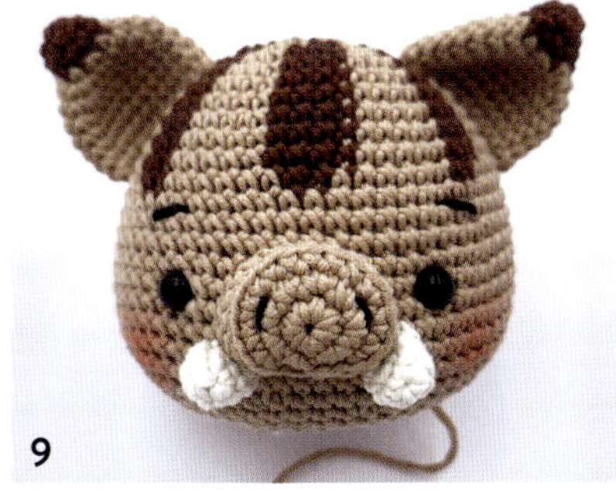

9

DEN KOPF ZUSAMMENNÄHEN

Die Schnauze zwischen den Augen zwischen der 16. und 20. Rd am Kopf annähen, dabei noch ausstopfen.
Die Stoßzähne auf beiden Seiten der Schnauze annähen (**5** und **6**).
Die Ohren zwischen der 5. und 12. Rd an den Kopf nähen (**7** und **8**).
Mit Rouge die Wangen färben (**9**).

BEINE (mit Braun beginnen, 2 x häkeln)

1. Rd: 8 fM in einen magischen Ring häkeln [8 fM].
2. Rd: 8 Zun [16 fM].
3. Rd: (3 fM, 1 Zun) 4 x [20 fM].

Am Ende der 3. Rd zum beigen Garn wechseln und den braunen Faden abschneiden.

4.–7. Rd: 1 fM in jede M [20 fM].

Am Ende der 7. Rd zum gelben Garn wechseln und den beigen Faden abschneiden.

8. Rd: Nur in die hMg häkeln, (4 fM, 1 Zun) 4 x [24 fM].

DETAILS DER HOSE

In die vMg der 7. Rd des Beins häkeln. Die Häkelnadel in die letzte M der Rd stechen und den gelben Faden aufnehmen (10): 1 Km in jede M. Den Faden abschneiden und vernähen (11).

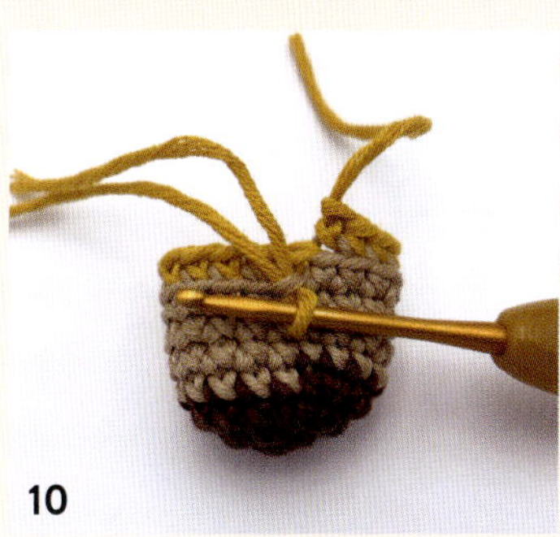

10

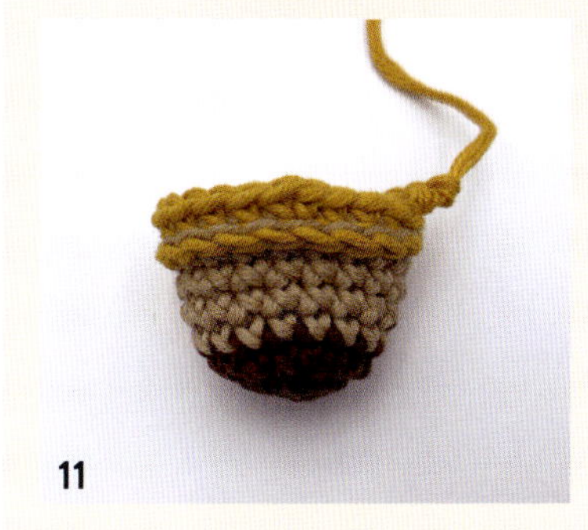

11

Am Ende des 1. Beins den Faden abschneiden, jedoch nicht am Ende des 2. Beins, denn damit werden die Beine verbunden und der Körper gearbeitet. Für die Details der Hose siehe den Kasten oben.

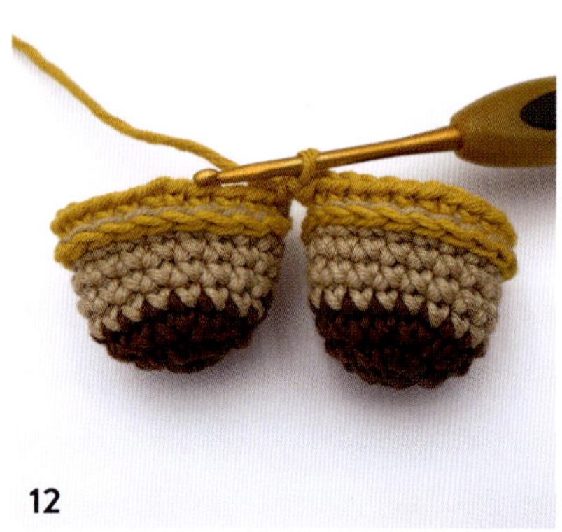
12

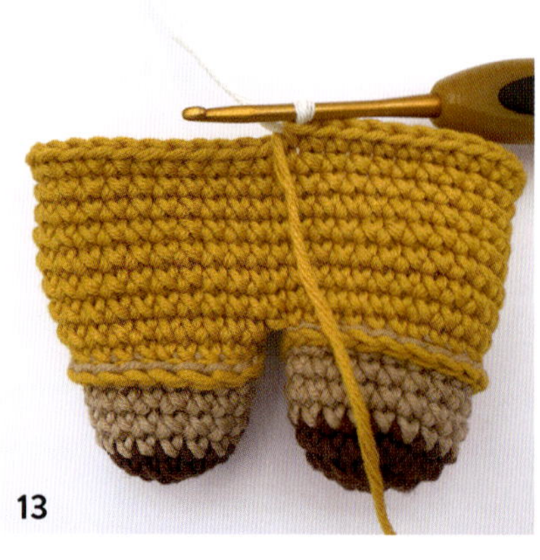
13

KÖRPER
(mit Gelb beginnen)

Den Körper an die miteinander verbundenen Beine häkeln.
Dafür mit dem 2. Bein beginnen: dieses mit 1 fM mit dem 1. Bein verbinden (siehe S. 19); dies ist die 1. M des Körpers (**12**).

1. Rd: 1 fM in jede M des 1. Beins, 1 fM in jede M des 2. Beins [48 fM].
2.–8. Rd: 1 fM in jede M [48 fM].

Mit dem Ausstopfen der Beine und des Körpers beginnen und nach und nach weiteres Füllmaterial hinzufügen.
Am Ende der 8. Rd den cremefarbenen Faden aufnehmen und den gelben außen am Bein ruhen lassen. Damit werden später die Details des Gürtels gehäkelt (**13**).
Ab jetzt abwechselnd 1 Rd in Creme und 1 Rd in Blau bis zum Ende des Körpers häkeln.

9. Rd: Nur in die hMg häkeln, (6 fM, 1 Abn) 6 x [42 fM].
10.–17. Rd: 1 fM in jede M [42 fM].
18. Rd: (5 fM, 1 Abn) 6 x [36 fM].
19.–21. Rd: 1 fM in jede M [36 fM].
22. Rd: (4 fM, 1 Abn) 6 x [30 fM].
Den Faden abschneiden, dabei zum Annähen lang genug lassen.
Für die Details des Gürtels siehe nebenstehenden Kasten.

ARME (in Beige, 2 x häkeln)

1. Rd: 8 fM in einen magischen Ring häkeln [8 fM].
2. Rd: 8 Zun [16 fM].
3.–14. Rd: 1 fM in jede M [16 fM].
15. Rd: (1 Abn, 6 fM) 2 x [14 fM].

Den Arm locker ausstopfen.
Den Arm flach drücken und die M an der Öffnung aneinanderlegen (**16**). Die beiden gegenüberliegenden M jeweils mit fM zusammenhäkeln [7 fM].
Den Faden abschneiden, dabei zum Annähen lang genug lassen (**17**).

DETAILS DES GÜRTELS

Den Körper umdrehen und in die vMg der 8. Rd häkeln. Die Häkelnadel in die letzte M der Rd stechen und den gelben Faden aufnehmen (14): 1 Km in jede M.
Den Faden abschneiden und vernähen.
Mit dem braunen Garn auf beide Seiten der Hose Taschen aufsticken (15).

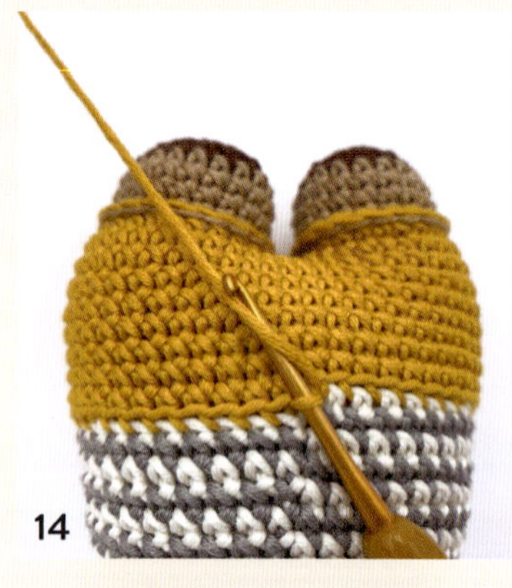
14

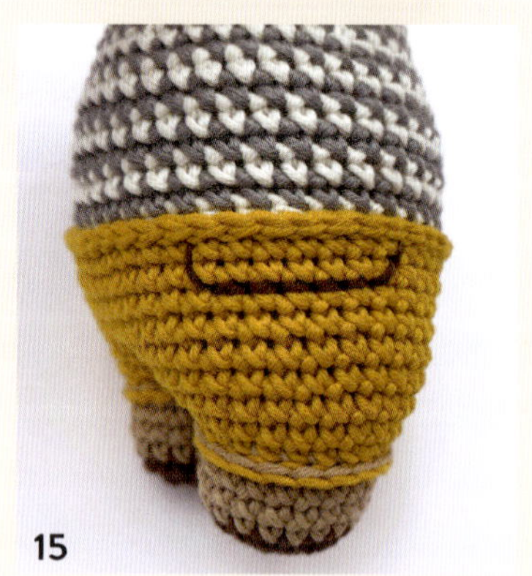
15

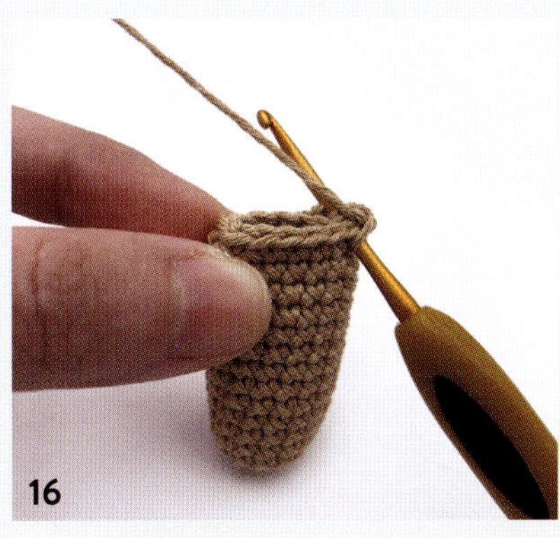
16

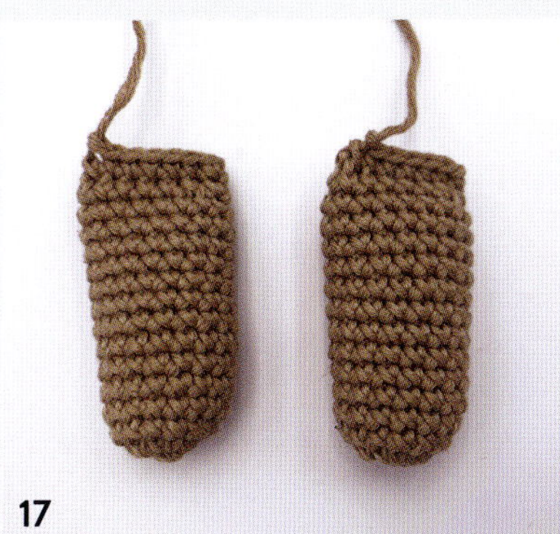
17

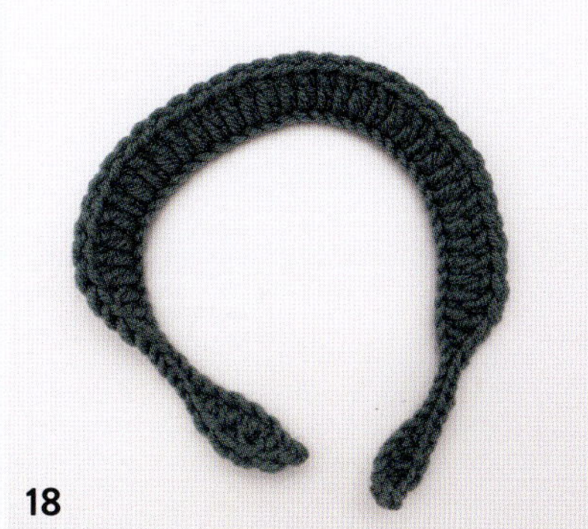
18

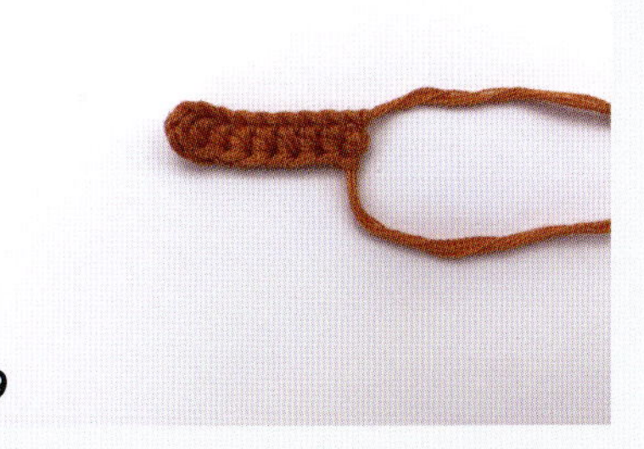
19

HALSTUCH

HAUPTTEIL (in Grün mit der Häkelnadel 2,75 mm)

61 Lm häkeln, in der 2. Lm von der Nadel aus beginnen, 1 Km, 1 fM, 1 hStb, 1 Stb, 1 hStb, 1 fM, 5 Km, 1 fM, 1 hStb, 34 Stb, 1 fM, 5 Km, 1 fM, 1 hStb, 1 Stb, 1 hStb, 1 fM, 1 Km [60 M].

Den Faden abschneiden und vernähen (**18**).

BAND (in Orange)

10 Lm, in der 3. Lm von der Häkelnadel aus beginnen, 1 hStb in jede M [8 hStb]. Den Faden abschneiden, dabei zum Annähen lang genug lassen (**19**).

SCHWANZ (in Beige)

9 Lm häkeln, mit der 2. Lm ab der Häkelnadel beginnen, (1 Zun, 1 fM) 2 x, 4 fM [10 fM].
Den Faden abschneiden, dabei zum Annähen lang genug lassen.

DEN KÖRPER ZUSAMMENNÄHEN

Den Schwanz mittig am Rücken an die 6. Rd des Körpers nähen (**20**).
Die Arme 2 Rd unter die letzte Rd des Körpers nähen (**21**).
Den Kopf an die hinteren Maschenglieder der 22. Rd des Körpers nähen, zuvor noch etwas Füllmaterial hinzufügen.
Das Halstuch um den Körper legen und mit dem orangen Band befestigen (**22**).

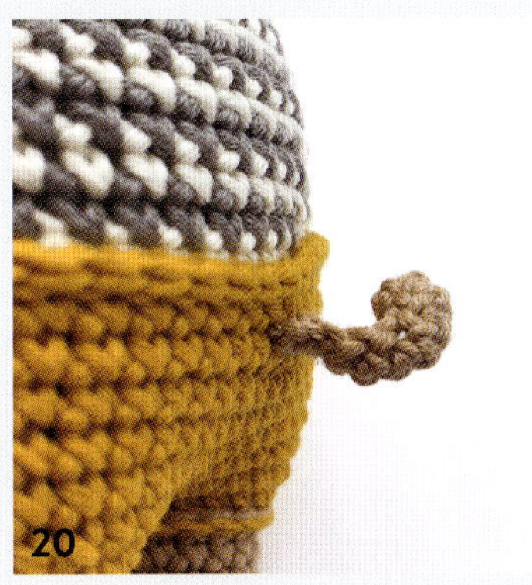
20

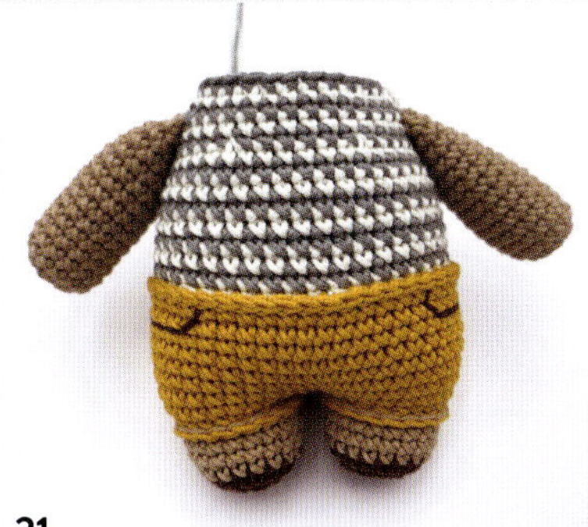
21

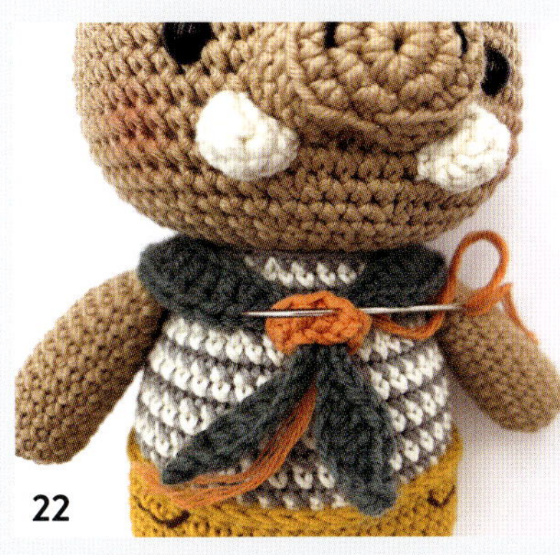
22

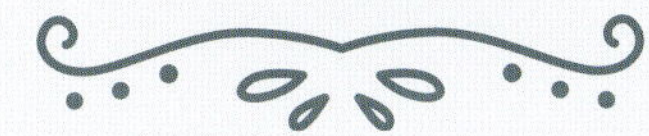

MICHEL *der Käfer*

Michel ist der Chef des Rosengartens. Er kennt den Namen jeder Rose in seinem Garten und ist immer um neue Sorten für seine Kund*innen bemüht. Nach dem Aufstehen trinkt er gerne eine Tasse Tee, die er aus dem Morgentau der Rosenblätter zubereitet. Was für eine schöne Art, seinen Tag zu beginnen!

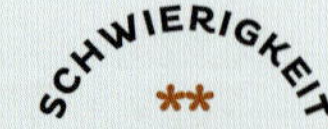

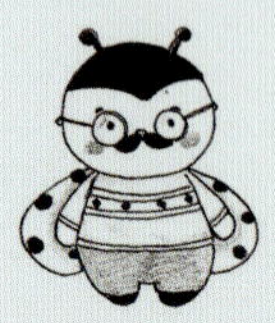

Größe: 18 cm

Material

- Grundausstattung (siehe S. 10)
- Häkelnadel 2,75 mm
- 2 Sicherheitsaugen Ø 7 mm

Garn

- DMC Happy Cotton in
  - Blau (Fb. 767),
  - Beige (Fb. 773),
  - Schwarz (Fb. 775),
  - Dunkelbraun (Fb. 777),
  - Rot (Fb. 791), jeweils 20 g,
  - Braun (Fb. 776),
  - Creme (Fb. 761), kleiner Rest
- Draht (für die Brille, optional)

KOPF (in Beige)

1. Rd: 8 fM in einen magischen Ring häkeln [8 fM].
2. Rd: 8 Zun [16 fM].
3. Rd: (1 fM, 1 Zun) 8 x [24 fM].
4. Rd: (2 fM, 1 Zun) 8 x [32 fM].
5. Rd: 1 fM, 1 Zun, (3 fM, 1 Zun) 7 x, 2 fM [40 fM].
6. Rd: (4 fM, 1 Zun) 8 x [48 fM].
7.–10. Rd: 1 fM in jede M [48 fM].
11. Rd: (7 fM, 1 Zun) 6 x [54 fM].
12.–15. Rd: 1 fM in jede M [54 fM].
16. Rd: (8 fM, 1 Zun) 6 x [60 fM].
17. Rd: 1 fM in jede M [60 fM].
18. Rd: (8 fM, 1 Abn) 6 x [54 fM].
19. Rd: 3 fM, 1 Abn, (7 fM, 1 Abn) 5 x, 4 fM [48 fM].
20. Rd: (6 fM, 1 Abn) 6 x [42 fM].
21. Rd: 2 fM, 1 Abn, (5 fM, 1 Abn) 5 x, 3 fM [36 fM].
22. Rd: (4 fM, 1 Abn) 6 x [30 fM].

Den Faden abschneiden, dabei zum Annähen lang genug lassen.
Die Sicherheitsaugen zwischen der 13. und 14. Rd im Abstand von 8 M einsetzen. Den Kopf ausstopfen.
Mit dem schwarzen Garn 2 Augenbrauen über den Augen aufsticken (**1**).

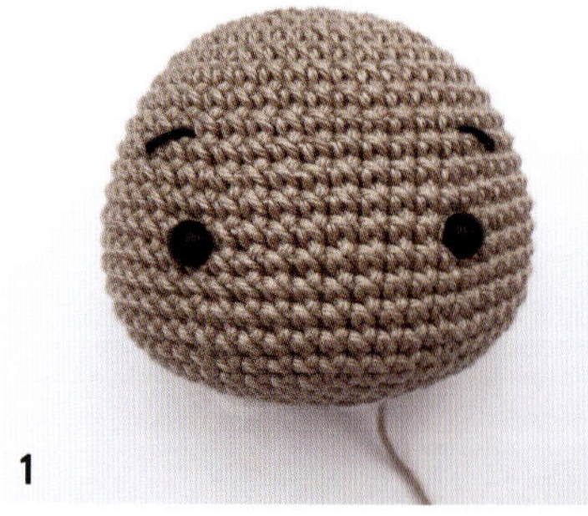

1

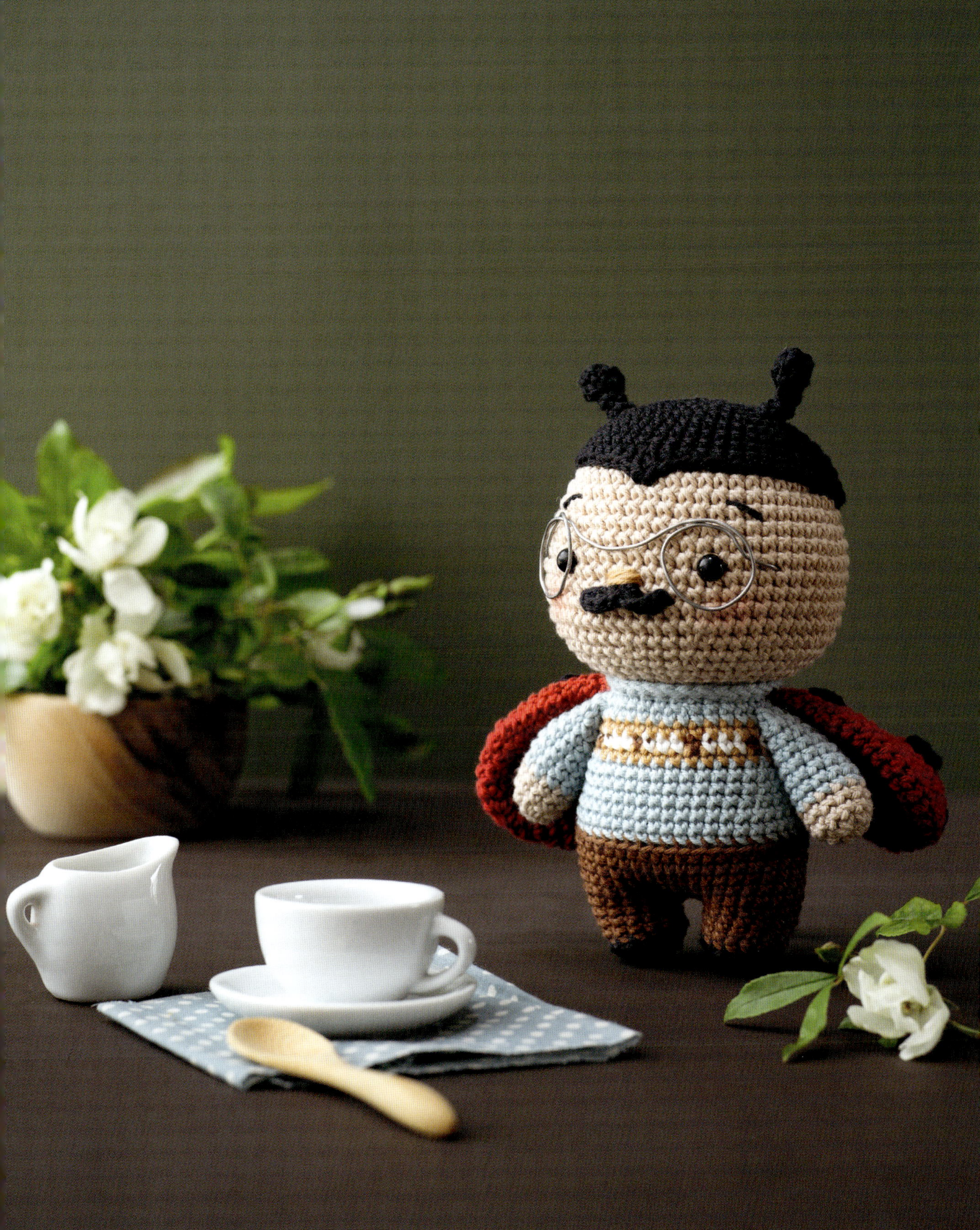

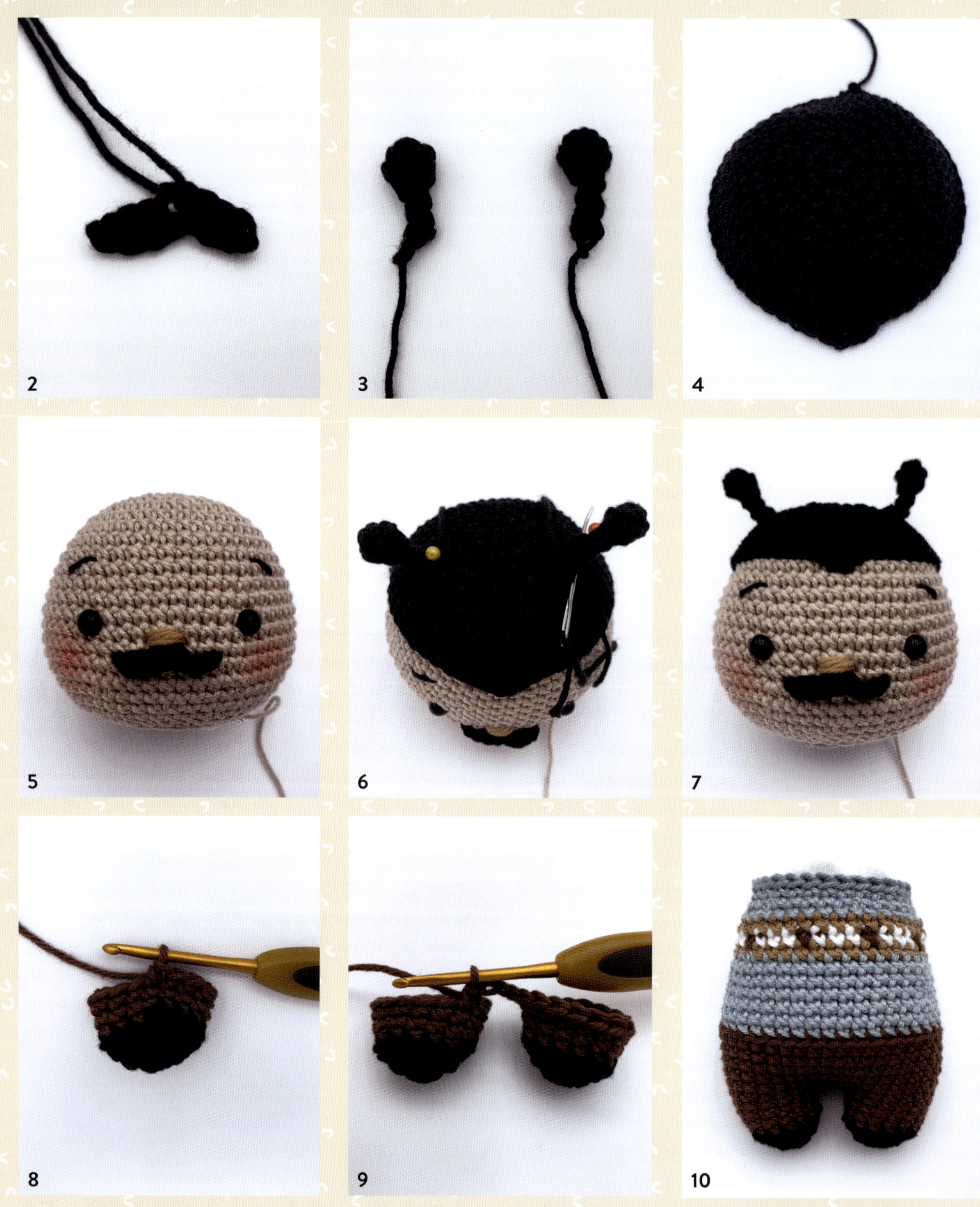
2
3
4
5
6
7
8
9
10

SCHNURRBART (in Schwarz)

Eine Lm-Kette mit 5 Lm häkeln. In der 2. Lm von der Häkelnadel aus wie folgt beginnen: 1 Km, 2 fM, 1 Km, 4 Lm, in der 2. Lm von der Häkelnadel aus beginnen: 1 Km, 2 fM, 1 Km in dieselbe M wie die 4 Lm (**2**).

FÜHLER (in Schwarz, 2 x häkeln)

1. Rd: 6 fM in einen magischen Ring häkeln [6 fM].
2. Rd: (1 Zun, 2 fM) 2 x [8 fM].
3. Rd: 4 Abn [4 fM].
4.–5. Rd: Nur in die vMg häkeln, 1 fM in jede M [4 fM].

Den Faden lang abschneiden (**3**).

HUT (in Schwarz)

1. Rd: 8 fM in einen magischen Ring häkeln [8 fM].
2. Rd: 8 Zun [16 fM].
3. Rd: (1 fM, 1 Zun) 8 x [24 fM].
4. Rd: (2 fM, 1 Zun) 8 x [32 fM].
5. Rd: 1 fM, 1 Zun, (3 fM, 1 Zun) 7 x, 2 fM [40 fM].
6. Rd: (4 fM, 1 Zun) 8 x [48 fM].
7.–9. Rd: 1 fM in jede M [48 fM].
10. Rd: 22 fM, 1 hStb, {1 Stb, 1 Lm, 1 Stb} in die nächste M, 1 hStb, 23 fM [50 M].

Den Faden lang abschneiden. (**4**).

DEN KOPF ZUSAMMENNÄHEN

Mit dem braunen Garn die Nase zwischen der 14. und 15. Rd auf 2 M auf den Kopf sticken. Den Schnurrbart in der 16. Rd direkt unter die Nase nähen. Mit Rouge die Wangen färben (**5**). Den Hut auf den Kopf nähen.
Die Fühler in der 5. Rd an den Hut nähen (**6** und **7**).

BEINE (mit Schwarz beginnen, 2 x häkeln)

1. Rd: 6 fM in einen magischen Ring häkeln [6 fM].
2. Rd: 6 Zun [12 fM].
3. Rd: (3 fM, 1 Zun) 3 x [15 fM].

Am Ende der 3. Rd zum dunkelbraunen Garn wechseln und den schwarzen Faden abschneiden.

4. Rd: Nur in die hMg häkeln, 1 fM in jede M [15 fM].
5.–6. Rd: 1 fM in jede M [15 fM].

Am Ende des 1. Beins den Faden abschneiden, jedoch nicht am Ende des 2. Beins, denn damit werden die Beine verbunden und der Körper gearbeitet (**8**).

KÖRPER (mit Dunkelbraun beginnen)

Den Körper an die miteinander verbundenen Beine häkeln.
Dafür mit dem 2. Bein beginnen: 3 Lm häkeln und diese mit 1 fM an das 1. Bein häkeln (siehe S. 19); dies ist die 1. M des Körpers (**9**).

1. Rd: 1 fM in jede M des 1. Beins, 1 fM in die 3 Lm, 1 fM in jede M des 2. Beins, jeweils 1 fM in das andere Maschenglied der 3 Lm [36 fM].
2. Rd: 4 fM, 1 Zun, (5 fM, 1 Zun) 5 x, 1 fM [42 fM].
3.–7. Rd: 1 fM in jede M [42 fM].

Am Ende der 7. Rd zum blauen Garn wechseln und den dunkelbraunen Faden abschneiden.
Mit dem Ausstopfen der Beine und des Körpers beginnen und nach und nach weiteres Füllmaterial hinzufügen.

8. Rd: Nur in die hMg häkeln, 1 fM in jede M [42 fM].
9.–10. Rd: 1 fM in jede M [42 fM].
11. Rd: (12 fM, 1 Abn) 3 x [39 fM].
12.–13. Rd: 1 fM in jede M [39 fM].

Am Ende der 13. Rd zum braunen Garn wechseln.

14. Rd: (11 fM, 1 Abn) 3 x [36 fM].

Am Ende der 14. Rd zum cremefarbenen Garn wechseln.

15. Rd: (*in Creme:* 3 fM; *in Dunkelbraun:* 1 fM) 9 x [36 fM].

Am Ende der 15. Rd zum braunen Garn wechseln und den cremefarbenen und dunkelbraunen Faden abschneiden.

16. Rd: 1 fM in jede M [36 fM].

Am Ende der 16. Rd zum blauen Garn wechseln und den braunen Faden abschneiden.

17. Rd: 1 fM in jede M [36 fM].
18. Rd: (4 fM, 1 Abn) 6 x [30 fM].
19. Rd: 1 fM in jede M [30 fM].
20. Rd (Hals): Nur in die vMg häkeln, 1 Km in jede M [30 Km].

Den Faden abschneiden und vernähen (**10**).

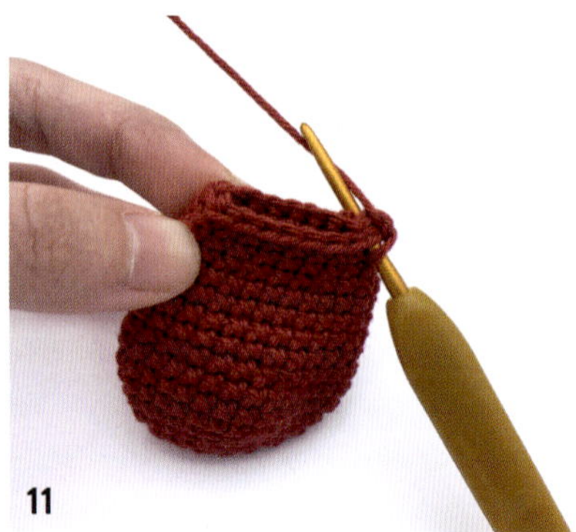

11

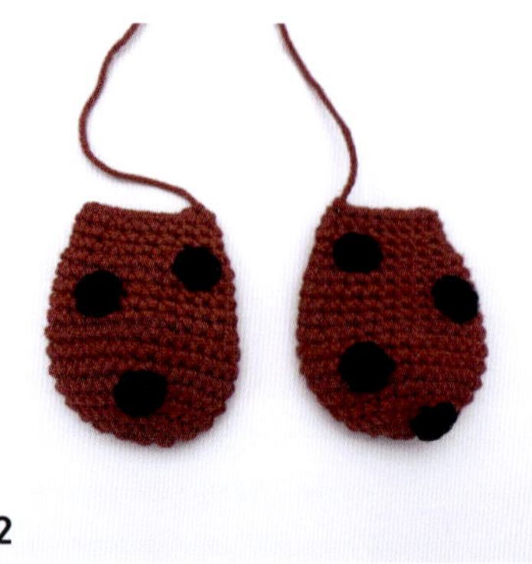

12

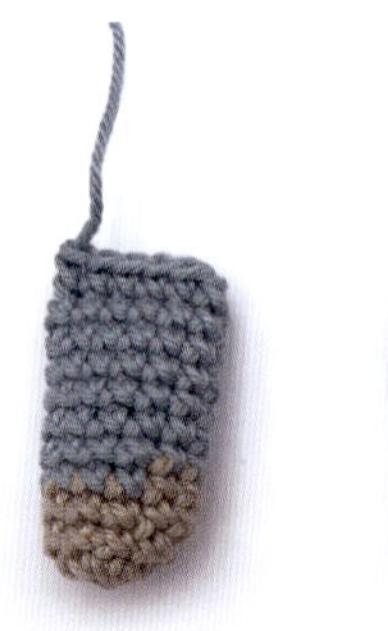
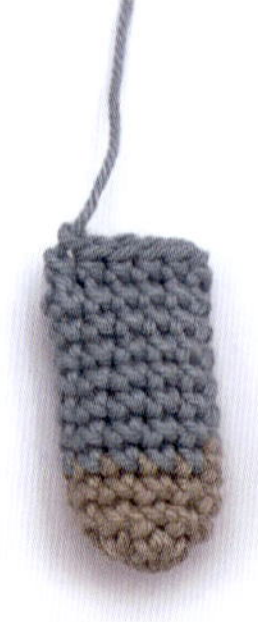

13

FLÜGEL (in Rot, 2 x häkeln)

1. Rd: 8 fM in einen magischen Ring häkeln [8 fM].
2. Rd: 8 Zun [16 fM].
3. Rd: (1 fM, 1 Zun) 8 x [24 fM].
4. Rd: 1 fM in jede M [24 fM].
5. Rd: (3 fM, 1 Zun) 6 x [30 fM].
6.–8. Rd: 1 fM in jede M [30 fM].
9. Rd: (3 fM, 1 Abn) 6 x [24 fM].
10.–13. Rd: 1 fM in jede M [24 fM].
14. Rd: (2 fM, 1 Abn) 6 x [18 fM].
15.–16. Rd: 1 fM in jede M [18 fM].

Die Flügel flach drücken und die M an der Öffnung aneinanderlegen (**11**). Die beiden gegenüberliegenden M jeweils mit fM zusammenhäkeln [9 fM].
Den Faden abschneiden, dabei zum Annähen lang genug lassen.

PUNKTE (in Schwarz, 7 x häkeln)

5 fM in einen magischen Ring häkeln, mit 1 Km enden [5 fM].
Den Faden abschneiden, dabei zum Annähen lang genug lassen.
Die Punkte auf die Flügel nähen, 4 auf einen und 3 auf den anderen Flügel (**12**).

ARME (mit Beige beginnen, 2 x häkeln)

1. Rd: 6 fM in einen magischen Ring häkeln [6 fM].
2. Rd: 6 Zun [12 fM].
3.–4. Rd: 1 fM in jede M [12 fM].

Am Ende der 4. Rd zum blauen Garn wechseln und den beigen Faden abschneiden.

5.–11. Rd: 1 fM in jede M [12 fM].

Den Arm locker ausstopfen.
Den Arm flach drücken und die M an der Öffnung aneinanderlegen.
Die beiden gegenüberliegenden M jeweils mit fM zusammenhäkeln [6 fM].
Den Faden abschneiden, dabei zum Annähen lang genug lassen (**13**).

DEN KÖRPER ZUSAMMENNÄHEN

Die Arme 1 Rd unter die letzte Rd des Körpers nähen.
Die Flügel mit Stecknadeln auf den Rücken stecken und dann annähen (**14**, **15** und **16**).
Dann den Kopf an die hinteren Maschenglieder der 19. Rd des Körpers nähen, zuvor noch etwas Füllmaterial hinzufügen.

BRILLE

Die Brille aus Draht zurechtbiegen (**17**, **18**, **19**, **20** und **21**).

ACHTUNG

Die Brille weglassen, wenn das Tier für Kinder gedacht ist, damit sie sich nicht mit dem Draht verletzen.

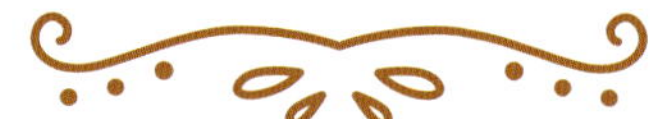

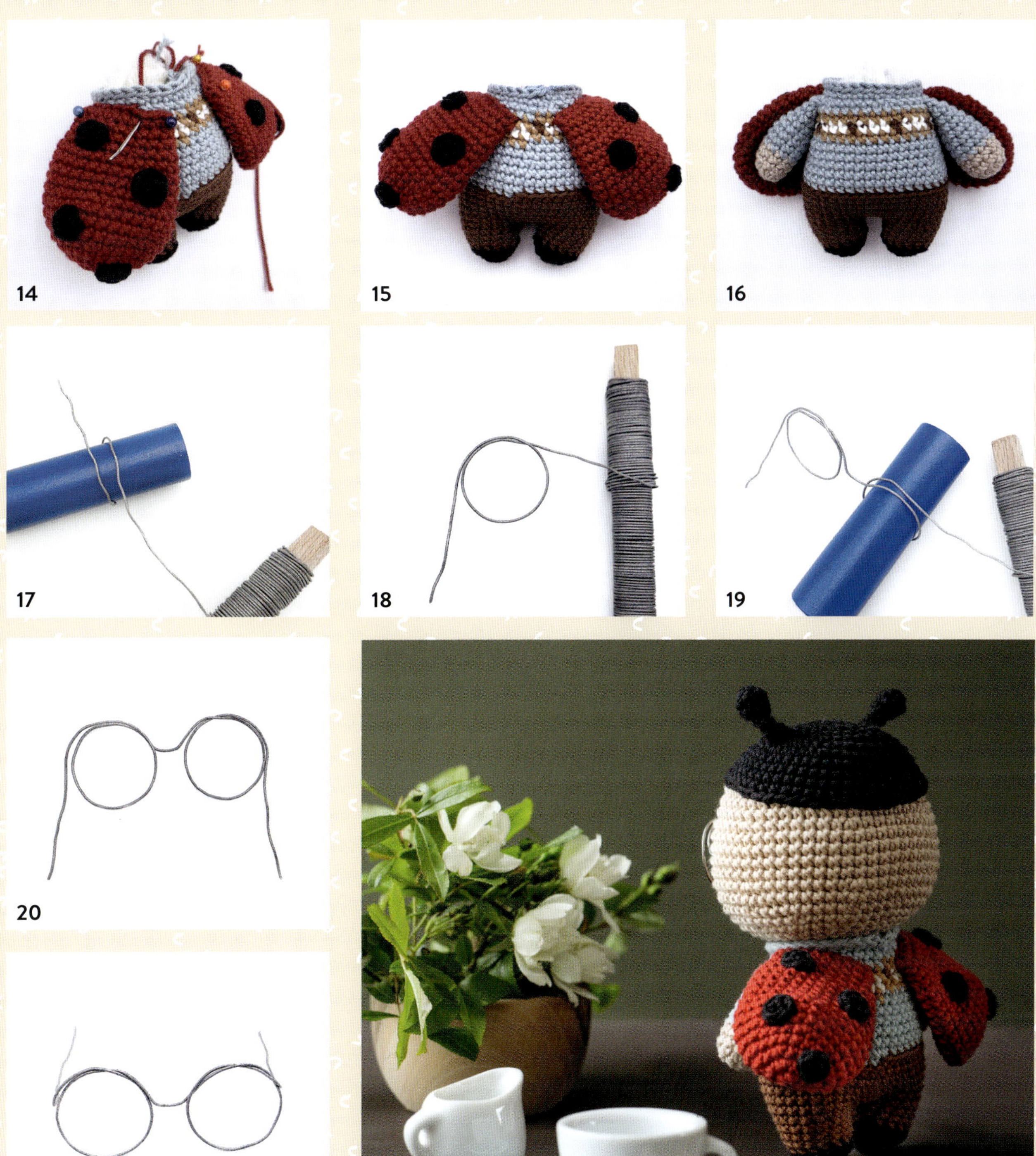
14
15
16
17
18
19
20
21

MILKA *das Stinktier*

Die Buchhandlung ist Milkas Lieblingsort, denn das kleine Stinktier liebt es zu lesen. Jedes Buch entführt Milka in eine neue Welt und lässt sie viele Dinge lernen. Ihr Zimmer gleicht einer richtigen Bibliothek, dort ist immer ein Buch, das du entdecken kannst. Möchtest du sie dort treffen?

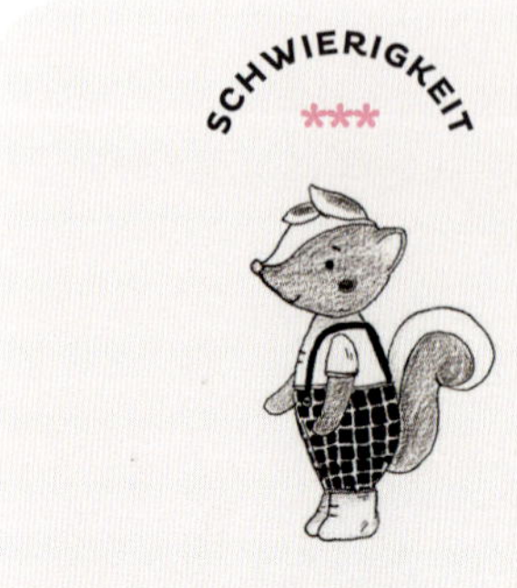

Größe: 27 cm

Material

- Grundausstattung (siehe S. 10)
- Häkelnadel 2,75 mm
- 2 Sicherheitsaugen Ø 8 mm
- 2 kleine Knöpfe Ø 10 mm
- Filznadel
- rosa Filzwolle, kleiner Rest

Garn

- DMC Happy Cotton
  - Schwarz (Fb. 775), 60 g,
  - Creme (Fb. 761),
  - Rosa (Fb. 764),
  - Gelb (Fb. 771),
  - Khaki (Fb. 772),
  - Beige (Fb. 773),
  - Braun (Fb. 777), jeweils 20 g

KOPF
(mit Schwarz beginnen)

1. Rd: 6 fM in einen magischen Ring häkeln [6 fM].
2. Rd: (1 Zun, 1 fM) 3 x [9 fM].
3. Rd: (2 fM, 1 Zun) 3 x [12 fM].
4. Rd: 1 fM, 1 Zun, (3 fM, 1 Zun) 2 x, 2 fM [15 fM].
5. Rd: (4 fM, 1 Zun) 3 x [18 fM].
6. Rd: 1 fM in jede M [18 fM].
7. Rd: (1 Zun, 2 fM) 2 x, 1 Zun; *in Creme:* 2 fM; *in Schwarz:* (1 Zun, 2 fM) 3 x [24 fM].
8. Rd: 8 fM, 2 Zun; *in Creme:* 2 Zun; *in Schwarz:* 2 Zun, 10 fM [30 fM].
9. Rd: 12 fM; *in Creme:* 4 fM; *in Schwarz:* 14 fM [30 fM].
10. Rd: 8 fM, (1 fM, 1 Zun) 2 x; *in Creme:* (1 fM, 1 Zun) 2 x; *in Schwarz:* (1 fM, 1 Zun) 2 x, 10 fM [36 fM].
11. Rd: 14 fM; *in Creme:* 6 fM; *in Schwarz:* 16 fM [36 fM].
12. Rd: (5 fM, 1 Zun) 2 x, 2 fM; *in Creme:* 1 fM, 1 Zun, 2 fM; *in Schwarz:* 3 fM, 1 Zun, (5 fM, 1 Zun) 2 x [42 fM].
13. Rd: 16 fM; *in Creme:* 7 fM; *in Schwarz:* 19 fM [42 fM].
14. Rd: (6 fM, 1 Zun) 2 x, 1 fM; *in Creme:* 5 fM, 1 Zun, 3 fM; *in Schwarz:* 3 fM, 1 Zun, (6 fM, 1 Zun) 2 x [48 fM].
15. Rd: 17 fM; *in Creme:* 10 fM; *in Schwarz:* 21 fM [48 fM].
16. Rd: (7 fM, 1 Zun) 2 x, 1 fM; *in Creme:* 6 fM, 1 Zun, 3 fM; *in Schwarz:* 4 fM, 1 Zun, (7 fM, 1 Zun) 2 x [54 fM].
17. Rd: 18 fM; *in Creme:* 13 fM; *in Schwarz:* 23 fM [54 fM].
18. Rd: (8 fM, 1 Zun) 2 x; *in Creme:* 8 fM, 1 Zun, 4 fM; *in Schwarz:* 4 fM, 1 Zun, (8 fM, 1 Zun) 2 x [60 fM].
19.–28. Rd: 20 fM; *in Creme:* 14 fM; *in Schwarz:* 26 fM [60 fM].

Die Sicherheitsaugen zwischen der 18. und 19. Rd anbringen: das 1. Auge zwischen der 12. und 13. M, das 2. Auge zwischen der 42. und 43. M.
Mit dem Ausstopfen des Kopfes beginnen und nach und nach weiteres Füllmaterial hinzufügen.

29. Rd: (8 fM, 1 Abn) 2 x; *in Creme:* 8 fM, 1 Abn, 4 fM; *in Schwarz:* 4 fM, 1 Abn, (8 fM, 1 Abn) 2 x [54 fM].
30. Rd: 18 fM; *in Creme:* 13 fM; *in Schwarz:* 23 fM [54 fM].
31. Rd: (7 fM, 1 Abn) 2 x; *in Creme:* 7 fM, 1 Abn, 4 fM; *in Schwarz:* 3 fM, 1 Abn, (7 fM, 1 Abn) 2 x [48 fM].
32. Rd: 16 fM; *in Creme:* 12 fM; *in Schwarz:* 20 fM [48 fM].

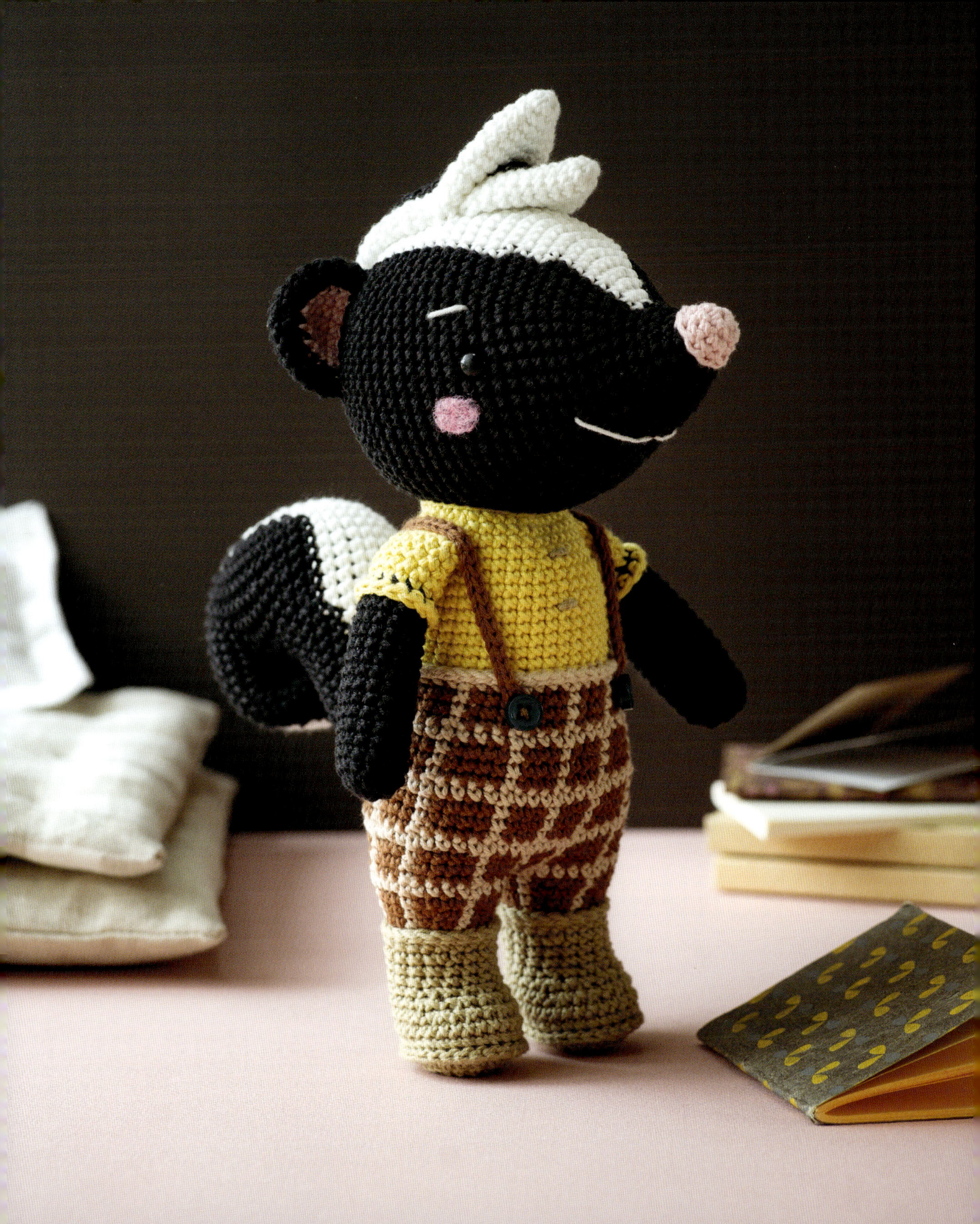

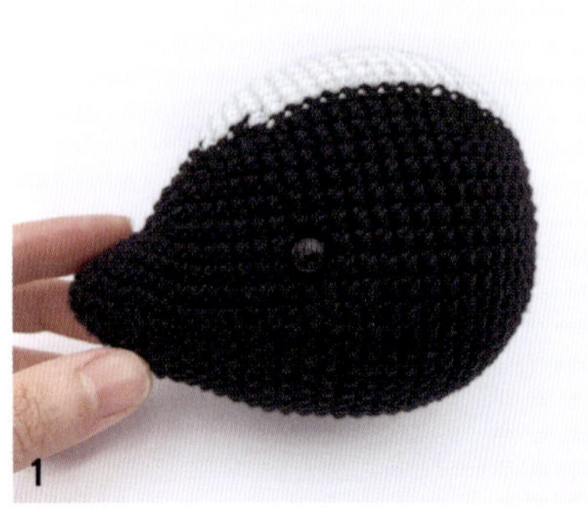
1

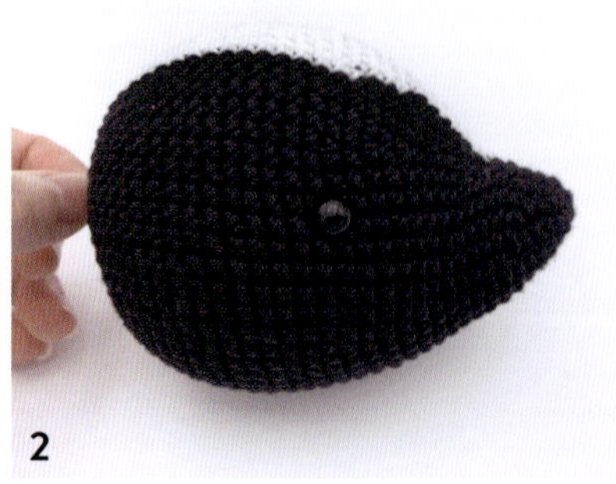
2

33. Rd: (6 fM, 1 Abn) 2 x; *in Creme:* 6 fM, 1 Abn, 4 fM; *in Schwarz:* 2 fM, 1 Abn, (6 fM, 1 Abn) 2 x [42 fM].

Am Ende der 33. Rd den cremefarbenen Faden abschneiden und mit dem schwarzen Garn fortfahren.

34. Rd: 2 fM, 1 Abn, (5 fM, 1 Abn) 5 x, 3 fM [36 fM].
35. Rd: (4 fM, 1 Abn) 6 x [30 fM].
36. Rd: 1 fM, 1 Abn, (3 fM, 1 Abn) 5 x, 2 fM [24 fM].
37. Rd: (2 fM, 1 Abn) 6 x [18 fM].
38. Rd: (1 fM, 1 Abn) 6 x [12 fM].
39. Rd: 6 Abn [6 fM].

Den Kopf fertig ausstopfen. Den Faden durchziehen und die restlichen Maschen schließen (1 und 2).

HAARSTRÄHNEN

GROSSE STRÄHNE

(mit Creme beginnen)

1. Rd: 6 fM in einen magischen Ring häkeln [6 fM].
2. Rd: (1 Zun, 2 fM) 2 x [8 fM].
3. Rd: (1 Zun, 3 fM) 2 x [10 fM].
4. Rd: (1 Zun, 4 fM) 2 x [12 fM].
5. Rd: (1 Zun, 5 fM) 2 x [14 fM].
6. Rd: 1 Zun; *in Schwarz:* 1 fM; *in Creme:* 5 fM, 1 Zun, 6 fM [16 fM].
7. Rd: 1 Zun; *in Schwarz:* 2 fM; *in Creme:* 5 fM, 1 Zun, 7 fM [18 fM].
8. Rd: 1 Zun; *in Schwarz:* 3 fM; *in Creme:* 5 fM, 1 Zun, 8 fM [20 fM].
9. Rd: 1 Zun; *in Schwarz:* 4 fM; *in Creme:* 5 fM, 1 Zun, 9 fM [22 fM].
10. Rd: 1 Zun; *in Schwarz:* 5 fM; *in Creme:* 5 fM, 1 Zun, 10 fM [24 fM].
11.–15. Rd: 2 fM; *in Schwarz:* 5 fM; *in Creme:* 17 fM; [24 fM].
16. Rd: 2 fM; *in Schwarz:* 5 fM; *in Creme:* 3 fM, 1 Abn, 10 fM, 1 Abn [22 fM].
17. Rd: 2 fM; *in Schwarz:* 5 fM; *in Creme:* 15 fM [22 fM].
18. Rd: 2 fM; *in Schwarz:* 5 fM; *in Creme:* 2 fM, 1 Abn, 9 fM, 1 Abn [20 fM].
19.–21. Rd: 2 fM; *in Schwarz:* 5 fM; *in Creme:* 13 fM [20 fM].

Am Ende der 21. Rd den schwarzen Faden abschneiden und mit dem cremefarbenen Garn fortfahren.
Die Haarsträhne flach drücken und die M an der Öffnung aneinanderlegen (3). Die beiden gegenüberliegenden M jeweils mit fM zusammenhäkeln [10 fM]. Den Faden abschneiden, dabei zum Annähen lang genug lassen (4).

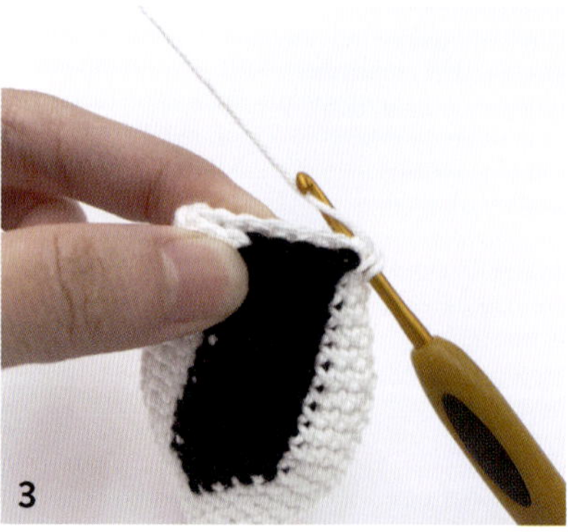
3

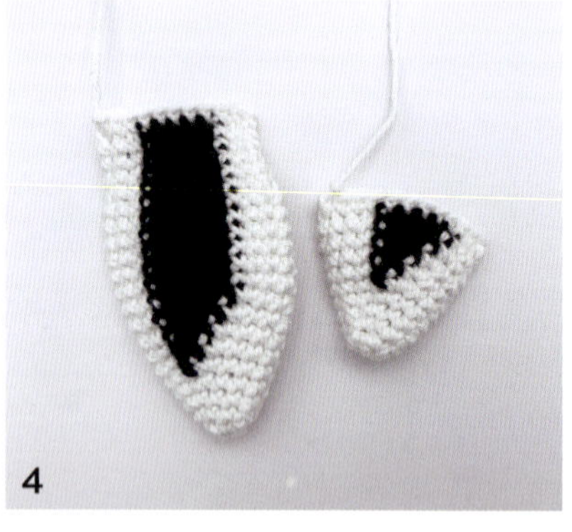
4

KLEINE STRÄHNE

(mit Creme beginnen)

1.–10. Rd: Wie die 1.–10. Rd der großen Strähne häkeln. Am Ende der 10. Rd den schwarzen Faden abschneiden und mit dem cremefarbenen Garn fortfahren.

Die Haarsträhne flach drücken und die M an der Öffnung aneinanderlegen. Die beiden gegenüberliegenden M jeweils mit fM zusammenhäkeln [12 fM]. Den Faden abschneiden, dabei zum Annähen lang genug lassen (4).

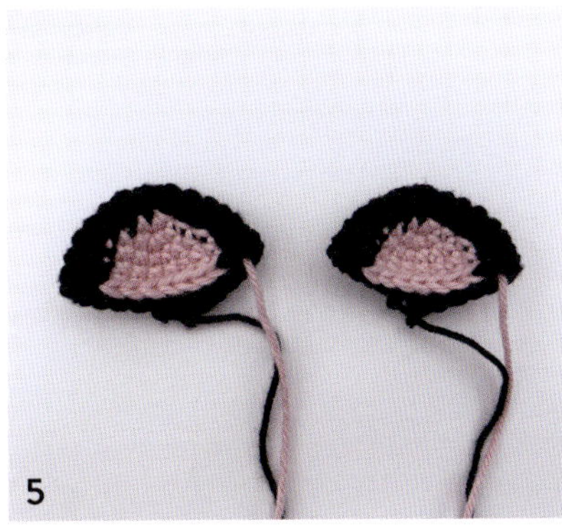

OHREN (mit Schwarz beginnen, 2 x häkeln)

1. Rd: 8 fM in einen magischen Ring häkeln [8 fM].
2. Rd: (1 Zun, 1 fM) 4 x [12 fM].
3. Rd: (1 fM, 1 Zun) 2 x; *in Rosa:* 1 fM, 1 Zun; *in Schwarz:* (1 fM, 1 Zun) 3 x [18 fM].
4. Rd: 1 fM, 1 Zun, 2 fM, 1 Zun; *in Rosa:* 2 fM, 1 Zun, 2 fM; *in Schwarz:* 1 Zun, (2 fM 1 Zun) 2 x, 1 fM [24 fM].
5.–7. Rd: 7 fM; *in Rosa:* 7 fM; *in Creme:* 10 fM [24 fM].

Den Faden abschneiden, dabei zum Annähen lang genug lassen (5).

SCHNAUZE (in Rosa)

1. Rd: 8 fM in einen magischen Ring häkeln [8 fM].
2. Rd: (1 Zun, 3 fM) 2 x [10 fM].
3. Rd: 1 fM in jede M [10 fM].

Den Faden abschneiden, dabei zum Annähen lang genug lassen.
Ein unsichtbares Ende arbeiten (siehe S. 20).

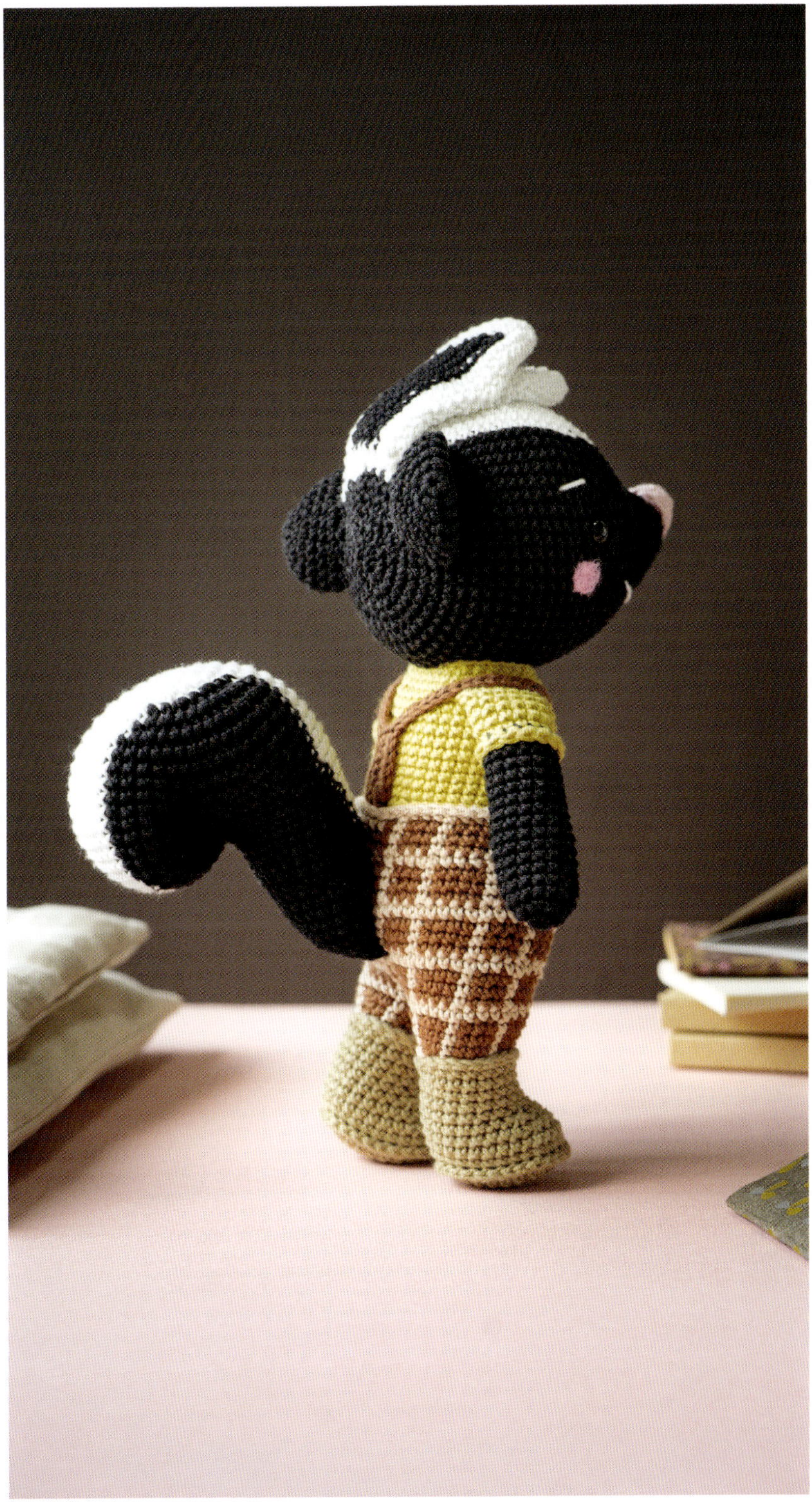

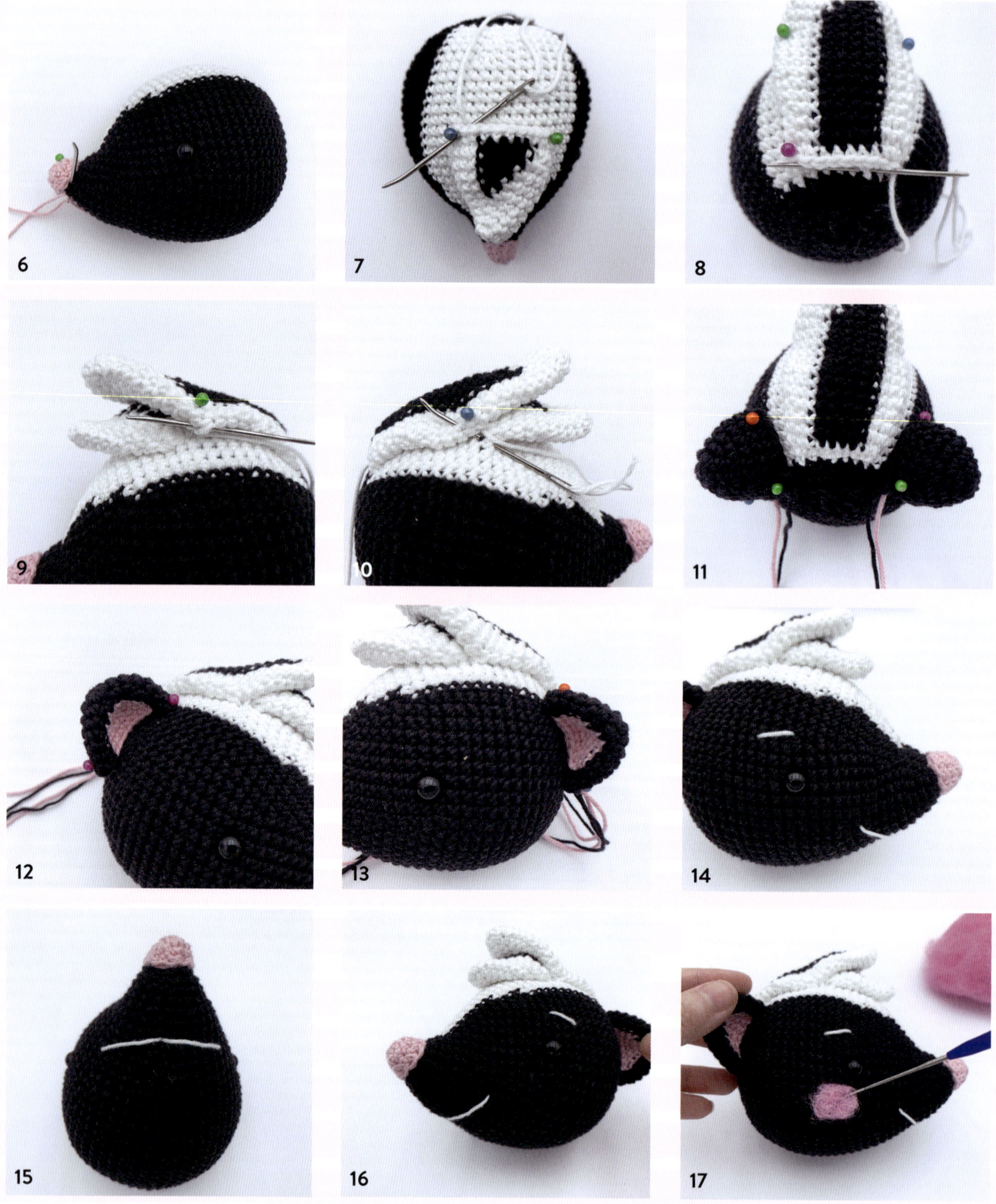
6
7
8
9
10
11
12
13
14
15
16
17

DEN KOPF ZUSAMMENNÄHEN

Die Schnauze zwischen der 1. und 3. Rd an den Kopf nähen (6).
Die kleine Haarsträhne mit Stecknadeln zwischen der 14. und 22. Rd an den cremefarbenen Teil des Kopfes stecken und annähen (7).
Die große Strähne mit Stecknadeln auf die kleine stecken und dann annähen (8, 9 und 10).
Die Ohren zwischen der 30. und 36. Rd an die Seiten des Kopfes nähen (11, 12 und 13).
Mit dem cremefarbenen Garn über den Augen die Augenbrauen und zwischen der 10. und 12. Rd den Mund aufsticken (14, 15 und 16).
Mit der Filzwolle und Filznadel die Wangen 1 Rd unter den Augen anbringen (17 und 18).

BEINE
(mit Khaki beginnen)

ERSTES BEIN

Eine Lm-Kette mit 6 Lm häkeln. In der 2. Lm von der Häkelnadel aus beginnen. Das Bein wird um diese Lm-Kette herum gehäkelt.

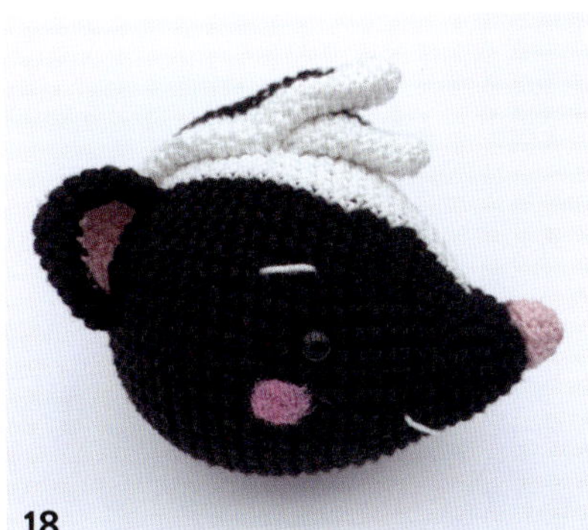
18

1. Rd: 1 Zun, jeweils 1 fM in jede der 3 folgenden Lm, 4 fM in die letzte Lm. Auf der anderen Seite wie folgt fortfahren: jeweils 1 fM in die nächsten der 3 Lm, 1 Zun [14 fM].
2. Rd: 1 fM, 1 Zun, 3 fM, 1 Zun, 2 fM, 1 Zun, 3 fM, 1 Zun, 1 fM [18 fM].
3. Rd: 1 fM, 1 Zun, 5 fM, 1 Zun, 2 fM, 1 Zun, 5 fM, 1 Zun, 1 fM [22 fM].
4. Rd: (1 Zun, 1 fM) 2 x, 5 fM, (1 Zun, 1 fM) 3 x, 5 fM, 1 Zun, 1 fM [28 fM].
5. Rd: Nur in die hMg häkeln, 1 fM in jede M [28 fM].
6. Rd: 1 fM in jede M [28 fM].
7. Rd: 12 fM, (1 Abn, 1 fM) 3 x, 7 fM [25 fM].
8. Rd: 8 fM, (1 Abn, 1 fM) 4 x, 5 fM [21 fM].
9. Rd: 7 fM, (1 Abn, 1 fM) 3 x, 5 fM [18 fM].
10.–11. Rd: 1 fM in jede M [18 fM].
12. Rd: (5 fM, 1 Zun) 3 x [21 fM].
13. Rd: 1 fM in jede M [21 fM].

Am Ende der 13. Rd den beigen Faden aufnehmen und den khakifarbenen Faden außen am Bein ruhen lassen. Damit werden später die Details des Stiefels gehäkelt (19).

14. Rd: Nur in die hMg häkeln, (*in Beige:* 1 fM; *in Braun:* 3 fM; *in Beige:* 1 fM; *in Braun:* 3 fM, 1 Zun) 3 x [24 fM].

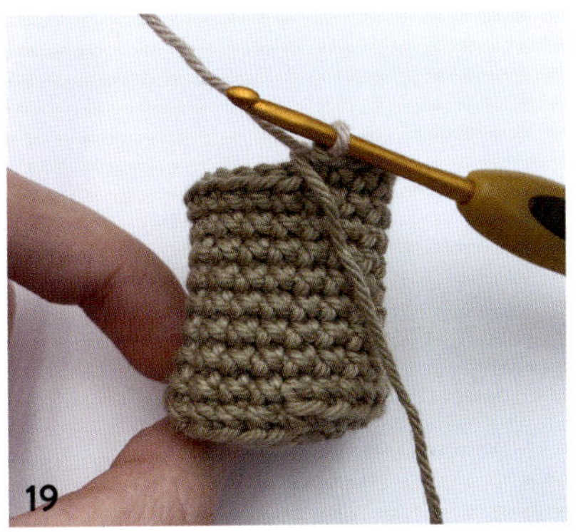
19

15. Rd: (*in Beige:* 1 fM; *in Braun:* 3 fM) 6 x [24 fM].

DETAILS DES STIEFELS

Das Bein umdrehen und in die vMg der 13. Rd häkeln. Die Häkelnadel in die letzte M der Rd stechen und den khakifarbenen Faden aufnehmen (20): 1 Km in jede M bis zum Ende der Runde. Den Faden abschneiden und vernähen. In die vMg der 4. Rd häkeln, die Häkelnadel in die letzte M der Rd stechen und den khakifarbenen Faden aufnehmen (21): 1 Km in jede M bis zum Ende der Rd. Den Faden abschneiden und vernähen (22).

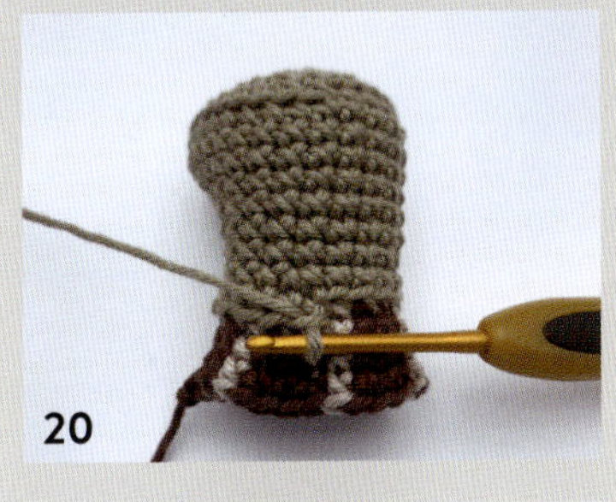
20

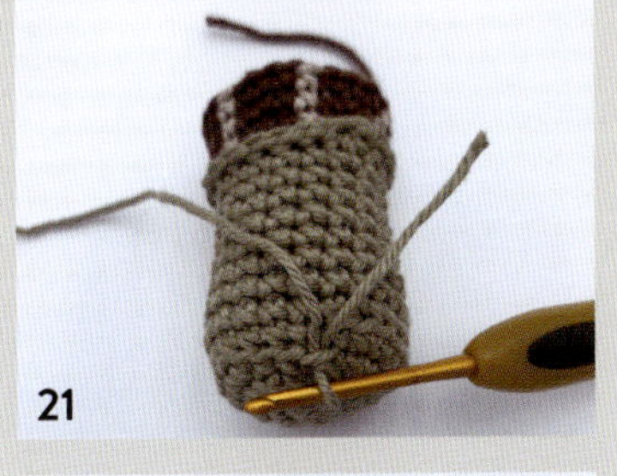
21

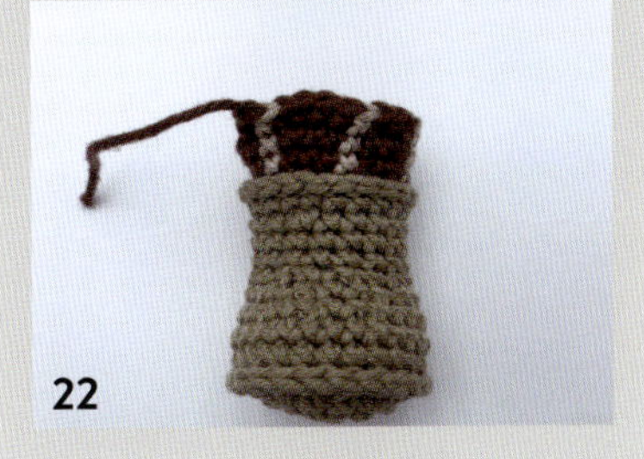
22

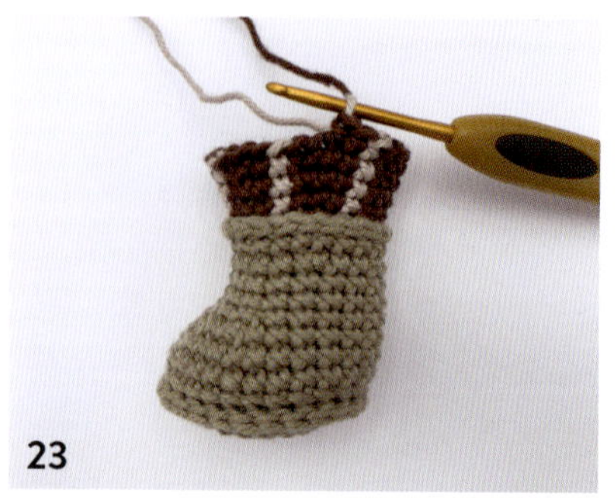
23

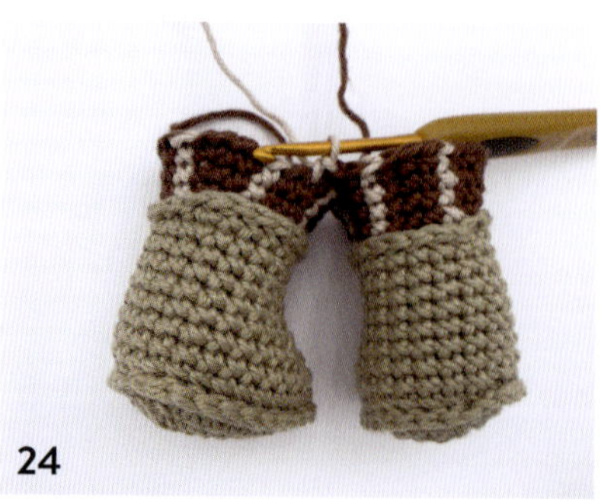
24

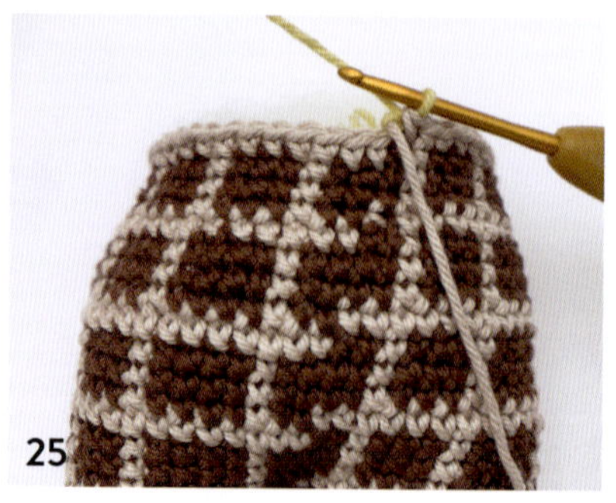
25

16. Rd: (*in Beige:* 1 fM; *in Braun:* 3 fM; *in Beige:* 1 fM; *in Braun:* 2 fM, 1 Zun) 3 x [27 fM].
17. Rd: (*in Beige:* 1 fM; *in Braun:* 3 fM; *in Beige:* 1 fM; *in Braun:* 4 fM) 2 x, *in Beige:* 1 fM; *in Braun:* 1 fM [20 fM].

Die Rd hier beenden und die letzten 7 M nicht häkeln. Den Faden abschneiden und vernähen, das Bein ausstopfen. Für die Details des Stiefels siehe den Kasten auf der vorherigen Seite.

ZWEITES BEIN

1.–16. Rd: wie das 1. Bein häkeln.
17. Rd: (*in Beige:* 1 fM; *in Braun:* 3 fM; *in Beige:* 1 fM; *in Braun:* 4 fM) 3 x [27 fM].
18. Rd: *in Beige:* 1 fM; *in Braun:* 3 fM; *in Beige:* 1 fM; *in Braun:* 2 fM [7 fM].

Die Rd hier beenden und die letzten 20 M nicht häkeln.
Den Faden nach der letzten Rd nicht abschneiden, damit werden später die beiden Beine zusammengefügt und der Körper gearbeitet (**23**).

KÖRPER (mit Beige beginnen)

Den Körper an die miteinander verbundenen Beine häkeln.

Dafür mit dem 2. Bein beginnen: dieses mit 1 fM mit dem 1. Bein verbinden (siehe S. 19); dies ist die 1. M des Körpers (**24**).

1. Rd: 1 fM in jede M des 1. Beins, 1 fM in jede M des 2. Beins [54 fM].
2.–4. Rd: *in Braun:* 2 fM; (*in Beige:* 1 fM; *in Braun:* 4 fM; *in Beige:* 1 fM; *in Braun:* 3 fM) 3 x; (*in Beige:* 1 fM; *in Braun:* 3 fM; *in Beige:* 1 fM; *in Braun:* 4 fM) 2 x; *in Beige:* 1 fM; *in Braun:* 3 fM; *in Beige:* 1 fM; *in Braun:* 2 fM [54 fM].
5. Rd: *in Beige:* 1 fM in jede M [54 fM].
6.–8. Rd: wie die 2.–4. Rd arbeiten [54 fM].
9. Rd: *in Beige:* 1 fM in jede M [54 fM].
10.–12. Rd: wie die 2.–4. Rd arbeiten [54 fM].
13. Rd: *in Beige:* 5 fM, (1 Abn, 7 fM) 3 x, 2 fM, (1 Abn, 7 fM] 2 x, 1 Abn [48 fM].
14.–16. Rd: *in Braun:* 2 fM; (*in Beige:* 1 fM; *in Braun:* 3 fM) 11 x; *in Beige:* 1 fM; *in Braun:* 1 fM [48 fM].

Am Ende der 16. Rd den braunen Faden abschneiden und mit dem beigen Garn fortfahren.
Mit dem Ausstopfen des Körpers beginnen und nach und nach weiteres Füllmaterial hinzufügen.

17. Rd: 1 fM in jede M [48 fM].

Am Ende der 17. Rd den gelben Faden aufnehmen und den beigen außen am Körper ruhen lassen. Damit wird später das Detail der Hose gehäkelt (**25**).

18. Rd: Nur in die hMg häkeln, (6 fM, 1 Abn) 6 x [42 fM].
19.–26. Rd: 1 fM in jede M [42 fM].
27. Rd: (5 fM, 1 Abn) 6 x [36 fM].
28.–30. Rd: 1 fM in jede M [36 fM].
31. Rd: (4 fM, 1 Abn) 6 x [30 fM].

Den Faden abschneiden, dabei zum Annähen lang genug lassen.
Für die Details der Hose siehe den Kasten auf der folgenden Seite.

ARME (mit Schwarz beginnen, 2 x häkeln)

1. Rd: 7 fM in einen magischen Ring häkeln [7 fM].
2. Rd: 7 Zun [14 fM].

Mit dem Ausstopfen des Arms beginnen und nach und nach weiteres Füllmaterial hinzufügen.

3.–16. Rd: 1 fM in jede M [14 fM].

Am Ende der 16. Rd zum gelben Garn wechseln und den schwarzen Faden abschneiden.

17. Rd: Nur in die hMg häkeln, 1 fM in jede M [14 fM].

DETAILS DER HOSE

Den Körper umdrehen und in die vMg der 17. Rd häkeln. Die Häkelnadel in die letzte M der Rd einstechen und den beigen Faden aufnehmen (26), 1 Km in jede M. Den Faden abschneiden und vernähen (27).

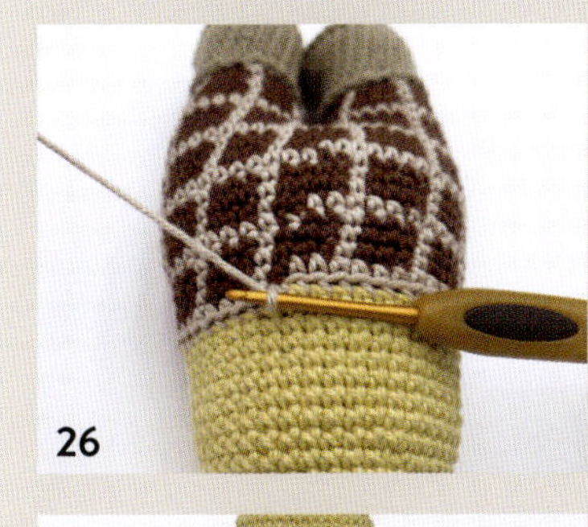
26

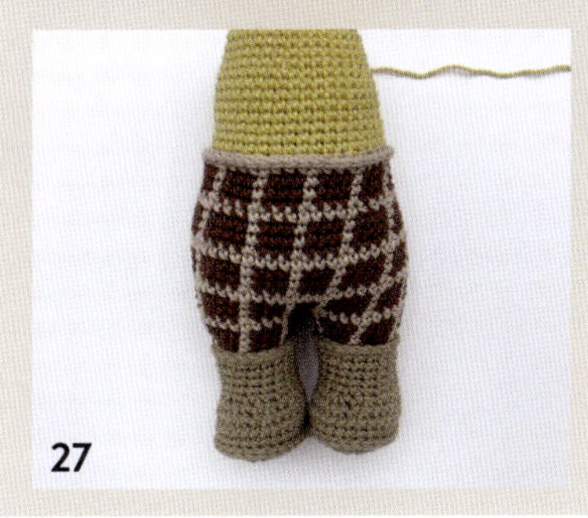
27

18.–21. Rd: 1 fM in jede M [14 fM].

Den Arm flach drücken und die M an der Öffnung aneinanderlegen (28). Die beiden gegenüberliegenden M jeweils mit fM zusammenhäkeln [7 fM]. Den Faden abschneiden, dabei zum Annähen lang genug lassen. Für die Details des Ärmels siehe nebenstehenden Kasten.

SCHWANZ (mit Creme beginnen)

1. Rd: 8 fM in einen magischen Ring häkeln [8 fM].

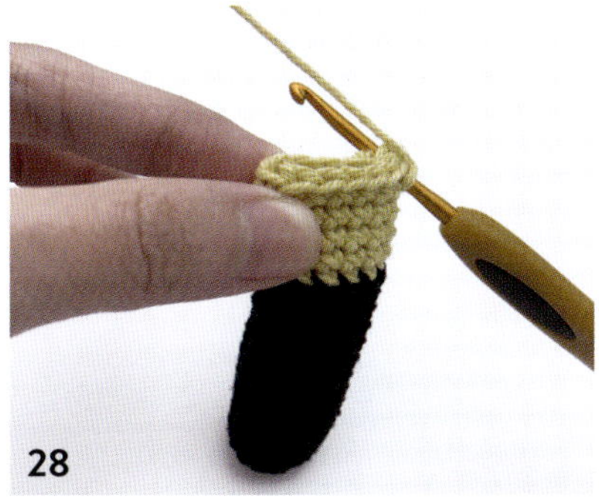
28

2. Rd: 8 Zun [16 fM].
3. Rd: (1 fM, 1 Zun) 8 x [24 fM].
4. Rd: (2 fM, 1 Zun) 7 x; *in Schwarz:* 2 fM, 1 Zun [32 fM].
5. Rd: 1 fM, 1 Zun, 2 fM; *in Creme:* 1 fM, 1 Zun, 3 fM, 1 Zun, 2 fM; *in Schwarz:* 1 fM, 1 Zun, 3 fM, 1 Zun, 2 fM; *in Creme:* 1 fM, 1 Zun, 3 fM, 1 Zun, 1 fM; *in Schwarz:* 2 fM, 1 Zun, 2 fM [40 fM].
6. Rd: 1 Zun, 4 fM 1 Zun; *in Creme:* 4 fM, 1 Zun, 3 fM; *in Schwarz:* 1 fM, 1 Zun, (4 fM, 1 Zun) 2 x; *in Creme:* 4 fM, 1 Zun, 2 fM; *in Schwarz:* 2 fM, 1 Zun, 4 fM [48 fM].
7.–13. Rd: 8 fM; *in Creme:* 9 fM; *in Schwarz:* 15 fM; *in Creme:* 8 fM; *in Schwarz:* 8 fM [48 fM].

24 M überspringen und so den Schwanz in zwei Teile teilen.

SCHWANZENDE

14. Rd: 24 M überspringen (31), *in Schwarz:* 8 fM; *in Creme:* 8 fM; *in Schwarz:* 8 fM [24 fM].
15.–16. Rd: 8 fM; *in Creme:* 8 fM; *in Schwarz:* 8 fM [24 fM].
17. Rd: 4 fM, 1 Abn, 2 fM; *in Creme:* 2 fM, 1 Abn, 4 fM; *in Schwarz:* 1 Abn, 4 fM, 1 Abn [20 fM].
18. Rd: 8 fM; *in Creme:* 5 fM; *in Schwarz:* 7 fM [20 fM].
19. Rd: 3 fM, 1 Abn, 3 fM; *in Creme:*

DETAILS DES ÄRMELS

Den Arm umdrehen und in die vMg der 16. Rd häkeln. Die Häkelnadel in die letzte M der Rd einstechen und den gelben Faden aufnehmen (29), 1 Lm, 1 fM in jede M, mit 1 Km enden [14 fM]. Den Faden abschneiden und vernähen (30).

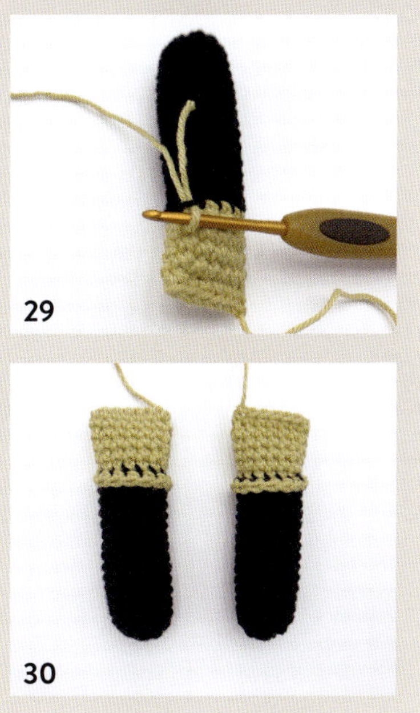
29

30

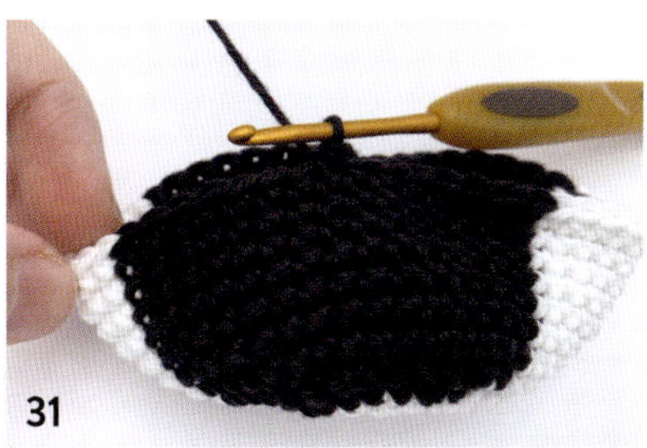
31

1 Abn, 3 fM; *in Schwarz:* 1 Abn, 3 fM, 1 Abn [16 fM].
20. Rd: 8 fM; *in Creme:* 2 fM; *in Schwarz:* 6 fM [16 fM].

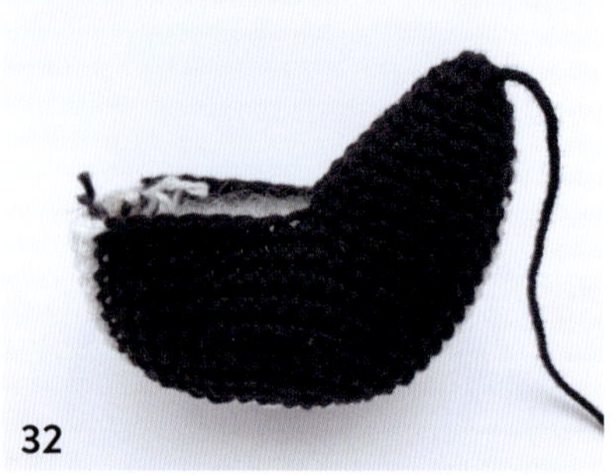
32

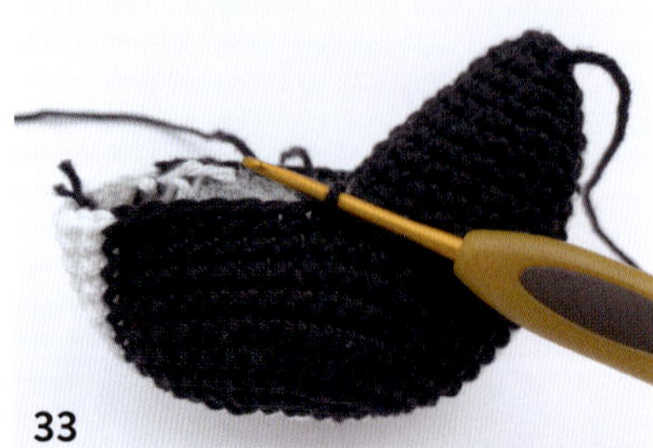
33

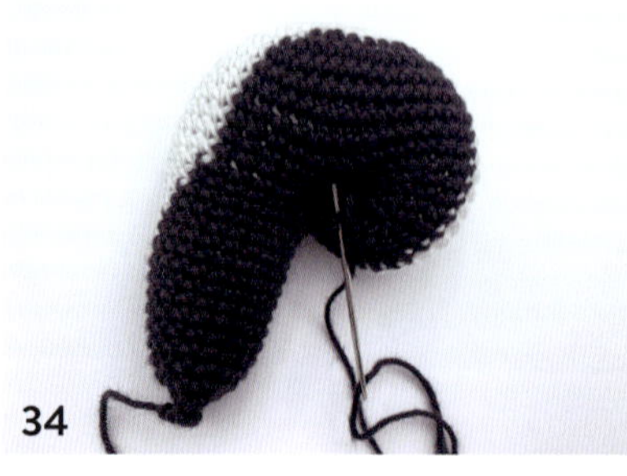
34

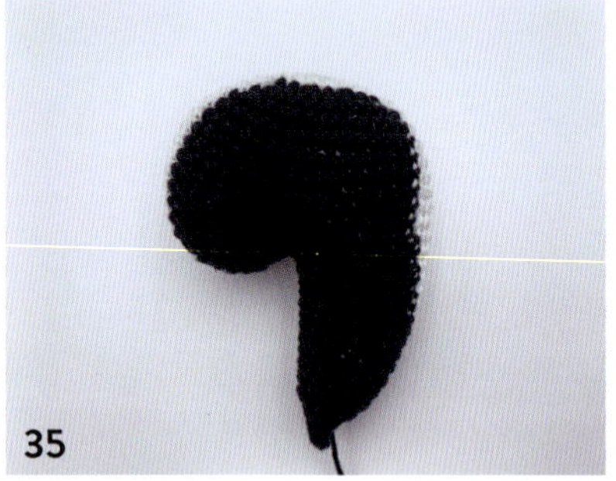
35

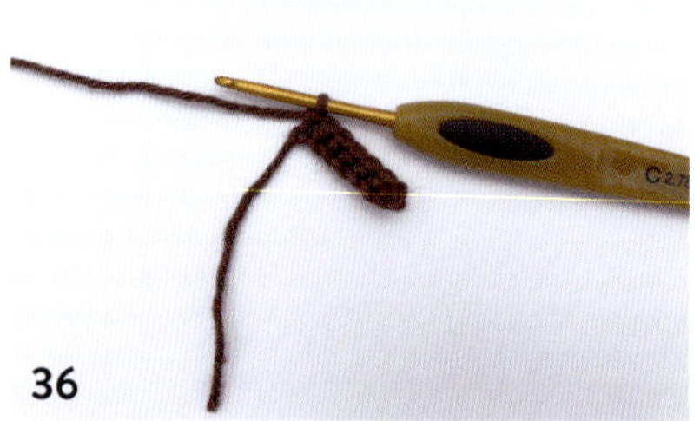

36

Am Ende der 20. Rd den cremefarbenen Faden abschneiden und mit dem schwarzen Garn fortfahren.

21. Rd: (2 fM, 1 Abn) 4 x [12 fM].
22. Rd: 1 fM in jede M [12 fM].
23. Rd: 6 Abn [6 fM].

Den Faden abschneiden und die restlichen Maschen schließen, dabei ein Stück Endfaden hängen lassen, um die Schwanzspitze an der Basis des Schwanzes anzunähen.
Den Schwanz ausstopfen (32).

BASIS DES SCHWANZES

Den schwarzen Faden am übrigen Abschnitt der 13. Rd befestigen (33).

14.–15. Rd: 9 fM; *in Creme:* 7 fM; *in Schwarz:* 8 fM [24 fM].
16.–17. Rd: 10 fM; *in Creme:* 5 fM; *in Schwarz:* 9 fM [24 fM].
18.–19. Rd: 11 fM; *in Creme:* 3 fM; *in Schwarz:* 10 fM [24 fM].

Am Ende der 19. Rd den cremefarbenen Faden abschneiden und mit dem schwarzen Garn fortfahren.
Mit dem Ausstopfen des Schwanzes beginnen und nach und nach weiteres Füllmaterial hinzufügen.

20.–21. Rd: 1 fM in jede M [24 fM].
22. Rd: (4 fM, 1 Abn) 4 x [20 fM].
23.–28. Rd: 1 fM in jede M [20 fM].
29. Rd: (3 fM, 1 Abn) 4 x [16 fM].
30. Rd: 7 fM [7 fM]. Die Runde hier beenden, die letzten 9 M nicht häkeln.

Den Schwanz flach drücken und die M an der Öffnung aneinanderlegen. Die beiden gegenüberliegenden M jeweils mit fM zusammenhäkeln [8 fM].
Den Faden abschneiden, dabei zum Annähen lang genug lassen.
Das Schwanzende an der Basis festnähen (34 und 35).

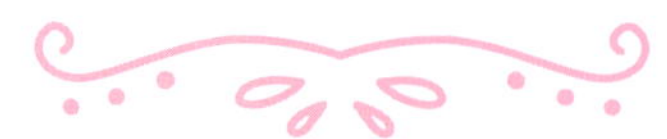

HOSENTRÄGER

Eine Lm-Kette mit 7 Lm häkeln.
In der 2. Lm von der Nadel aus beginnen, 6 fM (36), 31 Lm häkeln, in der 6. Lm von der Häkelnadel aus beginnen: Dies wird das 1. Knopfloch für den Hosenträger (37), 26 Km, 1 fM in die Lm-Kette (38), 31 Lm häkeln, in der 6. Lm von der Häkelnadel aus beginnen: Dies wird das 2. Knopfloch für den Hosenträger (39), 26 Km, in das andere Maschenglied der Lm-Kette häkeln (40), 1 fM in jede M.
Den Faden abschneiden, dabei zum Annähen lang genug lassen (41).

ZUSAMMENNÄHEN

Den Hosenträger mit der Unterkante mittig am Rücken an die letzte Rd der Hose nähen (42). Die Arme 2 Rd unter die letzte Rd des Körpers nähen (43).
Mit dem khakifarbenen Faden zwei kleine Linien für die Knöpfe auf der Vorderseite des Körpers aufsticken (44).
Die Knöpfe an die Hose nähen und die Hosenträger daran befestigen (45). Mit Stecknadeln die 21.–28. Rd des Kopfes an den Körper stecken (46) und dann an den hMg der letzten Rd des Körpers annähen (47). Den Schwanz am Rücken zwischen der 5. und 16. Rd des Körpers annähen (48).

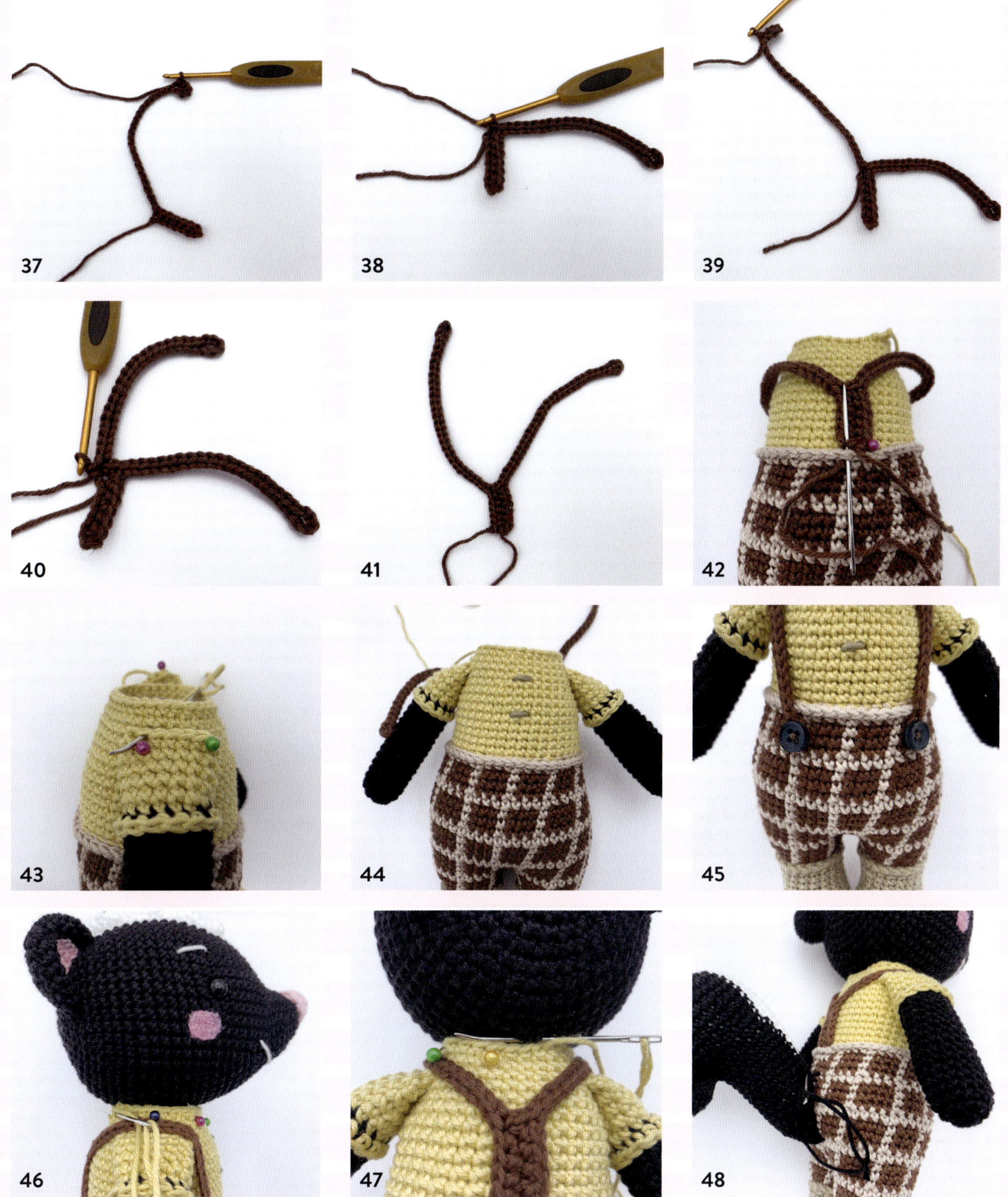
37
38
39
40
41
42
43
44
45
46
47
48

MILOS *der Affe*

Milos spielt gerne Fußball. Er kann es immer kaum erwarten, seine Freund*innen mittwochs auf dem Fußballplatz zu treffen. Er träumt davon, Profi-Fußballer in der Dschungel-Mannschaft zu werden!

KOPF UND KÖRPER
(mit Braun beginnen)

1. Rd: 8 fM in einen magischen Ring häkeln [8 fM].
2. Rd: 8 Zun [16 fM].
3. Rd: (1 fM, 1 Zun) 8 x [24 fM].
4. Rd: (2 fM, 1 Zun) 8 x [32 fM].
5. Rd: 1 fM, 1 Zun, (3 fM, 1 Zun) 7 x, 2 fM [40 fM].
6. Rd: (4 fM, 1 Zun) 8 x [48 fM].
7.–10. Rd: 1 fM in jede M [48 fM].
11. Rd: (7 fM, 1 Zun) 6 x [54 fM].
12. Rd: 19 fM; *in Creme:* 5 fM; *in Braun:* 4 fM; *in Creme:* 5 fM; *in Braun:* 21 fM [54 fM].
13. Rd: 18 fM; *in Creme:* 7 fM; *in Braun:* 2 fM; *in Creme:* 7 fM; *in Braun:* 20 fM [54 fM].
14.–16. Rd: 17 fM; *in Creme:* 18 fM; *in Braun:* 19 fM [54 fM].
17. Rd: 15 fM; *in Creme:* (1 Zun, 2 fM) 3 x, 4 fM, (2 fM, 1 Zun) 3 x; *in Braun:* 17 fM [60 fM].
18.–22. Rd: 14 fM; *in Creme:* 30 fM; *in Braun:* 16 fM [60 fM].
23. Rd: 14 fM; *in Creme:* 1 fM, (1 Abn, 2 fM) 3 x, 4 fM (2 fM, 1 Abn) 3 x, 1 fM; *in Braun:* 16 fM [54 fM].
24. Rd: 7 fM, 1 Abn, 5 fM; *in Creme:* 2 fM, 1 Abn, (7 fM, 1 Abn) 2 x, 2 fM; *in Braun:* 5 fM, 1 Abn, 7 fM, 1 Abn [48 fM].
25. Rd: 3 fM, 1 Abn, 6 fM, 1 Abn; *in Creme:* (6 fM, 1 Abn) 2 x, 5 fM; *in Braun:* 1 fM, 1 Abn, 6 fM, 1 Abn, 3 fM [42 fM].

Die Sicherheitsaugen zwischen der 16. und 17. Rd im Abstand von 6 M einsetzen. Sie sollten innerhalb der cremefarbenen Halbkreise platziert werden.
Mit dem Ausstopfen des Kopfes beginnen und nach und nach weiteres Füllmaterial hinzufügen.

26. Rd: 5 fM, 1 Abn, 4 fM; *in Creme:* 1 fM, 1 Abn, (5 fM, 1 Abn) 2 x, 2 fM; *in Braun:* 3 fM, 1 Abn, 5 fM, 1 Abn [36 fM].
27. Rd: 2 fM, 1 Abn, 4 fM, 1 Abn; *in Creme:* (4 fM, 1 Abn) 2 x, 4 fM; *in Braun:* 1 Abn, 4 fM, 1 Abn, 2 fM [30 fM].

Am Ende der 27. Rd zum blauen Garn wechseln, dann den braunen und cremefarbenen Faden abschneiden.

28. Rd: 1 Km in jede M [30 Km].
29. Rd: 1 fM in jede M [30 fM].
30. Rd: (5 fM, 1 Zun) 5 x [35 fM].

SCHWIERIGKEIT
**

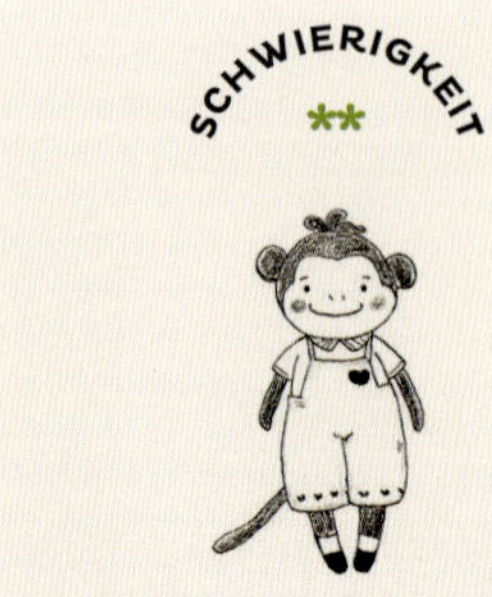

Größe: 24 cm

Material
- Grundausstattung (siehe S. 10)
- Häkelnadel 2,25 mm
- 2 Sicherheitsaugen Ø 6 mm

Garn
- DMC Natura Just Cotton in
  - Schwarz (Fb. N11),
  - Braun (Fb. N22),
  - Creme (Fb. N36),
  - Blau (Fb. N56), jeweils 50 g,
  - Rot (Fb. N34), ein kleiner Rest
- DMC Woolly in
  - Rosa (Fb. 045), 50 g
- schwarzes Stickgarn

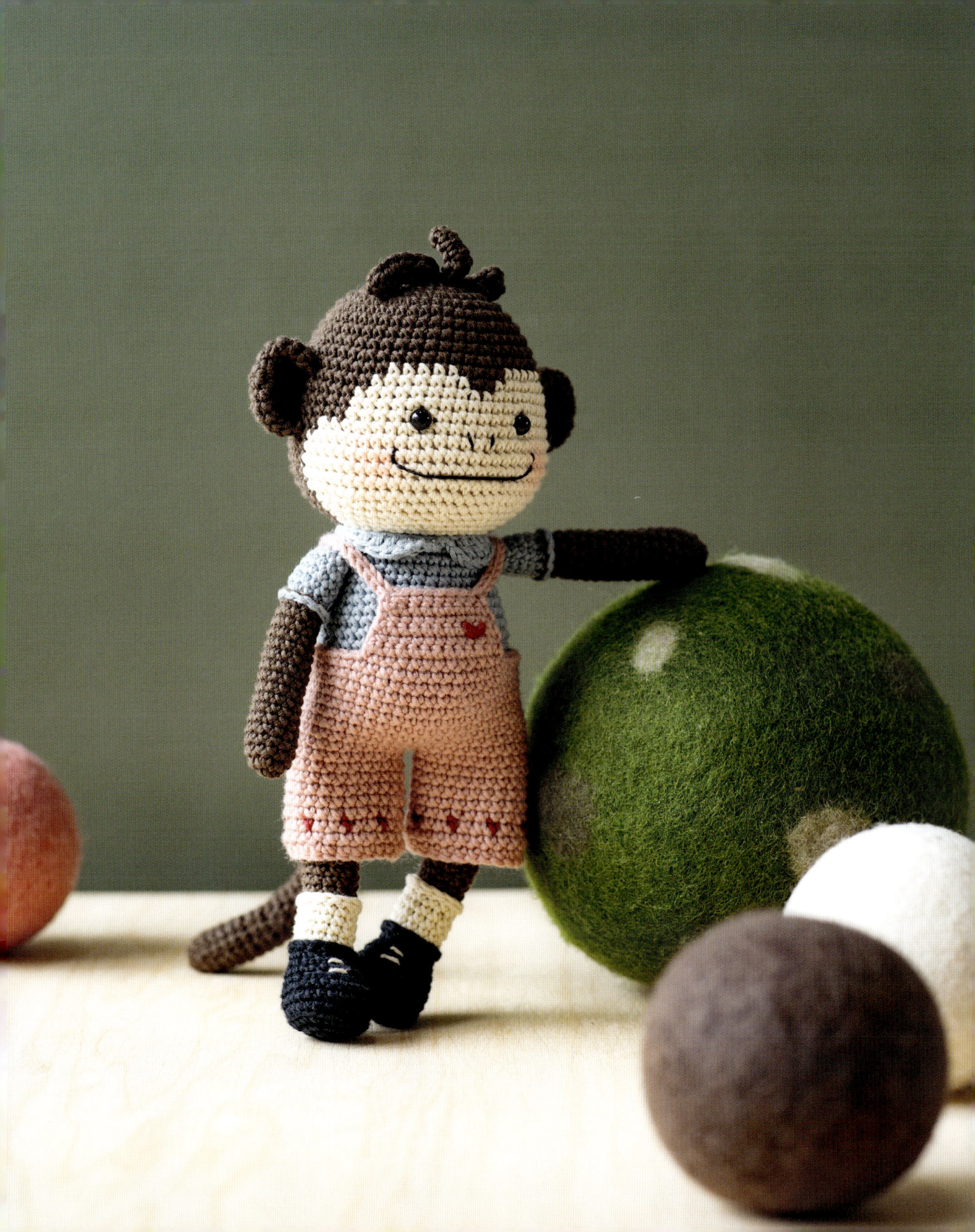

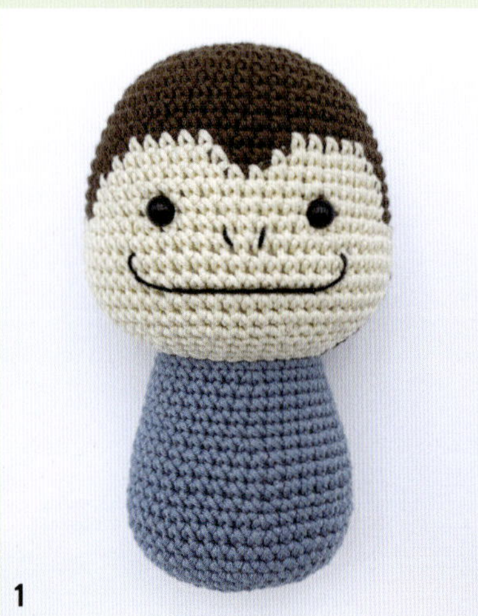
1

31.–34. **Rd:** 1 fM in jede M [35 fM].
35. Rd: (6 fM, 1 Zun) 5 x [40 fM].
36.–39. Rd: 1 fM in jede M [40 fM].
40. Rd: (4 fM, 1 Zun) 8 x [48 fM].
41.–44. Rd: 1 fM in jede M [48 fM].
45. Rd: (4 fM, 1 Abn) 8 x [40 fM].
46. Rd: 1 fM in jede M [40 fM].
47. Rd: (3 fM, 1 Abn) 8 x [32 fM].
48. Rd: (2 fM, 1 Abn) 8 x [24 fM].
49. Rd: (1 fM, 1 Abn) 8 x [16 fM].
50. Rd: 8 Abn [8 fM].

Den Körper beenden und ausstopfen. Den Faden durchziehen und die restlichen M schließen. Mit schwarzem Stickgarn die Nase in der 18. Rd und den Mund zwischen der 19. und 21. Rd aufsticken (**1**).

BEINE (mit Schwarz beginnen, 2 x häkeln)

1. Rd: 8 fM in einen magischen Ring häkeln [8 fM].
2. Rd: 8 Zun [16 fM].
3. Rd: 1 fM, 1 Zun, 4 fM, 4 Zun, 4 fM, 1 Zun, 1 fM [22 fM].
4. Rd: Nur in die hMg häkeln, 1 fM in jede M [22 fM].
5.–6. Rd: 1 fM in jede M [22 fM].

Mit dem Ausstopfen des Beins beginnen und nach und nach weiteres Füllmaterial hinzufügen.

7. Rd: 7 fM, 4 Abn, 7 fM [18 fM].
8. Rd: 1 fM in jede M [18 fM].
9. Rd: 5 fM, 4 Abn, 5 fM [14 fM].
10. Rd: 6 fM, 1 Abn, 6 fM [13 fM].

Am Ende der 10. Rd den cremefarbenen Faden aufnehmen und den schwarzen außen am Bein ruhen lassen. Damit werden später die Details des Schuhs gehäkelt (**2**).

11. Rd: Nur in die hMg häkeln, 1 fM in jede M [13 fM].
12.–15. Rd: 1 fM in jede M [13 fM].

Am Ende der 15. Rd den braunen Faden aufnehmen und den cremefarbenen außen am Bein ruhen lassen. Damit werden später die Details des Strumpfs gehäkelt (**3**).

16. Rd: Nur in die hMg häkeln, 6 fM, 1 Abn, 5 fM [12 fM].
17.–33. Rd: 1 fM in jede M [12 fM].
34. Rd: 1 fM in jede M; das Bein wird an der hinteren Mitte beendet (**4**).

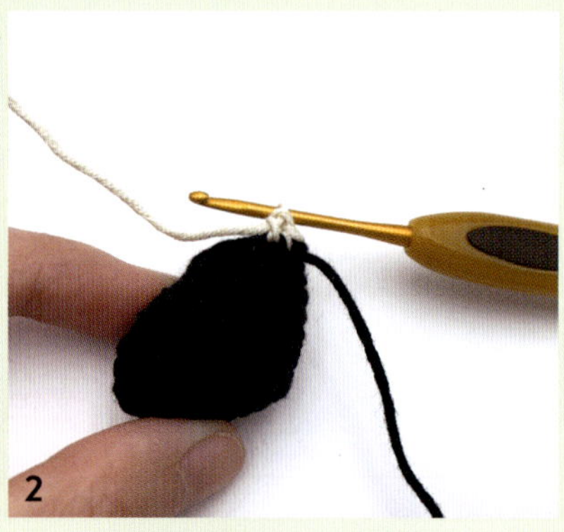
2

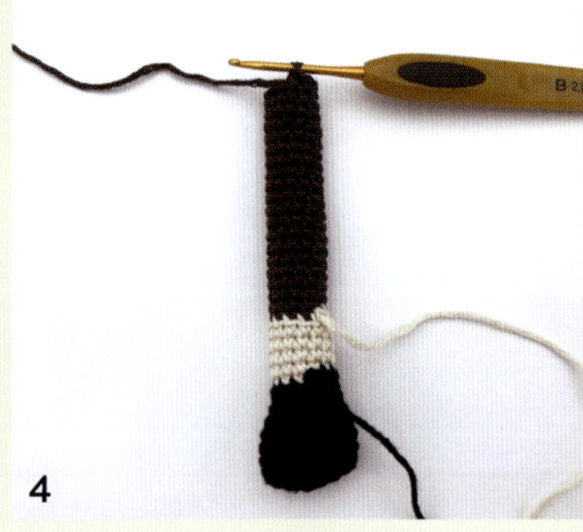
4

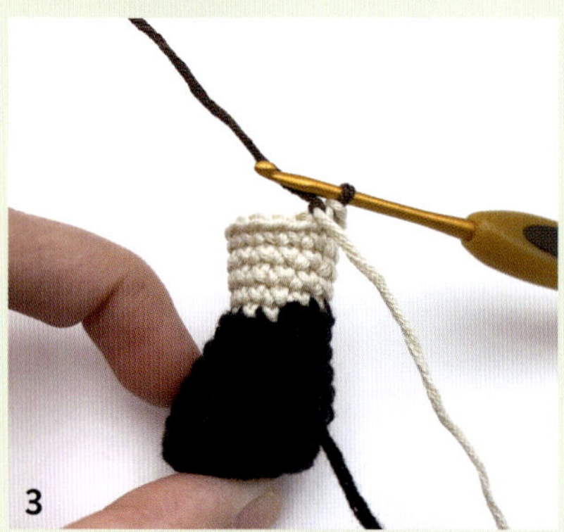
3

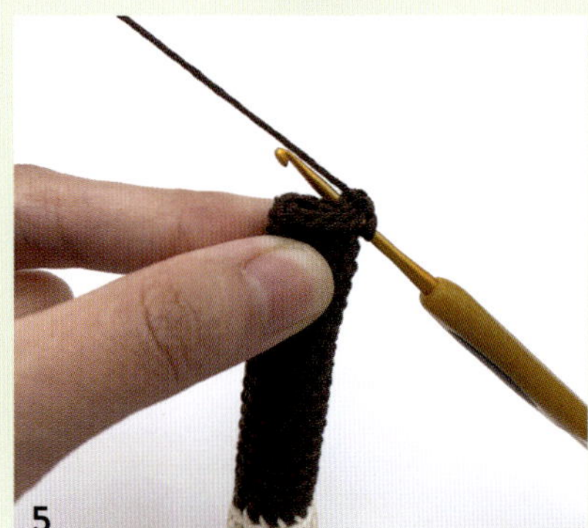
5

Das Bein flach drücken und die M an der Öffnung aneinanderlegen (**5**). Die beiden gegenüberliegenden M jeweils mit fM zusammenhäkeln [6 fM].
Den Faden abschneiden, dabei zum Annähen lang genug lassen.
Für die Details der Strümpfe und der Schuhe siehe die Kästen unten und rechts.

DETAILS DER SCHUHE

Das Bein umdrehen und in die vMg der 10. Rd häkeln. Die Häkelnadel in die letzte M der Rd stechen und den schwarzen Faden aufnehmen (6): 1 Km in jede M bis zum Ende der Rd. Den Faden abschneiden und vernähen.

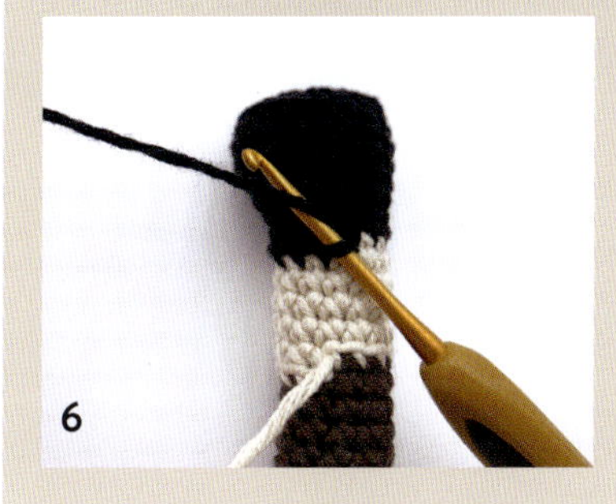
6

DETAILS DER STRÜMPFE

Das Bein umdrehen und in die vMg der 15. Rd häkeln. Die Häkelnadel in die letzte M der Rd stechen und den cremefarbenen Faden aufnehmen (7): 1 Km in jede M bis zum Ende der Rd. Den Faden abschneiden und mit einem cremefarbenen Faden kleine Schnürsenkel aufsticken (8). Den Faden vernähen (9).

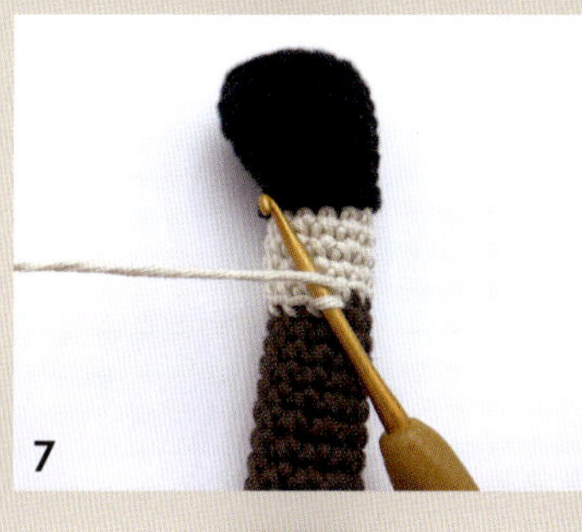
7

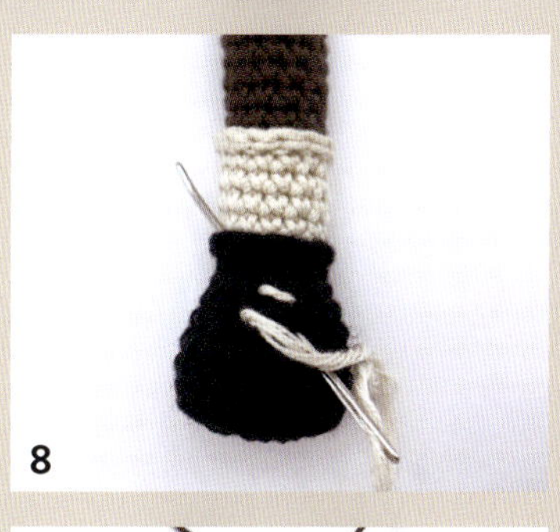
8

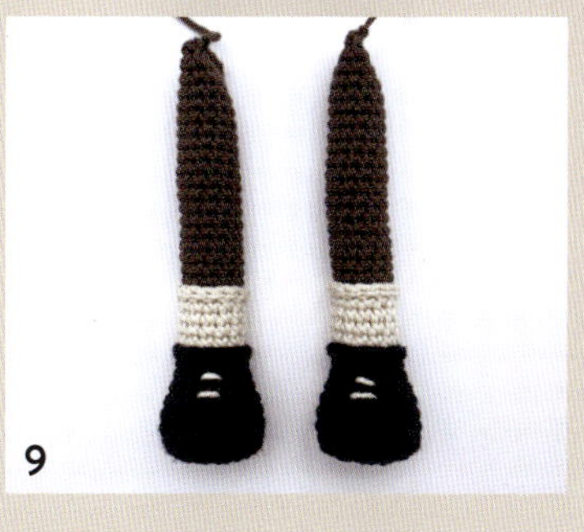
9

ARME (mit Braun beginnen, 2 x häkeln)

1. Rd: 6 fM in einen magischen Ring häkeln [6 fM].
2. Rd: 6 Zun [12 fM].

Mit dem Ausstopfen des Arms beginnen und nach und nach weiteres Füllmaterial hinzufügen.

3.–17. Rd: 1 fM in jede M [12 fM].

Am Ende der 17. Rd zum blauen Garn wechseln und den braunen Faden abschneiden.

18. Rd: Nur in die hMg häkeln, 1 fM in jede M [12 fM].
19.–22. Rd: 1 fM in jede M [12 fM].
23. Rd: (1 Abn, 4 fM) 2 x [10 fM].

Den Arm flach drücken und die M an der Öffnung aneinanderlegen.
Die beiden gegenüberliegenden M jeweils mit fM zusammenhäkeln [5 fM].
Den Faden abschneiden, dabei zum Annähen lang genug lassen.
Für die Details des Ärmels siehe den Kasten auf der folgenden Seite.

OHREN (in Braun, 2 x häkeln)

1. Rd: 8 fM in einen magischen Ring häkeln [8 fM].
2. Rd: 8 Zun [16 fM].
3. Rd: (3 fM, 1 Zun) 4 x [20 fM].
4. Rd: 1 fM in jede M [20 fM].
5. Rd: (4 fM, 1 Zun) 4 x [24 fM].
6. Rd: 1 fM in jede M [24 fM].

DETAILS DES ÄRMELS

In die vMg der 17. Rd häkeln. Die Häkelnadel in die letzte M der Rd stechen und den blauen Faden aufnehmen (10): 1 Km in jede M bis zum Ende der Rd. Den Faden abschneiden und vernähen (11).

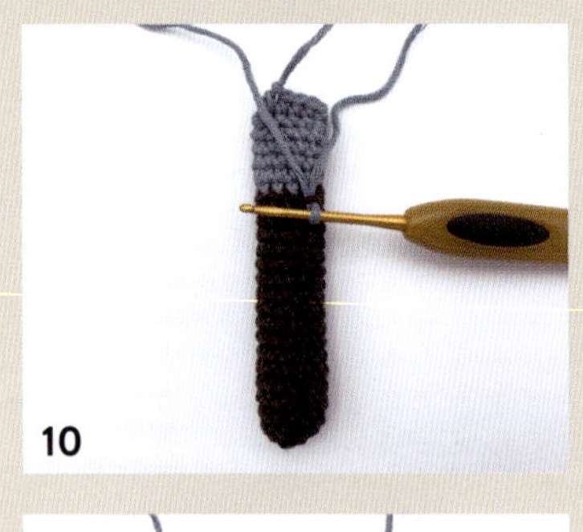
10

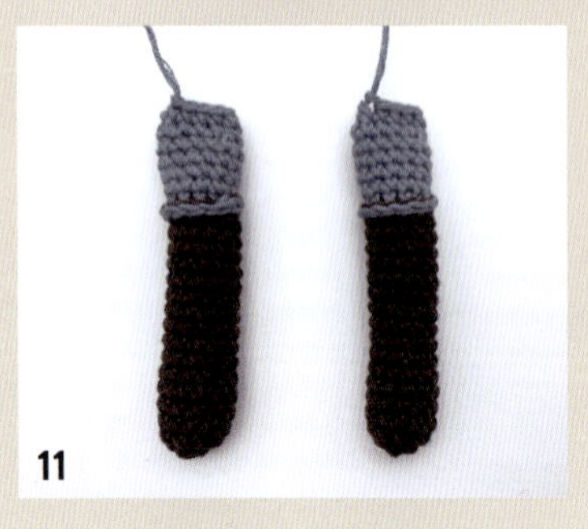
11

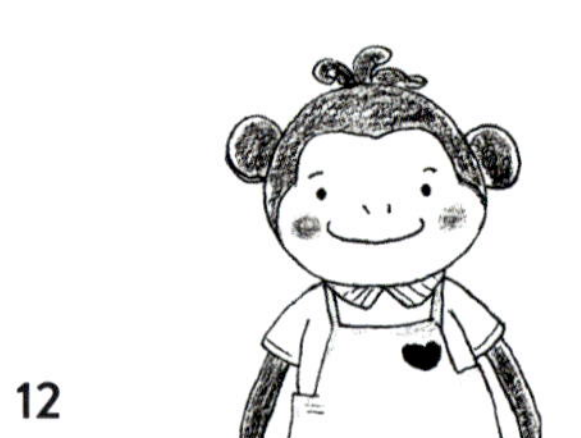
12

Den Faden abschneiden, dabei zum Annähen lang genug lassen (**12**).

SCHWANZ (in Braun)

1. Rd: 8 fM in einen magischen Ring häkeln [8 fM].
2. Rd: (1 Zun, 3 fM) 2 x [10 fM].

Mit dem Ausstopfen des Schwanzes beginnen und nach und nach weiteres Füllmaterial hinzufügen.

3. Rd: 1 Zun, 3 fM, 1 Abn, 4 fM [10 fM].
4. Rd: 1 fM in jede M [10 fM].
5.–24. Rd: Die 3. und 4. Rd noch 10 x wiederholen.
25.–44. Rd: 1 fM in jede M [10 fM].

Den Faden abschneiden, dabei zum Annähen lang genug lassen (**12**).

HAARE (in Braun)

Eine Lm-Kette mit 12 Lm häkeln.
In der 2. Lm von der Nadel aus beginnen, 1 Zun, (1 fM, 1 Zun) 2 x, 1 Km (1. Strähne); 1 Km, 6 Lm, mit der 2. Lm ab der Häkelnadel beginnen, 1 Zun, (1 fM, 1 Zun) 2 x, 1 Km (2. Strähne); 1 Km, 6 Lm, mit der 2. Lm von der Nadel aus beginnen, 1 Zun, (1 fM, 1 Zun) 2 x, 1 Km (3. Strähne). Den Faden abschneiden, dabei zum Annähen lang genug lassen (**13**).

KRAGEN (in Blau)

Eine Lm-Kette mit 19 Lm häkeln.
In der 2. Lm von der Nadel aus beginnen, 2 fM, 2 hStb, 3 Stb, 3 Lm, 2 Km, 3 Lm, 3 Stb, 2 hStb, 2 fM [24 M].
Den Faden abschneiden, dabei zum Annähen lang genug lassen (**14**).

ZUSAMMENNÄHEN

Die Ohren mit Stecknadeln zwischen der 12. und 18. Rd am Kopf feststecken und annähen (**15** und **16**).
Die Beine in der 38. Rd an den Körper nähen (**17**).
Die Arme 1 Rd unterhalb des Kopfs annähen (**18** und **19**).
Den Schwanz mittig am Rücken an die 38. und 39. Rd des Körpers nähen (**20**).
Mit Rouge die Wangen färben. Den Kragen unterhalb des Kopfs an den Körper nähen (**21**).
Die Haare mit Stecknadeln oben auf dem Kopf feststecken und annähen (**22**).

LATZHOSE

HOSENBEINE
(mit Rosa beginnen, 2 x häkeln)

Eine Kette aus 24 Lm häkeln, mit 1 Km enden, dann 1 Lm häkeln (**23**).

1. Rd: 1 fM in jede M [24 fM].
2. Rd: (*in Rosa:* 2 fM; *in Rot:* 1 fM) 8 x [24 fM].

Am Ende der 3. Rd den roten Faden abschneiden und mit dem rosa Garn fortfahren.

3.–8. Rd: 1 fM in jede M [24 fM].

Am Ende des 1. Beins den Faden abschneiden, jedoch nicht am Ende des 2. Beins, denn damit werden die Beine verbunden und der Körper gearbeitet (**24**).

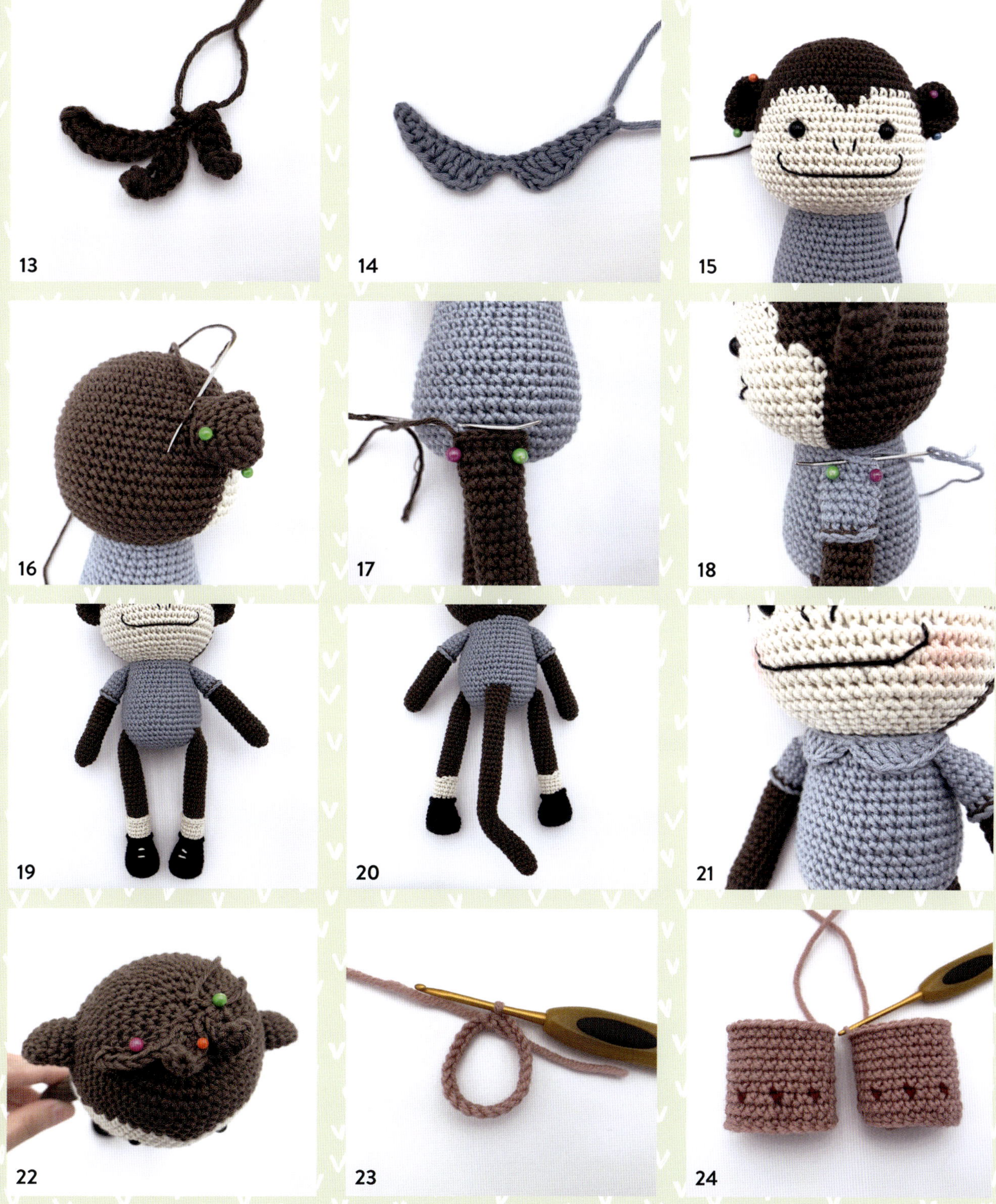
13
14
15
16
17
18
19
20
21
22
23
24

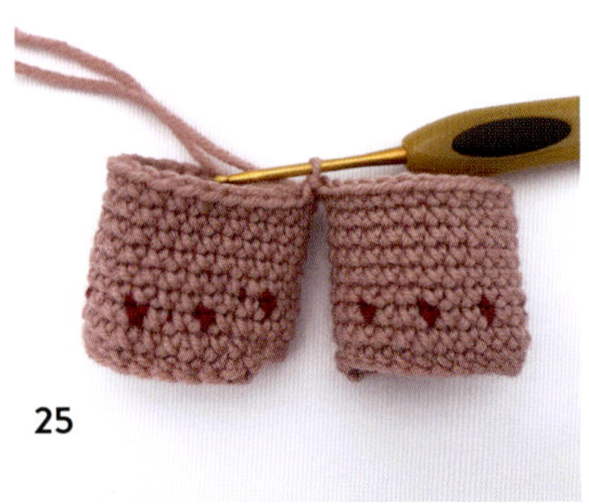
25

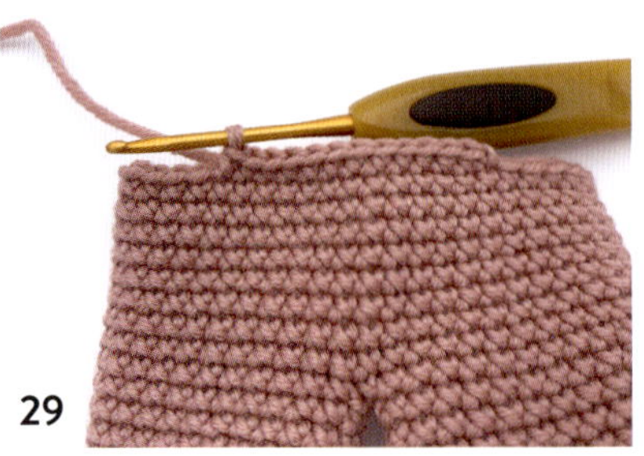
29

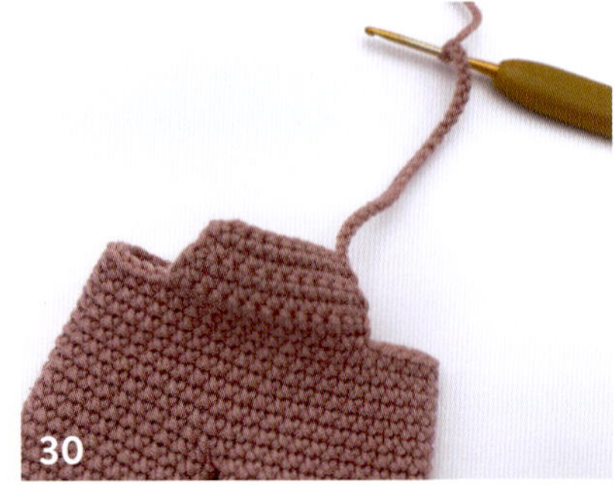
30

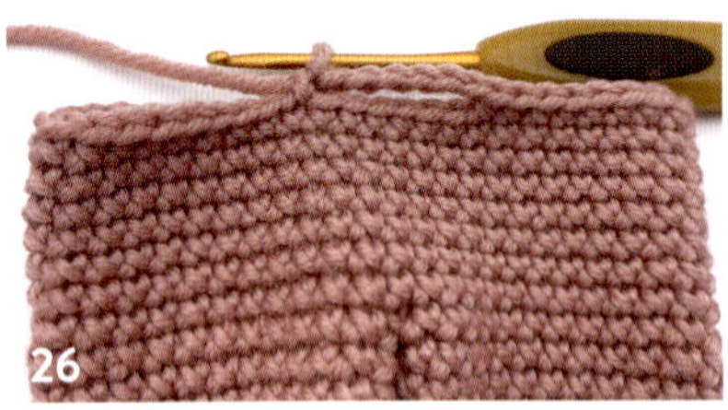
26

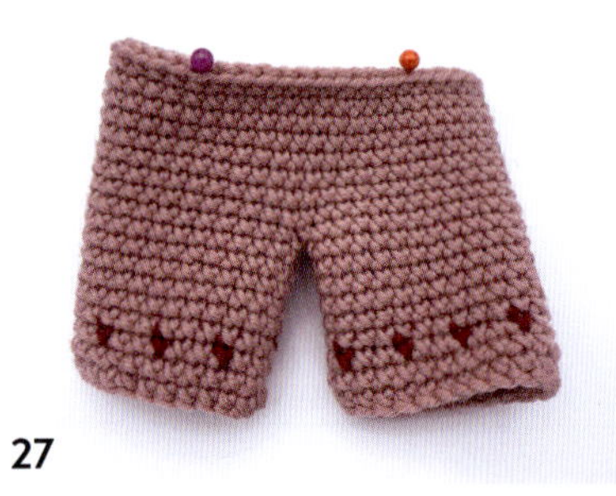
27

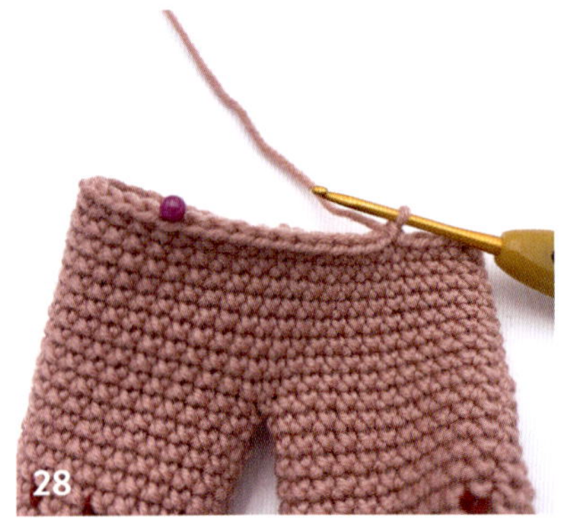
28

KÖRPER DER LATZHOSE (in Rosa)

Mit dem 2. Bein beginnen (25): dieses mit 1 fM mit dem 1. Bein verbinden (siehe S. 19); dies ist die 1. M des Hosenkörpers (26).

1. Rd: 1 fM in jede M des 1. Beins, 1 fM in jede M des 2. Beins [48 fM].
2.–7. Rd: 1 fM in jede M [48 fM].
8. Rd: 46 fM [46 fM]. Die Rd hier beenden und die letzten 2 M nicht häkeln.
9. Rd: 6 Lm, 6 M überspringen. Dies bildet die Öffnung für den Schwanz (26). 42 fM, 1 fM in jede der 6 Lm [48 fM]. Die Rd hier beenden und die Maschenmarkierer entfernen.
10. Rd: 1 fM in jede M [48 fM].

Den Faden abschneiden, dabei lang genug lassen, um damit später die Träger an die Hose zu nähen.
Ein unsichtbares Ende arbeiten (siehe S. 20).

LATZ

Einen Maschenmarkierer vor und nach den 12 mittleren M auf der Vorderseite einsetzen (27).
Auf der Lm-Kette in Hin- und Rückreihen arbeiten. Die Lm am Anfang jeder R zählt nicht als 1 fM.
Den rosa Faden an der 1. markierten M anschlingen (28).

1. R: 1 Lm, 1 fM in jede M bis zum Maschenmarkierer (29), wenden [12 fM].
2. R: 1 Lm, 1 fM in jede M, wenden [12 fM].
3. R: 1 Lm, die 1. Lm überspringen, 11 fM, wenden [11 fM].
4. R: 1 Lm, 1 fM in jede M, wenden [11 fM].
5. R: 1 Lm, die 1. Lm überspringen, 10 fM, wenden [10 fM].
6. R: 1 Lm, 1 fM in jede M, wenden [10 fM].

Die Arbeit am Ende der 6. R nicht beenden, im nächsten Schritt werden noch die Träger gehäkelt.

HOSENTRÄGER

Eine Lm-Kette mit 24 Lm häkeln (30). In der 2. Lm von der Nadel aus beginnen. 1 Km in jede M (1. Träger), am Latz fortfahren (31), 7 fM, 24 Lm (32), in der 2. Lm von der Nadel aus beginnen, 1 Km in jede M (2. Träger), 1 Km in die letzte M (33). Den Faden abschneiden und vernähen.
Mit dem rosa Faden der Hose die Träger an die hintere Mitte der Hose nähen (34, 35 und 36).
Mit einem roten Faden ein kleines Herz oben auf die Latzhose sticken.

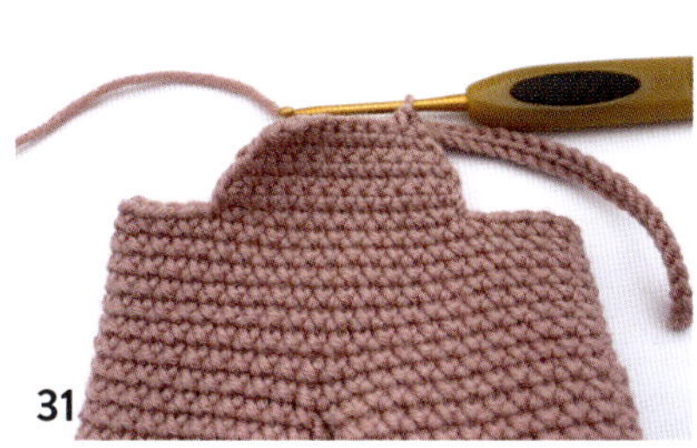
31

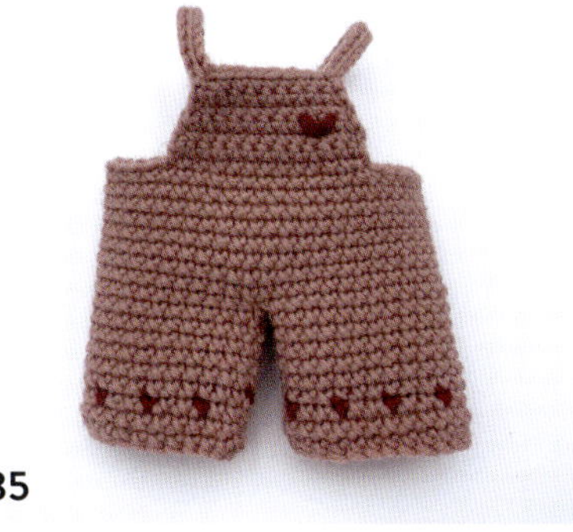
35

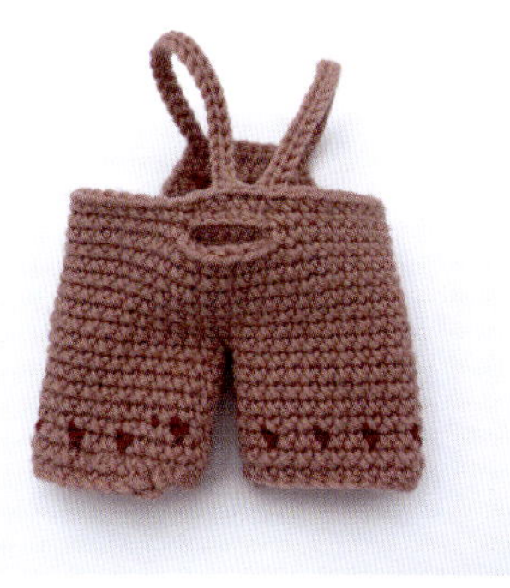
36

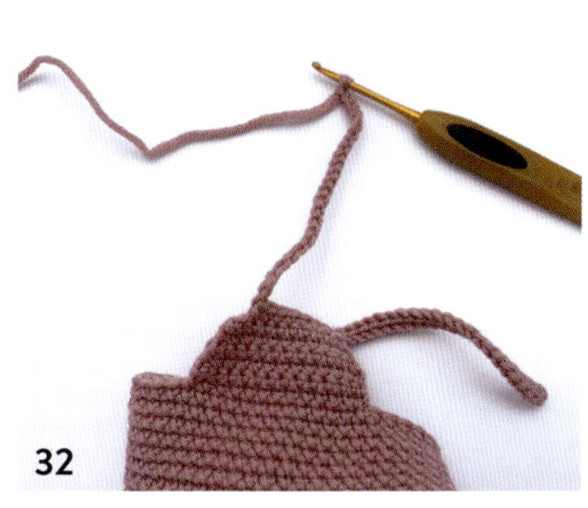
32

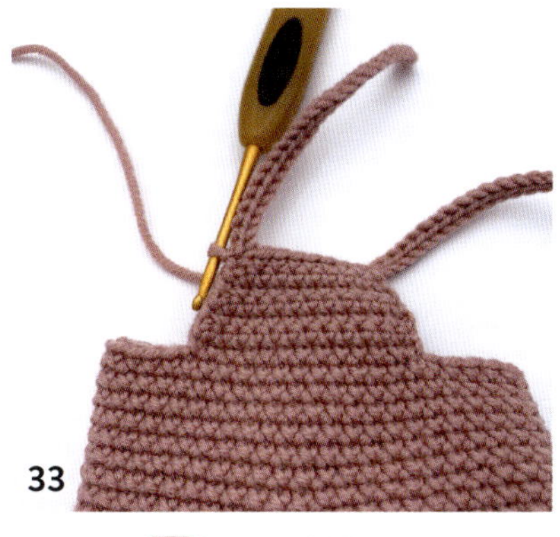
33

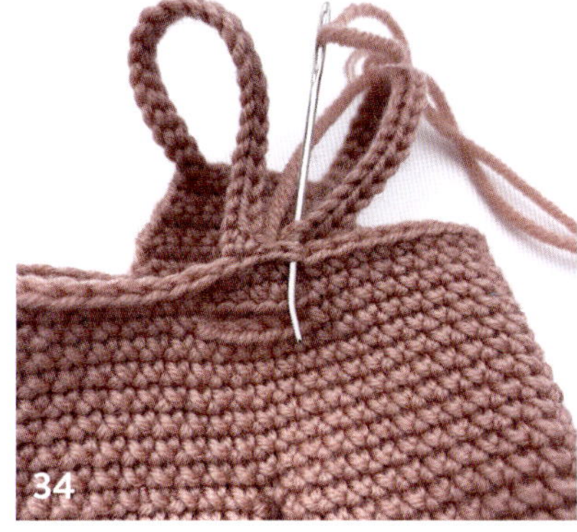
34

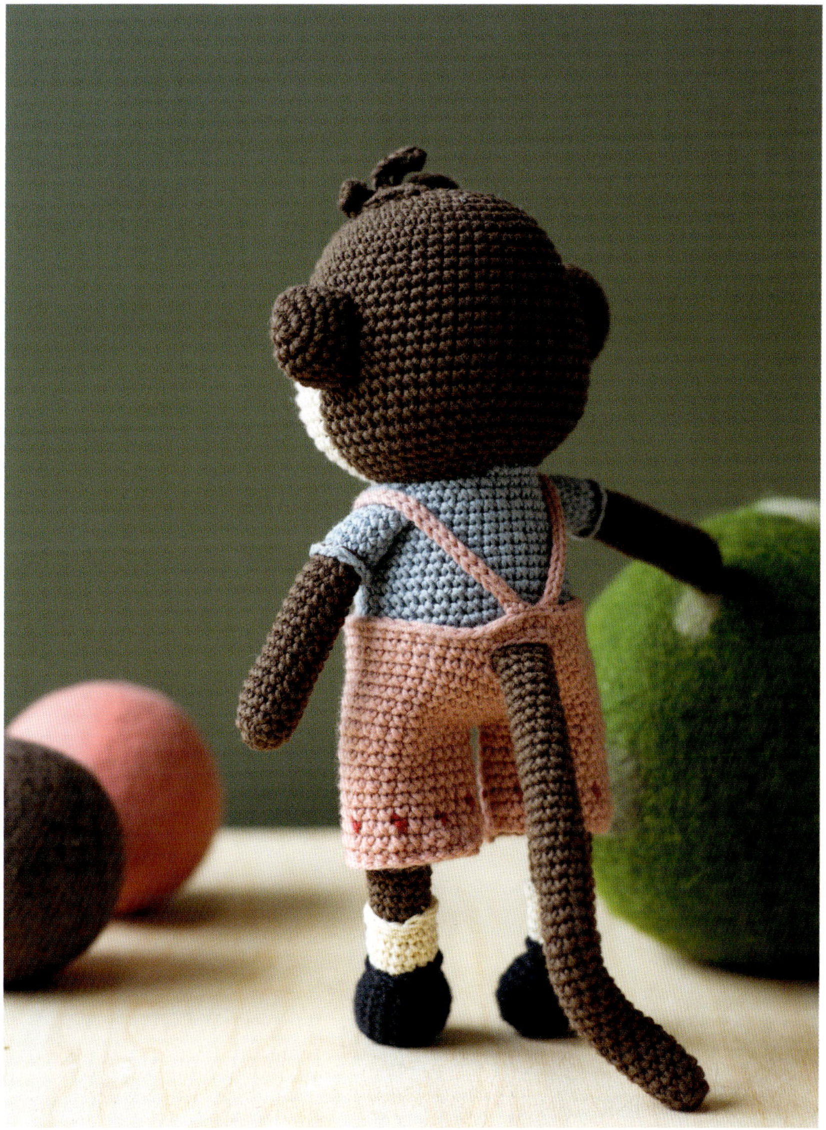

ONNI *das Schnabeltier*

Welche ist deine Lieblingsjahreszeit? Onni wird natürlich antworten, dass seine der Sommer ist. Dann kann er sein Eis am Flußufer genießen, an der frischen Luft spielen und mit seinen Freund*innen sein Lieblingslied singen.

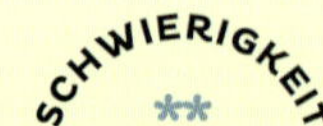

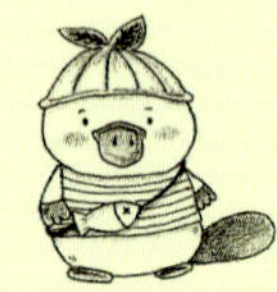

Größe: 18 cm

Material

- Grundausstattung (siehe S. 10)
- Häkelnadel 2,75 mm
- 2 Sicherheitsaugen Ø 6 mm

Garn

- DMC Happy Cotton in
  - Creme (Fb. 761),
  - Blau (Fb. 767),
  - Rosa (Fb. 769),
  - Gelb (Fb. 771),
  - Grün (Fb. 780), jeweils 20 g
- 100 % Baby Cotton in
  - Grau (Fb. 757), 50 g
- DMC Woolly in
  - Khaki (Fb. 083), 50 g
- DMC Natura Just Cotton in
  - Orange (Fb. N47),
  - Beige (Fb. N81),

  jeweils ein kleiner Rest
- braunes und schwarzes Stickgarn

KOPF UND KÖRPER
(mit Grau beginnen)

1. Rd: 8 fM in einen magischen Ring häkeln [8 fM].
2. Rd: 8 Zun [16 fM].
3. Rd: (1 fM, 1 Zun) 8 x [24 fM].
4. Rd: (2 fM, 1 Zun) 8 x [32 fM].
5. Rd: 1 fM, 1 Zun, (3 fM, 1 Zun) 7 x, 2 fM [40 fM].
6. Rd: (4 fM, 1 Zun) 8 x [48 fM].
7. Rd: 1 fM in jede M [48 fM].
8. Rd: (5 fM, 1 Zun) 8 x [56 fM].
9.–12. Rd: 1 fM in jede M [56 fM].
13. Rd: (6 fM, 1 Zun) 8 x [64 fM].
14.–17. Rd: 1 fM in jede M [64 fM].
18. Rd: (7 fM, 1 Zun) 8 x [72 fM].
19. Rd: 1 fM in jede M [72 fM].
20. Rd: (7 fM, 1 Abn) 8 x [64 fM].
21. Rd: 1 fM in jede M [64 fM].
22. Rd: (6 fM, 1 Abn) 8 x [56 fM].
23. Rd: 1 fM in jede M [56 fM].

Die Sicherheitsaugen zwischen der 14. und 15. Rd im Abstand von 9 M einsetzen.
Mit dem Ausstopfen des Kopfes beginnen und nach und nach weiteres Füllmaterial hinzufügen.

24. Rd: (5 fM, 1 Abn) 8 x [48 fM].

Am Ende der 24. Rd zum cremefarbenen Garn wechseln und den grauen Faden abschneiden.

25. Rd: 1 Km in jede M [48 Km].
26. Rd: 1 fM in jede M [48 fM].
27. Rd: *in Blau:* (5 fM, 1 Zun) 8x [56 fM].
28. Rd: *in Creme:* 1 fM in jede M [56 fM].
29. Rd: *in Rosa:* 1 fM in jede M [56 fM].
30. Rd: *in Creme:* 1 fM in jede M [56 fM].
31. Rd: *in Blau:* 1 fM in jede M [56 fM].
32. Rd: *in Creme:* 1 fM in jede M [56 fM].
33. Rd: *in Rosa:* (6 fM, 1 Zun) 8x [64 fM].
34. Rd: *in Creme:* 1 fM in jede M [64 fM].
35. Rd: *in Blau:* 1 fM in jede M [64 fM].
36. Rd: *in Creme:* 1 fM in jede M [64 fM].

Am Ende der 36. Rd den grauen Faden aufnehmen und den cremefarbenen außen am Körper ruhen lassen, nicht abschneiden. Damit werden später die

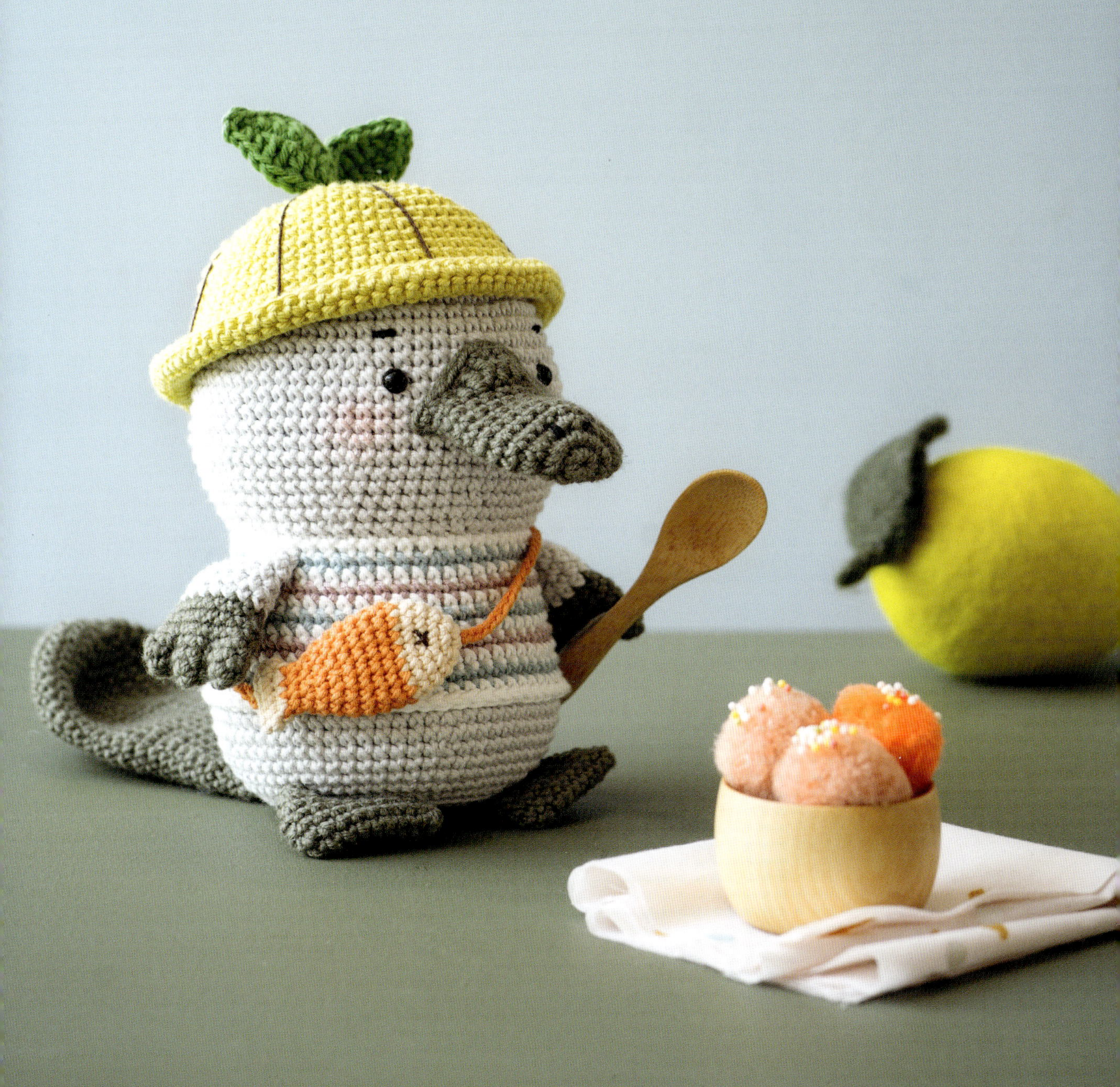

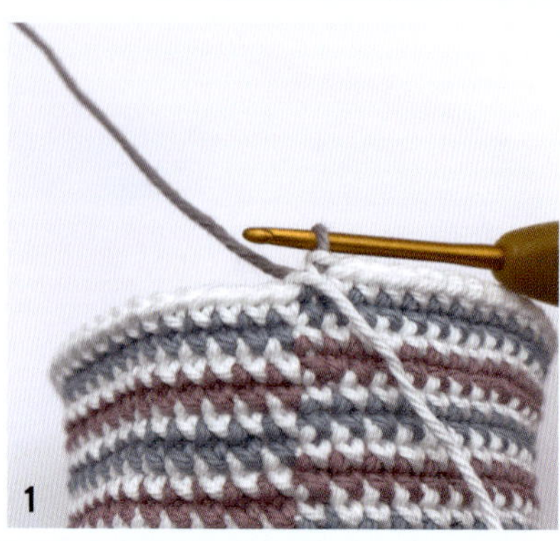
1

Details des T-Shirts gehäkelt (1). Den rosa und den blauen Faden abschneiden.

37. Rd: Nur in die hMg häkeln, 1 fM in jede M [64 fM].
38. Rd: (15 fM, 1 Zun) 4 x [68 fM].
39. Rd: 1 fM in jede M [68 fM].
40. Rd: (15 fM, 1 Abn) 4 x [64 fM].
41.–44. Rd: 1 fM in jede M [64 fM].
44. Rd: (6 fM, 1 Abn) 8 x [56 fM].
45. Rd: Nur in die hMg häkeln, 2 fM, 1 Abn, (5 fM, 1 Abn) 7 x, 3 fM [48 fM].
46. Rd: (4 fM, 1 Abn) 8 x [40 fM].
47. Rd: 1 fM, 1 Abn, (3 fM, 1 Abn) 7 x, 2 fM [32 fM].
48. Rd: (2 fM, 1 Abn) 8 x [24 fM].
49. Rd: (1 fM, 1 Abn) 8 x [16 fM].
50. Rd: 8 Abn [8 fM].

Den Körper beenden und ausstopfen. Den Faden durchziehen und die restlichen M schließen.
Für die Details des T-Shirts siehe den Kasten oben.
Mit schwarzem Stickgarn 2 Augenbrauen über den Augen aufsticken (3).

SCHNABEL (in Khaki)

1. Rd: 8 fM in einen magischen Ring häkeln [8 fM].
2. Rd: 8 Zun [16 fM].

DETAILS DES T-SHIRTS

In die vMg der 36. Rd des Körpers häkeln. Die Häkelnadel in die letzte M der Rd einstechen und den cremefarbenen Faden aufnehmen (2), 1 Km in jede M bis zum Ende der Rd. Den Faden abschneiden und vernähen.

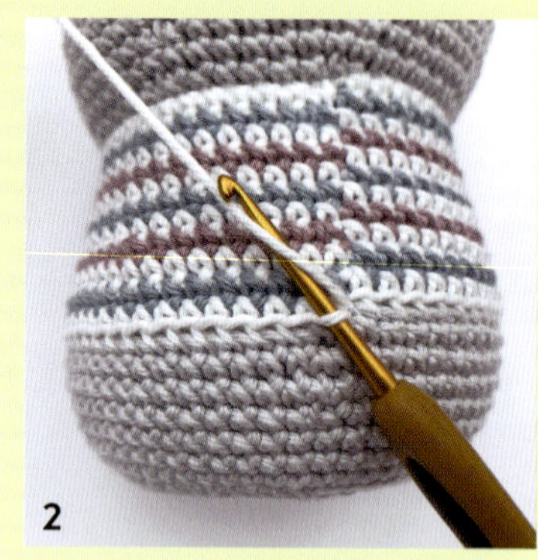
2

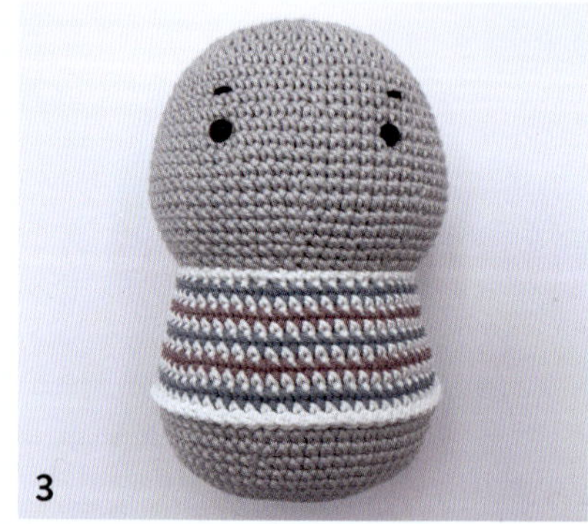
3

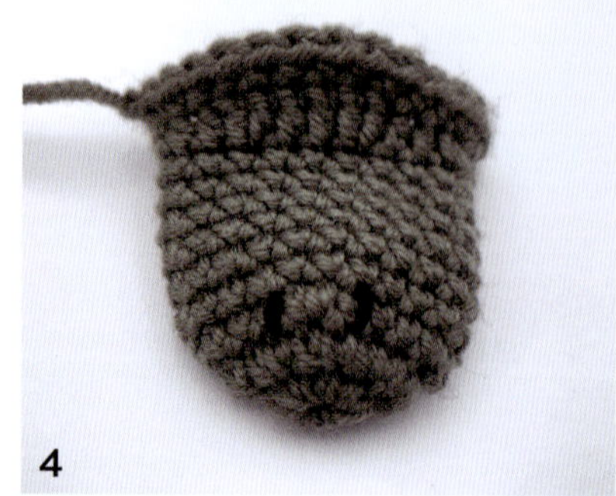
4

3. Rd: (3 fM, 1 Zun) 4 x [20 fM].
4.–9. Rd: 1 fM in jede M [20 fM].
10. Rd: 10 fM, 1 Zun, 2 hStb, 2 Stb in dieselbe M, 2 Stb, 2 Stb in dieselbe M, 2 hStb, 1 Zun [24 M].
11. Rd: 11 fM, 1 Zun, 10 fM, 1 Zun, 1 fM [26 fM].

Den Faden abschneiden, dabei zum Annähen lang genug lassen.
Mit dem schwarzen Stickgarn 2 Linien auf die 3. Rd des Schnabels sticken (4).

ARME (2 x häkeln)

Die Arme bestehen aus jeweils drei kleinen Fingern, die miteinander verbunden werden.

FINGER (in Khaki, 3 x häkeln)

1. Rd: 6 fM in einen magischen Ring häkeln [6 fM].
2. Rd: 1 fM in jede M [6 fM].

Am Ende des 1. und 2. Fingers den Faden abschneiden, jedoch nicht am Ende des 3. Fingers, denn damit werden die Finger zum Arm verbunden.

ARM (mit Khaki beginnen)

Den Arm an den miteinander verbundenen Fingern beginnen.

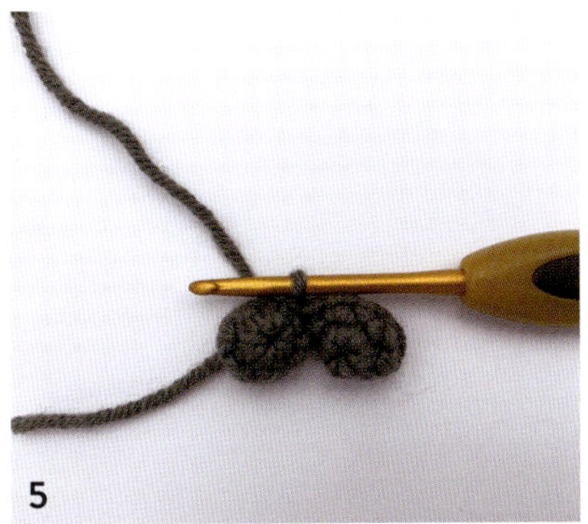
5

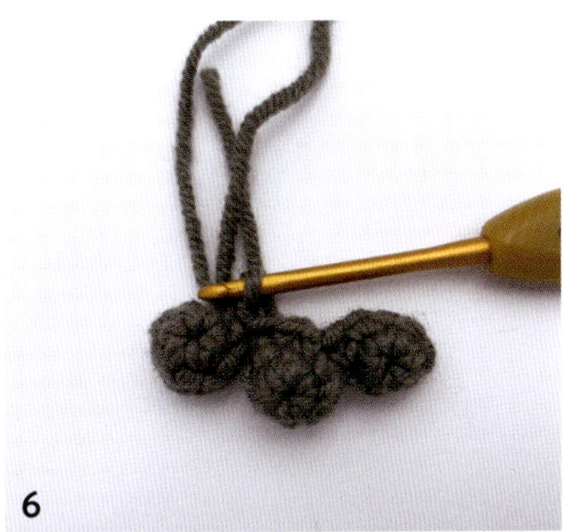
6

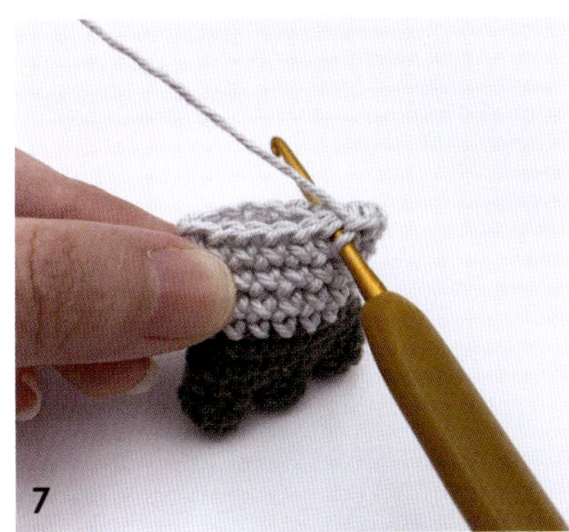
7

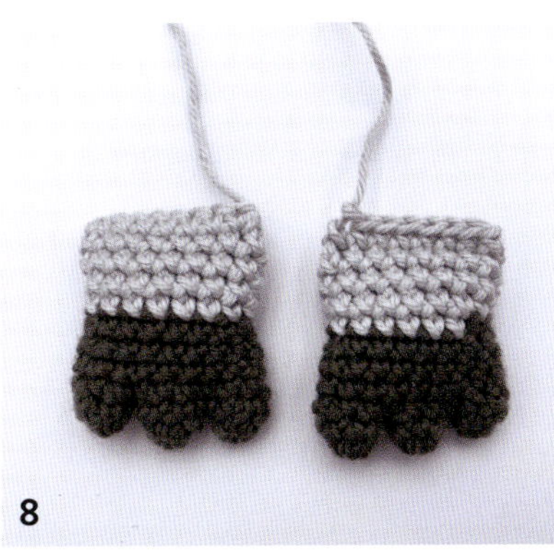
8

Dafür mit dem 3. Finger beginnen: Diesen mit 1 fM mit dem 2. Finger verbinden (siehe S. 19); dies ist die 1. M des Arms (**5**).

1. Rd: 3 fM in den 2. Finger; diesen mit 1 fM mit dem 1. Finger verbinden (**6**), 1 fM in jede M des 1. Fingers; 1 fM in jede der 3 restlichen M des 2. Fingers; 1 fM in jede M des 3. Fingers [18 fM].
2.–3. Rd: 1 fM in jede M [18 fM].
4. Rd: 5 fM, 1 Abn, 7 fM, 1 Abn, 2 fM [16 fM].

Am Ende der 4. Rd zum grauen Garn wechseln und den khakifarbenen Faden abschneiden.

5.–8. Rd: 1 fM in jede M [16 fM].

Den Arm locker ausstopfen.
Den Arm flach drücken und die M an der Öffnung aneinanderlegen (**7**). Die beiden gegenüberliegenden M jeweils mit fM zusammenhäkeln [8 fM].
Den Faden abschneiden, dabei zum Annähen lang genug lassen (**8**).

SCHWANZ (in Khaki)

1. Rd: 8 fM in einen magischen Ring häkeln [8 fM].
2. Rd: 8 Zun [16 fM].
3. Rd: (1 fM, 1 Zun) 8 x [24 fM].
4. Rd: 1 fM in jede M [24 fM].
5. Rd: (2 fM, 1 Zun) 8 x [32 fM].
6. Rd: 1 fM in jede M [32 fM].
7. Rd: (7 fM, 1 Zun) 4 x [36 fM].
8.–13. Rd: 1 fM in jede M [36 fM].
14. Rd: (4 fM, 1 Abn) 6 x [30 fM].
15.–20. Rd: 1 fM in jede M [30 fM].
21. Rd: (3 fM, 1 Abn) 6 x [24 fM].
22.–27. Rd: 1 fM in jede M [24 fM].
28. Rd: (4 fM, 1 Abn) 4 x [20 fM].
29.–30. Rd: 1 fM in jede M [20 fM].

Den Schwanz flach drücken und die M an der Öffnung aneinanderlegen.
Die beiden gegenüberliegenden M jeweils mit fM zusammenhäkeln [10 fM].
Den Faden abschneiden, dabei zum Annähen lang genug lassen (**9**).

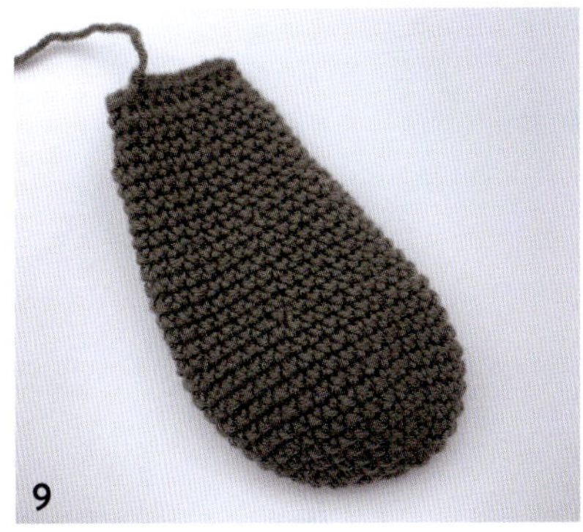
9

FÜSSE
(in Khaki, 2 x häkeln)

Eine Lm-Kette mit 10 Lm häkeln.
In der 2. Lm von der Nadel aus beginnen. Der Fuß wird in Runden um diese Lm-Kette herum gehäkelt.

1. Rd: 1 Zun, 7 fM, 3 fM in die letzte Lm; auf der anderen Seite wie folgt fortfahren: 1 fM in jede der 8 folgenden Lm [20 fM].
2.–4. Rd: 1 fM in jede M [20 fM].
5. Rd: (1 Abn, 8 fM) 2 x [18 fM].
6. Rd: 1 fM in jede M [18 fM].
7. Rd: (1 Abn, 7 fM) 2 x [16 fM].
8. Rd: 1 fM in jede M [16 fM].

Den Faden abschneiden, dabei zum Annähen lang genug lassen.

ZUSAMMENNÄHEN

Den Schnabel mit Stecknadeln zwischen den Augen an der 13. und 14. Rd am Kopf feststecken und annähen (**10**).

Mit Rouge die Wangen färben (**11**).
Die Arme unterhalb des Halses an den Körper nähen (**12**).
Die Füße an den Körper nähen (**13**).
Den Schwanz mittig am Rücken an die 46. Rd des Körpers nähen (**14**).

HUT

BLÄTTER (in Grün, 2 x häkeln)

Eine Lm-Kette mit 10 Lm häkeln. In der 2. Lm von der Häkelnadel aus beginnen: 1 Km 1 fM, 1 hStb, 4 Stb, 1 hStb, {1 fM, 2 Lm, 1 fM} in die letzte Lm; auf der anderen Seite wie folgt fortfahren: 1 hStb, 4 Stb, 1 hStb, 1 fM, 1 Km [20 M].
Den Faden abschneiden, dabei zum Annähen lang genug lassen (**15**).

HUT (in Gelb)

1.–13. Rd: wie die 1.–13. Rd des Kopfes häkeln. Am Ende der 13. Rd sind 64 fM gehäkelt.
14.–15. Rd: 1 fM in jede M [64 fM].
16. Rd: (3 fM, 1 Zun) 16 x [80 fM].
17.–18. Rd: 1 fM in jede M [80 fM].

Den Faden abschneiden, dabei ein unsichtbares Ende arbeiten (siehe S. 20), dann den Faden vernähen.
Mit dem braunen Stickgarn Linien auf den Hut sticken (**16**).
Die Blätter oben auf den Hut nähen (**17**).

TASCHE IN FISCHFORM

FISCH (mit Beige beginnen)

1. Rd: 6 fM in einen magischen Ring häkeln [6 fM].
2. Rd: (1 Zun, 1 fM) 3 x [9 fM].
3. Rd: (2 fM, 1 Zun) 3 x [12 fM].
4. Rd: (3 fM, 1 Zun) 3 x [15 fM].
5. Rd: 1 fM in jede M [15 fM].

Am Ende der 5. Rd zum orangen Garn wechseln.

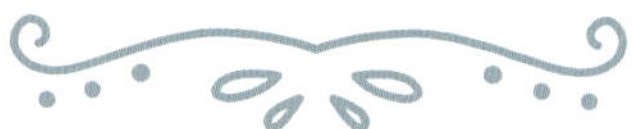

6.–10. Rd: 1 fM in jede M [15 fM].
11. Rd: (3 fM, 1 Abn) 3 x [12 fM].
12. Rd: 1 fM in jede M [12 fM].
13. Rd: (1 fM, 1 Abn) 4 x [8 fM].
14. Rd: 1 fM in jede M [8 fM].

Am Ende der 14. Rd zum beigen Garn wechseln und den orangen Faden abschneiden.

15. Rd: (1 fM, 1 Zun) 4 x [12 fM].
16. Rd: (3 fM, 1 Zun) 4 x [16 fM].

Den Faden abschneiden, dabei zum Annähen lang genug lassen. Den Fischschwanz an der letzten Rd aufeinanderlegen und die M zusammennähen (**18**).
Mit dem braunen Stickgarn auf beiden Seiten in der 4. Rd die Augen aufsticken (**19**).

RIEMEN (in Orange)

Eine Lm-Kette mit 65 Lm häkeln, den Faden abschneiden, dabei zum Annähen lang genug lassen.
Den Riemen an den Fisch nähen (**20** und **21**).

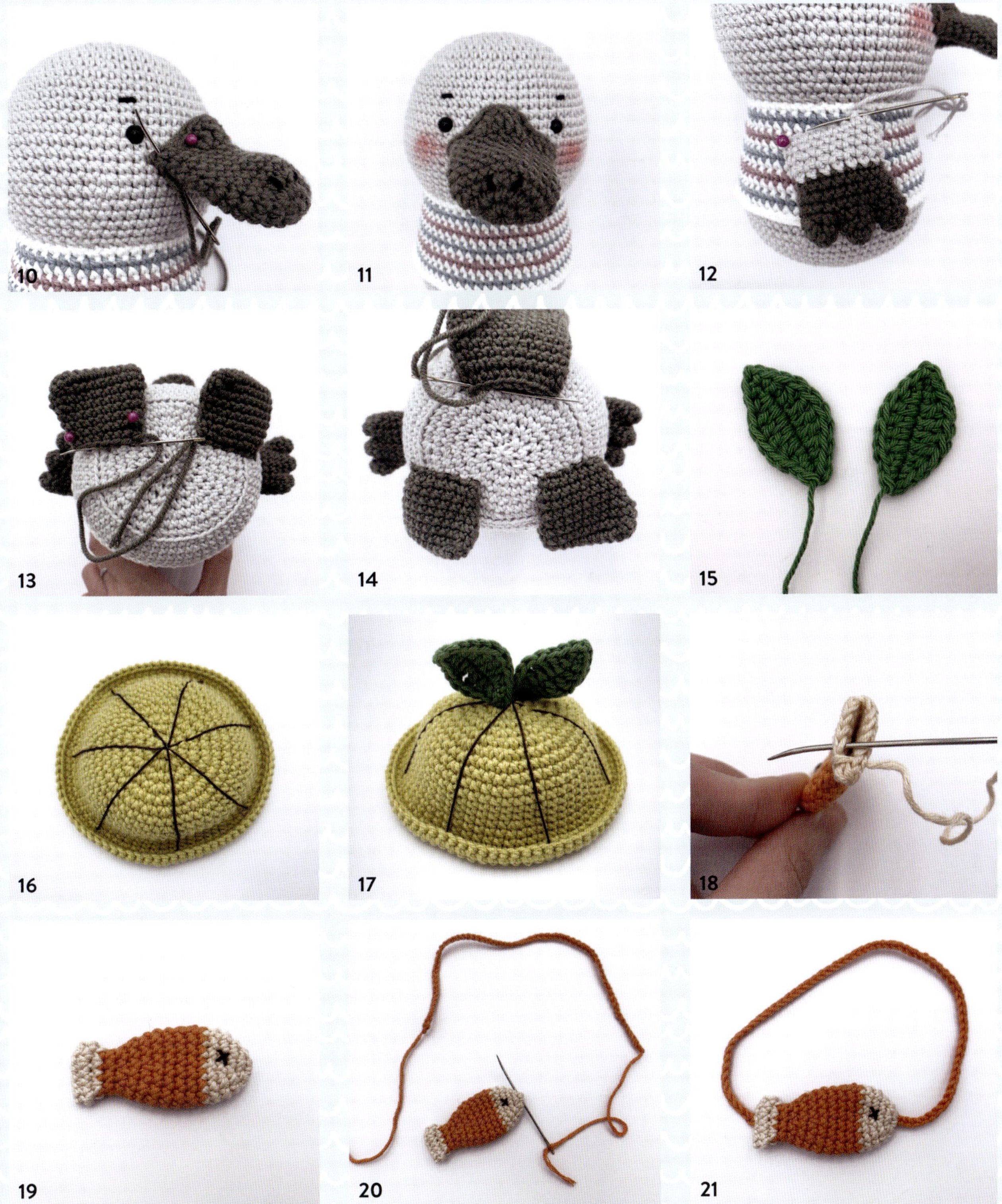
10
11
12
13
14
15
16
17
18
19
20
21

RÉMY *der Vogelstrauß*

Dieser kleine Vogelstrauß hat schon immer davon geträumt zu fliegen. Rémy hat sein Bestes gegeben und ist Pilot bei der Air Forest geworden! Er liebt es mehr denn je zu fliegen und die Schönheit der Wolken zu bestaunen – aber er beachtet dabei auch immer ganz genau die Sicherheitsvorschriften.

KOPF UND KÖRPER
(mit Beige beginnen)

1. Rd: 8 fM in einen magischen Ring häkeln [8 fM].
2. Rd: 8 Zun [16 fM].
3. Rd: Nur in die hMg häkeln, (1 fM, 1 Zun) 8 x [24 fM].
4. Rd: 1 fM, 1 Zun, (2 fM, 1 Zun) 7 x, 1 fM [32 fM].
5. Rd: (3 fM, 1 Zun) 8 x [40 fM].
6.–7. Rd: 1 fM in jede M [40 fM].
8. Rd: (4 fM, 1 Zun) 8 x [48 fM].
9.–15. Rd: 1 fM in jede M [48 fM].
16. Rd: 15 fM, (1 Zun, 1 fM) 3 x, 6 fM, (1 Zun, 1 fM) 3 x, 15 fM [54 fM].
17.–20. Rd: 1 fM in jede M [54 fM].
21. Rd: 15 fM, (1 Abn, 1 fM) 3 x, 6 fM, (1 Abn, 1 fM) 3 x, 15 fM [48 fM].
22. Rd: 1 fM in jede M [48 fM].
23. Rd: 12 fM, (1 Abn, 1 fM) 8 x, 12 fM [40 fM].
24. Rd: 1 fM in jede M [40 fM].
25. Rd: 8 fM, (1 Abn, 1 fM) 8 x, 8 fM [32 fM].

Die Sicherheitsaugen zwischen der 13. und 14. Rd anbringen, das 1. Auge zwischen der 17. und 18. M, das 2. Auge zwischen der 29. und 30. M.

Mit dem Ausstopfen des Kopfes beginnen und nach und nach weiteres Füllmaterial hinzufügen.

26. Rd: 3 fM, 1 Abn, (6 fM, 1 Abn) 3 x, 3 fM [28 fM].
27. Rd: (5 fM, 1 Abn) 4 x [24 fM].
28.–35. Rd: 1 fM in jede M [24 fM].
36. Rd: (7 fM, 1 Zun) 3 x [27 fM].
37.–44. Rd: 1 fM in jede M [27 fM].
45. Rd: (8 fM, 1 Zun) 3 x [30 fM].
46.–47. Rd: 1 fM in jede M [30 fM].
48. Rd: (4 fM, 1 Zun) 6 x [36 fM].

Am Ende der 48. Rd zum dunkelbraunen Garn wechseln und den beigen Faden abschneiden.

49. Rd: Nur in die hMg häkeln, 2 fM, 1 Zun, (5 fM, 1 Zun) 5 x, 3 fM [42 fM].
50.–51. Rd: 1 fM in jede M [42 fM].
52. Rd: (6 fM, 1 Zun) 6 x [48 fM].
53.–60. Rd: 1 fM in jede M [48 fM].
61. Rd: (7 fM, 1 Zun) 6 x [54 fM].
62.–65. Rd: 1 fM in jede M [54 fM].
66. Rd: (8 fM, 1 Zun) 6 x [60 fM].

SCHWIERIGKEIT ★★★

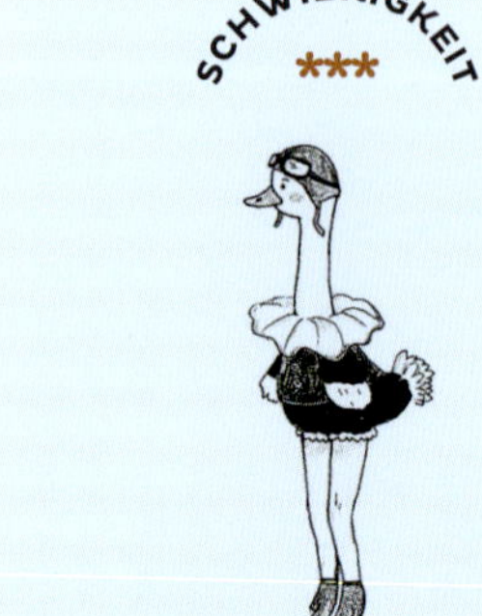

Größe: 46 cm
(28 cm ohne Beine)

Material
- Grundausstattung (siehe S. 10)
- Häkelnadel 2,75 mm
- 2 Sicherheitsaugen Ø 8 mm
- 2 Knöpfe Ø 10 mm

Garn
- DMC Happy Cotton in
  - Schwarz (Fb. 775), 40 g,
  - Grau (Fb. 757),
  - Braun (Fb. 776),
  - Dunkelbraun (Fb. 777), jeweils 20 g
- 100 % Baby Cotton in
  - Beige (Fb. 773), 50 g
- DMC Teddy in
  - Weiß (Fb. 310), 50 g
- DMC Woolly in
  - Khaki (Fb. 083), 50 g
- braunes Stickgarn

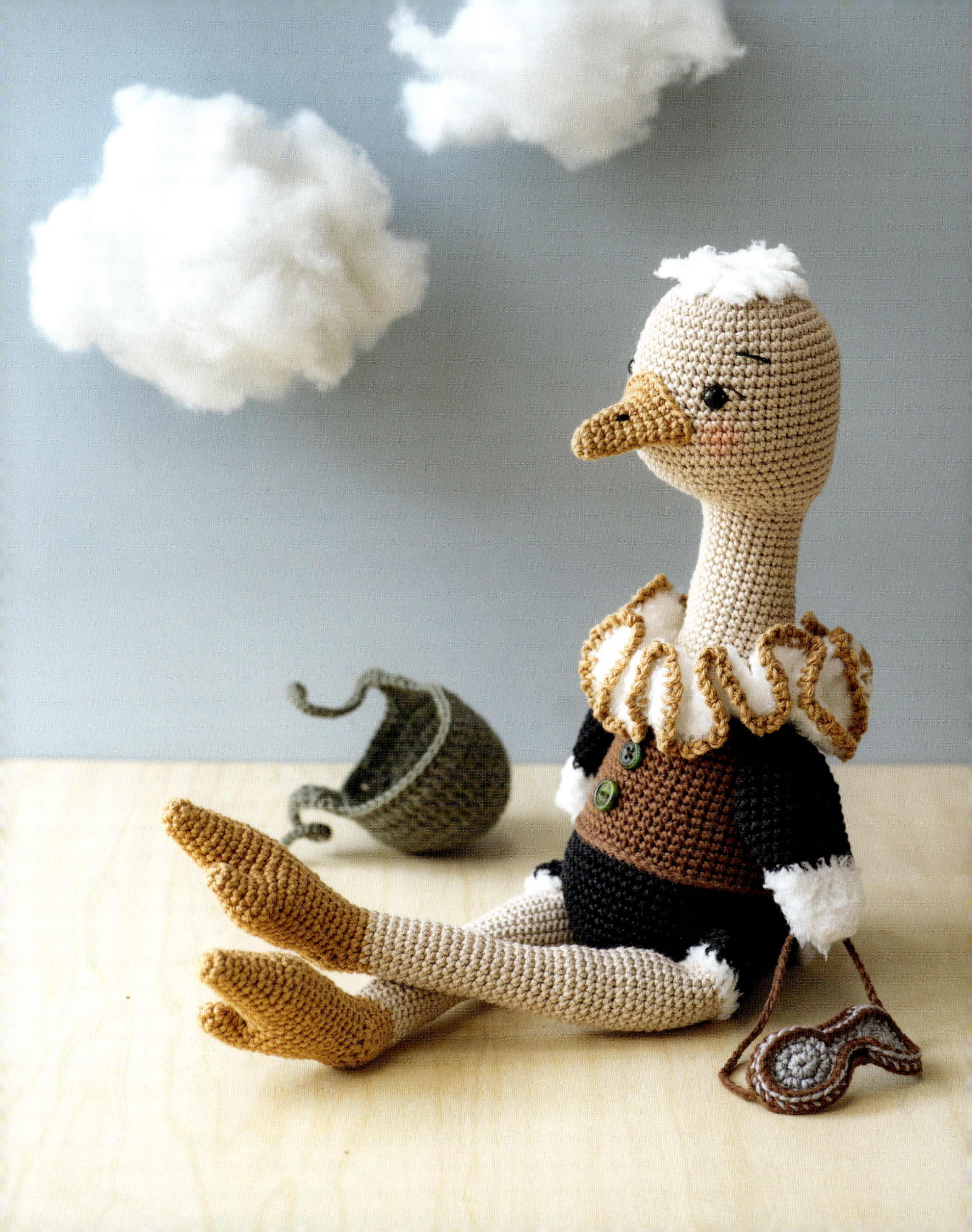

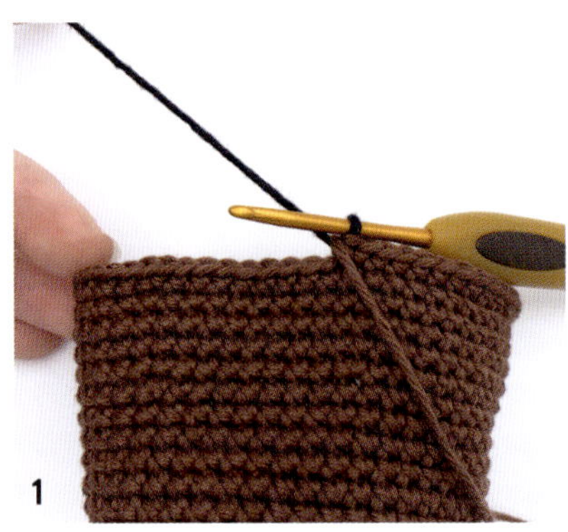

1

Am Ende der 66. Rd den schwarzen Faden aufnehmen und den dunkelbraunen außen am Körper ruhen lassen. Damit werden später Details gehäkelt (**1**).

67. Rd: Nur in die hMg häkeln, 1 fM in jede M [60 fM].
68.–75. Rd: 1 fM in jede M [60 fM].
76. Rd: (13 fM, 1 Abn) 4 x [56 fM].
77. Rd: Nur in die hMg häkeln, (5 fM, 1 Abn) 8 x [48 fM].
78. Rd: 2 fM, 1 Abn, (4 fM, 1 Abn) 7 x, 2 fM [40 fM].
79. Rd: (3 fM, 1 Abn) 8 x [32 fM].
80. Rd: (2 fM, 1 Abn) 8 x [24 fM].
81. Rd: (1 fM, 1 Abn) 8 x [16 fM].
82. Rd: 8 Abn [8 fM].

Den Körper beenden und ausstopfen. Den Faden durchziehen und die restlichen Maschen schließen.
Für die Details des Körpers und des Kopfs siehe den Kasten rechts.

KRAGEN

Den Körper umdrehen und in die vMg der 48. Rd häkeln. Die Häkelnadel in die letzte M der Rd stechen und den weißen Faden aufnehmen (**5**). Jetzt wird in geschlossenen Rd gehäkelt. Die beiden Lm zu Beginn der Rd zählen nicht zu den Stb.

DETAILS AN KÖRPER UND KOPF

In die vMg der 66. Rd des Körpers häkeln. Die Häkelnadel in die letzte M der Rd einstechen und den dunkelbraunen Faden aufnehmen (2), 1 Km in jede M bis zum Ende der Rd. Den Faden abschneiden und vernähen. Mit braunem Stickgarn 2 Augenlider über den Augen aufsticken. Mit dem schwarzen Garn die Augenbrauen 2 Rd über den Augen aufsticken. Mit Rouge die Wangen färben (3 und 4).

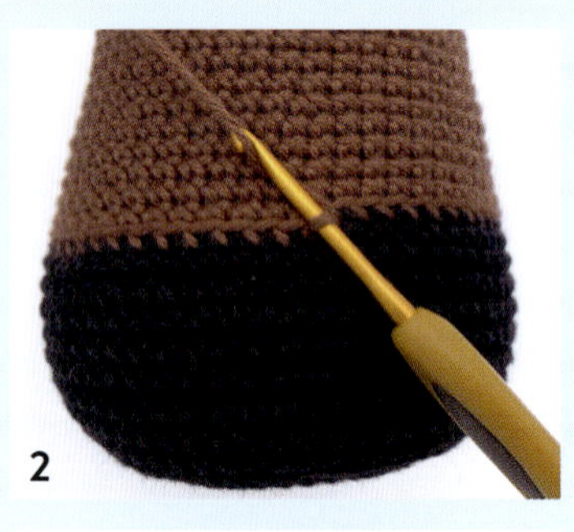

2

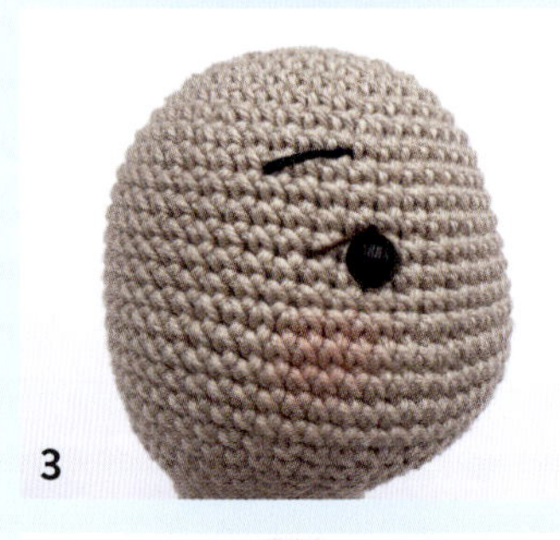

3

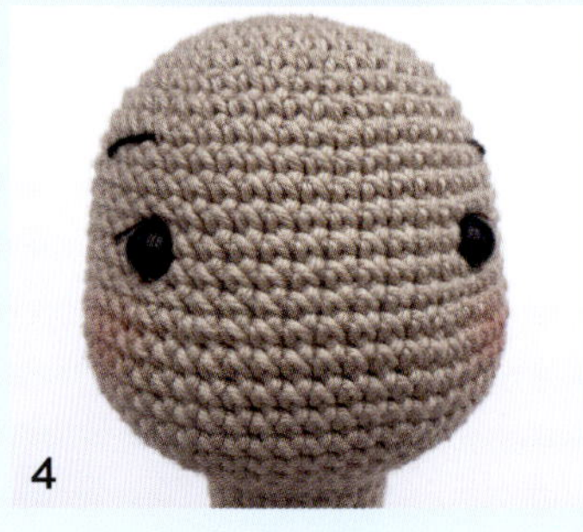

4

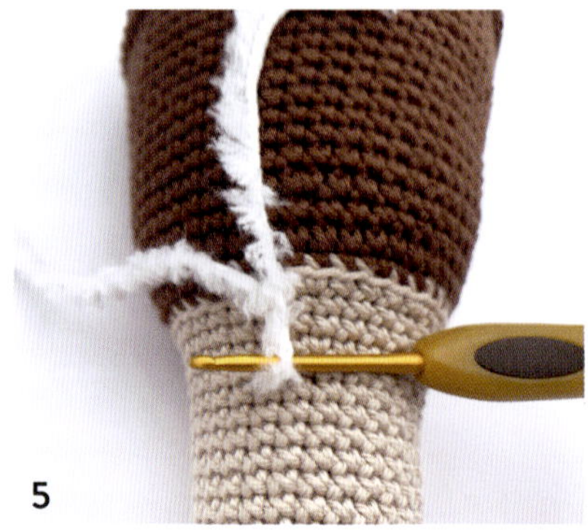

5

1. Rd: 2 Lm, 2 Stb in jede M, mit 1 Km enden [72 Stb].
2. Rd: 2 Lm, 2 Stb in jede M, mit 1 Km enden [144 Stb].

Am Ende der 2. Rd zum braunen Garn wechseln und den weißen Faden abschneiden.

3. Rd: (3 Lm, 1 Km in die nächste M) 144 x [432 M].

Den Faden abschneiden und vernähen. Die Knöpfe auf den Bauch nähen (**6**).

HAARE (in Weiß)

In die vMg der 2. Rd des Kopfes häkeln. Die Häkelnadel in die letzte Masche der Rd einstechen und den weißen Faden aufnehmen (**7**), (8 Lm, 1 M überspringen, 1 Km in die nächste M) 8 x. Den Faden abschneiden und vernähen (**8**).

SCHNABEL (in Braun)

1. Rd: 6 fM in einen magischen Ring häkeln [6 fM].
2. Rd: (1 Zun, 1 fM) 3 x [9 fM].
3. Rd: 1 fM in jede M [9 fM].
4. Rd: (1 Zun, 2 fM) 3 x [12 fM].
5. Rd: 1 fM in jede M [12 fM].
6. Rd: (1 Zun, 3 fM) 3 x [15 fM].
7. Rd: 1 fM in jede M [15 fM].

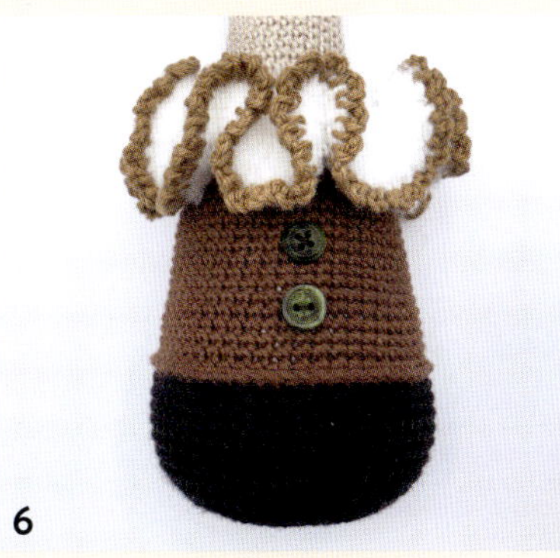
6

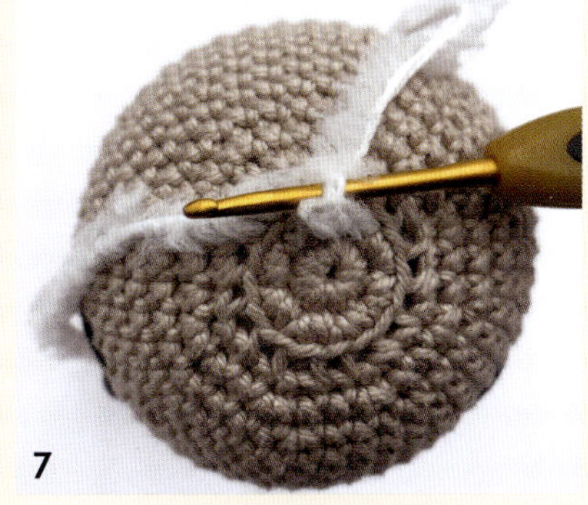
7

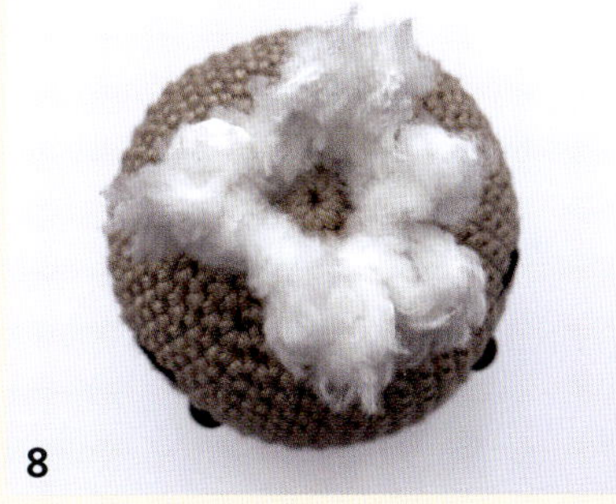
8

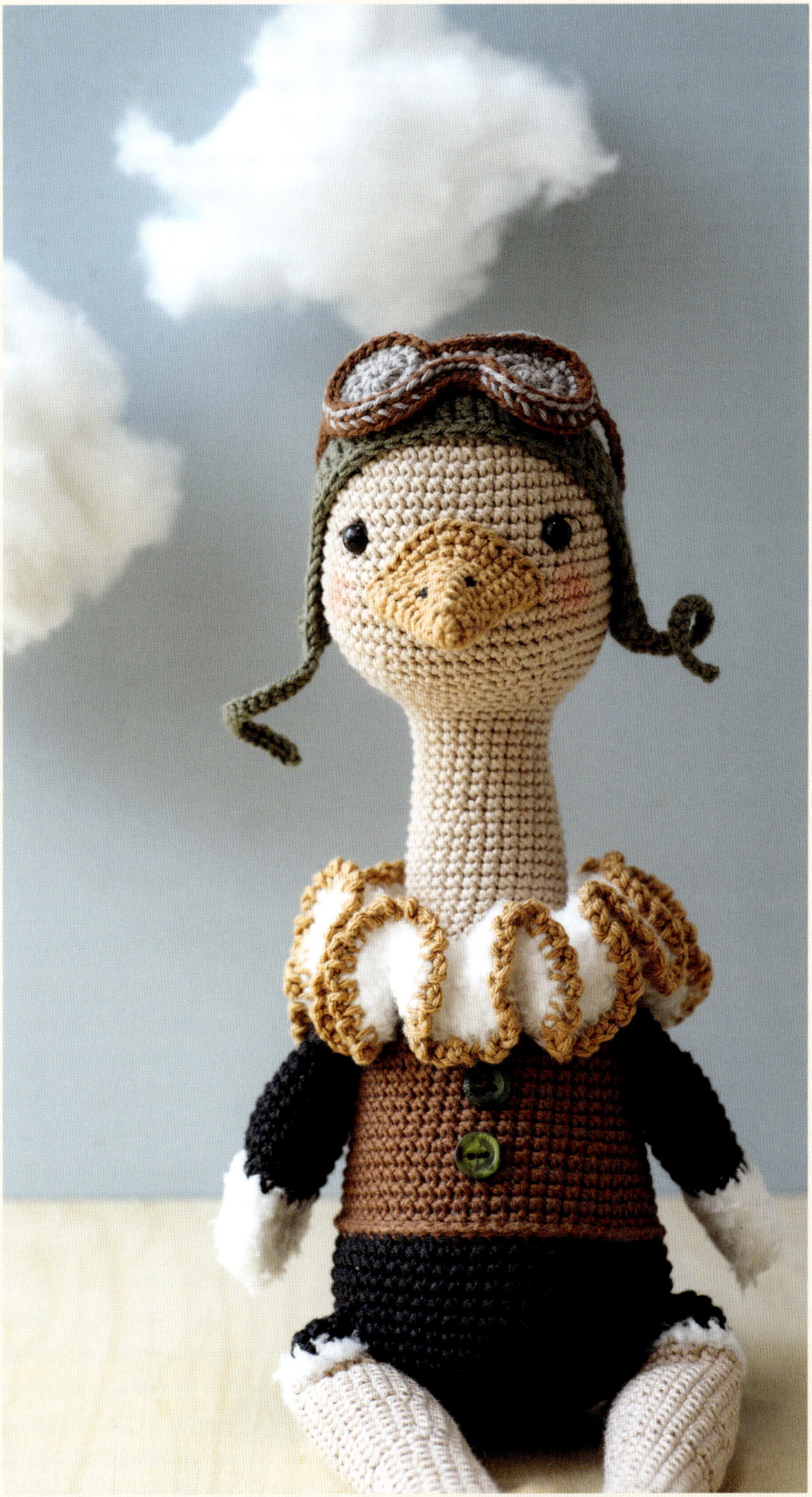

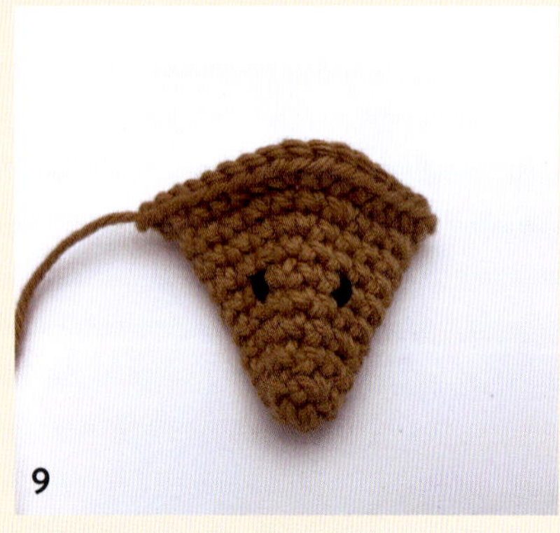
9

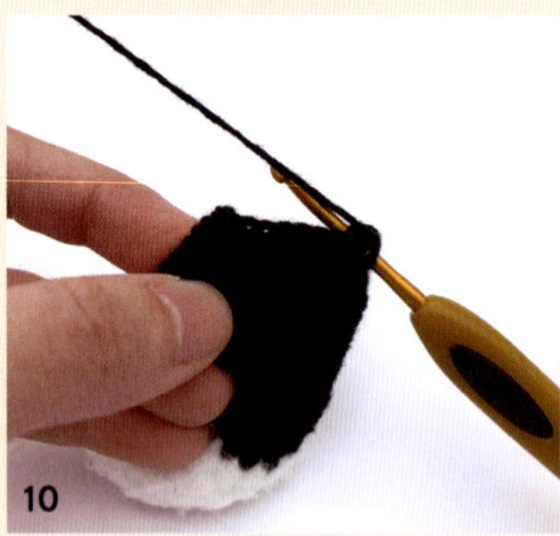
10

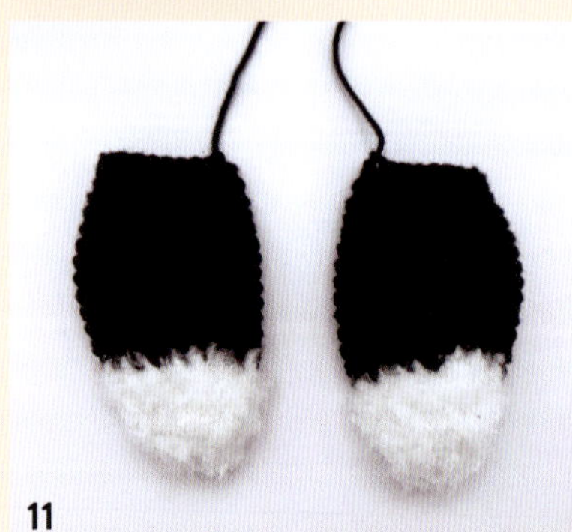
11

8. Rd: (1 Zun, 4 fM) 3 x [18 fM].
9. Rd: (2 fM, 1 Zun) 6 x [24 fM].
10. Rd: 10 fM, 1 Zun, 5 fM, 2 Zun, 5 fM, 1 Zun [28 fM].

Den Faden abschneiden, dabei zum Annähen lang genug lassen.
Ein unsichtbares Ende arbeiten (siehe S. 20).
Mit dem schwarzen Garn zwei kleine Linien in der 6. Rd sticken (**9**).

FLÜGEL (mit Weiß beginnen, 2 x häkeln)

1. Rd: 6 fM in einen magischen Ring häkeln [6 fM].
2. Rd: 6 Zun [12 fM].
3. Rd: 1 Zun, 11 fM [13 fM].
4. Rd: 1 Zun, 12 fM [14 fM].
5. Rd: 1 Zun, 13 fM [15 fM].

Am Ende der 5. Rd zum schwarzen Garn wechseln und den weißen Faden abschneiden.

6. Rd: (1 Abn, 2 fM) 5 x [20 fM].
7. Rd: 1 Zun, 19 fM [21 fM].
8. Rd: 1 Zun, 20 fM [22 fM].
9. Rd: 1 Zun, 21 fM [23 fM].
10. Rd: 1 Zun, 22 fM [24 fM].
11.–14. Rd: 1 fM in jede M [24 fM].
15. Rd: (1 Abn, 4 fM) 4 x [20 fM].
16. Rd: 1 fM in jede M [20 fM].
17. Rd: (1 Abn, 8 fM) 2 x [18 fM].

Die Flügel flach drücken und die M an der Öffnung aneinanderlegen (**10**). Die beiden gegenüberliegenden M jeweils mit fM zusammenhäkeln [9 fM]. Den Faden abschneiden, dabei zum Annähen lang genug lassen (**11**).

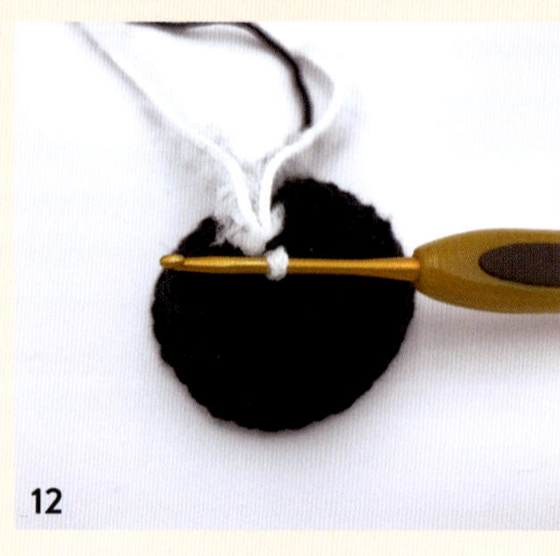
12

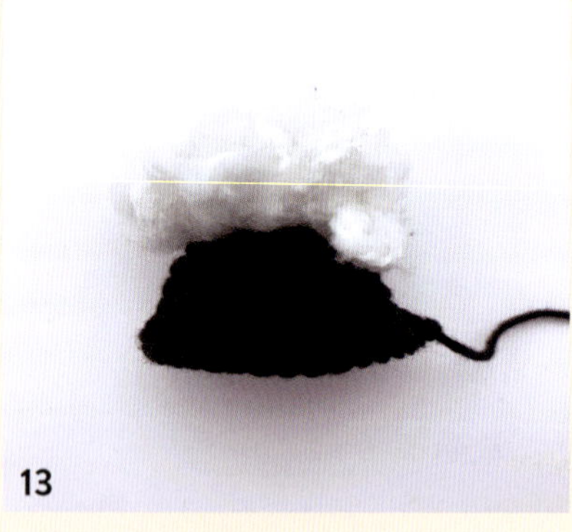
13

SCHWANZ (in Schwarz)

1. Rd: 7 fM in einen magischen Ring häkeln [7 fM].
2. Rd: Nur in die hMg häkeln, 7 Zun [14 fM].
3. Rd: Nur in die hMg häkeln, (1 fM, 1 Zun) 7 x [21 fM].
4. Rd: (2 fM, 1 Zun) 7 x [28 fM].
5.–6. Rd: 1 fM in jede M [28 fM].
7. Rd: (6 fM, 1 Zun) 4 x [32 fM].
8. Rd: 1 fM in jede M [32 fM].

Den Faden abschneiden, dabei zum Annähen lang genug lassen.

SCHWANZFEDERN (in Weiß)

Nur in die vMg der 1. und 2. Rd des Schwanzes häkeln. Die Häkelnadel in die 1. M der 1. Rd einstechen und den weißen Faden aufnehmen (**12**), (8 Lm, 1 Km in die nächste M) bis zum Ende der 2. Rd. Den Faden abschneiden und vernähen (**13**).

FÜSSE

Die Füße bestehen aus 2 Zehen (einem großen und einem etwas kleineren), die miteinander verbunden werden.
Nach und nach ausstopfen.

GROSSER ZEH (in Braun, 2 x häkeln)

1. Rd: 6 fM in einen magischen Ring häkeln [6 fM].
2. Rd: (1 Zun, 2 fM) 2 x [8 fM].
3. Rd: 1 fM in jede M [8 fM].
4. Rd: (1 Zun, 3 fM) 2 x [10 fM].
5. Rd: 1 fM in jede M [10 fM].
6. Rd: (1 Zun, 4 fM) 2 x [12 fM].
7.–8. Rd: 1 fM in jede M [12 fM].
9. Rd: (2 fM, 1 Zun) 4 x [16 fM].
10. Rd: 1 fM in jede M [16 fM].

Den Faden abschneiden und vernähen (**14**).

KLEINER ZEH (in Braun, 2 x häkeln)

1. Rd: 5 fM in einen magischen Ring häkeln [5 fM].
2. Rd: 1 Zun, 4 fM [6 fM].
3. Rd: 1 Zun, 5 fM [7 fM].
4. Rd: 1 Zun, 6 fM [8 fM].
5. Rd: 1 fM, 1 Zun, 3 fM, 1 Zun, 2 fM [10 fM].

Den Faden nicht abschneiden (**15**). Diesen kleinen Zeh mit dem großen mit 1 fM verbinden (siehe S. 19); dies ist die 1. M der folgenden Rd (**16**).

6. Rd: 1 fM in jede M des großen Zehs, 1 fM in jede M des kleinen Zehs [26 fM].
7. Rd: 1 fM in jede M [26 fM].
8. Rd: 8 fM, 1 Abn, 11 fM, 1 Abn, 3 fM [24 fM].
9. Rd: 1 fM in jede M [24 fM].
10. Rd: (4 fM, 1 Abn) 4 x [20 fM].
11.–13. Rd: 1 fM in jede M [20 fM].
14. Rd: (3 fM, 1 Abn) 4 x [16 fM].
15. Rd: 1 fM in jede M [16 fM].

Ab jetzt beide Füße separat weiterhäkeln.

RECHTER FUSS

16. Rd: 14 fM [14 fM]. Die 16. Rd beenden und die letzten 2 M nicht häkeln.

Die Ferse in Hin- und Rückreihen häkeln. Die Lm am Anfang jeder R zählt nicht als 1 fM.

17. R: 1 fM, 6 hStb, 1 fM, wenden [8 M].
18. R: 1 Lm, 1 fM, 6 hStb, 1 fM, wenden [8 M].
19. R: 1 Lm, 8 fM [8 fM].

Wenn die Ferse beendet ist (**17**), den Fuß in Runden weiterhäkeln.

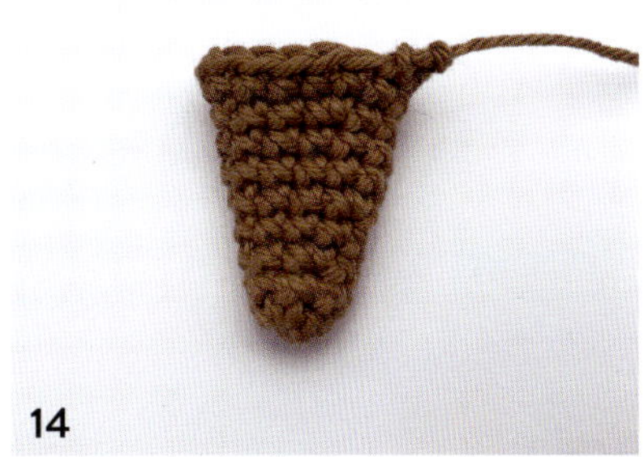
14

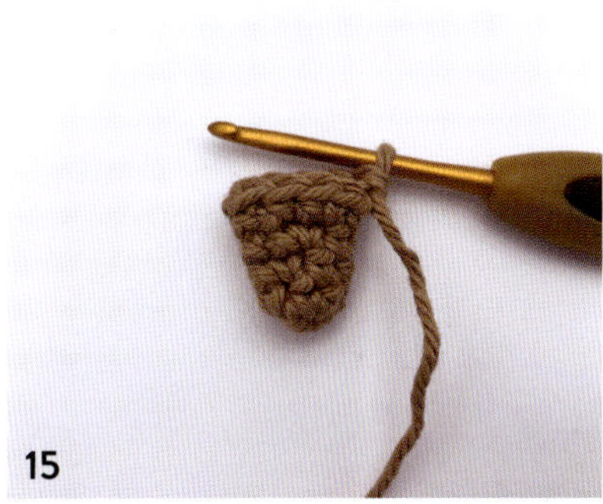
15

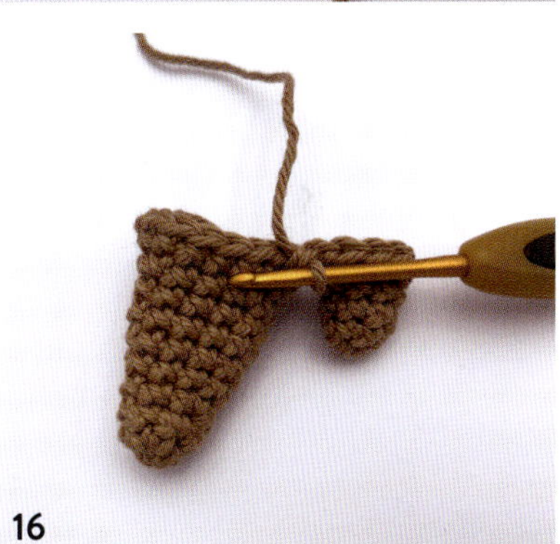
16

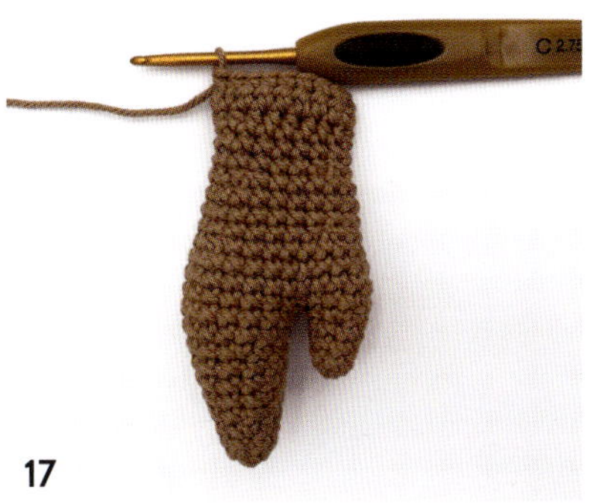
17

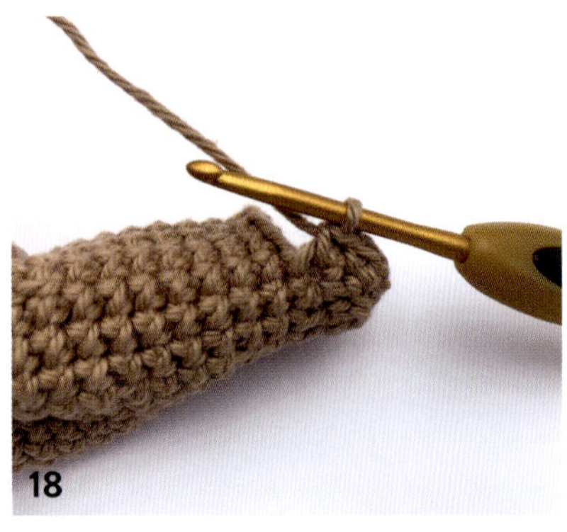
18

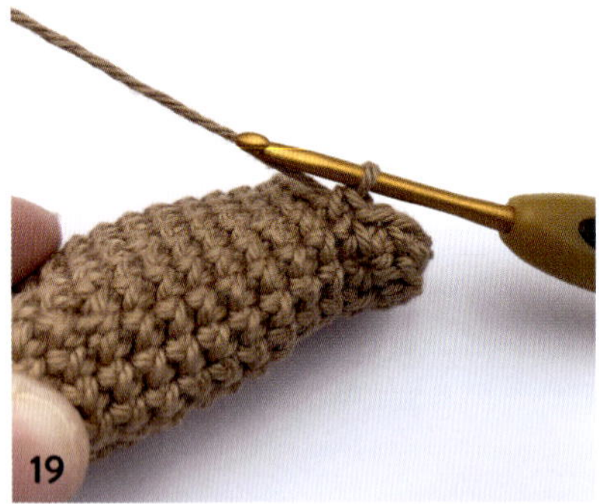
19

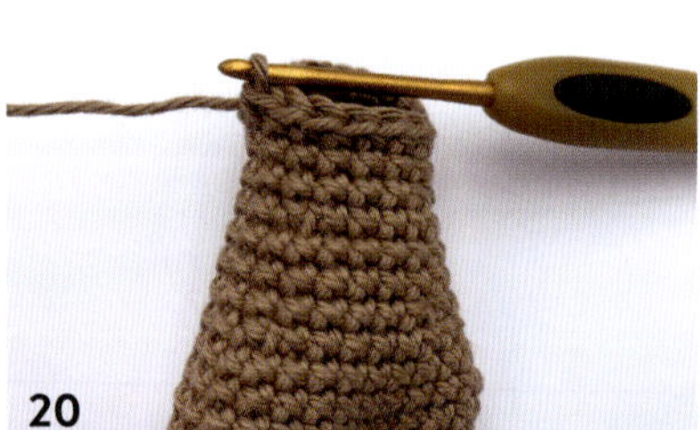
20

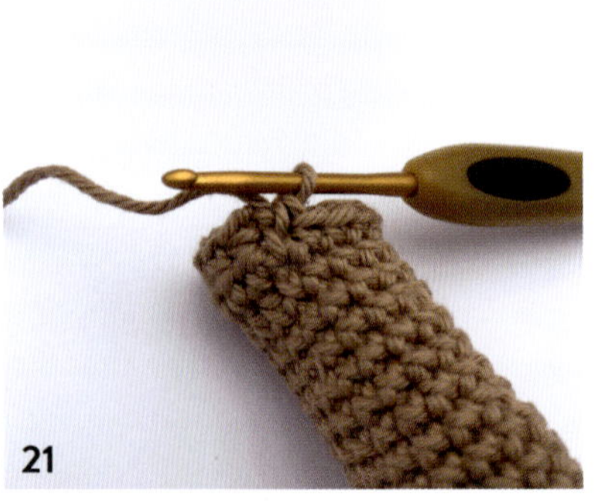
21

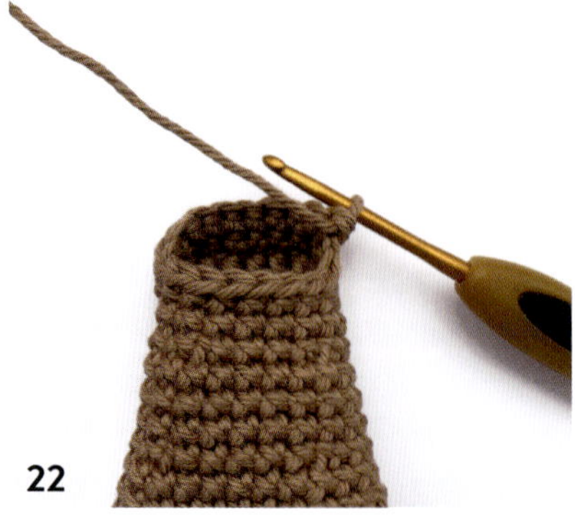
22

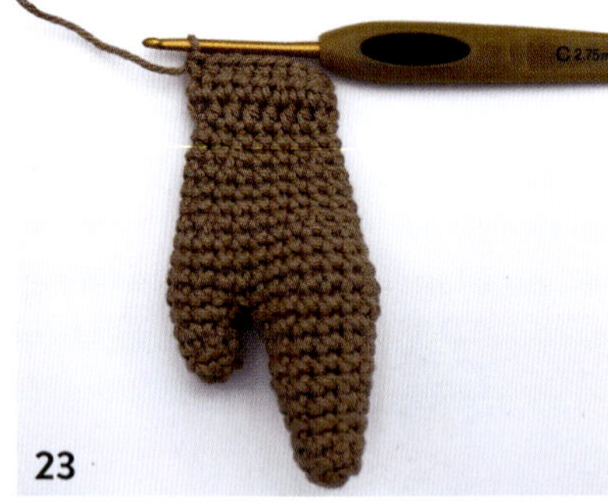

23

20. Rd: am Ende der 19. R seitlich der Ferse fortfahren (**18**): 1 fM; die restlichen M der 16. Rd häkeln (**19** und **20**): 8 fM; auf der anderen Seite der Ferse fortfahren (**21**): 1 fM; die 19. R der Ferse häkeln: 8 fM (**22**) [18 fM]. Den Maschenmarkierer vom Rundenbeginn hierher versetzen.

21. Rd: (1 fM, 1 Abn) 5 x, 9 fM [15 fM].
22. Rd: 1 fM in jede M [15 fM].

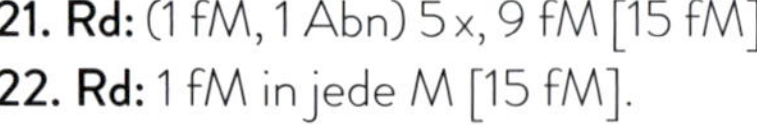

Am Ende der 22. Rd zum beigen Garn wechseln und den braunen Faden abschneiden. Nach und nach den Fuß ausstopfen.

23.–40. Rd: 1 fM in jede M [15 fM].
41. Rd: (4 fM, 1 Zun) 3 x [18 fM].
42.–46. R: 1 fM in jede M [18 fM].
47. Rd: (5 fM, 1 Zun) 3 x [21 fM].
48.–57. Rd: 1 fM in jede M [21 fM].

Am Ende der 57. Rd zum weißen Garn wechseln und den beigen Faden abschneiden.

58. Rd: 1 fM in jede M [21 fM].

Am Ende der 58. Rd zum schwarzen Garn wechseln und den weißen Faden abschneiden.

59. Rd: (6 fM, 1 Zun) 3 x [24 fM].
60.–62. Rd: 1 fM in jede M [24 fM].

Den Fuß flach drücken und die M an der Öffnung aneinanderlegen.
Die beiden gegenüberliegenden M jeweils mit fM zusammenhäkeln [12 fM].
Den Faden abschneiden, dabei zum Annähen lang genug lassen.

LINKER FUSS

16. Rd: 7 fM [7 fM]. Die 16. Rd beenden und die letzten 7 M nicht häkeln.

Die Ferse in Hin- und Rückreihen häkeln. Die Lm am Anfang jeder R zählt nicht als 1 fM.

17. R: 1 fM, 6 hStb, 1 fM, wenden [8 M].
18. R: 1 Lm, 1 fM, 6 hStb, 1 fM, wenden [8 M].
19. R: 1 Lm, 8 fM [8 fM].
Wenn die Ferse beendet ist (**23**), den Fuß in Runden weiterhäkeln.

Ab der 20. Rd bis zum Ende:
wie den rechten Fuß häkeln.

ZUSAMMENNÄHEN

Den Schnabel mit Stecknadeln zwischen den Augen an der 13. und 17. Rd am Kopf feststecken und annähen (**24** und **25**).
Die Arme 3 Rd unterhalb des Kragens annähen (**26**).

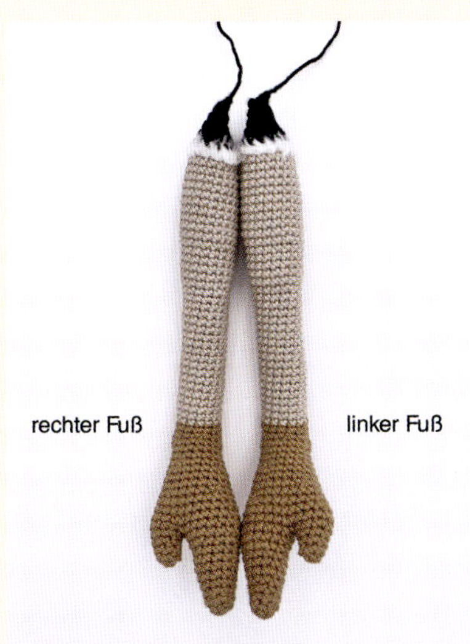

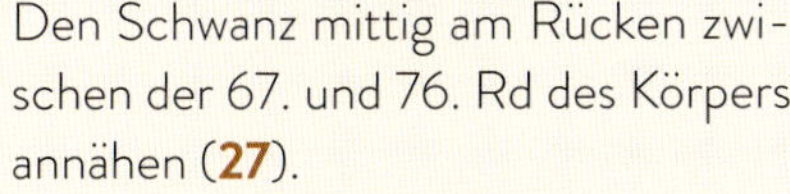

Den Schwanz mittig am Rücken zwischen der 67. und 76. Rd des Körpers annähen (**27**).
Die Füße mit Stecknadeln zwischen der 71. und 74. Rd am Körper feststecken und annähen (**28** und **29**).

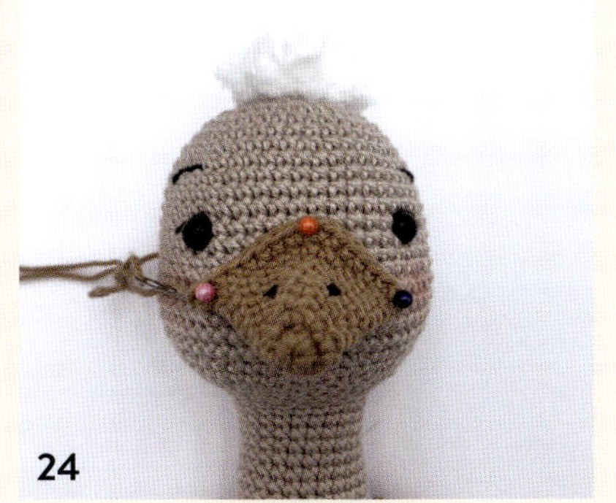

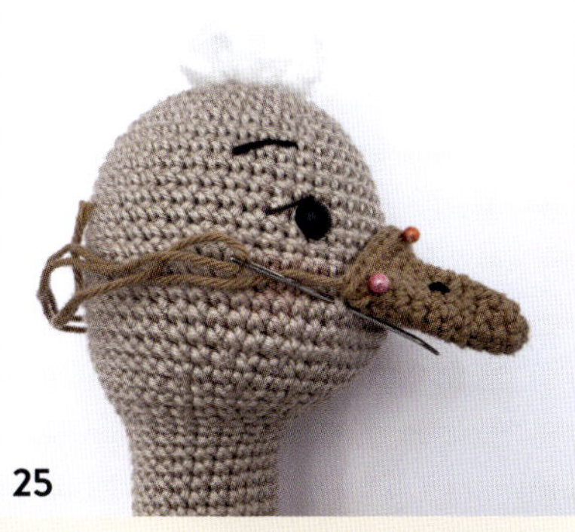

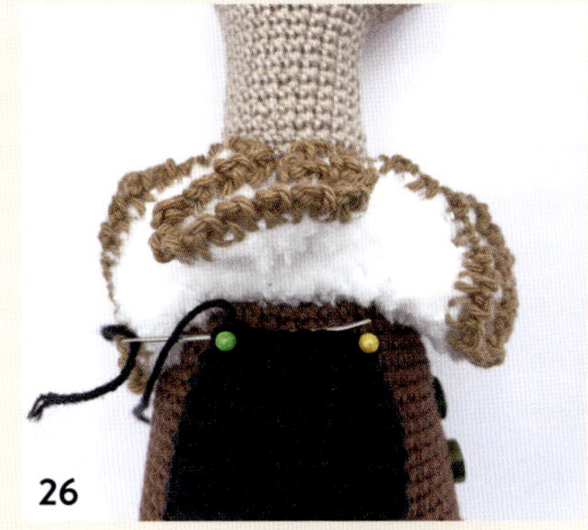

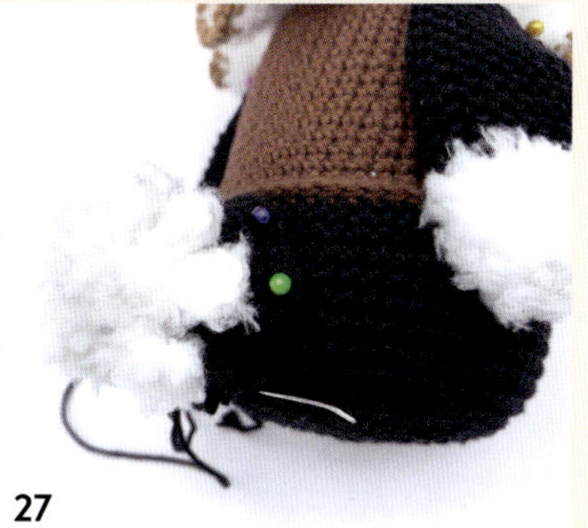

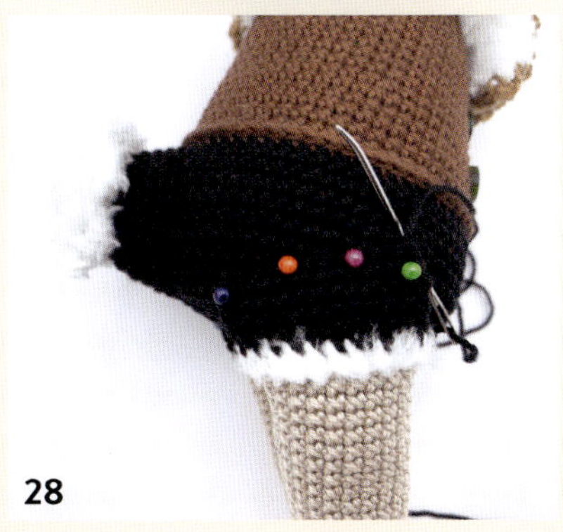
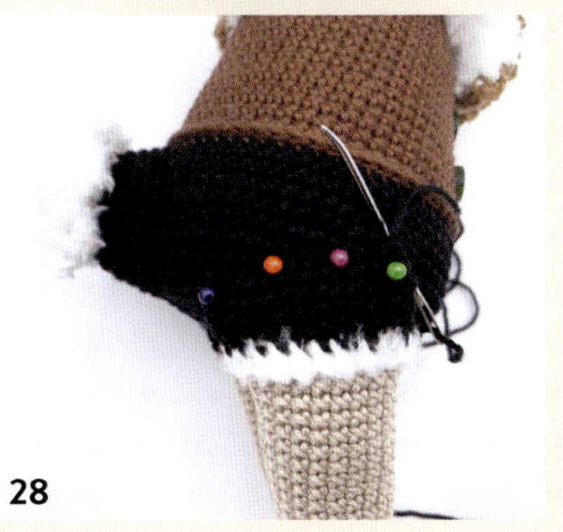

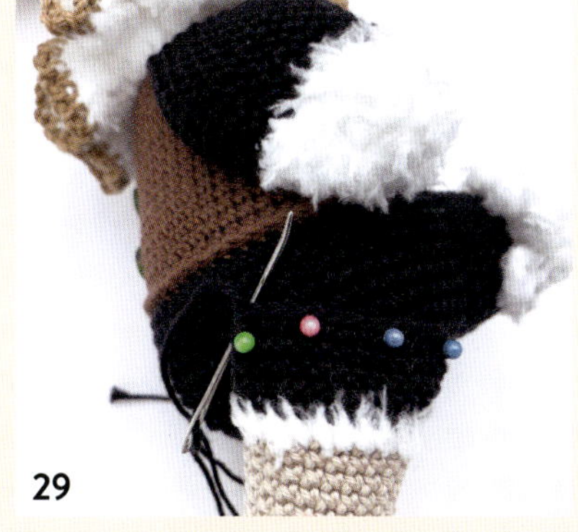

ACCESSOIRES

FLIEGERMÜTZE (in Khaki)

In geschlossenen Runden häkeln.
Die beiden Lm am Beginn der Rd zählen nicht zu den Stb.

1. Rd: 2 Lm, 2 Stb in einen magischen Ring, mit 1 Km enden [12 Stb].
2. Rd: 2 Lm, 2 Stb in jede M, mit 1 Km enden [24 Stb].
3. Rd: 2 Lm, (2 Stb, 2 Stb in jede nächste M) 8 x, mit 1 Km enden [32 Stb].
4. Rd: 2 Lm, 1 Stb, 2 Stb in die nächste M, (3 Stb, 2 Stb in die nächste M) 7 x, 2 Stb, mit 1 Km enden [40 Stb].
5. Rd: 2 Lm, (7 Stb, 2 Stb in die nächste M) 5 x, mit 1 Km enden [45 Stb].

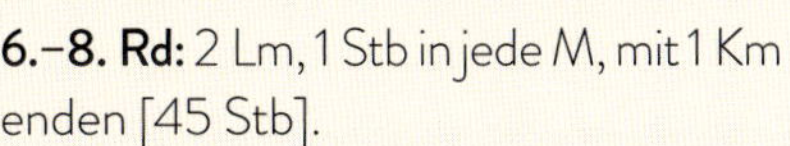

6.–8. Rd: 2 Lm, 1 Stb in jede M, mit 1 Km enden [45 Stb].
Den Faden abschneiden und vernähen.

OHRENSCHUTZ RECHTS (in Khaki)

Die Häkelnadel in die 7. M der 8. Rd stechen und den khakifarbenen Faden aufnehmen. Auf der Lm-Kette in Hin- und Rückreihen arbeiten. Die beiden Lm am Anfang jeder R zählen als 1 hStb.

1. R: 2 Lm (**30**), 1 hStb in jede der nächsten 5 M, wenden [6 M].
2. R: 2 Lm, 1 M überspringen, 4 hStb, wenden [5 M].

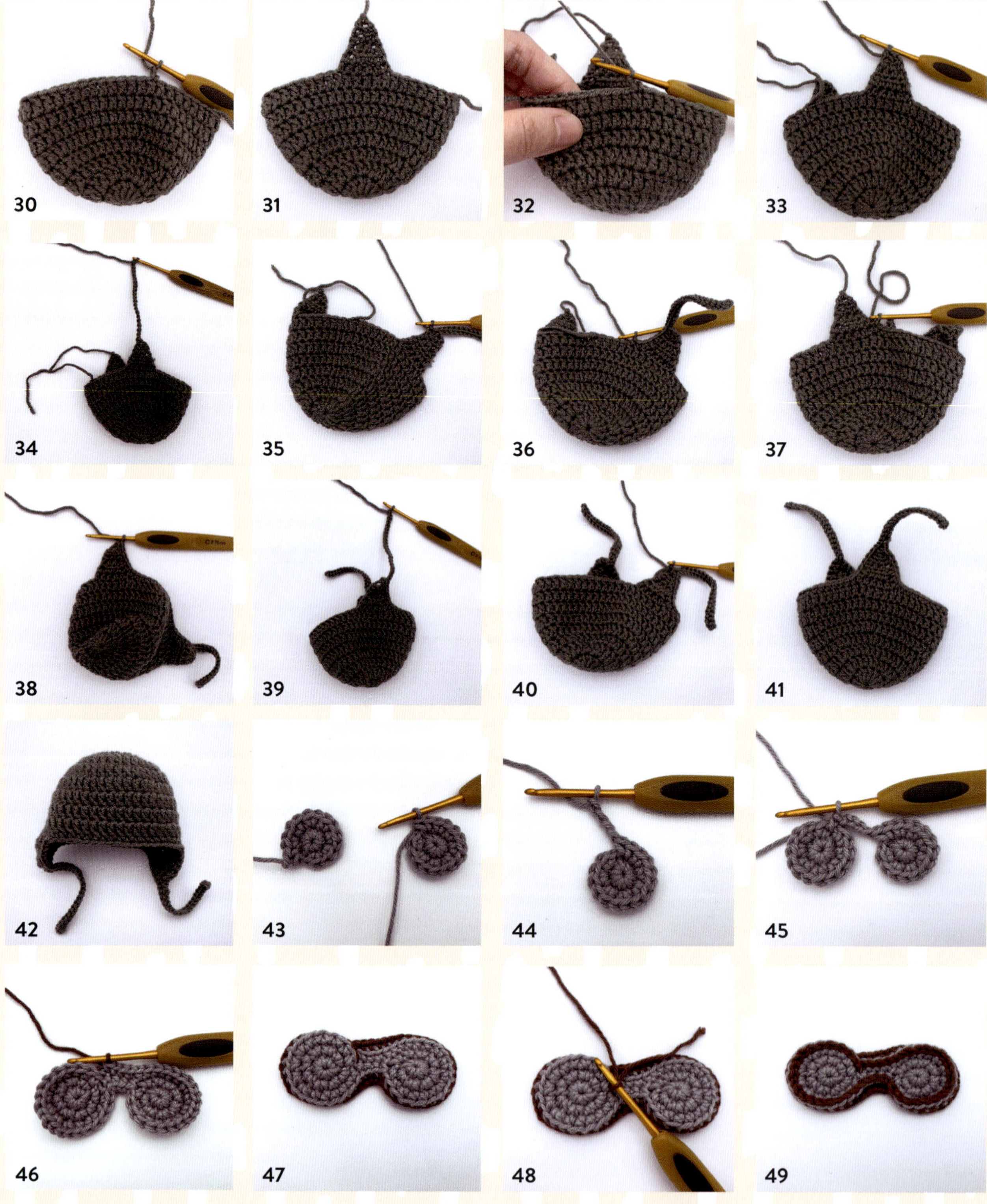
30
31
32
33
34
35
36
37
38
39
40
41
42
43
44
45
46
47
48
49

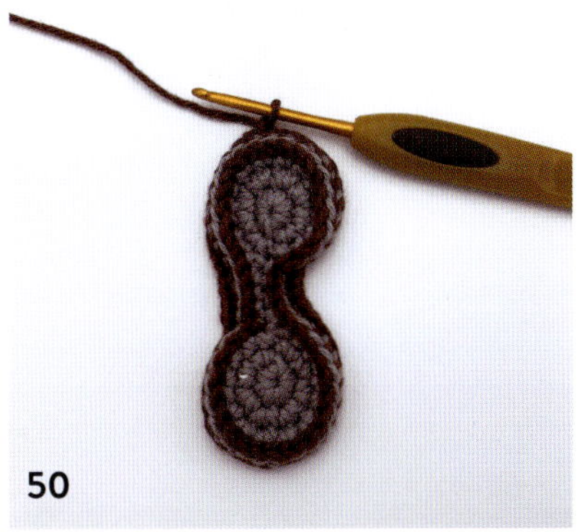
50

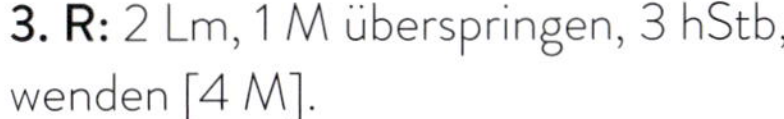

3. R: 2 Lm, 1 M überspringen, 3 hStb, wenden [4 M].
4. R: 2 Lm, 1 M überspringen, 2 hStb, wenden [3 M].
5. R: 2 Lm, 1 M überspringen, 1 hStb [2 M].

Den Faden abschneiden (**31**) und vernähen.

OHRENSCHUTZ LINKS (in Khaki)

Die Häkelnadel in die 34. M der 8. Rd stechen und den khakifarbenen Faden aufnehmen. Auf der Lm-Kette in Hin- und Rückreihen arbeiten. Die Lm am Anfang jeder R zählt als 1 hStb (**32**).
1.–5. R: wie den rechten Ohrenschutz häkeln.
Am Ende der 5. R den Faden nicht abschneiden (**33**). Jetzt werden die Bänder gehäkelt. 21 Lm häkeln (**34**). In der 2. Lm von der Nadel aus beginnen. 1 Km in jede M (1. Band), auf der Seite des linken Ohrenschutzes und dem Kopfteil der Mütze fortfahren, 1 fM in jede M (**35** und **36**), auf der Seite des rechten Ohrenschutzes fortfahren (**37**), 1 fM in jede M bis zur 1. M der 5. R (**38**); 21 Lm häkeln (**39**). In der 2. Lm von der Nadel aus beginnen, 1 Km in jede M (2. Band, **40**), mit 1 fM in jede M auf der anderen Seite des rechten Ohrenschutzes fortfahren, dann auf dem Kopfteil der Mütze, und auf der anderen Seite des linken Ohrenschutzes enden.
Den Faden abschneiden, dabei ein unsichtbares Ende arbeiten (siehe S. 20) (**41**), dann den Faden vernähen (**42**).

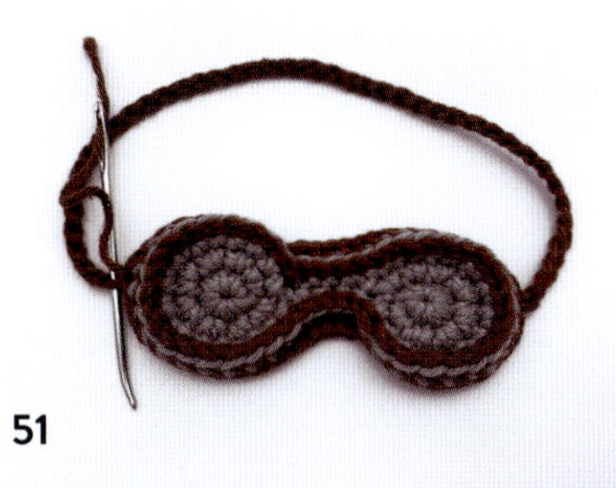
51

PILOTENBRILLE

Die Brille besteht aus zwei kleinen Gläsern, die miteinander verbunden werden.

ERSTES GLAS (in Grau)

1. Rd: 8 fM in einen magischen Ring häkeln [8 fM].
2. Rd: 8 Zun [16 fM].

Den Faden abschneiden und vernähen.

ZWEITES GLAS (in Grau)

1.–2. Rd: Wie das 1. Glas häkeln.

Den Faden nicht abschneiden (**43**). 4 Lm häkeln (**44**) und diese mit 1 fM mit dem 1. Glas verbinden (siehe Seite 19); dies ist die 1. M der neue Rd (**45**).

3. Rd: 6 fM, 4 Zun, 6 fM in das 1. Glas; 1 fM in jede der 4 Lm; 6 fM, 4 Zun, 6 fM in das 2. Glas; jeweils 1 fM in das andere Mg der 4 Lm [48 fM].

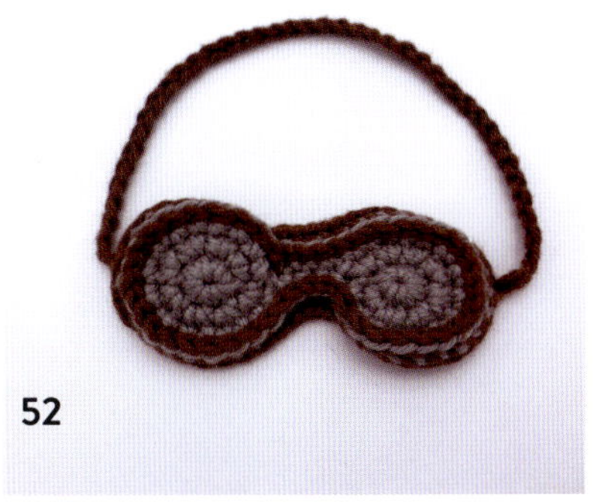
52

Am Ende der 3. Rd zum dunkelbraunen Garn wechseln und den grauen Faden abschneiden (**46**).

4. Rd: Nur in die hMg häkeln, 8 fM, 1 Zun, 2 fM, 1 Zun, 20 fM, 1 Zun, 2 fM, 1 Zun, 12 fM [52 fM].

Den Faden abschneiden, dabei ein unsichtbares Ende arbeiten (siehe S. 20), dann den Faden vernähen (**47**).

BRILLENGESTELL

In die vMg der 3. Rd häkeln, die Häkelnadel in die 1. M einstechen und den dunkelbraunen Faden aufnehmen (**48**): 1 Km in jede M bis zum Ende der Rd.
Den Faden abschneiden, dabei ein unsichtbares Ende arbeiten (siehe S. 20), dann den Faden vernähen (**49**).

BAND

Einen dunkelbraunen Faden am Ende eines Glases anschlingen (**50**), eine Lm-Kette mit 40 Lm häkeln. Den Faden abschneiden und das Band am Ende des anderen Glases annähen (**51** und **52**).

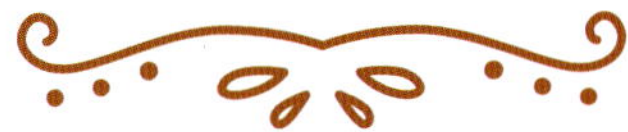

SAKURA *die Meerjungfrau*

Sie wurde im Meer geboren, aber ihr Name ist der einer der schönsten Frühlingsblumen – Sakura. Sie ist liebenswürdig und zart wie die Kirschblüte, für die ihr Name steht, aber sie ist auch eine Meerjungfrau, die ihr Königreich mit Geschick und Entschlossenheit regiert. Eine stolze Meeresprinzessin.

SCHWIERIGKEIT
***

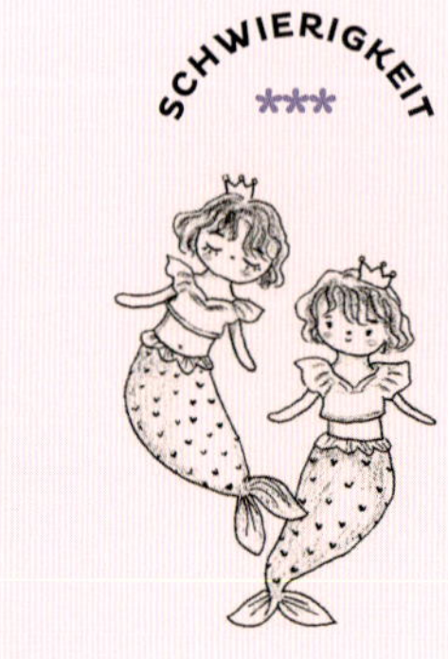

Größe: 30 cm

Material

- Grundausstattung (siehe S. 10)
- Häkelnadel 2,25 mm
- 5 kleine Perlen

Garn

- DMC Natura Just Cotton in
  - Blau (Fb. N25),
  - Creme (Fb. N35), jeweils 50 g,
  - Blassblau (Fb. N87), ein kleiner Rest
- DMC Woolly in
  - Gelb (Fb. 091), 50 g
- DMC Woolly Chic in
  - Rosa (Fb. 045), 50 g
- braunes und schwarzes Stickgarn

Diese Liste bezieht sich auf die schlafende Version von Sakura, für die Garn- und Materialangaben für die wache Version siehe S. 127.

KOPF (in Creme)

1. Rd: 8 fM in einen magischen Ring häkeln [8 fM].
2. Rd: 8 Zun [16 fM].
3. Rd: (1 fM, 1 Zun) 8 x [24 fM].
4. Rd: (2 fM, 1 Zun) 8 x [32 fM].
5. Rd: 1 fM, 1 Zun, (3 fM, 1 Zun) 7 x, 2 fM [40 fM].
6. Rd: (4 fM, 1 Zun) 8 x [48 fM].
7.–10. Rd: 1 fM in jede M [48 fM].
11. Rd: (7 fM, 1 Zun) 6 x [54 fM].
12.–15. Rd: 1 fM in jede M [54 fM].
16. Rd: (8 fM, 1 Zun) 6 x [60 fM].
17.–19. Rd: 1 fM in jede M [60 fM].
20. Rd: (9 fM, 1 Zun) 6 x [66 fM].
21. Rd: 1 fM in jede M [66 fM].
22. Rd: (9 fM, 1 Abn) 6 x [60 fM].
23. Rd: 4 fM, 1 Abn, (8 fM, 1 Abn) 5 x, 4 fM [54 fM].
24. Rd: (7 fM, 1 Abn) 6 x [48 fM].
25. Rd: 3 fM, 1 Abn, (6 fM, 1 Abn) 5 x, 3 fM [42 fM].

Für die wache Version die Sicherheitsaugen zwischen der 16. und 17. Rd im Abstand von 9 M einsetzen.
Mit dem Ausstopfen des Kopfes beginnen und nach und nach weiteres Füllmaterial hinzufügen.
26. Rd: (5 fM, 1 Abn) 6 x [36 fM].
27. Rd: 2 fM, 1 Abn, (4 fM, 1 Abn) 5 x, 2 fM [30 fM].
28. Rd: (3 fM, 1 Abn) 6 x [24 fM].

Den Faden abschneiden, dabei zum Annähen lang genug lassen.
Für die schlafende Version mit dem schwarzen Stickgarn die Augenlider zwischen der 17. und 18. Rd aufsticken. Jedes Auge über 5 M sticken und dazwischen einen Abstand von ebenfalls 5 M lassen.
Anschließend mit dem braunen Stickgarn Augenbrauen 3 Rd über den Augen aufsticken.

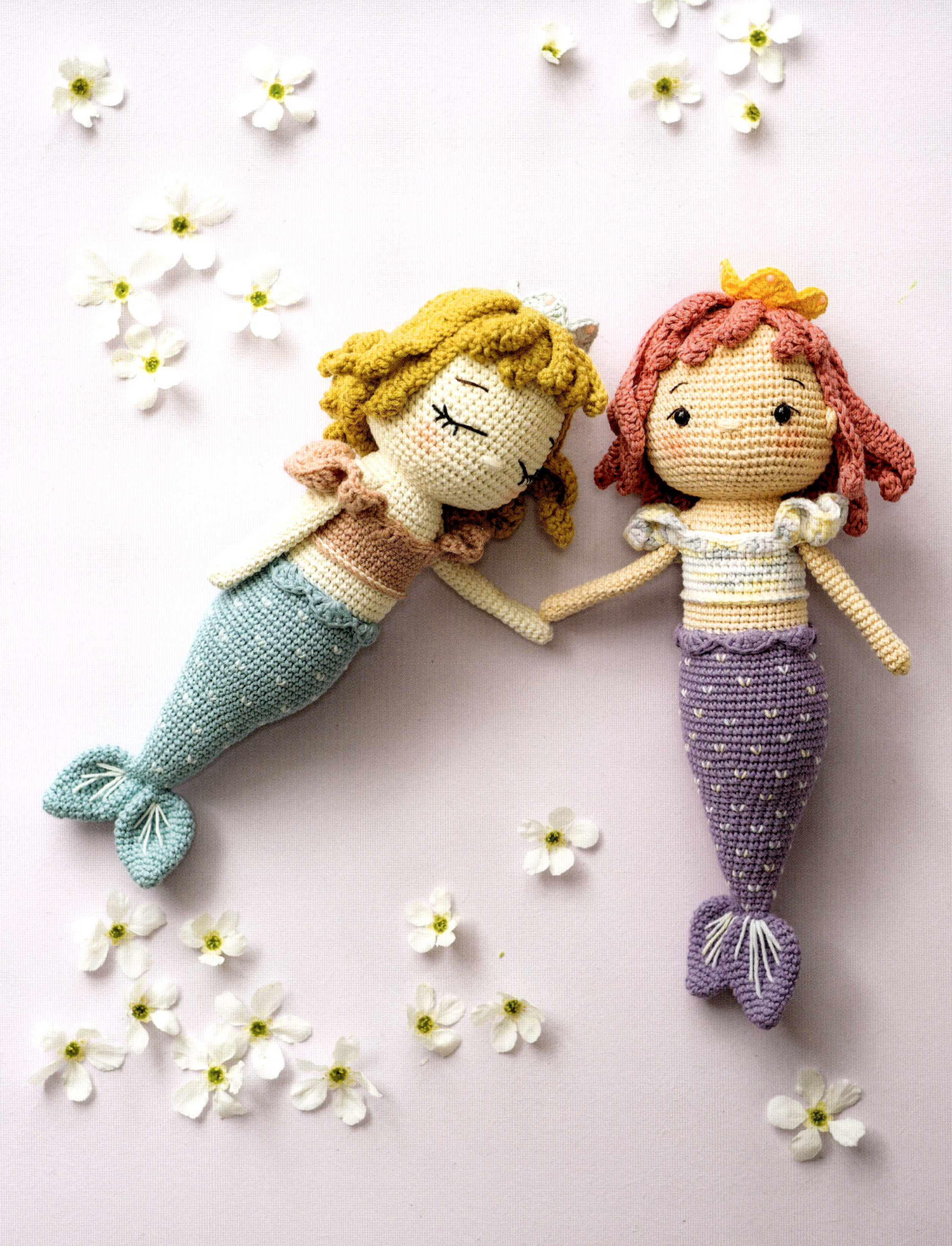

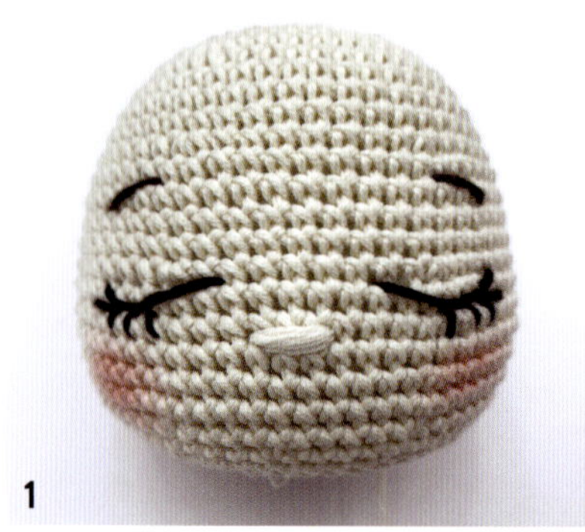
1

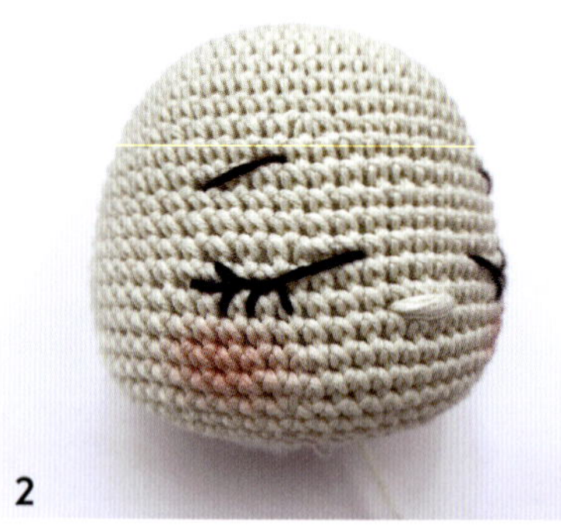
2

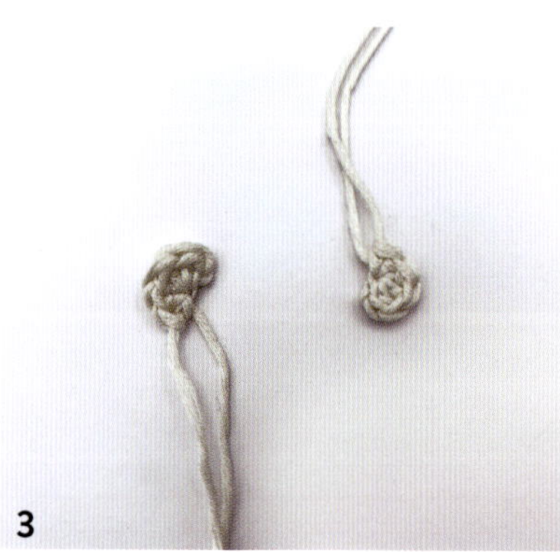
3

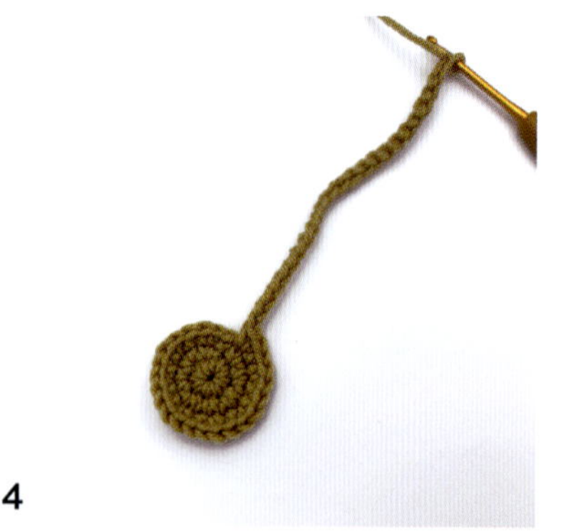
4

Dann mit dem cremefarbenem Garn die Nase zwischen den Augen in der 18. Rd aufsticken.
Mit Rouge die Wangen färben (**1** und **2**).

OHREN
(in Creme, 2 x häkeln)

In einen magischen Ring 1 Lm, 4 hStb, 1 fM häkeln. Den Ring schließen. Den Faden abschneiden, dabei zum Annähen lang genug lassen (**3**).

HAARE (in Gelb)

1. Rd: 8 fM in einen magischen Ring häkeln [8 fM].
2. Rd: 8 Zun [16 fM].
3. Rd: (1 fM, 1 Zun) 8 x [24 fM].
4. Rd (1. Lage der Haare): Nur in die hMg häkeln. (25 Lm (**4**), in der 3. Lm ab der Häkelnadel beginnen, (2 hStb in dieselbe M, 2 Stb) 3 x, 14 Stb; 1 M überspringen; 1 Km in die nächste M (**5**)) 9 x (= 9 lange Haarsträhnen). (12 Lm, in der 3. Lm ab der Häkelnadel beginnen, 10 Stb; 1 M überspringen; 1 Km in die nächste M) 3 x (= 3 kurze Haarsträhnen). Am Ende wurden 12 Haarsträhnen gearbeitet.
5. Rd (2. Lage der Haare): In die vMg der 4. Rd 1 Km in die 1. M (**6**), dann wie für die 1. Lage fortfahren.

Den Faden abschneiden, dabei zum Annähen lang genug lassen (**7**).

KRONE (in Blassblau)

Eine Kette aus 30 Lm häkeln, mit 1 Km enden (**8**).
In geschlossenen Runden häkeln, dabei wird die Lm am Anfang der Rd nicht als 1 fM gezählt.

1. Rd: 1 Lm, (2 fM, 1 Zun) 10 x, mit 1 Km enden [40 fM].
2. Rd: (3 M überspringen, {3 Stb, 2 Lm, 3Stb} in dieselbe M, 3 M überspringen, 1 Km, **9**) 5 x [45 M]. Am Ende wurden 5 Zacken gehäkelt.

Den Faden abschneiden, dabei zum Annähen lang genug lassen.
Die Perlen auf die Krone nähen (**10**).

DEN KOPF ZUSAMMENNÄHEN

Die Ohren zwischen der 16. und 19. Rd etwa 5 M neben den Augen an die Seiten des Kopfes nähen (**11**).
Die Haare mit der rechten Seite auf dem Kopf platzieren (**12**). Die Strähnen mit Stecknadeln feststecken und auf den Kopf nähen, dabei jedoch darauf achten, die 6 Strähnen vorne nicht festzunähen (**13**, **14** und **15**).
Die Krone auf den Kopf nähen (**16**).
Für die wache Version mit dem braunen Stickgarn Augenlider über die Augen und Augenbrauen 2 Rd darüber aufsticken (**17**).

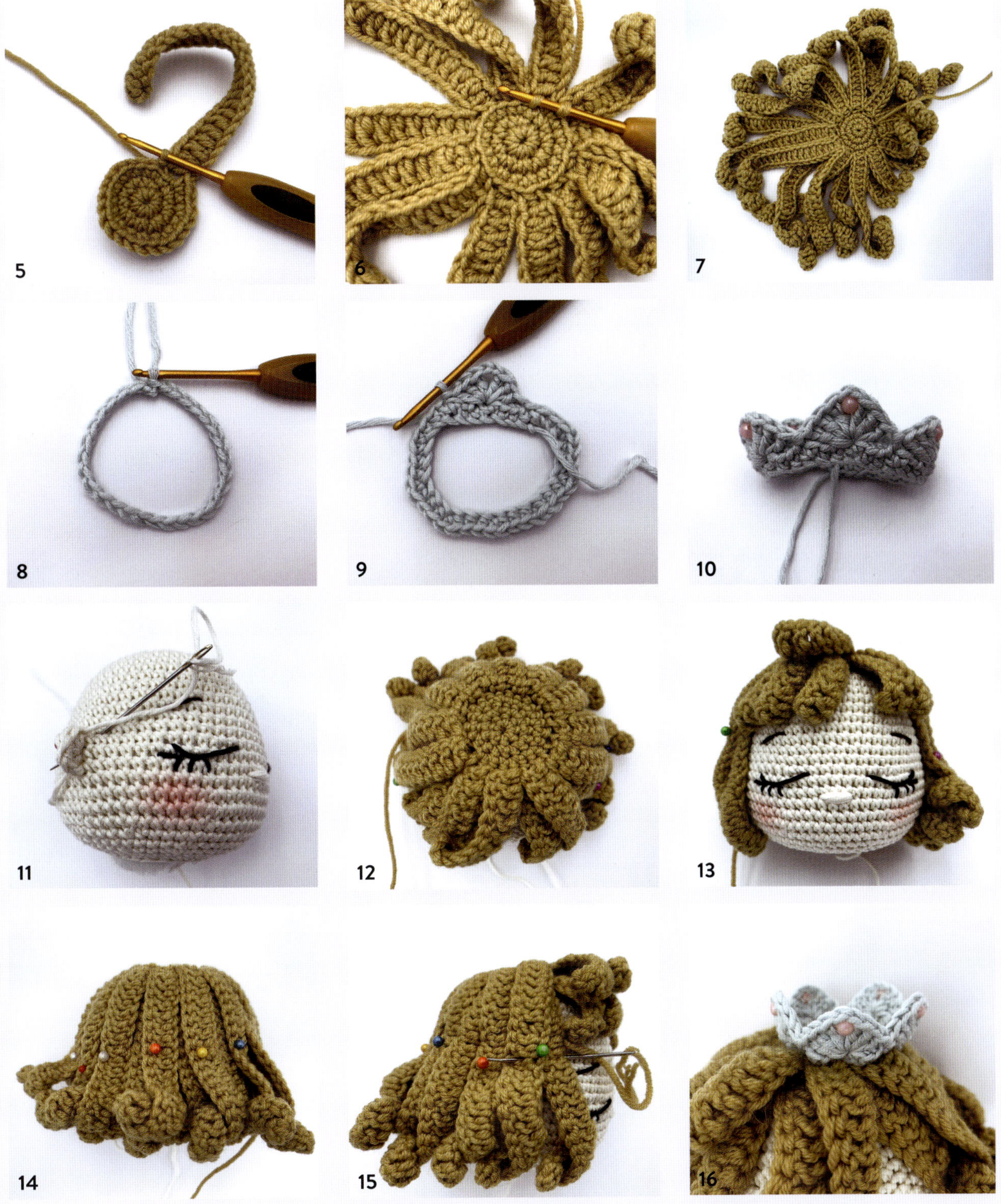
5
6
7
8
9
10
11
12
13
14
15
16

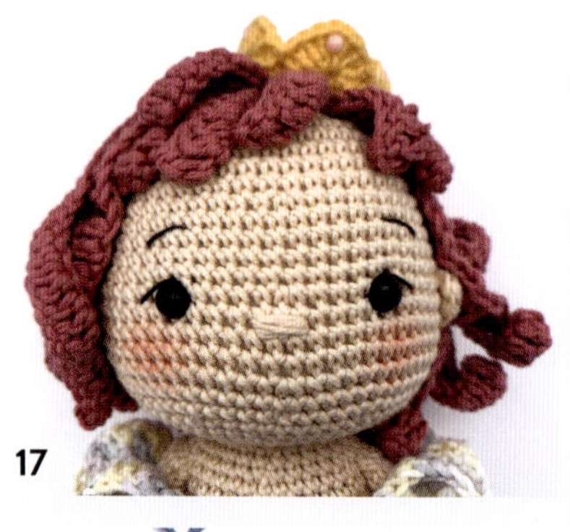
17

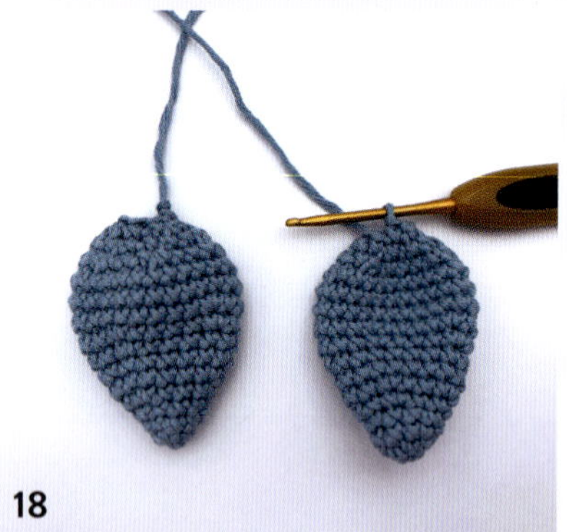
18

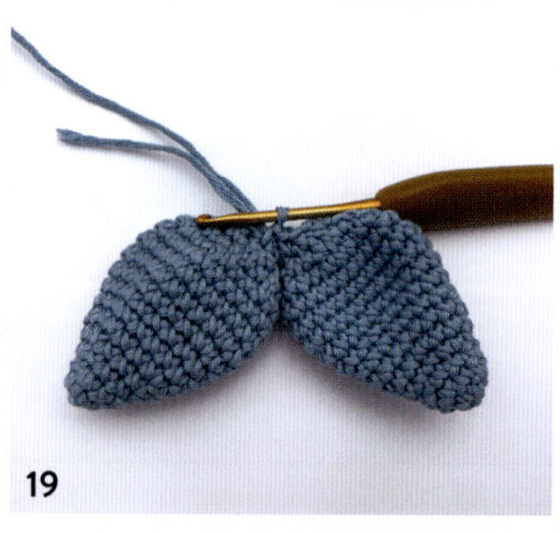
19

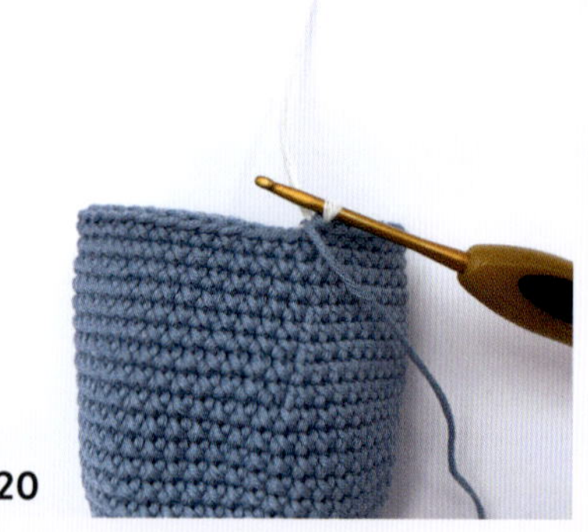
20

FLOSSEN
(in Blau, 2 x häkeln)

1. Rd: 6 fM in einen magischen Ring häkeln [6 fM].
2. Rd: (1 Zun, 1 fM) 3 x [9 fM].
3. Rd: 1 fM in jede M [9 fM].
4. Rd: (2 fM, 1 Zun) 3 x [12 fM].
5. Rd: (2 fM, 1 Zun) 4 x [16 fM].
6.–7. Rd: 1 fM in jede M [16 fM].
8. Rd: (3 fM, 1 Zun) 4 x [20 fM].
9. Rd: (4 fM, 1 Zun) 4 x [24 fM].
10.–12. Rd: 1 fM in jede M [24 fM].
13. Rd: (2 fM, 1 Abn) 6 x [18 fM].
14. Rd: (1 fM, 1 Abn) 6 x [12 fM].
15. Rd: (1 Abn, 7 fM) 4 x [8 fM].

Am Ende der 1. Flosse den Faden abschneiden, jedoch nicht am Ende der 2., denn damit werden die Flossen verbunden und der Körper gearbeitet (**18**).

KÖRPER
(mit Blau beginnen)

Den Körper an die miteinander verbundenen Flossen häkeln.
Dafür mit der 2. Flosse beginnen: diese mit 1 fM mit der 1. Flosse verbinden (siehe S. 19); dies ist die 1. M des Körpers (**19**).

1. Rd: 1 fM in jede M der 1. Flosse, 1 fM in jede M der 2. Flosse [16 fM].
2.–3. Rd: 1 fM in jede M [16 fM].
4. Rd: (7 fM, 1 Zun) 2 x [18 fM].
5.–6. Rd: 1 fM in jede M [18 fM].
7. Rd: (8 fM, 1 Zun) 2 x [20 fM].
8.–9. Rd: 1 fM in jede M [20 fM].
10. Rd: (4 fM, 1 Zun) 4 x [24 fM].

Mit dem Ausstopfen des Körpers beginnen und nach und nach weiteres Füllmaterial hinzufügen.

11. Rd: 23 fM, 1 Zun [25 fM].
12. Rd: 24 fM, 1 Zun [26 fM].
13. Rd: 25 fM, 1 Zun [27 fM].
14. Rd: 26 fM, 1 Zun [28 fM].
15. Rd: 27 fM, 1 Zun [29 fM].
16. Rd: 28 fM, 1 Zun [30 fM].
17. Rd: 1 fM in jede M [30 fM].
18. Rd: (4 fM, 1 Zun) 6 x [36 fM].
19. Rd: 1 fM in jede M [36 fM].
20. Rd: (5 fM, 1 Zun) 6 x [42 fM].
21. Rd: 1 fM in jede M [42 fM].
22. Rd: (6 fM, 1 Zun) 6 x [48 fM].
23.–28. Rd: 1 fM in jede M [48 fM].
29. Rd: 46 fM, 1 Abn [47 fM].
30. Rd: 1 fM in jede M [47 fM].
31. Rd: 45 fM, 1 Abn [46 fM].
32. Rd: 1 fM in jede M [46 fM].
33. Rd: 44 fM, 1 Abn [45 fM].
34.–35. Rd: 1 fM in jede M [45 fM].
36. Rd: (13 fM, 1 Abn) 3 x [42 fM].
37. Rd: 1 fM in jede M [42 fM].

Am Ende der 37. Rd den cremefarbenen Faden aufnehmen und den blauen außen am Körper ruhen lassen. Damit werden später Details gehäkelt (**20**).

38. Rd: Nur in die hMg häkeln, 1 fM in jede M [42 fM].
39.–42. Rd: 1 fM in jede M [42 fM].

Am Ende der 42. Rd zum rosa Garn wechseln.

43. Rd: Nur in die hMg häkeln, 1 fM in jede M [42 fM].
44.–47. Rd: 1 fM in jede M [42 fM].

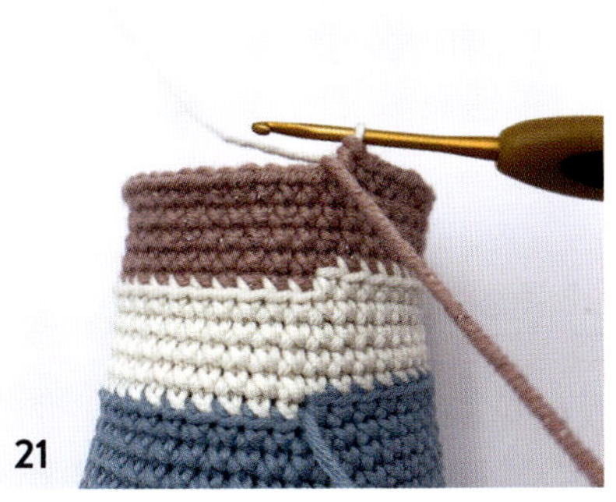

21

Am Ende der 47. Rd den cremefarbenen Faden aufnehmen und den rosa Faden außen am Körper ruhen lassen. Damit wird später der Kragen gehäkelt (21).

48. Rd: Nur in die hMg häkeln, 1 fM in jede M [42 fM].
49. Rd: 1 fM in jede M [42 fM].
50. Rd: (5 fM, 1 Abn) 6 x [36 fM].
51.–52. Rd: 1 fM in jede M [36 fM].
53. Rd: (4 fM, 1 Abn) 6 x [30 fM].
54. Rd: 1 fM in jede M [30 fM].
55. Rd: (3 fM, 1 Abn) 6 x [24 fM].

Den Faden abschneiden, dabei zum Annähen lang genug lassen.
Für die Details des Körpers siehe den Kasten rechts.

KRAGEN

In die vMg der 47. Rd des Körpers häkeln. Die Häkelnadel in die letzte M der Rd stechen und den rosa Faden aufnehmen (24).

1. Rd: 1 Lm, 5 fM; 10 Lm, 6 fM überspringen (1. Armloch, 25); 15 fM; 10 Lm, 6 fM überspringen (2. Armloch); 10 fM [50 M].
2. Rd: 5 fM; auf der Lm-Kette häkeln {3 Stb in dieselbe M} 10 x; 2 fM, 1 hStb, 2 Stb, 1 hStb, 1 fM, 1 Km, 1 fM, 1 hStb, 2 Stb, 1 hStb, 2 fM; auf der Lm-Kette häkeln {3 Stb in dieselbe M} 10 x; 10 fM [70 M].
3. Rd: 5 Km in die hMg; dann 30 Stb in beide Mg; 15 Km in die hMg; dann 30 Stb in beide Mg; 10 Km in hMg [70 M].

DETAILS DES KÖRPERS

Den Körper umdrehen und in die vMg der 37. Rd häkeln. Die Häkelnadel in die letzte M der Rd einstechen und den blauen Faden aufnehmen (22), (2 M überspringen, 5 Stb in dieselbe M, 2 M überspringen, 1 Km) 7 x [42 M]. Den Faden abschneiden und vernähen (23).

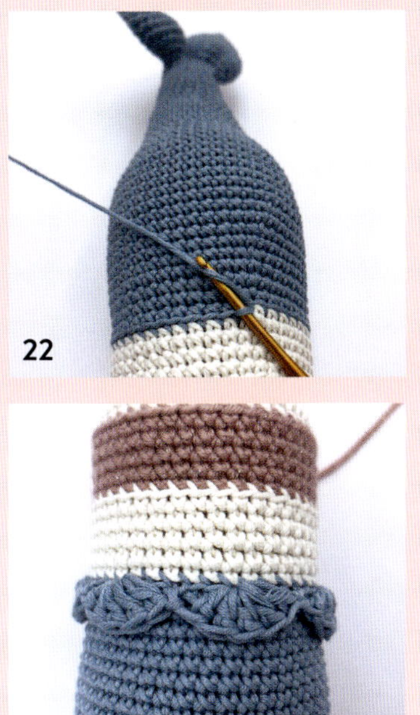

22

23

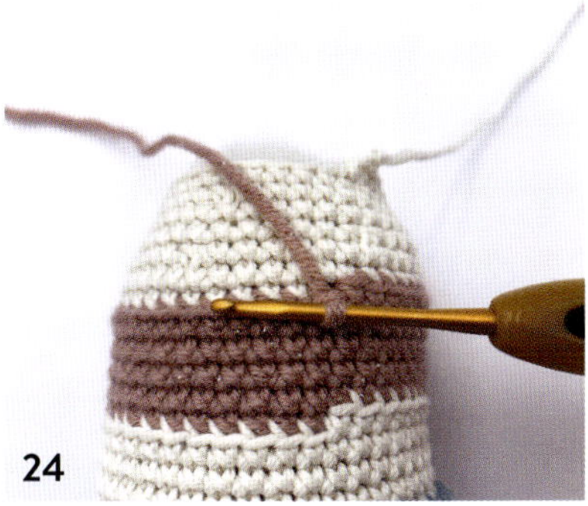

24

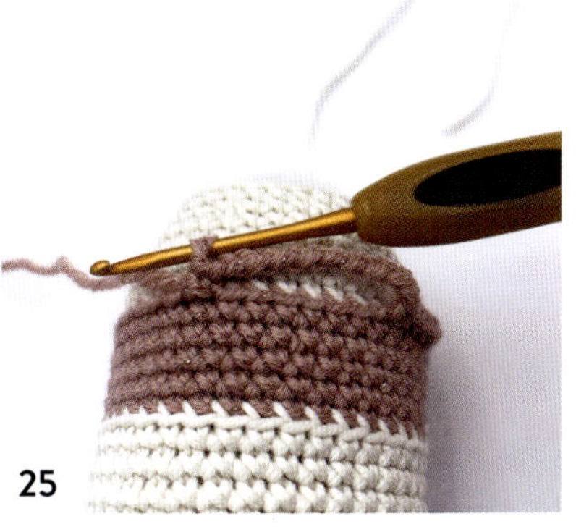

25

Den Faden abschneiden und vernähen.
Für die Details des Oberteils siehe den Kasten auf der nächsten Seite.

ARME
(in Creme, 2 x häkeln)

1. Rd: 8 fM in einen magischen Ring häkeln [8 fM].
2. Rd: (1 Zun, 3 fM) 2 x [10 fM].
3.–23. Rd: 1 fM in jede M [10 fM].

Den Arm flach drücken und die M an der Öffnung aneinanderlegen (28). Die beiden gegenüberliegenden M jeweils mit fM zusammenhäkeln [5 fM].
Den Faden abschneiden, dabei zum Annähen lang genug lassen (29).

DETAILS DES OBERTEILS

In die vMg der 42. Rd des Körpers häkeln. Die Häkelnadel in die letzte M der Rd stechen und den rosa Faden aufnehmen (26). 1 Km in jede M bis zum Ende der Rd [42 Km]. Den Faden abschneiden und vernähen (27).

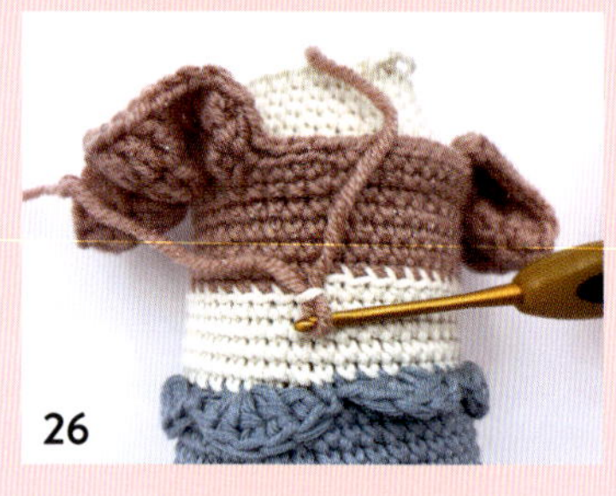
26

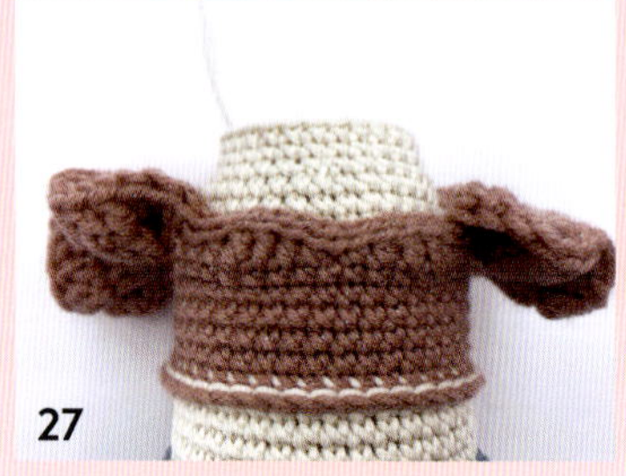
27

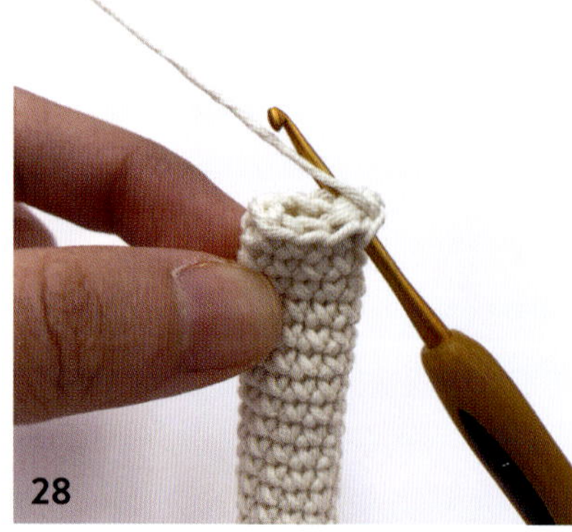
28

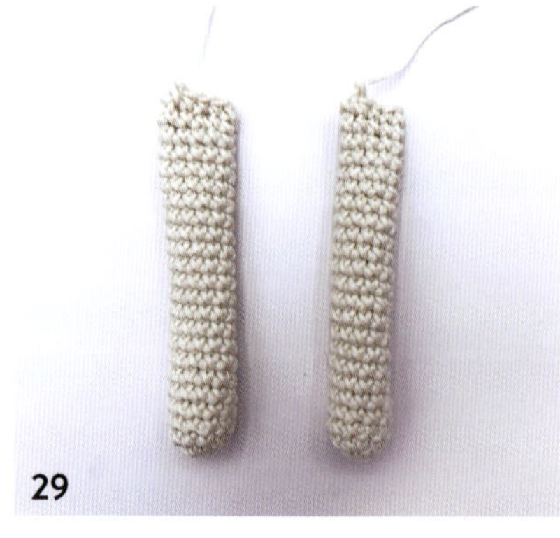
29

DEN KÖRPER ZUSAMMENNÄHEN

Mit dem blassblauen Garn kleine Herzchen auf den Schwanz und Linien auf die Flossen sticken (**30** und **31**).
Die Arme durch die Armlöcher des Oberteils führen und 3 Rd unter der letzten Rd des Körpers annähen (**32**).
Den Kopf an den Körper nähen, dafür die Nadel in die hMg der letzten Rd des Körpers führen, zuvor noch etwas Füllmaterial hinzufügen.

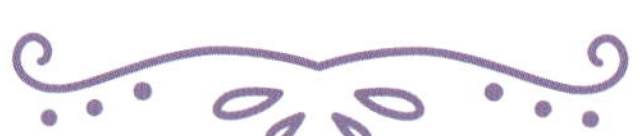

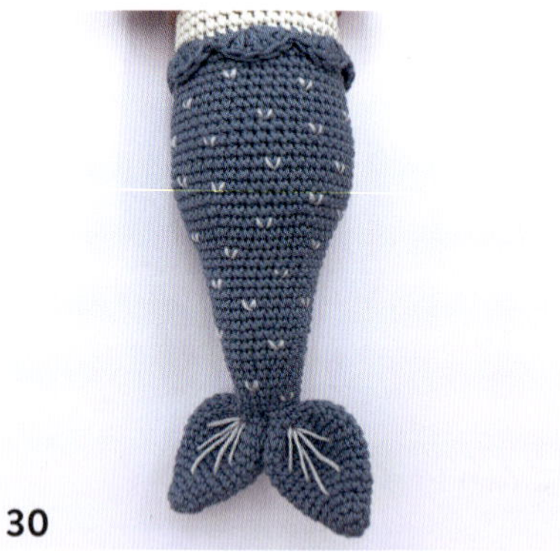
30

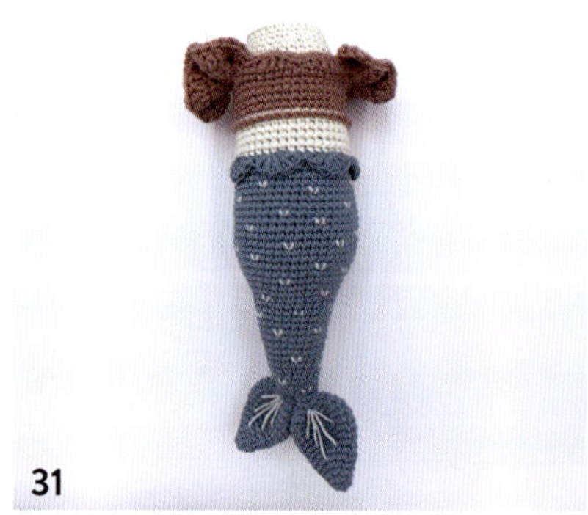
31

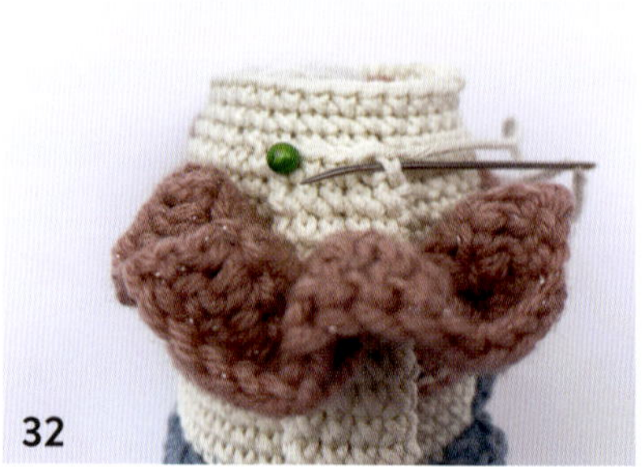
32

UND FÜR DIE WACHE VERSION?

Hier folgen die Material- und Farbangaben für die wache Version von Sakura.
Aber ihr könnt eurer Fantasie natürlich auch freien Lauf lassen!

	SCHLAFENDE VERSION	WACHE VERSION
	MATERIAL	
Augen	Schwarzes Stickgarn	2 Sicherheitsaugen Ø 7 mm
	DMC Natura Just Cotton	
Schwanz und Flossen	Blau (Fb. N25), 50 g	Violett (Fb. N30), 50 g
Körper	Creme (Fb. N35), 50 g	Beige (Fb. N81), 50 g
Krone	Blassblau (Fb. N87), ein kleiner Rest	Gelb (Fb. N16), ein kleiner Rest
	DMC Woolly Chic	DMC Natura Just Cotton Multico
Oberteil	Rosa (Fb. 045), 50 g	Blue Lemon (Fb. M909), 50 g
	DMC Natura Just Cotton	DMC Natura Just Cotton Multico
Muster auf Schwanz und Flossen	Blassblau (Fb. N87), Rest von der Krone	Blue Lemon (Fb M909), Rest vom Oberteil
	DMC Woolly Chic	DMC Natura Just Cotton
Haare	Gelb (Fb. 091), 50 g	Rosa (Fb. N52), 50 g
	Stickgarn	
Augenbrauen	Braun	

SUNNY *der Anglerfisch*

Spielst du gerne Verstecken? Sunny liebt es! Das spielt sie am allerliebsten im Meer. Ihr Lieblingsplatz ist zwischen den Korallen, die genauso schön und bunt sind wie sie, aber psst! Sag es nicht dem Oktopus, der sucht sie nämlich!

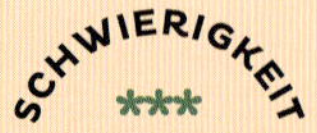

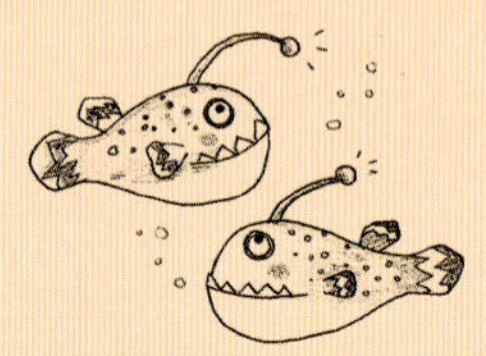

Größe: 18 cm

Material

- Grundausstattung (siehe S. 10)
- Häkelnadel 2,25 mm
- 2 Sicherheitsaugen Ø 7 mm

Garn

- DMC Natura Just Cotton
  - Dunkelgrün (Fb. N14),
  - Olivgrün (Fb. N989), jeweils 50 g,
  - Gelb (Fb. N16),
  - Hellgrün (Fb. N20),
  - Weiß (Fb. N35),
  - Orange (Fb. N47), jeweils ein kleiner Rest

Diese Liste bezieht sich auf die grüne Version von Sunny, für die Garn- und Materialangaben für die blaue Version siehe S. 135.

KÖRPER

(mit Dunkelgrün beginnen)

1. Rd: 8 fM in einen magischen Ring häkeln [8 fM].
2. Rd: 5 Zun; *in Olivgrün:* 3 Zun [16 fM].
3. Rd: *in Dunkelgrün:* (1 fM, 1 Zun) 5 x; *in Olivgrün:* (1 fM, 1 Zun) 3 x [24 fM].
4. Rd: *in Dunkelgrün:* (2 fM, 1 Zun) 5 x; *in Olivgrün:* (2 fM, 1 Zun) 3 x [32 fM].
5. Rd: *in Dunkelgrün:* 1 fM, 1 Zun, (3 fM, 1 Zun) 4 x, 2 fM; *in Olivgrün:* 1 fM, 1 Zun, (3 fM, 1 Zun) 2 x, 2 fM [40 fM].
6. Rd: *in Dunkelgrün:* (4 fM, 1 Zun) 5 x; *in Olivgrün:* (4 fM, 1 Zun) 3 x [48 fM].
7. Rd: *in Dunkelgrün:* 30 fM; *in Olivgrün:* 18 fM; [48 fM].
8. Rd: *in Dunkelgrün:* (7 fM, 1 Zun) 3 x, 6 fM; *in Olivgrün:* 1 fM, 1 Zun, (7 fM, 1 Zun) 2 x [54 fM].
9. Rd: *in Dunkelgrün:* 3 fM, 1 Zun, (8 fM, 1 Zun) 3 x, 2 fM; *in Olivgrün:* 6 fM, 1 Zun, 8 fM, 1 Zun, 5 fM [60 fM].
10. Rd: *in Dunkelgrün:* (11 fM, 1 Zun) 3 x, 1 fM; *in Olivgrün:* 10 fM, 1 Zun, 11 fM, 1 Zun [65 fM].
11.–31. Rd: *in Dunkelgrün:* 40 fM; *in Olivgrün:* 25 fM [65 fM].

Mit dem Ausstopfen des Körpers beginnen und nach und nach weiteres Füllmaterial hinzufügen.

32. Rd: *in Dunkelgrün:* 3 fM, 1 Abn, (6 fM, 1 Abn) 4 x, 3 fM; *in Olivgrün:* 25 fM [60 fM].
33.–34. Rd: *in Dunkelgrün:* 35 fM; *in Olivgrün:* 25 fM [60 fM].
35. Rd: *in Dunkelgrün:* (8 fM, 1 Abn) 3 x, 5 fM; *in Olivgrün:* 3 fM, 1 Abn, (8 fM, 1 Abn) 2 x [54 fM].
36.–37. Rd: *in Dunkelgrün:* 32 fM; *in Olivgrün:* 22 fM [54 fM].
38. Rd: *in Dunkelgrün:* (7 fM, 1 Abn) 3 x, 5 fM; *in Olivgrün:* 2 fM, 1 Abn, (7 fM, 1 Abn) 2 x [48 fM].
39. Rd: *in Dunkelgrün:* (4 fM, 1 Abn) 5 x; *in Olivgrün:* (4 fM, 1 Abn) 2 x, 4 fM; *in Dunkelgrün:* 1 Abn [40 fM].
40. Rd: 1 fM, 1 Abn, (3 fM, 1 Abn) 4 x, 2 fM; *in Olivgrün:* 1 fM, 1 Abn, (3 fM, 1 Abn) 2 x, 1 fM; *in Dunkelgrün:* 1 fM [32 fM].
41. Rd: 20 fM; *in Olivgrün:* 11 fM; *in Dunkelgrün:* 1 fM [32 fM].
42. Rd: (6 fM, 1 Abn) 2 x, 5 fM; *in Olivgrün:* 1 fM, 1 Abn, 6 fM; *in Dunkelgrün:* 1 Abn [28 fM].
43. Rd: 19 fM; *in Olivgrün:* 8 fM; *in Dunkelgrün:* 1 fM [28 fM].
44. Rd: (5 fM, 1 Abn) 2 x, 5 fM; *in Olivgrün:* 1 Abn, 5 fM; *in Dunkelgrün:* 1 Abn [24 fM].
45. Rd: 18 fM; *in Olivgrün:* 4 fM; *in Dunkelgrün:* 2 fM [24 fM].

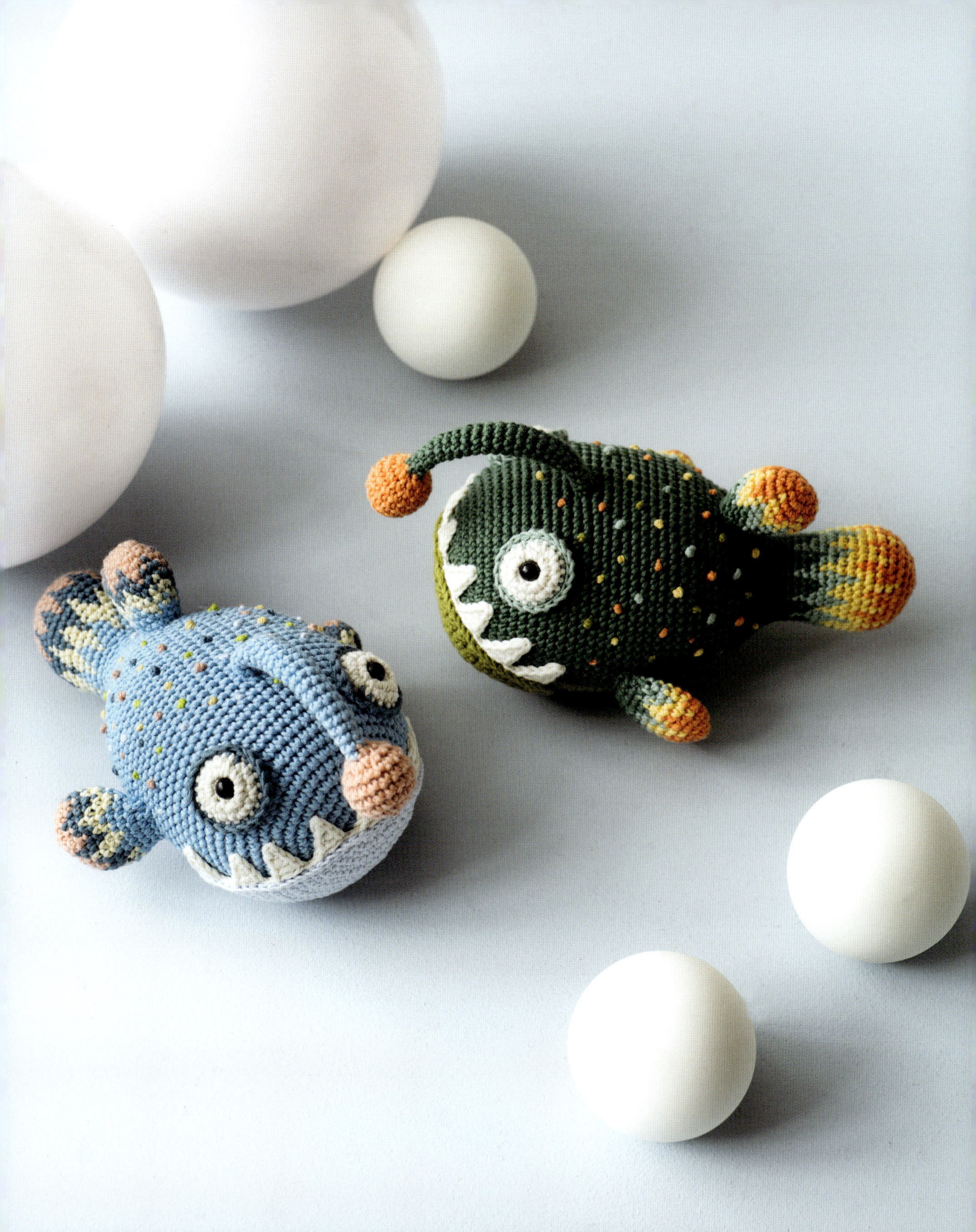

Den olivgrünen Faden abschneiden und mit dem dunkelgrünen weiterhäkeln.

46. Rd: (3 fM, 1 Zun) 6 x [30 fM].
47.–48. Rd: (*in Hellgrün:* 1 fM; *in Dunkelgrün:* 2 fM) 10 x [30 fM].
49. Rd: (*in Hellgrün:* 2 fM; *in Dunkelgrün:* 1 fM) 10 x [30 fM].

Am Ende der 49. Rd zum gelben Garn wechseln und den dunkelgrünen Faden abschneiden.

50. Rd: (*in Gelb:* 1 fM; *in Hellgrün:* 2 fM, 1 Zun) 6 x [36 fM].
51. Rd: (*in Gelb:* 1 fM; *in Hellgrün:* 2 fM) 12 x [36 fM].
52. Rd: (*in Gelb:* 2 fM; *in Hellgrün:* 1 fM) 12 x [36 fM].
53. Rd: (*in Gelb:* 5 fM; *in Hellgrün:* 1 fM) 6 x [36 fM].

Am Ende der 53. Rd zum gelben Garn wechseln und den hellgrünen Faden abschneiden.

54. Rd: *in Gelb:* 1 fM; (*in Orange:* 1 fM; *in Gelb:* 5 fM) 5 x; *in Orange:* 1 fM; *in Gelb:* 4 fM [36 fM].
55. Rd: 1 fM; (*in Orange:* 1 fM; *in Gelb:* 2 fM) 11 x; *in Orange:* 1 fM; *in Gelb:* 1 fM [36 fM].
56. Rd: (*in Orange:* 2 fM; *in Gelb:* 1 fM) 12 x [36 fM].
57. Rd: (*in Orange:* 1 Abn, 3 fM; *in Gelb:* 1 fM) 6 x [30 fM].

Am Ende der 57. Rd mit dem orangen Garn fortfahren und den gelben Faden abschneiden.

58. Rd: 1 fM in jede M [30 fM].
59. Rd: (3 fM, 1 Abn) 6 x [24 fM].
60. Rd: (2 fM, 1 Abn) 6 x [18 fM].
61. Rd: (1 fM, 1 Abn) 6 x [12 fM].
62. Rd: 6 Abn [6 fM].

Den Körper beenden und ausstopfen. Den Faden durchziehen und die restlichen Maschen schließen (**1**).

MUND (in Olivgrün)

Eine Lm-Kette mit 31 Lm häkeln. In der 2. Lm von der Nadel aus beginnen. Auf der Lm-Kette in Hin- und Rückreihen arbeiten. Die Lm am Anfang jeder R zählt nicht als 1 fM.

1. R: 30 fM, wenden [30 fM].
2.–3. R: 1 Lm, 30 fM, wenden [30 fM].
4. R: 1 Lm, 4 fM, 1 Abn, (8 fM, 1 Abn) 2 x, 4 fM, wenden [27 fM].
5.–9. R: 1 Lm, 27 fM, wenden [27 fM].
10. R: 1 Lm, 3 fM, 1 Abn, (7 fM, 1 Abn) 2 x, 4 fM, wenden [24 fM].
11. R: 1 Lm, 24 fM, wenden [24 fM].
12. R: 1 Lm, 2 fM, 1 Abn, (4 fM, 1 Abn) 3 x, 2 fM, wenden [20 fM].
13. R: 1 Lm, 20 fM, wenden [20 fM].
14. R: 1 Lm, 1 fM, 1 Abn (3 fM, 1 Abn) 3 x, 2 fM, wenden [16 fM].

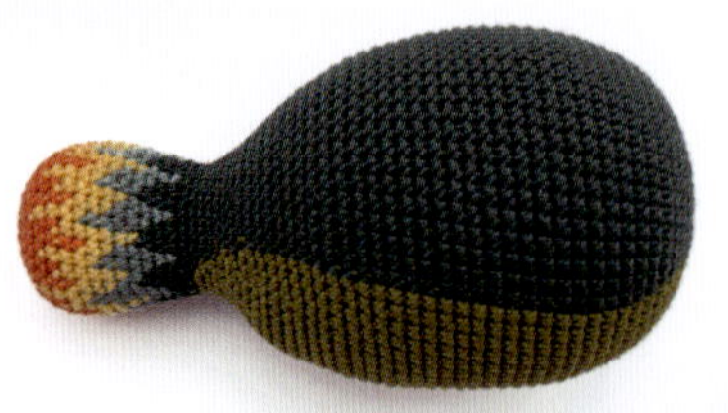

1

15. R: 1 Lm, 16 fM, wenden [16 fM].
16. R: 1 Lm, 1 fM, 1 Abn (2 fM, 1 Abn) 3 x, 1 fM, wenden [12 fM].
17. R: 1 Lm, 12 fM, wenden [12 fM].
18. R: 1 Lm, (1 fM, 1 Abn) 4 x, wenden [8 fM].
19. R: 1 Lm, 8 fM, wenden [8 fM].
20. R: 1 Lm, 4 Abn [4 fM].

Am Ende der 20. R diese Form mit 1 Runde Km umhäkeln (**2**, **3**, **4** und **5**) und anschließend den weißen Faden anschlingen. Den olivgrünen Faden außen ruhen lassen (**6**), damit werden später noch Details gehäkelt.

ZÄHNE

Mit dem weißen Garn die Zähne in die hMg der R um den Mund häkeln, dabei an der Kante der kürzeren Seite des Munds beginnen: (1 Km; 5 Lm (**7**), in die 2. M von der Häkelnadel aus einstechen, 1 fM, 1 hStb, 2 Stb (**8**); 3 M überspringen, 1 Km) 5 x (**9** und **10**). Den Faden abschneiden, dabei zum Annähen lang genug lassen. Es wurden 5 Zähne gehäkelt (**11**).
Die Zähne auf der anderen Seite des Munds häkeln, parallel zu den eben angefertigten: den weißen Faden an der rechten Seite des Munds anschlingen (**12**) und 4 x die Anleitung in der Klammer befolgen (**13** und **14**). Den Faden abschneiden, dabei zum Annähen lang genug lassen.
Für die Details des Munds siehe den Kasten auf S. 132.

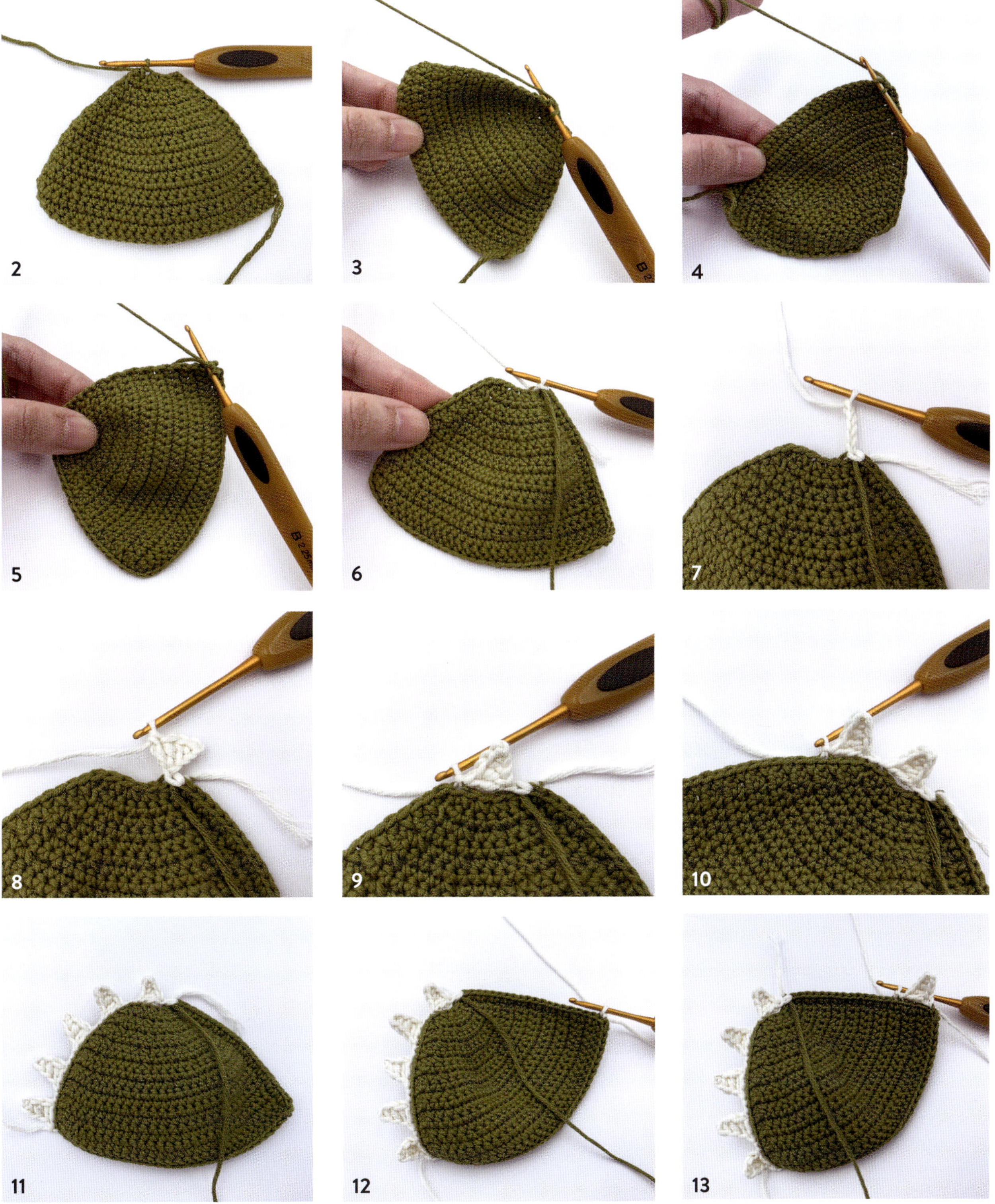
2
3
4
5
6
7
8
9
10
11
12
13

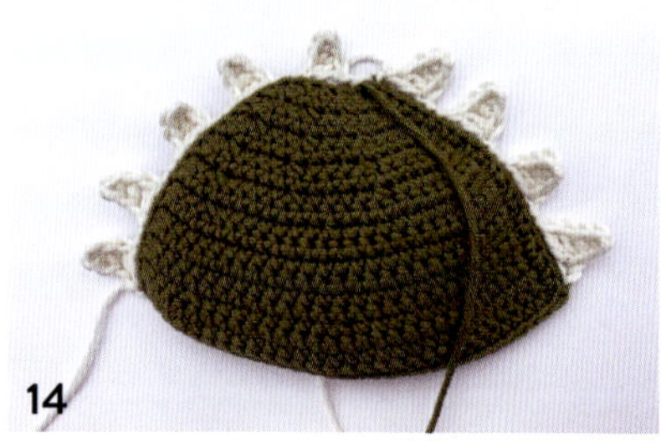

14

DETAILS

In die hMg der R um den Mund häkeln: die Häkelnadel in die 1. M einstechen und den olivgrünen Faden anschlingen (15), rundum 1 Rd Km häkeln (16), dann mit 1 Km enden. Den Faden abschneiden, dabei zum Annähen lang genug lassen (17).

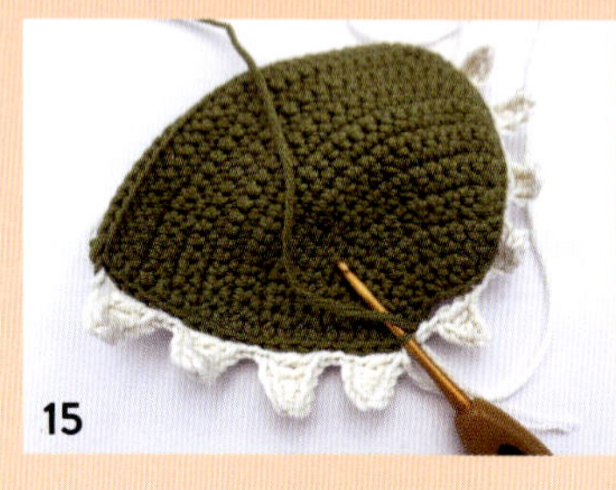

15

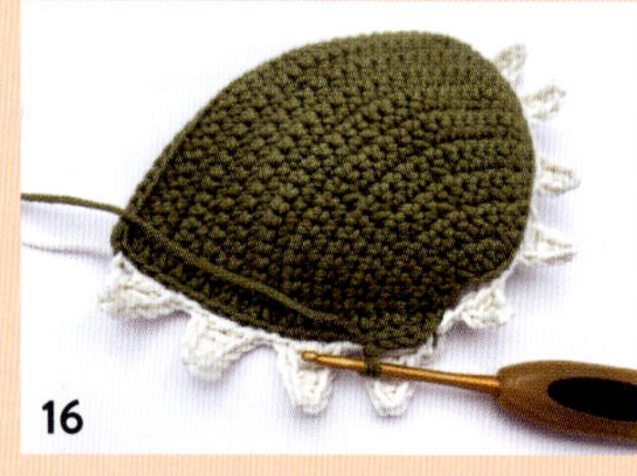

16

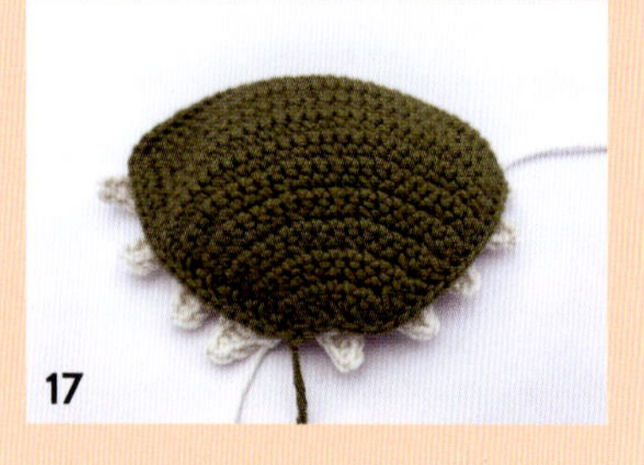

17

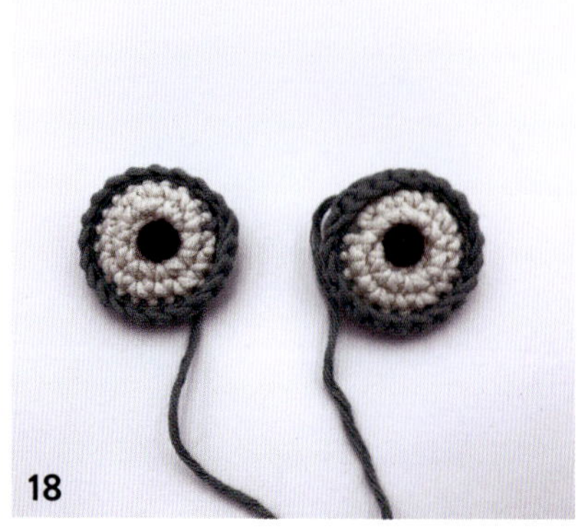

18

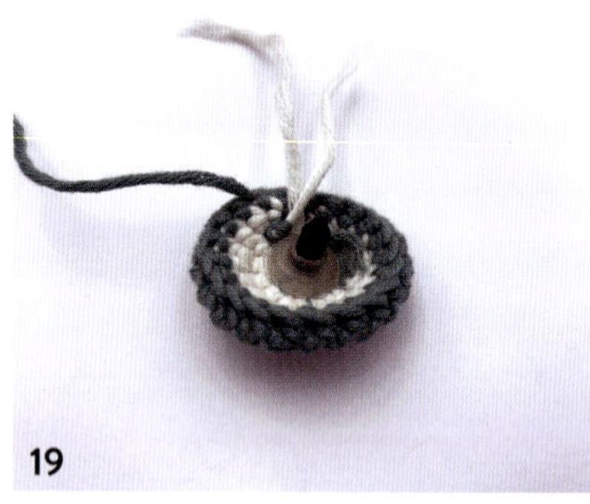

19

AUGEN (mit Weiß beginnen, 2 x häkeln)

1. Rd: 7 fM in einen magischen Ring häkeln [7 fM].
2. Rd: 7 Zun [14 fM].
3. Rd: (1 fM, 1 Zun) 7 x [21 fM].

Am Ende der 3. Rd zum hellgrünen Garn wechseln und den weißen Faden abschneiden.

4. Rd: 1 fM in jede M [21 fM].
5. Rd: Nur in die vMg häkeln, 1 fM in jede M [21 fM].

Den Faden abschneiden, dabei zum Annähen lang genug lassen. Ein unsichtbares Ende arbeiten (siehe S. 20). Die Sicherheitsaugen im magischen Ring anbringen (**18** und **19**).

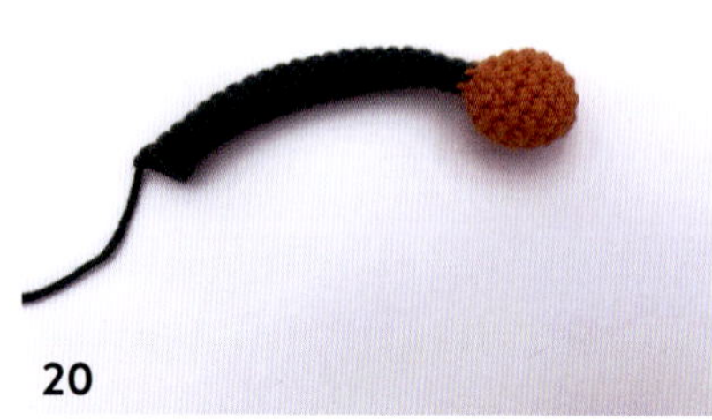

20

KÖDER
(mit Orange beginnen)

1. Rd: 6 fM in einen magischen Ring häkeln [6 fM].
2. Rd: 6 Zun [12 fM].
3. Rd: (2 fM, 1 Zun) 4 x [16 fM].
4.–6. Rd: 1 fM in jede M [16 fM].
7. Rd: (2 fM, 1 Abn) 4 x [12 fM].
Die Kugel des Köders ausstopfen.
8. Rd: 6 Abn [6 fM].

Am Ende der 8. Rd zum dunkelgrünen Garn wechseln und den orangen Faden abschneiden. Den Rest nicht ausstopfen.

9.–10. Rd: 1 fM in jede M [6 fM].
11. Rd: 5 fM, 1 Zun [7 fM].
12.–16. Rd: 1 fM in jede M [7 fM].
17. Rd: 6 fM, 1 Zun [8 fM].
18.–29. Rd: 1 fM in jede M [8 fM].

Den Faden abschneiden, dabei zum Annähen lang genug lassen (**20**).

FLOSSEN

BRUSTFLOSSEN

(mit Orange beginnen, 2 x häkeln)

1. Rd: 6 fM in einen magischen Ring häkeln [6 fM].
2. Rd: 6 Zun [12 fM].
3. Rd: (1 fM, 1 Zun) 6 x [18 fM].
4. Rd: (*in Gelb:* 1 fM; *in Orange:* 1 fM, 1 Zun) 6 x [24 fM].
5. Rd: *in Gelb:* 2 fM; (*in Orange:* 1 fM; *in Gelb:* 3 fM) 5 x; *in Orange:* 1 fM; *in Gelb:* 1 fM [24 fM].

Am Ende der 5. Rd zum hellgrünen Garn wechseln und den orangen Faden abschneiden.

6. Rd: (*in Hellgrün:* 1 fM; *in Gelb:* 3 fM) 6 x [24 fM].
7. Rd: (*in Hellgrün:* 2 fM; *in Gelb:* 1 fM; *in Hellgrün:* 3 fM; *in Gelb:* 1 fM; *in Hellgrün:* 3 fM; *in Gelb:* 1 Abn) 2 x [22 fM].

Am Ende der 7. Rd zum dunkelgrünen Garn wechseln und den gelben Faden abschneiden.

8. Rd: (*in Dunkelgrün:* 1 fM; *in Hellgrün:* 3 fM; *in Dunkelgrün:* 1 fM; *in Hellgrün:* 3 fM; *in Dunkelgrün:* 1 fM; *in Hellgrün:* 1 Abn) 2 x [20 fM].
9. Rd: (*in Dunkelgrün:* 2 fM; *in Hellgrün:* 1 fM; *in Dunkelgrün:* 3 fM; *in Hellgrün:* 1 fM; *in Dunkelgrün:* 1 fM, 1 Abn) 2 x [18 fM].

Am Ende der 9. Rd den hellgrünen Faden abschneiden und mit dem dunkelgrünen weiterhäkeln.

10. Rd: (7 fM, 1 Abn) 2 x [16 fM].
11. Rd: (2 fM, 1 Abn) 4 x [12 fM].

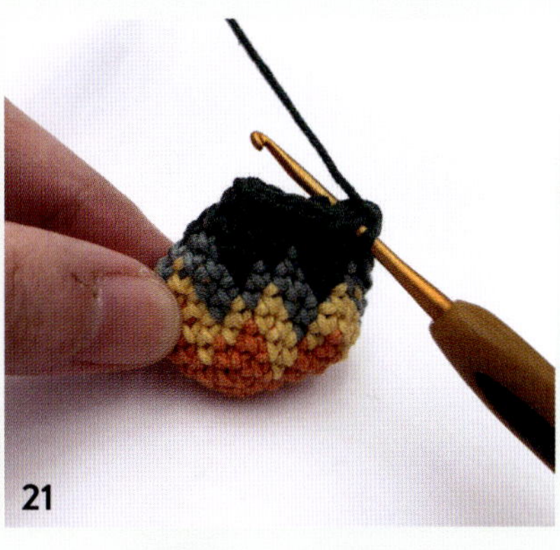
21

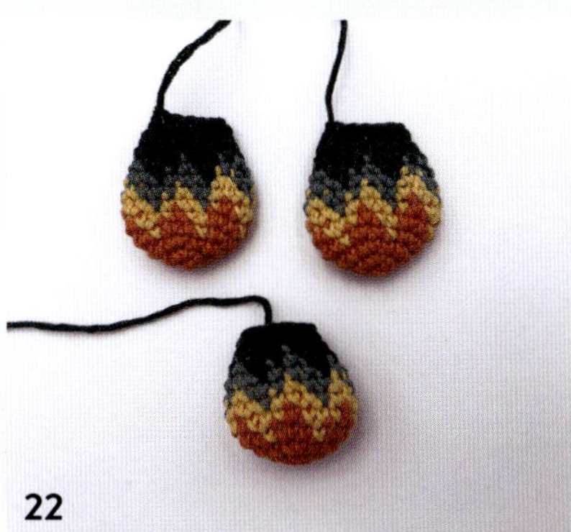
22

Die Brustflosse flach drücken und die M an der Öffnung aneinanderlegen (**21**). Die beiden gegenüberliegenden M jeweils mit fM zusammenhäkeln [6 fM].
Den Faden abschneiden, dabei zum Annähen lang genug lassen (**22**).

RÜCKENFLOSSE

(mit Orange beginnen)

1.–11. Rd: wie die 1.–11. Rd der Brustflosse häkeln.

Am Ende der 11. Runde den Faden abschneiden und zum Annähen lang genug lassen.
Die Flosse ausstopfen (**22**).

ZUSAMMENNÄHEN

Den Mund mit Stecknadeln zwischen der 1. und 17. Rd am Körper feststecken. Zuerst nacheinander die Spitzen der Zähne festnähen, dann erst den Rest des Munds (**23** und **24**).
Den Köder zwischen der 19. und 20. Rd an den Körper nähen.
Die Augen mit Stecknadeln zwischen der 11. und 18. Rd im Abstand von 10 M am Körper feststecken und annähen (**25**).
Die Rückenflosse zwischen der 35. und 40. Rd an den Körper nähen. Die Brustflossen in Höhe der 24. Rd an den Körper nähen (**26** und **27**).
Mit dem orangen, grünen und gelben Garn im Knötchenstich (siehe S. 25) Punkte auf den Körper sticken (**28**).

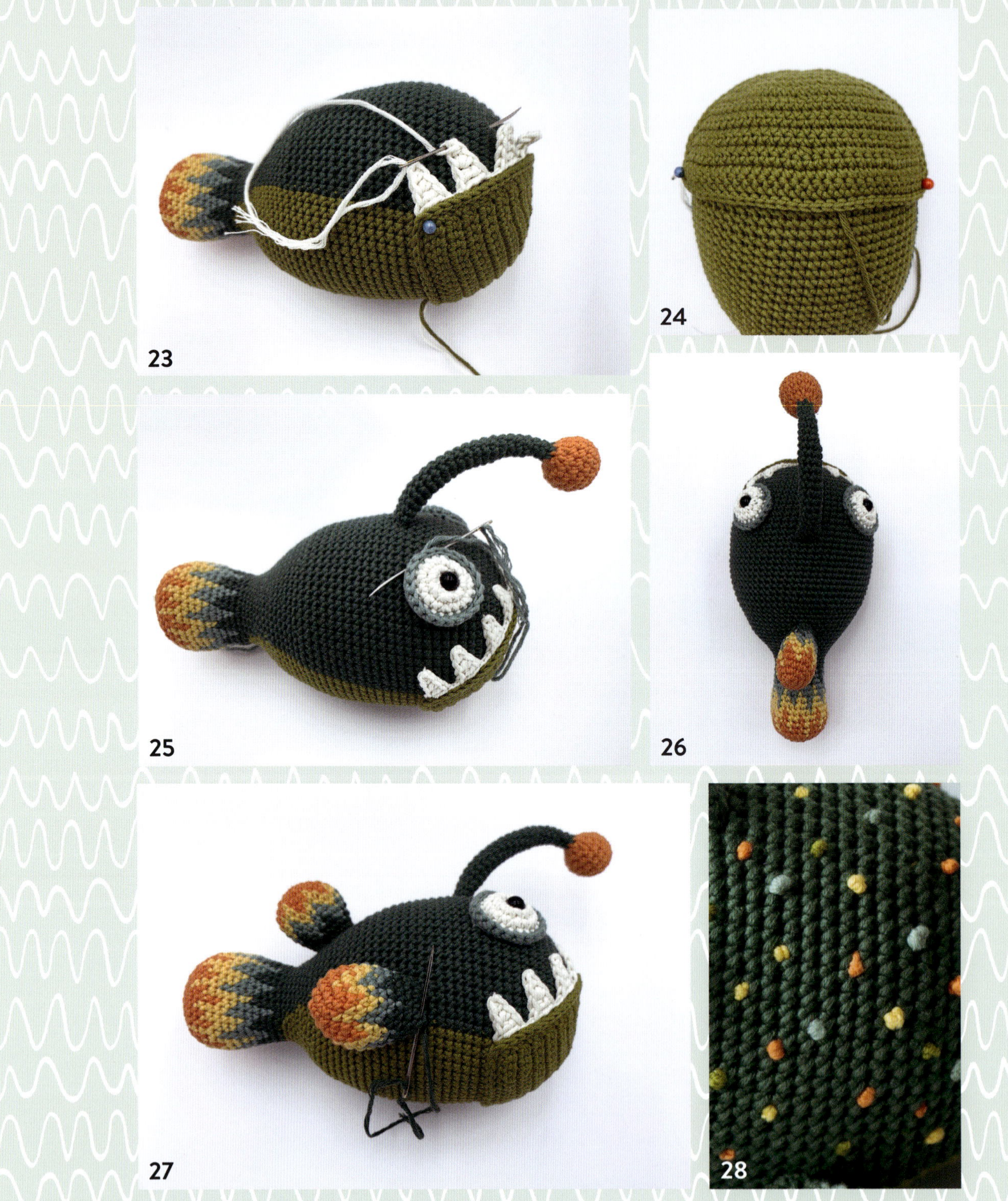
23
24
25
26
27
28

UND FÜR DIE BLAUE VERSION?

Hier folgen die Material- und Farbangaben für die blaue Version von Sunny. Aber ihr könnt eurer Fantasie natürlich auch freien Lauf lassen!

	GRÜNE VERSION	BLAUE VERSION
	MATERIAL	
	DMC Natura Just Cotton	
Körper	Dunkelgrün (Fb. N14), 50 g	Blau (Fb. N70), 50 g
Bauch	Olivgrün (Fb. N989), 50 g	Blassblau (Fb. N05), 50 g
Streifen an den Flossen und Details des Körpers	kleine Reste von Gelb (Fb. N16) und Hellgrün (Fb. N20)	kleine Reste von Gelb (Fb. N83) und Dunkelblau (Fb. N878)
Zähne und Augen	Weiß (Fb. N35), kleiner Rest	
Rand um die Augen	Hellgrün (Fb. N20), Rest von den Streifen der Flossen	Dunkelblau (Fb. N878), Rest von den Streifen der Flossen
	DMC Natura Just Cotton	DMC Woolly
Köder, letzter Streifen an den Flossen und Details des Körpers	Orange (Fb. N47), ein kleiner Rest	Koralle (Fb. 454), ein kleiner Rest

YEN *das Rentier*

Yen genießt den schönsten Tag des Jahres. Ja, endlich ist Frühling! Um ihn zu feiern, hat sie sich ein schönes Kleid angezogen und ein paar Blumen auf den Kopf gesteckt. Sie liebt alle Farben, Geräusche und Düfte dieser wunderbaren Jahreszeit. Danke an Mutter Natur für dieses Geschenk!

KOPF (mit Grau beginnen)

1. Rd: 8 fM in einen magischen Ring häkeln [8 fM].
2. Rd: 8 Zun [16 fM].
3. Rd: (1 fM, 1 Zun) 8 x [24 fM].
4. Rd: (2 fM, 1 Zun) 8 x [32 fM].
5. Rd: 1 fM, 1 Zun, (3 fM, 1 Zun) 7 x, 2 fM [40 fM].
6. Rd: (4 fM, 1 Zun) 8 x [48 fM].
7.–8. Rd: 1 fM in jede M [48 fM].
9. Rd: (7 fM, 1 Zun) 6 x [54 fM].
10. Rd: 1 fM in jede M [54 fM].
11. Rd: 18 fM; *in Creme:* 1 fM; *in Grau:* 16 fM; *in Creme:* 1 fM; *in Grau:* 18 fM [54 fM].
12. Rd: 17 fM; *in Creme:* 3 fM; *in Grau:* 14 fM; *in Creme:* 3 fM; *in Grau:* 17 fM [54 fM].
13. Rd: 16 fM; *in Creme:* 5 fM; *in Grau:* 12 fM; *in Creme:* 5 fM; *in Grau:* 16 fM [54 fM].
14. Rd: 15 fM; *in Creme:* 7 fM; *in Grau:* 10 fM; *in Creme:* 7 fM; *in Grau:* 15 fM [54 fM].
15. Rd: 8 fM, 1 Zun, 5 fM; *in Creme:* 3 fM, 1 Zun, 5 fM; *in Grau:* 3 fM, 1 Zun, 4 fM; *in Creme:* 4 fM, 1 Zun, 4 fM; *in Grau:* 4 fM, 1 Zun, 8 fM, 1 Zun [60 fM].
16. Rd: 14 fM; *in Creme:* 12 fM; *in Grau:* 7 fM; *in Creme:* 12 fM; *in Grau:* 15 fM [60 fM].
17. Rd: 14 fM; *in Creme:* 13 fM; *in Grau:* 5 fM; *in Creme:* 13 fM; *in Grau:* 15 fM [60 fM].
18. Rd: 14 fM; *in Creme:* 14 fM; *in Grau:* 3 fM; *in Creme:* 14 fM; *in Grau:* 15 fM [60 fM].
19.–21. Rd: 14 fM; *in Creme:* 31 fM; *in Grau:* 15 fM [60 fM].
22. Rd: 9 fM, 1 Zun, 4 fM; *in Creme:* 5 fM, 1 Zun, (9 fM, 1 Zun) 2 x, 5 fM; *in Grau:* 4 fM, 1 Zun, 9 fM, 1 Zun [66 fM].
23. Rd: 4 fM, 1 Abn, 9 fM; *in Creme:* (1 Abn, 9 fM) 3 x; *in Grau:* 1 Abn, 9 fM, 1 Abn, 5 fM [60 fM].
24. Rd: 8 fM, 1 Abn, 4 fM; *in Creme:* 4 fM, 1 Abn, (8 fM, 1 Abn) 2 x, 4 fM; *in Grau:* 4 fM, 1 Abn, 8 fM, 1 Abn [54 fM].
25. Rd: 3 fM, 1 Abn, 7 fM, 1 Abn; *in Creme:* (7 fM, 1 Abn) 2 x, 7 fM; *in Grau:* 1 Abn, 7 fM, 1 Abn, 4 fM [48 fM].
26. Rd: 6 fM, 1 Abn, 4 fM; *in Creme:* 1 fM, (1 Abn, 6 fM) 2 x, 1 Abn, 3 fM; *in Grau:* 3 fM, 1 Abn, 6 fM, 1 Abn [42 fM].

SCHWIERIGKEIT ★★★

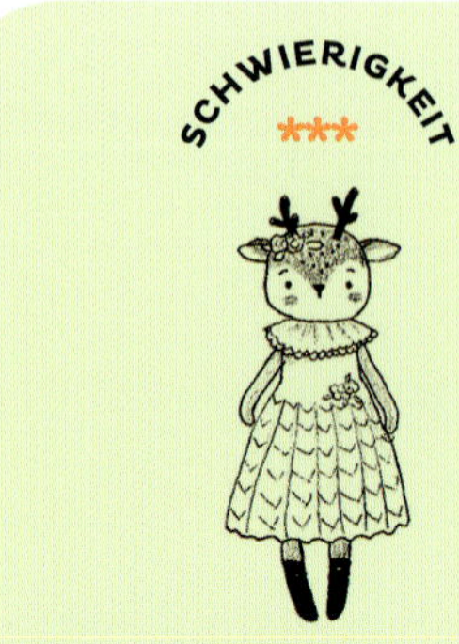

Größe: 32 cm

Material
- Grundausstattung (siehe S. 10)
- Häkelnadel 2,25 mm
- 2 Sicherheitsaugen Ø 7 mm
- 3 kleine Perlen

Garn
- DMC Natura Just Cotton in
  - Braun (Fb. N22), 50 g,
  - Creme (Fb. N35), 50 g,
  - Grau (Fb. N78), 50 g,
  - Blassrosa (Fb. N82),
  - Grün (Fb. N20),
  jeweils ein kleiner Rest
- DMC Woolly
  - Koralle (Fb. 454), 50 g,
  - Rosa (Fb. 045),
  - Dunkelgrün (Fb. 087),
  - Gelb (Fb. 091),
  - Beige (Fb. 134),
  jeweils ein kleiner Rest
- braunes Stickgarn

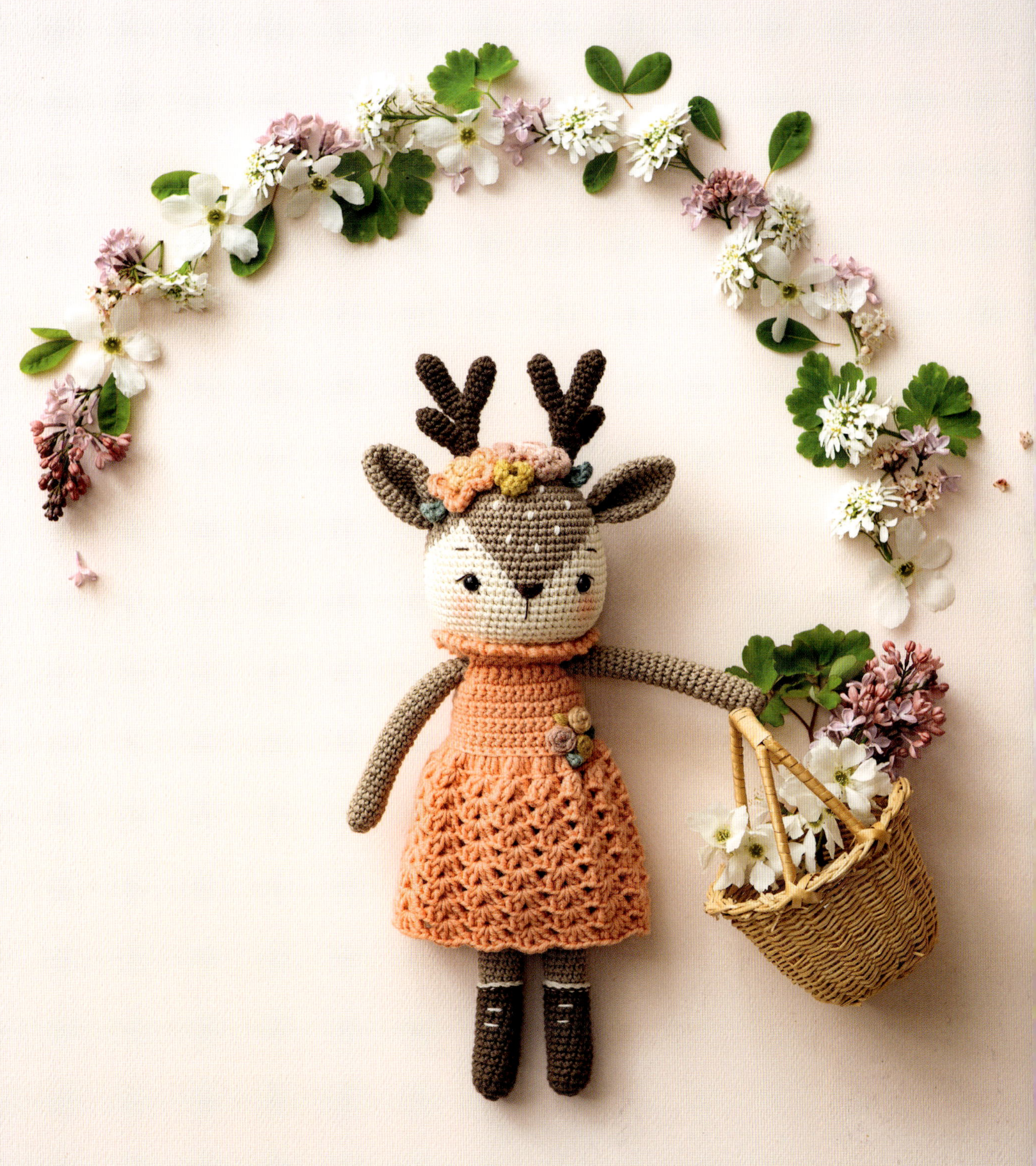

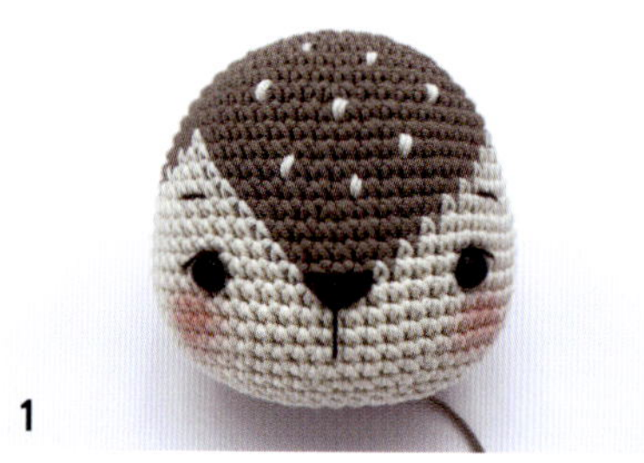

1

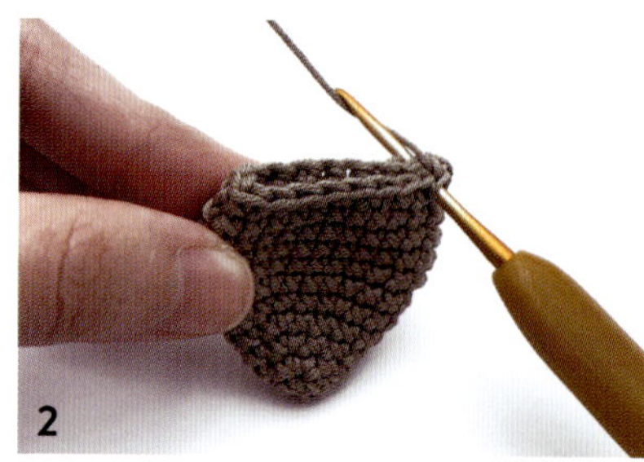

2

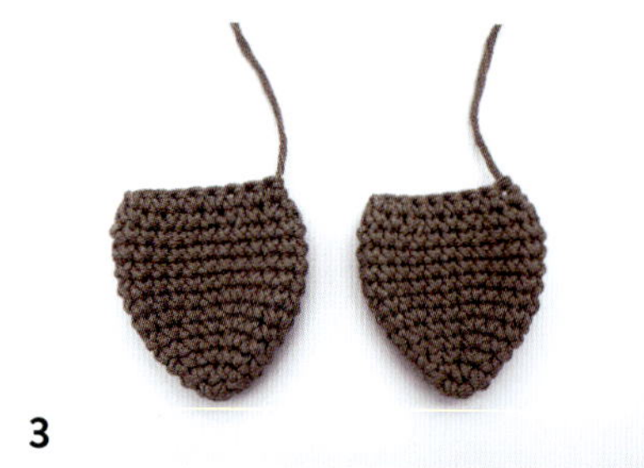

3

Die Sicherheitsaugen zwischen der 18. und 19. Rd im Abstand von 11 M einsetzen. Sie sollten innerhalb der cremefarbenen Halbkreise platziert werden. Mit dem Ausstopfen des Kopfes beginnen und nach und nach weiteres Füllmaterial hinzufügen.

27. Rd: 2 fM, 1 Abn, 5 fM, 1 Abn; *in Creme:* (5 fM, 1 Abn) 2 x, 5 fM; *in Grau:* 1 Abn, 5 fM, 1 Abn, 3 fM [36 fM].
28. Rd: 4 fM, 1 Abn, 3 fM; *in Creme:* 1 fM, (1 Abn, 4 fM) 2 x, 1 Abn, 2 fM; *in Grau:* 2 fM, 1 Abn, 4 fM, 1 Abn [30 fM].

Am Ende der 28. Rd den cremefarbenen Faden abschneiden und mit dem grauen Garn fortfahren.

29. Rd: (3 fM, 1 Abn) 6 x [24 fM].

Den Faden abschneiden, dabei zum Annähen lang genug lassen.
Mit dem braunen Stickgarn Augenlider über den Augen sowie Augenbrauen 3 Rd über den Augen aufsticken.
Anschließend die Nase zwischen den Augen aufsticken.
Mit dem cremefarbenen Garn kleine Linien auf den Kopf sticken.
Mit Rouge die Wangen färben (**1**).

OHREN (in Grau, 2 x häkeln)

1. Rd: 6 fM in einen magischen Ring häkeln [6 fM].
2. Rd: (1 Zun, 1 fM) 3 x [9 fM].
3. Rd: (2 fM, 1 Zun) 3 x [12 fM].
4. Rd: (3 fM, 1 Zun) 3 x [15 fM].
5. Rd: (4 fM, 1 Zun) 3 x [18 fM].
6. Rd: 2 fM, 1 Zun, (5 fM, 1 Zun) 2 x, 3 fM [21 fM].
7. Rd: (6 fM, 1 Zun) 3 x [24 fM].
8.–11. Rd: 1 fM in jede M [24 fM].
12. Rd: (2 fM, 1 Abn) 6 x [18 fM].

Die Ohren flach drücken und die M an der Öffnung aneinanderlegen (**2**). Die beiden gegenüberliegenden M jeweils mit fM zusammenhäkeln [9 fM].
Den Faden abschneiden, dabei zum Annähen lang genug lassen (**3**).

GEWEIH
(in Braun, 2 x häkeln)

Das Geweih besteht aus drei kleinen Teilen, die miteinander verbunden werden. Diese nach und nach ausstopfen.

ERSTER TEIL

1. Rd: 6 fM in einen magischen Ring häkeln [6 fM].
2. Rd: (1 Zun, 2 fM) 2 x [8 fM].
3.–5. Rd: 1 fM in jede M [8 fM].

Den Faden abschneiden und vernähen.

ZWEITER TEIL

1. Rd: 6 fM in einen magischen Ring häkeln [6 fM].
2. Rd: (1 Zun, 2 fM) 2 x [8 fM].
3.–6. Rd: 1 fM in jede M [8 fM].

Den Faden abschneiden und vernähen.

DRITTER TEIL

1. Rd: 6 fM in einen magischen Ring häkeln [6 fM].
2. Rd: (1 Zun, 2 fM) 2 x [8 fM].
3.–7. Rd: 1 fM in jede M [8 fM].

Den Faden nicht abschneiden. Dieses Teil mit 1 fM mit dem 2. verbinden (siehe S. 19); dies ist die 1. M der folgenden Rd (**4**).

8. Rd: 1 fM in jede M des 2. Teils, 1 fM in jede M des 3. Teils [16 fM].
9. Rd: 8 Abn [8 fM].
10.–11. Rd: 1 fM in jede M [8 fM] (**5**).

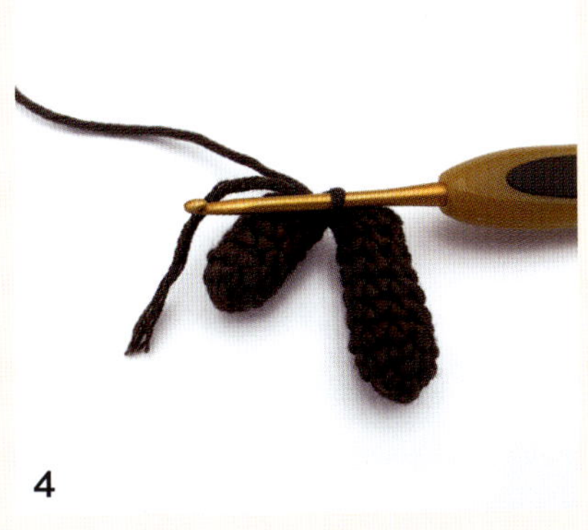

4

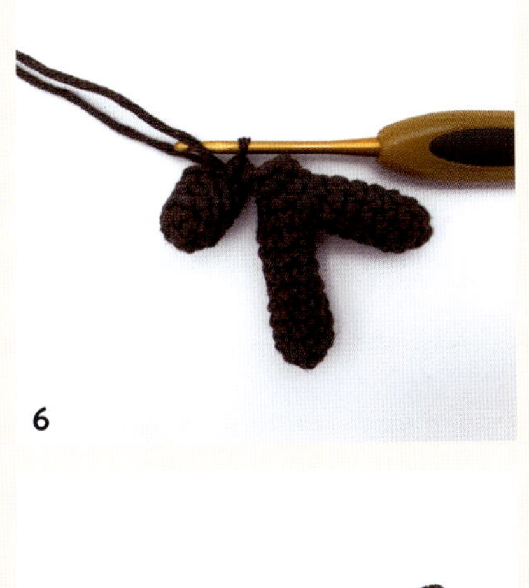

5

6

7

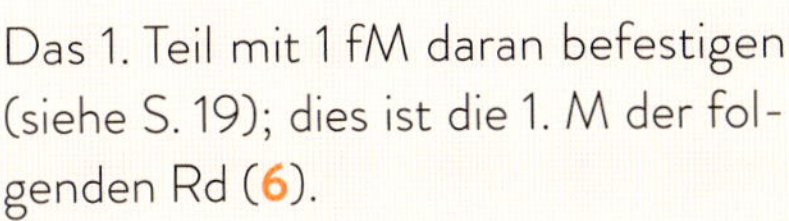

Das 1. Teil mit 1 fM daran befestigen (siehe S. 19); dies ist die 1. M der folgenden Rd (**6**).

12. Rd: 1 fM in jede M des 1. Teils, 1 fM in jede M der 11. Rd des Geweihs [16 fM].
13. Rd: 8 Abn [8 fM].
14.–17. Rd: 1 fM in jede M [8 fM].

Den Faden abschneiden, dabei zum Annähen lang genug lassen (**7**).

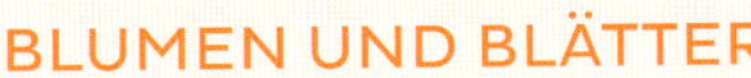

BLUMEN UND BLÄTTER

GROSSE BLUMEN

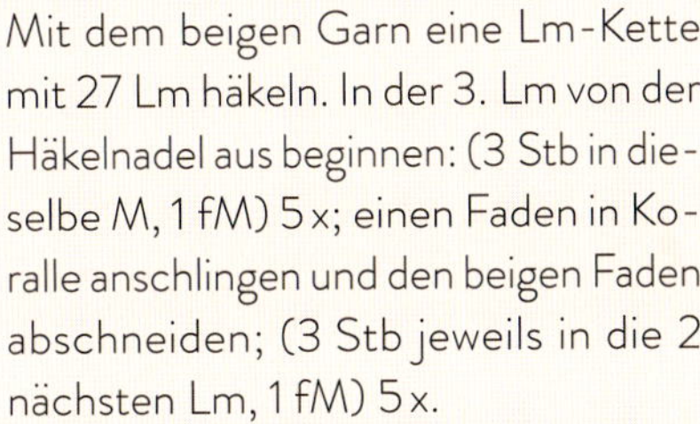

Mit dem beigen Garn eine Lm-Kette mit 27 Lm häkeln. In der 3. Lm von der Häkelnadel aus beginnen: (3 Stb in dieselbe M, 1 fM) 5 x; einen Faden in Koralle anschlingen und den beigen Faden abschneiden; (3 Stb jeweils in die 2 nächsten Lm, 1 fM) 5 x.
Den Faden abschneiden, dabei zum Annähen lang genug lassen.
Die Blume einrollen und mit dem Endfaden in Form nähen, dabei einen ausreichend langen Faden zum Zusammennähen des Kopfs übrig lassen (**8** und **9**).

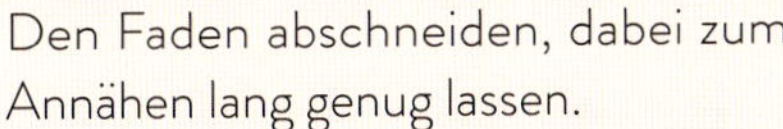

Eine weitere Blume in Blassrosa und Rosa anfertigen (**10**).

KLEINE BLUME

Mit dem gelben Garn eine Lm-Kette mit 8 Lm häkeln. In der 3. Lm von der Häkelnadel aus beginnen: (3 Stb in dieselbe M, 1 fM) 3 x.
Den Faden abschneiden, dabei zum Annähen lang genug lassen.

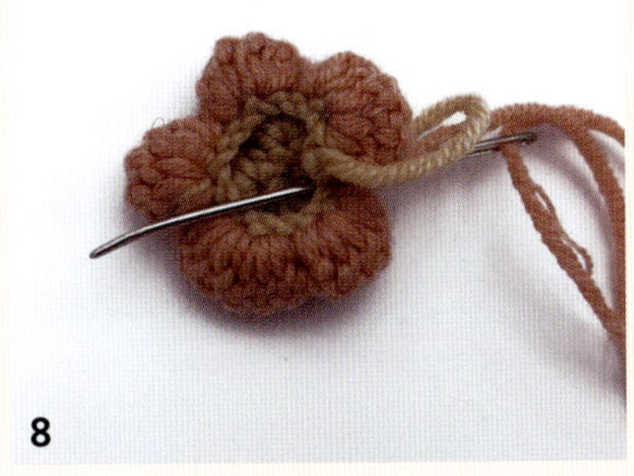

8

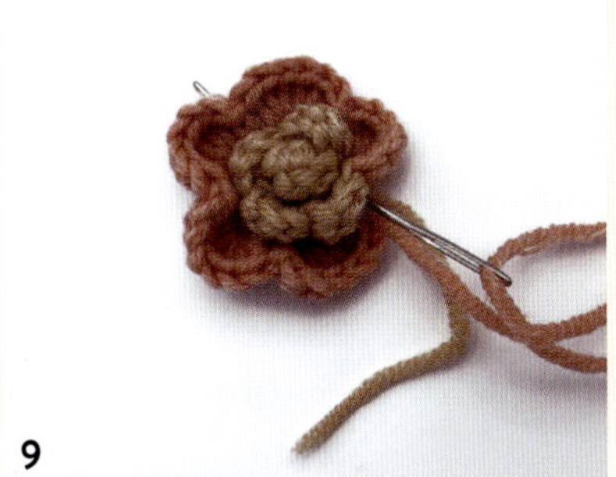

9

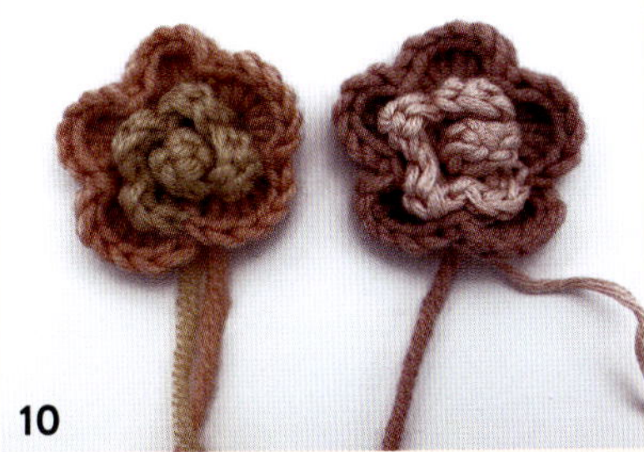

10

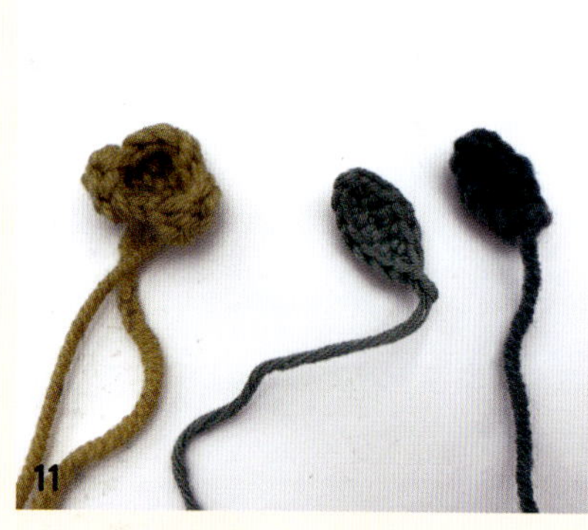
11

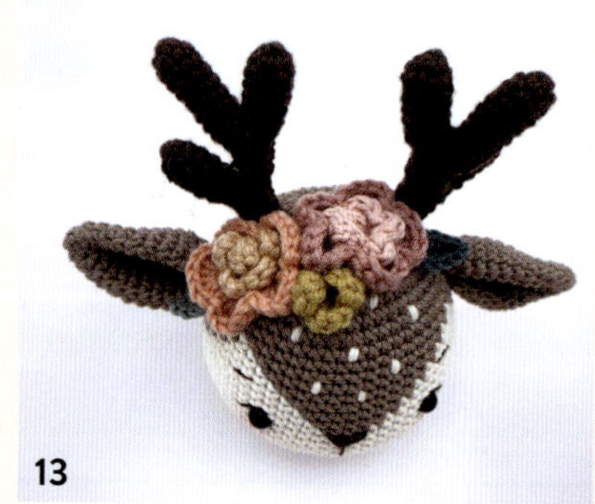
12

13

KLEINE BLÄTTER
(in Grün und Dunkelgrün, 2 x häkeln)

Eine Lm-Kette mit 6 Lm häkeln. In der 2. Lm von der Nadel aus beginnen. Das Blatt wird um diese Lm-Kette herum gehäkelt: 2 fM, 1 hStb, 1 fM, {1 fM, 2 Lm, 1 fM} in die letzte Lm; auf der anderen Seite wie folgt fortfahren: 1 fM, 1 hStb, 2 fM; mit 1 Km enden. Den Faden abschneiden, dabei zum Annähen lang genug lassen (**11**).

DEN KOPF ZUSAMMENNÄHEN

Das Geweih mit Stecknadeln zwischen der 4. und 5. Rd am Kopf feststecken, die Ohren zwischen der 10. und 11. Rd, dann annähen (**12**).
Die Blumen und Blätter auf den Kopf nähen (**13**).

BEINE (mit Braun beginnen, 2 x häkeln)

1. Rd: 6 fM in einen magischen Ring häkeln [6 fM].
2. Rd: 6 Zun [12 fM].
3. Rd: 1 Zun, 11 fM [13 fM].
4.–15. Rd: 1 fM in jede M [13 fM].

Am Ende der 15. Rd zum grauen Garn wechseln und den braunen Faden abschneiden.

16. Rd: Nur in die hMg häkeln, 1 fM in jede M [13 fM].

DETAILS DER SCHUHE

**In die vMg der 15. Rd des Beins häkeln. Die Häkelnadel in die letzte M der Rd stechen und den cremefarbenen Faden aufnehmen (14): 1 Km in jede M [13 Km].
Den Faden abschneiden und vernähen (15).**

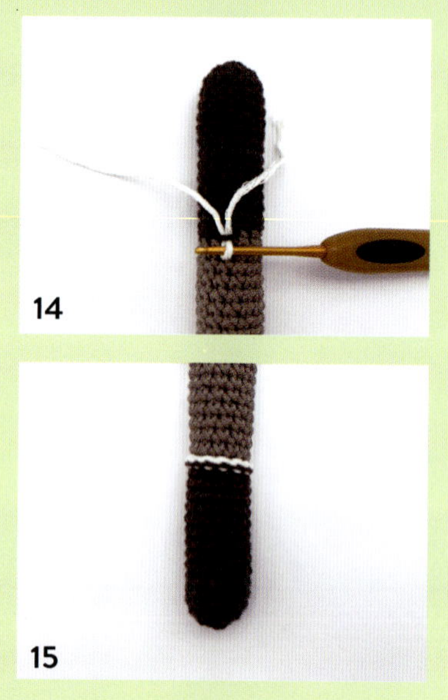
14

15

Mit dem Ausstopfen des Beins beginnen und nach und nach weiteres Füllmaterial hinzufügen.

17.–35. Rd: 1 fM in jede M [13 fM].

Am Ende des 1. Beins den Faden abschneiden, jedoch nicht am Ende des 2. Beins, denn damit werden die Beine verbunden und der Körper gearbeitet. Für die Details der Schuhe siehe den Kasten oben.

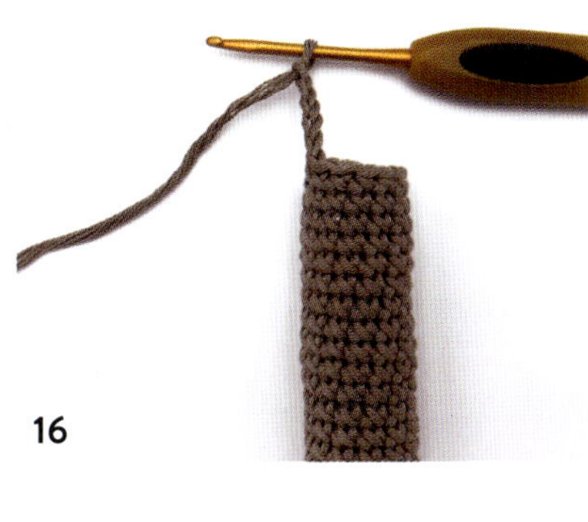

16

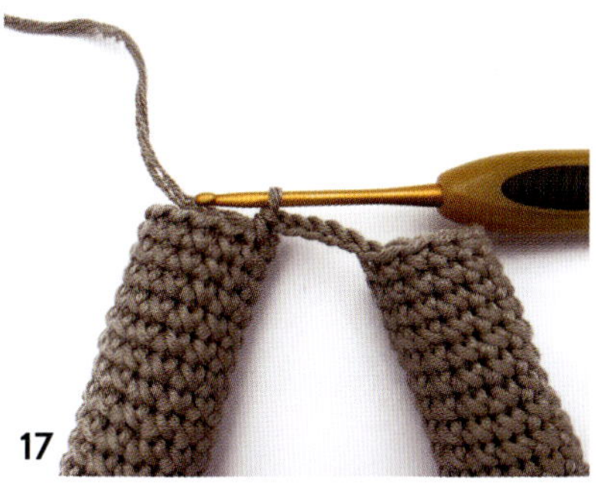

17

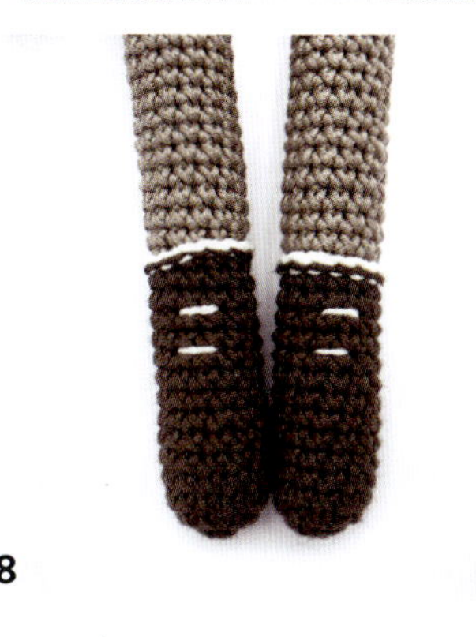

18

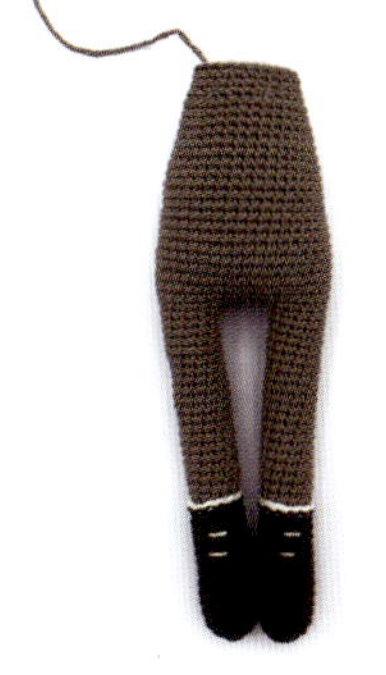

19

KÖRPER
(mit Grau beginnen)

Den Körper an die miteinander verbundenen Beine häkeln.
Dafür mit dem 2. Bein beginnen: 5 Lm häkeln (**16**) und diese mit 1 fM an das 1. Bein häkeln (siehe S. 19); dies ist die 1. M des Körpers (**17**).

1. Rd: 1 fM in jede M des 1. Beins, 1 fM in die 5 Lm, 1 fM in jede M des 2. Beins, jeweils 1 fM in das andere Mg der 5 Lm [36 fM].
2. Rd: (5 fM, 1 Zun) 6 x [42 fM].
3. Rd: 1 fM in jede M [42 fM].
4. Rd: 1 Zun, 13 fM, (1 Zun, 2 fM) 3 x, 12 fM, 1 Zun, 2 fM, 1 Zun, 3 fM [48 fM].
5. Rd: 1 fM in jede M [48 fM].
6. Rd: (6 fM, 1 Abn) 6 x [42 fM].

Mit dem Ausstopfen des Körpers beginnen und nach und nach weiteres Füllmaterial hinzufügen.

7. Rd: 1 fM in jede M [42 fM].
8. Rd: 7 fM, 1 Abn, 19 fM, 1 Abn, 12 fM [40 fM].
9.–11. Rd: 1 fM in jede M [40 fM].
12. Rd: 7 fM, 1 Abn, 18 fM, 1 Abn, 11 fM [38 fM].
13.–16. Rd: 1 fM in jede M [38 fM].
17. Rd: 6 fM, 1 Abn, 17 fM, 1 Abn, 11 fM [36 fM].
18. Rd: 1 fM in jede M [36 fM].
19. Rd: (10 fM, 1 Abn) 3 x [33 fM].
20. Rd: 1 fM in jede M [33 fM].
21. Rd: (9 fM, 1 Abn) 3 x [30 fM].
22. Rd: 1 fM in jede M [30 fM].
23. Rd: (3 fM, 1 Abn) 6 x [24 fM].
24.–25. Rd: 1 fM in jede M [24 fM].

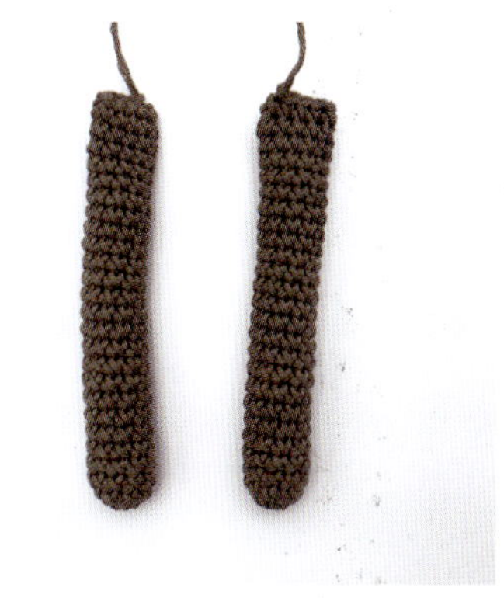

20

Den Faden abschneiden, dabei zum Annähen lang genug lassen.
Mit einem cremefarbenen Faden kleine Schnürsenkel auf die Schuhe sticken (**18** und **19**).

ARME (in Grau, 2 x häkeln)

1. Rd: 6 fM in einen magischen Ring häkeln [6 fM].
2. Rd: (1 Zun, 1 fM) 3 x [9 fM].

Mit dem Ausstopfen des Arms beginnen und nach und nach weiteres Füllmaterial hinzufügen.

3.–25. Rd: 1 fM in jede M [9 fM].

Den Arm flach drücken und die M an der Öffnung aneinanderlegen.
Die beiden gegenüberliegenden M jeweils mit fM zusammenhäkeln [4 fM].
Den Faden abschneiden, dabei zum Annähen lang genug lassen (**20**).

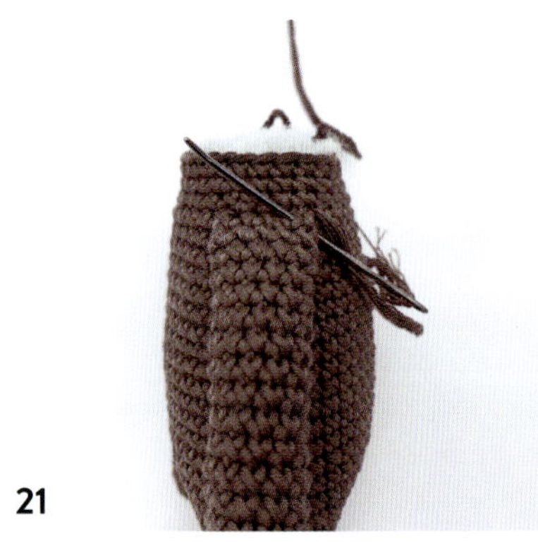

21

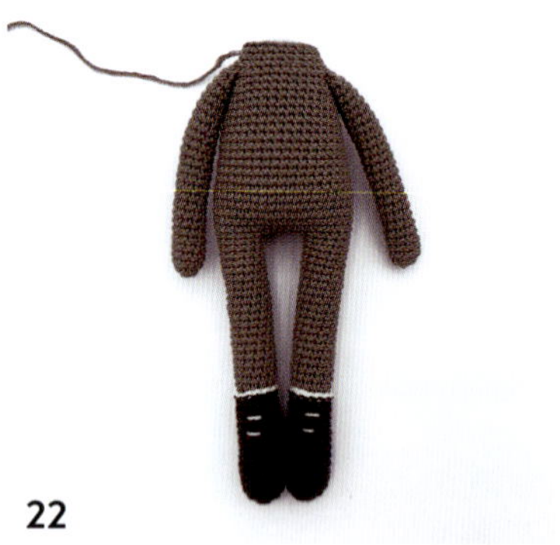

22

DEN KÖRPER ZUSAMMENNÄHEN

Die Arme unter der letzten Rd an den Körper nähen (**21** und **22**).
Den Kopf an den Körper nähen, zuvor noch etwas Füllmaterial hinzufügen.

KLEID (in Koralle)

Eine Lm-Kette mit 29 Lm häkeln.
In der 6. Lm von der Nadel aus beginnen. Auf der Lm-Kette in Hin- und Rückreihen arbeiten. Die Lm am Anfang jeder R zählt nicht als 1 fM.

1. R: 1 fM, 1 Zun, (2 fM 1 Zun) 7 x, 1 fM, wenden (= 1. Knopfloch) [32 fM].
2. R: Nur in die vMg häkeln, 1 Lm, 5 fM; 4 Lm, 6 M überspringen; 10 fM; 4 Lm, 6 M überspringen; 5 fM, wenden [28 M].
3. R: 1 Lm, 1 fM, 1 Zun, (3 fM, 1 Zun) 6 x, 2 fM, wenden [35 fM].
4. R: 1 Lm, 1 fM in jede M bis zum Ende der R, 5 Lm, wenden [40 M] (**23**).
5. R: In der 6. Lm von der Nadel aus beginnen (= 2. Knopfloch, **24**): 1 fM in jede M, wenden [35 fM].
6.–9. R: 1 Lm, 1 fM in jede M, wenden [35 fM].
10. R: 1 Lm, 1 fM in jede M bis zum Ende der R, 5 Lm, wenden [40 M].
11. R: In der 6. Lm von der Nadel aus beginnen (= 3. Knopfloch): 1 fM in jede M, wenden [35 fM].
12. R: 1 Lm, 1 fM in jede M, wenden [35 fM].
13. R: Nur in die hMg häkeln, 3 Lm, 2 Stb in jede M [70 Stb].

Am Ende der 13. R die Arbeit nicht wenden, sondern mit 1 Km in die 1. M der R verbinden (**25**). In geschlossenen Runden weiterhäkeln.
14. Rd: 3 Lm, 1 Stb in dieselbe M der Lm-Kette, (4 M überspringen, {2 Stb, 1 Lm, 2 Stb} in dieselbe M (**26**)) 13 x, 4 M überspringen, 2 Stb in dieselbe M der Anfangs-Lm-Kette, 1 Lm, dann mit 1 Km enden (**27**) [70 M].
15.–21. Rd: 3 Lm, 1 Stb in dieselbe M der Lm-Kette, (4 M überspringen, {2 Stb, 1 Lm, 2 Stb} in den Bogen der 1. Lm der letzten Rd (**28**)) 13 x, 4 M überspringen, 2 Stb in den Bogen der 1. Lm der letzten Rd, 1 Lm, dann mit 1 Km enden (**29**) [70 M].

Den Faden abschneiden und vernähen.

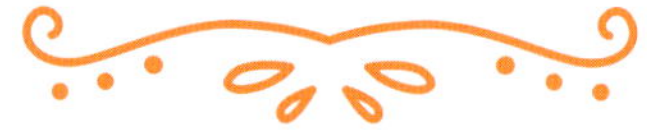

KRAGEN

In die restlichen Mg der 1. Reihe des Kleids häkeln. Die Häkelnadel in die 1. M der R einstechen und den Faden in Koralle aufnehmen (**30**). Auf der Lm-Kette in Hin- und Rückreihen arbeiten.

1. R: 3 Lm, 1 Stb in jede M, wenden [32 Stb].
2. R: 1 Lm, 1 fM in jede M, wenden [32 fM].
3. R: Nur in die hMg häkeln, (3 Lm, 1 Km in nächste M) 32 x, [96 M].

Den Faden abschneiden und vernähen. Die Perlen auf das Rückteil des Kleids nähen (**31**).

BLUMEN (3 x häkeln)

Eine Blume in Rosa, eine in Beige und eine in Gelb häkeln.
6 fM in einen magischen Ring häkeln und mit 1 Km enden [6 fM].
Den Faden abschneiden, dabei zum Annähen lang genug lassen (**32**).

BLÄTTER (2 x häkeln)

Ein Blatt in Grün und ein Blatt in Dunkelgrün häkeln.
Eine Lm-Kette mit 3 Lm häkeln. In die 2. Lm von der Häkelnadel aus 2 fM häkeln.
Den Faden abschneiden, dabei zum Annähen lang genug lassen (**32**).
Die Blumen und Blätter auf das Vorderteil des Kleids nähen und mit dem gelben Garn noch ein kleines Blatt aufsticken (**33**).

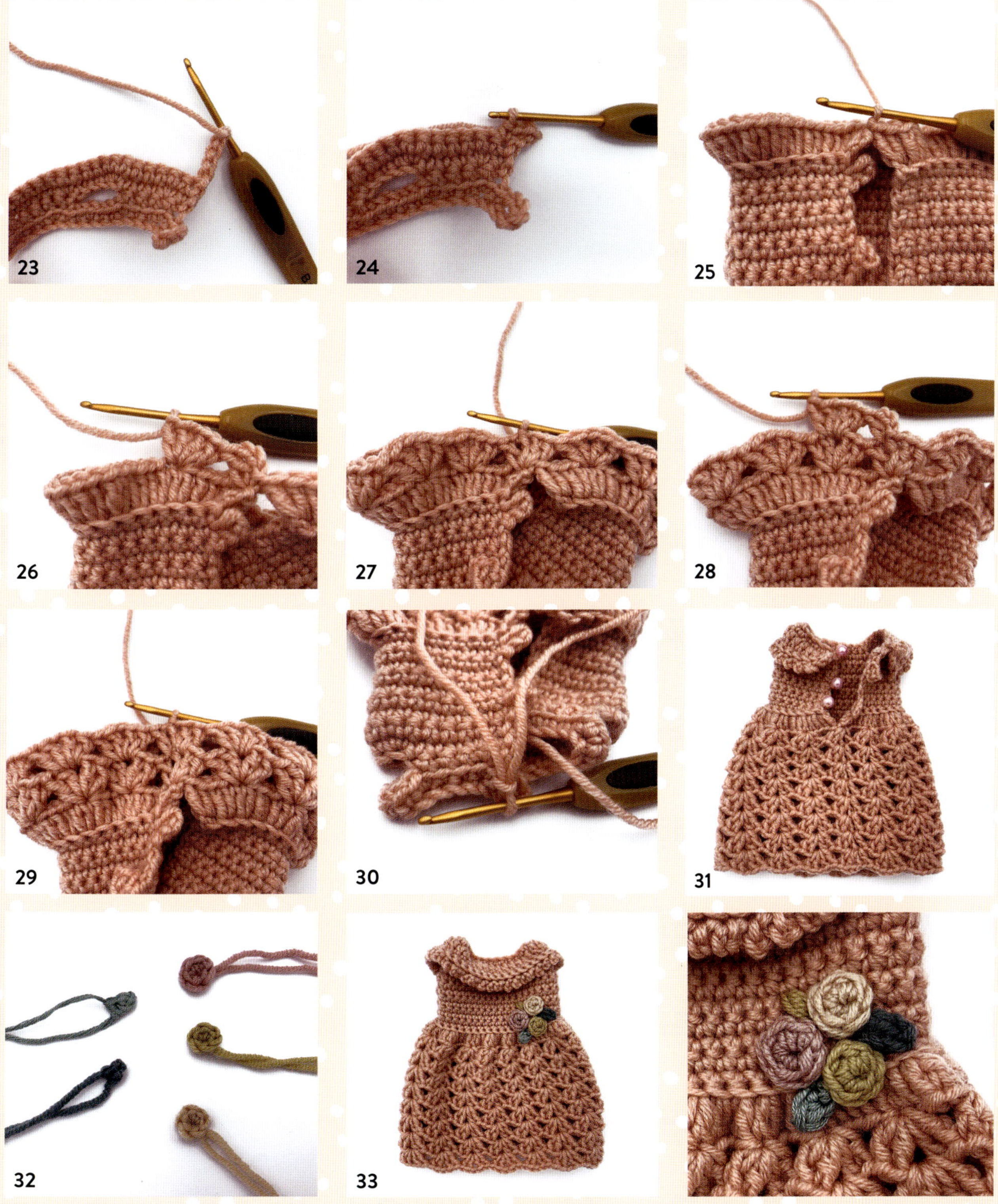
23
24
25
26
27
28
29
30
31
32
33

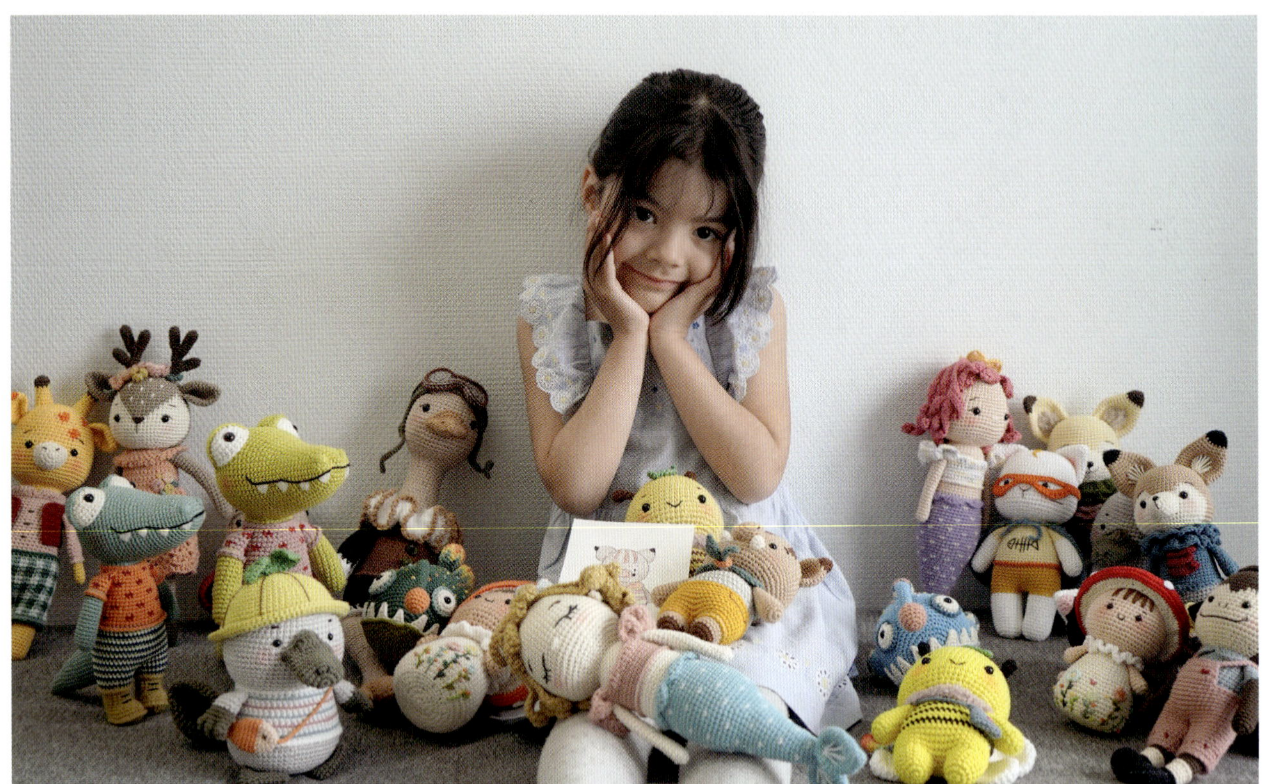

Danksagung

Zuallererst danke ich meiner kleinen Anna, durch die ich mit dem Häkeln begonnen habe und die mir weiterhin täglich ihre Energie, Begeisterung und ihren wertvollen Kinderblick, meine größte Inspirationsquelle, vermittelt. Jetzt, da sie größer ist (5 Jahre bei der Entstehung dieses Buches), beteiligt sie sich schon an der Auswahl der Farben und berät mich auch bei einzelnen Details.

Vielen Dank an meinen Mann Baptiste, der mich Projekt für Projekt immer unterstützt und mir trotz fehlender Häkelkenntnisse beim Schreiben auf Französisch hilft.

Vielen Dank an das ganze Team von Eyrolles für das Vertrauen, das es mir erneut entgegengebracht hat, und für die Professionalität, die es an den Tag legt. Besonders danke ich Aude, die mich bereits für mein erstes Buch kontaktiert und mich auch bei diesem neuen Projekt wieder gut begleitet hat. Vielen Dank an Anne-Lise und Maria, die mir von Anfang bis Ende mit immer guten Ratschlägen und großem Wohlwollen zur Seite standen.

Vielen Dank an DMC Frankreich und besonders an Charline für die wunderbare Wolle, die sie mir zur Verfügung gestellt haben, mit der ich meine Kreativität durch und durch verwirklichen konnte.

Und schließlich geht ein großes Dankeschön an euch Häkler und Häklerinnen, ohne die ich heute nicht hier stünde. Ich bin sehr glücklich, mit euch diese Leidenschaft zu teilen und euch bei diesem schönen Abenteuer an meiner Seite zu haben.

Tausend Dank!